ARBEITSRECHT

14. Auflage. 2007

PETER HANAU

KLAUS ADOMEIT

新版への原著者序文

　私たちの共著『労働法』の，日本での翻訳が手塚和彰，阿久澤利明両教授によりなされてから，15年がたった。ドイツでも，最もポピュラーなこの教科書が，日本でも広く読まれ，1992年の第10版による旧版は出版社（信山社）でも売り切れたという。これほど，広く日本の研究者，実務家等に読まれてきたことは，大きな喜びである。

　その後，本書は，2007年の14版まで版を重ねてきた。この間，両教授から新しい翻訳を出したいとの話があり，感謝に堪えないところである。

　ドイツ再統一後の時期に書かれた旧版にとって，この間のドイツ労働法の変化は，多大のものがあり，とりわけEUの統合が進むとともに，EU労働法ともいえる分野が成り立ち，ドイツ労働法への影響としても，一般的差別禁止法の成立や，労働者派遣法の改正など多くの変化があった。

　いまや，ドイツ労働法は，EU内の労働力の移動，経済のグローバル化への対処をしつつ，ドイツの産業の国際競争力を促進するという大きな課題を負わざるを得なくなっている。この流れは，制定法の次元だけではなく，連邦労働裁判所を中心とする判例法や，労使双方の合意による協約においても強く認識され，実現されている。

　これらについては，14版の出版後の変化を含め，最新の変化について，補論を2012年に付け加え，最新のものとすることができた。

　このように，両教授のお力により，最新のドイツ労働法の紹介がなされることに対し，深甚の感謝の意をささげるとともに，とりわけ，手塚教授が国際交流基金ケルン文化会館長（2011年～2013年）として進めてきた日独間の法律とりわけ労働法の学術交流に寄与することを願いつつ，本書のはしがきにしたい。

　　2014年10月

　　　　　　　　　　　　　著者を代表して　ペーター・ハナウ

第14版への原著者はしがき

　私どもは，この教科書を至急現実に対応するように改訂しなければならなかった。最新の立法では，一般平等取扱法が追加されている（更に，Rn.132）。普通契約約款規制への労働契約の取込みは，今や判例で展開され，すべての労働契約法に影響を与えている（更に，Rn. 584）。

　ドイツ労働法は，孤立したものではない。ヨーロッパ労働法からますます影響を受け，またヨーロッパの社会的モデルの一部となっている（Rn. 112以下を見よ）。グローバル化は，労働法体系でもさらにグローバルな競争をもたらした。中国経済の魅力は，現在のところ低い労働法の基準にあるが，パリでの2006年労働法世界会議で明らかになったように，ヨーロッパ労働法が中国でも大いに注目されている。ブレーメン大学のドイブラー教授は，活動中の外国企業が「ヨーロッパよりも劣悪である」と考える労働法の改変に関する今後の中国政府の計画について，その助言活動を報告している。従って，ドイツ労働法を国際競争の観点からも学ぶことが有益である。本書A章は，それについて示唆を与えるものである。

　本書は，ゲッティゲン大学教授（Prof. Dr. Dres. h. c.）フランツ・ガミルシェクに対して再度心からの感謝の意をもって捧げるものである。氏の壮大な著作『集団的労働法（Kollektives Arbeitsrecht）』第1巻，第2巻は，100年間の法的発展をとらえ，それを解釈しかつ前進させるものである。それは，「労働法および比較法に関する文献撰集」で補完されている。ガミルシェクは，多様な相反する諸利益を労働法で評価する場合に，どのようにして自立した学問上の観点を設定することができるかについて手本を示しているのである。

　クラウス・アドマイトは，A章からC章までを執筆した。ペーター・ハナウは，その後の章を担当した。学問的な責任は，各分担部分の著者が負う

第14版への原著者はしがき

が,すべてのテキストは,多くの互いの話し合いによっている。

2006年10月 ベルリン,ケルン

クラウス・アドマイト

ペーター・ハナウ

新版への訳者はしがき

　本書の旧版の翻訳は，1994年の第10版によりなされた。この時期は，ベルリンの壁の崩壊後，東西ドイツ再統一がなされていた時期で，ドイツの労働法が，大転機を迎えつつある時期であった。
　この旧版に対して，今回の原著は，その後のソ連邦の崩壊や，中国の市場経済への全面的な参入など，東西の壁をなくした「グローバリゼーションの時代」の労働法をドイツ労働法に関して集大成したもので，その14版（2008年）によっている。当初，本書の訳の原本にしたのは，13版（2005年）であった。しかし，その訳が8割がた終わった時点から，ドイツ労働法には後述のような大改革がなされてきた。そのため，最新の14版（13版をほとんど改訂している）に依拠して訳し直すということになった。この時間的な遅れは，かえって，好結果となり，現在のドイツ労働法をきちんとフォローするのに大いに役立つ結果にもなったと思う。なお，その後現在までの，ドイツ労働法の変化についてはペーター・ハナウ教授に補論で詳しく展開していただき，今日（2013年）のドイツ労働法としても対応することができた。
　ここで，一つコメントしておきたいことがある。それは，旧版と新版とを読み合わせていただきたいということである。ドイツ労働法は不磨の大典ではなく，20世紀末の空前の世界の大変化，つまり，資本主義・市場経済から社会主義へと向かうとされた19世紀以来の仮説が見事に崩れ，逆に，社会主義が資本主義・市場経済へと形を変えてはいるものの元に戻ったということである。その点を，この旧版，新版はともに一貫して論究している。
　これが，可能となったのは，ドイツが資本主義・市場経済の西ドイツ（ドイツ連邦共和国）と社会主義の東ドイツ（ドイツ民主共和国）とに分かれ，両陣営がもろに向き合う接点として東西ドイツの壁があったが，それが，1989年の崩壊とともに，両陣営の統合が，社会主義の下では成り立たないもので

あることが明確になったことである。つまり，労働法は市場経済の中で，市民法の持つ矛盾や問題を本質的に是正し軌道修正することによって，資本主義や市場経済をさらに永続させる機能を有し，資本主義・市場経済に不可欠な存在であることを，第二次大戦後のドイツ（とりわけ西ドイツ）の労働法学者が一貫して追求してきたのである。

　本書の著者は，ハンス・カール・ニッパーダイやアルトゥール・ニキシュ，アルフレッド・フックからガミルシェクなどの第一世代を受け継いで，リヒャルディー，ドイブラーなどの有力教授などと，ドイツ労働法の世界での第二世代として，学問的な発展を担ったのである。この著作は，その集大成だったといえる。

　21世紀に入り，ドイツでは，本書のB章でくわしく触れられているが，労働法はさらに発展した。すなわち，① Richardie-Brocke, "Münchner Handbuch zum Arbeitsrecht", ② Dietrich, Preis, Müller-Gröge, Schaubaub, "Erfurter Kommentar, Arbeitsrecht", ③ Henssler, Willemsen, Kalb, "Arbeitsrecht Kommentar", ④ Schaub , "Arbeitsrechts-Handbuch" などがあいついで出版され，かつ，版を重ねることになったのである。

　これらの有力な労働法コンメンタールで注目すべきは，学者と裁判官の共著になるものがほとんどであり，なかでもドイツでの実務家と研究者との共同作業がよく行われていることを示しているのが，②のエアフルター・コンメンタールだといえよう。周知のように，ドイツ統一後，連邦労働裁判所がチューリンゲン州の戦前の故地（ライヒ労働裁判所のあった）に移動したことに象徴されている。このコンメンタールは，現在ではトーマス・ディートリッヒ，ペーター・ハナウ，ギュンター・シャウブの3人により編集され，受け継がれている。

　ところで，この間のドイツ労働法の変化を俯瞰すると，その背景は，シュレーダー社会民主党・緑の党の連立政権下の，雇用改革・社会保障改革が**「思い切った」**ものであったことにある。というのは，**従来の社会民主党・DGB（ドイツ労働総同盟）の影響下の政権としては，考えられない根底的な改革であった。**たとえば，ドイツでは，すべからく雇用は正規の労働契約により，解雇制限（解約告知の保護）も十全であって，使用者からすれば，き

わめて解雇がしにくい〔訴訟になれば使用者は勝てない〕ことが，知られてきた。とりわけ，日本企業などにおいて，ドイツにおいては，かなり劣悪な仕事ぶりの被用者も解雇できないという神話が流布してきた。しかし，これは過去のことであり，イタリアやギリシャなどのラテン諸国とは全く異なっていることを強調せざるを得ない。

シュレーダー改革により，雇用の多様化（期限付き労働契約の法認，小企業での解雇制限なしの新規採用，派遣労働の法的枠組みの精緻化など）により，雇用を拡大しようとする試みがなされた。その効果が，10年後の今日，雇用の拡大，失業率の低下となっているとの評価が定着しつつある（これについては，手塚の別稿：書斎の窓 2014年6月号参照）。加えて，個別的な解雇（解約告知）も，連邦労働裁判所の判例実務により容易になり，一定の補償を前提に可能となった。この点では，最近日本で議論の始まった「金銭的補償を前提にしての解雇」の途を開こうという議論にも通ずるものである。

さらには，ドイツ労働法が制定法としても次々と新法を成立させ，あるいは改正してきた根底には，グローバリゼーションに対応できる労働法・社会保障改革があったことがある。

この時期のドイツ労働法は，文字通りグローバル化への対応を行ってきており，それも，EU（ヨーロッパ連合）の統一的な市場，労働力の域内移動の自由，営業・就業の自由をEU法として保障することが集中的になされている。その結果，EU条約，EU指令等はドイツ労働法（各国内法）への直接的な立法を義務づけている。これは，EU加盟国が，EU条約とそれを具体化したEU指令により立法の義務を負い，かつ，EU裁判所，EU人権裁判所における条約や指令の直接適用による裁判をも可能としており，本書でもEU法とドイツ法との関係として解明している（C章）。この間，たとえば，EU市民の様々な次元における平等を規定した条約や指令を具体化する，「一般平等取扱法」(Allgemeines Gleichbehandlungsgesetz) の成立（2006年8月14日）があり，域内の労働者の自由移動に伴う保護を規定する派遣労働に関するEU指令を具体化した労働者派遣法の改正（1995年2月3日制定法の2006年10月31日改正）や，現在論じられている一般的な最低賃金の法定に関する法制化の動きなどが具体的な事例である。

もちろん，ドイツでも，伝統的に個別法の集成であった労働法の統一法典

化を進めること，すなわち，永年の共通の認識であった「労働法典」による統一的な立法を志すことは，今もなお根底的に忘れられてはいない。他方，統一社会法典である社会法典（Sozialgesetzbuch, 全12篇，1975年の第1篇「総則」から2006年の第8篇「児童，未成年」まで）が順調に立法化されたことが特筆されよう。

　他方，集団的な労働関係法の領域においても，新たな展開がなされている。従来厳然たるものであった産業別の労使関係の大変化である。産業別のレベルでのみ，団体交渉，争議行為が許されるとするドイツ労働法の伝統に対して，職場，職種における雇用を危うくする事態に対応しうるとして，職場や同一職種の労働者に交渉権，争議権を認める連邦労働裁判所判決が，従来の労使関係を一変させた。いわば，日本の労使が，企業別でその範囲での交渉等を認められているのに近似する労働関係（もちろん労働組合は産業別であることに変わりはない）がドイツに生じている。2010年には，鉄道の機関手のストライキ，空港の従業員の同一職種によるストライキ（空港のセキュリティー部門のスト，空港の地上誘導員のスト）などが，鉄道ダイヤを混乱させ，また，空港閉鎖や全フライトの休止などを招いている。2011年春，民営化（州レベルで）された鉄道（第三セクターで，これは近距離のダイヤを運行する）の運転手と，長距離特急，急行の運行を受け持つドイツ鉄道（DB）の運転手との労働条件，とりわけ，賃金格差をなくすことを交渉の目的とする鉄道労組の争議が続出した。この時期には，乗客はアナウンスさえ不明瞭・不正確でいつ来るかわからない列車をホームの上でじっと1時間，2時間待たざるを得なかったのである。この時期，「日本でもこういうことがあるのですか」という問いが，ドイツの同僚などから，しばしばなされ，この答えをしつつ，かつてのスト権ストや，国鉄民営化の反対ストの頻発時代が懐かしく思い出されたものである。もっとも，ドイツの鉄道の遅れは乗客にきわめて酷な状況にあり，待合室すら不十分な駅やホームの寒空のもとで，いつ来るのかはっきりしない列車をじっと待つドイツ人（現地の人々）の辛抱強さには感心することがしばしばであった。

　さらには，客室乗務員や，空港のセキュリティー，地上の航空機誘導員のストライキにより，それぞれの労働条件と航空産業（とりわけ独占の度合いを強めているルフトハンザ）への賃上げ要求を，実質的には日本でいう「部分

スト」により，実施することが合法化された。こうした，部分ストにより，すべてのフライトが遅れ，キャンセルされるような効果をあげて，実施されることがしばしばで，訳者もベルリンへの往復に際し，行きは雪のために予定したフライトがキャンセル，帰りはセキュリティーの警告ストで遅れ，結局，空港で行き帰りとも4〜5時間待ちとなり7時間以上かかり，汽車で往復した方（汽車は4時間）が早かったということもあった。

　ドイツはEUレベルでの「労働法と社会保障法の統一」を目指しているのだが，現在，ギリシャから始まった財政危機，通貨危機から，この処理を巡って，英国のEU離脱が論じられている。英国はEUにとどまる条件として，労働法，社会保障のEUレベルでの統一の放棄を要求しており，この点でも，今後の予断を許さない状況にある。しかし，EUが存続する限り，統一的なEUのモノ，カネ，ヒトの市場の行き着くところは，労働法，社会保障の統一に向かわざるを得ないのであって，EU労働法の重要さは減ずることはないといえよう。

　最後に，本書について二点を触れたい。本書は永年最もポピュラーな教科書としての評価を得てきたことは，旧版の序文でもふれた。しかし，この書も，ハナウ，アドマイト両氏により，14版を最後に改訂されることはないとのことである。しかし，これを補う，いくつかの新たな教科書（たとえば，Ulrich Preis, "Arbeitsrecht"の集団的労働法と個別的労働法の2冊）も登場しており，個別の分野における有力な注釈書も多数出版されている。

　最後に，こうした，ドイツの労働法の位置および重要性に関して，日本と比較してどのように考えられるか，私見を述べておきたい。

　ドイツにおいては，労働法は法学部の教育（法曹教育）の中心的な科目となっている。その理由は，共同決定制度や経営参加制度を含み，労働法が資本主義経済を担う私企業の根幹を担っており，この点を知らずして企業経営が出来ないこと，経営参加を通じて，企業内の平和と企業目的の遂行がなされていることからも，単なる人事・労務を超えて，経営に必須の学問分野となっているからである。

　他方，日本の労働法は，民事法の関連分野にとどまってきた。その理由は，今更ながらはっきりすべきことであるが，日本の少なからぬ伝統的労働法学者が「労働法は社会主義への手段」であり，「社会主義への一歩」だという

新版への訳者はしがき

誤りを犯してきたことである。今日，労働法は旧ソ連，東ドイツをはじめとする旧ワルシャワ条約機構諸国，さらには，市場経済を受け入れたとする中国などにおいて，著しく不十分なままできたことからも明らかである。少なくともドイツ労働法は東西ドイツの壁の崩壊前後にこの点を明確化しているし，本書でもこの点は言及されている。

今日，中国において，働く労働者の権利や健康・安全がどれだけ保障されているかに関しては，お寒い限りであることは日本でも公知の事実である。この一事をもってしても，日本の戦後の労働法の担い手が犯してきた社会主義崇拝の誤りは明らかである。これは，読者諸兄に注意を喚起しておきたいことである。

以上，本書の新版の訳出を終わるにあたり，あらかじめ述べておきたい。

2013年7月

訳　者

目　次

新版への原著者序文
第14版への原著者はしがき
新版への訳者はしがき

A．労働法と経済 ……………………………………………………… 1
Ⅰ．1949年以降の東西ドイツの労働法のスタート： 異なる制度があった ……………………………………… 1
Ⅱ．1980年代の変化と問題点：グローバル化と危機 …………… 3
Ⅲ．ドイツ再統一の労働法上の問題 ……………………………… 4
Ⅳ．「雇用のための同盟」，生産拠点確保 ………………………… 6
Ⅴ．2000年以後の改革の努力 ……………………………………… 12
1．第一段階：シュレーダーとブレアの1999年文書 ………… 12
2．2010年アジェンダと解約告知制限 ………………………… 13
3．失業手当金Ⅱ ………………………………………………… 14
4．アジェンダの哲学 …………………………………………… 18
Ⅵ．保護原則と雇用促進の原則 …………………………………… 19

B．労働法：その規定の構成 ………………………………………… 29
Ⅰ．労働法の法源 …………………………………………………… 29
1．労働法の段階的構造 ………………………………………… 29
2．諸規定間の抵触に対する原則 ……………………………… 30
3．集団的労働関係法とは何を意味するか？ ………………… 32
4．契約の自由の制限 …………………………………………… 34
5．「普通労働条件約款」の特殊性 ……………………………… 35

目　次

　　6. 指揮命令権 ……………………………………………………… *38*
　　7. 共同決定の機能 ………………………………………………… *38*
　　8. 労働法はどこに属するか？ …………………………………… *39*
　　9. 判例法の意義 …………………………………………………… *39*
　10. 労働法における解釈と法の継続的形成 ……………………… *40*
　11. 労働法に関する文献 …………………………………………… *41*
　12. インターネットにおける労働法 ……………………………… *42*
Ⅱ．労働法と基本法上の基本的権利 …………………………………… *43*
　　1. 労働法における基本権の適用 ………………………………… *43*
　　2. 被用者の人間の尊厳と人格 …………………………………… *44*
　　3. 平等原則と平等取扱原則 ……………………………………… *45*
　　4. 良心の自由 ……………………………………………………… *47*
　　5. 言論の自由 ……………………………………………………… *47*
　　6. 婚姻と家族の保護 ……………………………………………… *49*
　　7. 団結の自由 ……………………………………………………… *50*
　　8. 信教の自由，教会，宗教 ……………………………………… *50*
　　9. 職場選択と職場の保護 ………………………………………… *52*
　10. 社会福祉国家原則 ……………………………………………… *53*
Ⅲ．欧州および国際労働法 ……………………………………………… *53*
　　1. 欧州労働法 ……………………………………………………… *54*
　　2. 欧州評議会 ……………………………………………………… *64*
　　3. 国際労働組織 …………………………………………………… *66*
　　4. 国際労働法 ……………………………………………………… *66*
Ⅳ．概観：労働法の諸法律 ……………………………………………… *68*
　　1. 民　法 …………………………………………………………… *69*

目　次

　　2．営業法 …………………………………………………………………… 70
　　3．商　法 …………………………………………………………………… 71
　　4．すべての被用者保護のための法律 ……………………………………… 71
　　5．特別に保護の必要な被用者グループ …………………………………… 72
　　6．労働協約法 ……………………………………………………………… 73
　　7．事業所組織法と共同決定法 ……………………………………………… 73
　　8．社会法典 ………………………………………………………………… 74
　　9．就業促進法 ……………………………………………………………… 74
　　10．存在しないもの：労働法典 ……………………………………………… 74
　　11．労働裁判所法 …………………………………………………………… 75
　　12．労働刑法 ………………………………………………………………… 75

C．団結体・労働協約・労働争議 ……………………………………………… 77

Ⅰ．団結体 ……………………………………………………………………… 77
　　1．団結体という概念の意義 ………………………………………………… 77
　　2．要　件 …………………………………………………………………… 78
　　3．加入請求権 ……………………………………………………………… 83
　　4．存在する団結体 ………………………………………………………… 83
　　5．団結の自由 ……………………………………………………………… 84
　　6．団体の影響力行使 ……………………………………………………… 88

Ⅱ．労働協約 …………………………………………………………………… 89
　　1．意義と歴史的展開 ……………………………………………………… 89
　　2．いつ，協約は存在するか？ ……………………………………………… 90
　　3．協約自治の限界 ………………………………………………………… 103
　　4．特論：区別待遇条項 …………………………………………………… 109
　　5．有利原則，秩序原則（引継原則），履行原則 ………………………… 110

6．協約の債務的効力 *113*

　Ⅲ．労働争議 *117*

　　1．なぜ，労働争議は許されるのか？ *118*

　　2．労働争議法：形式的な規律 *119*

　　3．争議対等の原則 *120*

　　4．労働争議の限界 *121*

　　5．ストライキ：適法性の要件 *122*

　　6．ロックアウト *132*

　　7．適法な争議行為の法的効果 *135*

　　8．違法な労働争議の法的効果 *142*

　　9．権利争議，留置権 *144*

　　10．ボイコット，業務停止 *145*

　　11．事業所占拠 *146*

　　12．徒弟（訓練生）のストライキ *146*

　　13．公勤務 *147*

　　14．仲　裁 *147*

D．事業所内および企業内の共同決定 *153*

　Ⅰ．事業所組織の構築 *154*

　　1．団結法との対比 *154*

　　2．事業所組織における被用者 *155*

　　3．事業所 *157*

　　4．事業所構造の変更 *160*

　　5．事業所概念に関する誤り *160*

　　6．事業所委員会委員の選挙 *161*

　　7．事業所委員会 *166*

8．労働組合と事業所組織 ·· *176*
　　9．特別の代表 ··· *178*
　Ⅱ．使用者と事業所委員会との協働
　　　——事業所協定と事業所内合意 ·· *179*
　　1．協働の原則 ··· *179*
　　2．事業所協定 ··· *181*
　　3．規定の取り決め ·· *188*
　　4．社会的事項における共同決定（87条1項1号〜13号による）···· *188*
　　5．人事案件における共同決定 ··· *196*
　　6．経済的共同決定 ·· *207*
　　7．傾向経営 ··· *212*
　Ⅲ．企業の機関への参加 ·· *213*
　　1．石炭鉄鋼企業 ··· *214*
　　2．大企業 ·· *215*
　　3．その他の資本会社 ··· *217*
　Ⅳ．職員代表 ··· *217*
　Ⅴ．欧州の共同決定法 ·· *218*

E．使用者と被用者：労働関係 ·· *221*
　Ⅰ．区別の意義 ·· *221*
　Ⅱ．被用者 ·· *221*
　　1．従属性の強力なメルクマール ·· *222*
　　2．独立性の明白なメルクマール ·· *223*
　　3．可変的なメルクマール ··· *223*
　　4．比重がない，または比重の軽いメルクマール ························· *224*
　　5．法形態の強制 ··· *225*

Ⅲ．有償の労働 226
　Ⅳ．被用者と区別されるべきグループ 228
　　1．官吏，裁判官と軍人 228
　　2．家族員 229
　　3．法人の社員と機関構成員 230
　　4．意思に反した労働 231
　Ⅴ．被用者類似の人々 232
　Ⅵ．検討シェーマと演習事例 233
　　1．検討への歩み 233
　　2．事　例 233
　Ⅶ．使用者 237
　Ⅷ．現業労働者と職員 240
　Ⅸ．管理職職員 241
　Ⅹ．グループ労働関係，ジョブ・シェアリング 242
　Ⅺ．職業訓練関係 242
　　1．法的根拠 242
　　2．法政策 246
　Ⅻ．労働関係とは，本来何なのか？ 247
　XIII．債務法の現代化から労働法の現代化へ 248
　XIV．消費者契約としての労働契約 252
　XV．誠実と保護 253

F．被用者の採用 259
　Ⅰ．人事計画 259

目　次

- Ⅱ．人事選考 *260*
  - 1．就業禁止と就業促進 *260*
  - 2．募　集 *261*
  - 3．人事調査用紙 *262*
  - 4．採用に際しての共同決定 *262*
- Ⅲ．労働契約の締結 *262*
  - 1．正規の契約成立 *262*
  - 2．採用における不利益取扱いの禁止 *264*
  - 3．質問権の制約（「嘘についての権利」） *266*
  - 4．採用請求権 *267*
  - 5．金銭による補償 *269*
  - 6．事実上の労働関係 *271*
  - 7．不法労働 *277*

G．労働に関する権利義務 *279*

- Ⅰ．労務提供義務の法的基礎 *279*
  - 1．労働契約と指揮命令権 *279*
  - 2．法律と労働協約 *282*
  - 3．共同決定 *282*
  - 4．正当性のコントロール *283*
- Ⅱ．労働時間 *284*
- Ⅲ．労働のテンポ *291*
- Ⅳ．労働環境 *292*
- Ⅴ．労務提供義務の不履行 *293*
  - 1．労務の履行の訴え *294*
  - 2．他の場所での労働の不作為の訴え *294*

目　次

　　3．債務不履行による損害賠償 *295*
　　4．違約罰 *296*
　Ⅵ．労働義務の不完全履行 *298*
　　1．瑕疵担保責任はない *298*
　　2．使用者に対する被用者の有限責任 *299*
　Ⅶ．労働関係における責任のその他の特殊性 *302*
　　1．被用者の労働災害に対する使用者の責任 *302*
　　2．被用者のその他の損害に対する使用者の責任（費用賠償） *302*
　　3．使用者の人的損害についての被用者の責任 *303*
　　4．同僚間の責任 *304*
　　5．第三者に対する被用者の責任 *304*
　　6．総　括 *305*
　Ⅷ．労務給付についての権利 *307*
　　1．契約に従った労働の権利（就労させる義務） *307*
　　2．別の労働を行う権利（副業，競業禁止） *308*
　　3．職場について無条件に保護される権利はあるか？ *309*
　Ⅸ．被用者の監督と評定 *310*
　　1．個人情報 *310*
　　2．ビデオでの監視 *313*
　　3．一般的な評価原則 *313*
　　4．証明書 *314*

H．賃金支払義務 *317*

　Ⅰ．民法611条1項と関連する請求権の根拠 *317*
　　1．協　約 *317*
　　2．民法611条1項と関連する事業所協定 *321*

目　次

- 　　3．民法611条と関連する労働契約 ……………………………… *323*
- 　　4．法　律 ……………………………………………………………… *336*
- Ⅱ．労働力の提供ない賃金 …………………………………………… *338*
- 　　1．保養休暇 …………………………………………………………… *339*
- 　　2．研修休暇 …………………………………………………………… *343*
- 　　3．祝日賃金 …………………………………………………………… *344*
- 　　4．給付障害 …………………………………………………………… *344*
- Ⅲ．賃金請求権の保護と消滅 ………………………………………… *366*
- 　　1．払戻条項 …………………………………………………………… *366*
- 　　2．錯誤によって支給された給付の返還請求 ………………… *369*
- 　　3．放棄，雇用関係清算証明書 ………………………………… *370*
- 　　4．差押保護 …………………………………………………………… *371*
- 　　5．倒　産 ……………………………………………………………… *371*
- 　　6．消滅時効，除斥期間 …………………………………………… *372*
- Ⅳ．事業所における高齢者扶助 ……………………………………… *373*

J．労働関係の終了 …………………………………………………………… *377*

- Ⅰ．終了事由の体系と問題点 ………………………………………… *377*
- 　　1．解約告知 …………………………………………………………… *377*
- 　　2．合意解約 …………………………………………………………… *378*
- 　　3．定　年 ……………………………………………………………… *380*
- Ⅱ．使用者の通常の解約告知 ………………………………………… *381*
- 　　1．出訴期間 …………………………………………………………… *382*
- 　　2．通常の解約告知の除外 ………………………………………… *386*
- 　　3．同意の必要性 …………………………………………………… *387*
- 　　4．事業所委員会もしくは職員代表会の聴聞 ………………… *389*

5．届出の必要性 ………………………………………………………… *389*
　　　6．解約告知制限（理由づけの必要性）………………………………… *390*
　　　7．解約告知期間 ………………………………………………………… *406*
　　　8．継続就業および再雇用の請求権 …………………………………… *409*
　　　9．補償金――法律では少なく，合意では多い ……………………… *412*
　Ⅲ．使用者による特別な即時解約告知 ……………………………………… *415*
　　　1．出訴期間 ……………………………………………………………… *415*
　　　2．同意の必要性 ………………………………………………………… *415*
　　　3．事業所委員会または職員代表委員会への意見聴取 ……………… *417*
　　　4．重大な事由 …………………………………………………………… *417*
　　　5．就業義務の延長 ……………………………………………………… *420*
　　　6．転　　換 ……………………………………………………………… *420*
　Ⅳ．諸事例における個々の問題 ……………………………………………… *423*
　　　1．労働関係の不当な期間の設定 ……………………………………… *423*
　　　2．事業主の交替の際の労働関係の移行もしくは終了 ……………… *428*
　　　3．使用者による即時解約告知 ………………………………………… *433*
　　　4．嫌疑に基づく解約告知，解約告知の承諾，補償金 ……………… *436*
　　　5．事業所の概念，配置転換，変更解約告知，社会的選択 ………… *438*
　　　6．転勤，解約告知と共同決定 ………………………………………… *440*
　Ⅴ．無効な解約告知の法的効果のまとめ …………………………………… *442*

K．労働裁判所手続き ……………………………………………………… *443*
　Ⅰ．賃金と解約告知制限訴訟の例 …………………………………………… *443*
　　　1．管轄：労働裁判権 …………………………………………………… *443*
　　　2．訴えの提起，訴訟代理 ……………………………………………… *444*
　　　3．賃金総額または手取賃金いずれの訴えか？ ……………………… *445*

xix

4．訴えの申立て ……………………………………………………… *445*

　　5．その後の手続き ……………………………………………………… *447*

　　6．費　用 ……………………………………………………………… *448*

　Ⅱ．決定手続き ……………………………………………………………… *450*

追補：2006年以後の最も重要な変化 …………………………… *453*

　Ⅰ．個別的労働関係法（E章からJ章まで） ……………………………… *453*

　　1．新たなヨーロッパ法 ……………………………………………… *453*

　　2．普通契約約款の強化されたコントロール──その弾力化への
　　　残された可能性 ……………………………………………………… *461*

　Ⅱ．集団的労働関係法（C章） …………………………………………… *462*

　　1．新たな欧州法 ……………………………………………………… *462*

　　2．スト権の慎重な拡張 ……………………………………………… *463*

　　3．ドイツの労働組合の協約による行為の自由の慎重な拡大 ………… *465*

事項索引

略 語 表

a.a.O	am angegebenen Ort
ABl	Amtsblatt
AcP	Archiv für die civilistische Praxis
AFG	Arbeitsförderungsgesetz
AGB	Allgemeine Geschäftsbedingungen
AiB	Arbeitsrecht im Betrieb (Zeitschrift)
Anm.	Anmerkung
AP	Arbeitsrechtliche Praxis – Nachschlagewerk des Bundesarbeitsgerichts
AR	Arbeitsrecht
ArbG	Arbeitsgericht
ArbGG	Arbeitsgerichtsgesetz
AR-Blattei	Arbeitsrecht-Blattei
ARStW	Arbeitsrecht in Stichworten
Art.	Artikel
AÜG	Arbeitnehmerüberlassungsgesetz
Aufl.	Auflage
AuR	Arbeit und Recht (Zeitschrift)
AVG	Angestelltenversicherungsgesetz
BAG	Bundesarbeitsgericht
BAGE	Entscheidungen des Bundesarbeitsgerichts
BAT	Bundesangestelltentarifvertrag
BB	Der Betriebs-Berater (Zeitschrift)
BBG	Bundesbeamtengesetz
BBiG	Berufsbildungsgesetz
BErzGG	Bundeserziehungsgeldgesetz
BetrAVG	Geset zur Verbesserng der betrieblichen Altersversorgung
Bd.	Band
BetrVG	Betriebsverfassungsgesetz
BFH	Bundesfinanzhof
BGB	Bürgerliches Gesetzbuch
BGBl.	Bundesgesetzblatt
BGH	Bundesgerichtshof

略 語 表

BGHZ	Entscheidungen des Bundesgerichtshofs in Zivilsachen
BPersVG	Bundespersonalvertretungsgesetz
BSG	Bundessozialgericht
BSGE	Entscheidungen des Bundessozialgerichts
BT-Drucks.	Bundestags-Drucksache
BUrlG	Bundesurlaubsgesetz
BVerfG	Bundesverfassungsgericht
BVerfGE	Entscheidungen des Bundesverfassungsgerichts
CDU	Christlich-Demokratische Union
DB	Der Betrieb (Zeitschrift)
DDR	Deutsche Demokratische Republik
DGB	Deutscher Gewerkschaftsbund
EFZG	Entgeltfortzahlungsgesetz
EG	Europäische Gemeinschaften
EGMR	Europäischer Gerichtshof für Menschenrechte
EMRK	Europäische Menschenrechtskonvention
ErfK	Erfurter Kommentar zum Arbeitsrecht
EuGH	Europäischer Gerichtshof
EuGRZ	Europäische Grundrechte-Zeitschrift
EWG	Europäische Wirtschaftsgemeinschaft
EzA	Entscheidungssammlung zum Arbeitsrecht
f.	folgende
ff.	fortfolgende
FS	Festschrift
GewO	Gewerbeordnung
GG	Grundgesetz
GK-BetrVG	Gemeinschaftskommentar Betriebsverfassungsgesetz, hrsg. von Fabricius, Kraft, Thiele, Wiese, Oetker seit 1973
GS	Großer Senat
GVBl.	Gesetz- und Verordnungsblatt
HGB	Handelsgesetzbuch
HRG	Hochschulrahmengesetz
Hrsg.	Herausgeber
HWK	Henssler/Willemsen/Kalb (Hrsg.), Arbeitsrecht, Kommentar, 2004
IG	Industriegewerkschaft
ILO	International Labour Office

略 語 表

InsO	Insolvenzordnung
JuS	Juristische Schulung（Zeitschrift）
JZ	Juristenzeitung
Kap.	Kapitel
Komm.	Kommentar
KSchG	Kündigungsschutzgesetz
LAG	Landesarbeitsgericht
LAGE	Entscheidungen der Landesarbeitsgerichte
MüKo	Münchener Kommentar zum BGB
MünchArbR	Münchener Handbuch zum Arbeitsrecht
MuSchG	Mutterschutzgesetz
n.F.	neue Fassung
NJW	Neue Juristische Wochenschrift
Nr.	Nummer
NRW	Nordrhein-Westfalen
NZA	Neue Zeitschrift für Arbeitsrecht
NZA-RR	NZA-Rechtsprechungsreport
OLG	Oberlandesgericht
OT	Ohne Tarifvertrag
OVG	Oberverwaltungsgericht
RdA	Recht der Arbeit（Zeitschrift）
Rn.	Randnummer
RG	Reichsgericht
RGZ	Entscheidungen des Reichsgerichts in Zivilsachen
RIW	Recht der internationalen Wirtschaft
RL	Richtlinie
S.	Seite
SAE	Sammlung arbeitsrechtlicher Entscheidungen
SchwbG	Schwerbehindertengesetz
SGB	Sozialgesetzbuch
SozG	Sozialgericht
SPD	Sozialdemokratische Partei Deutschlands
StGB	Strafgesetzbuch
TVG	Tarifvertragsgesetz
u.	und
Urt.	Urteil

略 語 表

UTB	Uni-Taschenbücher
VersR	Versicherungsrecht（Zeitschrift）
VO	Verordnung
WM	Wertpapiermitteilungen
ZfA	Zeitschrift für Arbeitsrecht
ZIP	Zeitschrift für Wirtschaftsrecht und Insolvenzpraxis
ZPO	Zivilprozessordnung
ZRP	Zeitschrift für Rechtspolitik
ZTR	Zeitschrift für Tarifrecht

A. 労働法と経済

I. 1949年以降の東西ドイツの労働法のスタート：異なる制度があった

1. 1949年5月23日に新たに制定された基本法によって，西のドイツ連邦共和国は，労働法に関しては，ワイマール時代の手本を踏襲した：1949年の労働協約法（改訂なしに今日も有効），1951年の解雇告知制限法（再三の改正があり，最近の改正は2003／2004年，これにより少し分かりにくくなっている），1952年の事業所組織法（改正法は1972年）。1954年には，連邦労働裁判所がカッセルに設立された。その初代長官は，ケルンの法学者ハンス・カール・ニッパーダイである（労働争議に関する，最初の基本的な連邦労働裁判所の裁判は，彼を大法廷裁判長とする1955年1月28日判決である：これはストライキに集団的労働法の根拠を与えている）。

労働法の早期の発展は，「奇跡の経済」の時代になされ，ルードヴィッヒ・エアハルトによる1948年の通貨改革と強制的な経済政策の放棄により可能となった。これは，戦争により壊滅状態にあった国土の急速な再建のために有利な突破口となったし，こうした状況が，当初のきわめて低い賃金と長時間労働を可能にした。社会的な修正を行う自由主義的な基礎に基づく経済システムは，社会的市場経済といわれている（エアハルトには何らの概念的基本原則はなく，それは「すべての者のための福祉」であった）。

2. この二つの要素は，基本法の中に見られる。一方は基本法14条1項の所有権の保障，基本法2条1項と12条1項の企業を含む行動の自由と職業選択の自由である。他方は，20条1項の社会国家であり，できる限り，15

A. 労働法と経済

条により社会化を行うことである。社会的市場経済の概念は，憲法上の地位を獲得しなかったとはいえ，政治的に決定的な成功を収め，長くこれに反対してきた社会民主党（SPD）が，1959年のバートゴーデスベルク綱領でこれを採用した。このダイナミックな導入は，賃金上昇と結びついた年金の上昇をもたらし，その保険料（分担金）の財政をも含み，財政の均衡を欠くことになった。その結果，1957年1月22日の「年金新改革法」が，キリスト教民主・社会同盟と社会民主党（CDU／CSU，SPD）の大連立政権のもとにおける圧倒的多数の同意により公布されたが，当時の経済専門家による将来の財政危機の警告，とりわけ，人口変動（当時は「ピル」の発見は何人も予測できなかった）があったにもかかわらずである。1969年には，労働者に対して疾病の場合の賃金継続支払法が通過した。

3　3．ドイツの東の部分は，後にドイツ民主共和国（DDR）として国家承認されたが，生産手段に関する私的所有の抹消の下で，ソ連の支配下で共産主義原理に服した。これは，1945年以降，産業と大土地所有の没収のみならず，手工業，商業，農業の社会化としてほぼ完全に行われた。その結果，民間の使用者は消滅し，労働関係は単に国家ないし国家政党の支配する組織との関係に存立基盤を持った。それとともに，いかなる「搾取」も不可能となるべきであったし，とにかく，カール・マルクスの純粋理論（1848年の共産党宣言「その鎖より他に失うものは何もない」）に従うこととなった。現実には，ドイツ民主共和国の就労は，西ドイツの被用者とは反対に不利であり，しかも——この場合，適切な表現としては——構造的に[1]不利となっている。

(1) 「構造的」とは，被用者が劣勢である（支配下に置かれる）ことをいう。BVerfGE 84, 212, 229（1991年6月26日のロックアウト裁判）＝ EzA Art. 9 GG Arbeitskampf Nr.97. 批判しているのは，*Adomeit*, Die Agenda 2010 und Arbeitsrecht, 2004, S. 44.

4　東ドイツの就業の法的地位における欠陥は，はっきりと回想することができる：①自由に設立され，国家から独立した労働組合の代表がない，②絶対的なストライキ禁止（それにより，1953年6月17日の，もともと建設業の労働ノルマに対する抵抗であった大きな運動が東ベルリンのスターリン並木通りで消滅した），③自由に選出された事業所委員会による従業員の利益もない，④

ごく限られた言論の自由，すなわち職場または事業所外で労働条件や環境条件を批判する権利がない。やはり欠落しているのは，国家政党の権力独占というレーニン主義の教義による，保障された裁判官の独立を伴った労働裁判所裁判権であり，これは，権力分立という政治国家の理論（*Montesquieu Vom Geist der Gesetze, 1748*）に反するものである。結局，共産主義は，単なる経済メカニズムによって社会を停滞させることを明らかにした。自由な競争は，良い労働力をめぐる企業間の競争をも意味し，各事業主にとっては，応募者にとって魅力的であり，また独力で，できる限り改善をして，今いる従業員を満足させなければならない。しかしそのためには，求職と求人のある労働市場がなければならないが，東ドイツではこのことが知られていない。全体として，シュンペーターの予言（Sozialismus, Kapitalismus und Demokratie, 1942, UTB-Band Nr. 172）が真実であることが証明され，マルクス主義では，対抗勢力を粉砕するには，独裁が避けられず，真の変化への何らの展望も存在しなかった（東ドイツの雑誌「Arbeit und Arbeitsrecht」に関しては，編集者 *Brigitte Udke* の下での，*H. Weber* NZA 2006, 421）。

Ⅱ．1980年代の変化と問題点：グローバル化と危機

1．西ドイツの 1970 年代は，まだ楽観主義により特色付けられていた。[5]「より以上の民主主義を敢行する」とのスローガンにより，社会民主―自由連合政権のブラント・シェール連立内閣は，1972 年に事業所組織法の拡大を，1976 年には大企業での共同決定法を導入した。しかし，1975 年以降，世界経済での西ドイツの関与は，（最高で 13％）下落し始め，輸出において，最初の落ち込みが特に造船業に現れ，失業の増大が問題となった。世界貿易，これにドイツは絶大な輸出の結果を得ているのだが，そのグローバル化した性格から，新たな競争相手，例えば，「虎の諸国家」，日本，韓国，台湾などとの競争関係に入ることによる危難が待ち受けていた。我々は，生産の海外移転，すなわち，職場の「輸出」ということに何ら用意がなかった。1983 年に連邦議会議員の H. ゲオルゲは，その意見書「失業と，就業・労働市場システムの危機について」を出版し，解雇制限と賃金継続支払いを疾病のケースに限定するという提案を行った。連邦議会での激烈な討議の結果，

A. 労働法と経済

1985年に有期労働契約を締結しやすくする就業促進法，今日，これはさらに，拡張され，2000年のパートタイム労働・有期労働関係法の構成要素となり，さらに転じて，解約告知制限法を緩和する2003年の労働市場改革法に至ったのである。就業促進の原理は今日，現行労働法の社会的保護思想の対極にある。

6 　2. 東ドイツは，1980年代他の東欧ブロックの諸国同様不況が続き深刻化した。そこでは，作為的な情報の遮断により，今日のハイテクに圧倒された世界の発展に後れをとった。1975年のヘルシンキ人権宣言は希望を生み，東欧ブロックからの離脱者を勇気づけたし，それだけ，西欧では欧州連合（EU）により連合国家へのコースを強めることになった。マルクス主義の純粋理論はますます信頼を失っていった。イタリアやスペインでは，修正共産主義が生まれた。ダンツィッヒのレーニン造船所の労働者が蜂起し，対抗勢力の連帯労組を立ち上げたが，これが警鐘となった。それでもやはり，モスクワでの驚くべき政策変化（ペレストロイカ）が生まれ，1989年11月9日には，ベルリンの壁が崩壊した。

Ⅲ．ドイツ再統一の労働法上の問題

7 　東ドイツの就労者のほとんどは，当然のことながら西側の生活条件への速やかな適応を期待して，平和的にその大改革に加わった。すなわち，堅実な西側のマルクに賃金が格上げされ，西と同等の消費，実際に自由に使える自由時間（週35時間労働，より長い年休），さらには自らの利益の自由で，公的な代弁者を得ることになった。1990年7月1日には，両独の通貨・経済・社会同盟が発効し，西側の集団的労働法を導入した。それとともに1990年10月3日には，西側の法律がほぼ完全な形で適用され，東ドイツの法律は歴史的なものとなった。両独統一条約の約束において，「できる限り早期に」労働契約法をも考慮された労働法典が制定される（30条）ことになっていたが，今日まで未だなされてはいない。

8 　労働法は，存在したが，欠落していたのは使用者である。共産主義の教義

III. ドイツ再統一の労働法上の問題

の信仰から，私的な企業は階級の敵として戦われなくてはならなかったし，まだ残っていた職業身分の代表は，社会的に望ましいものではないとして，排除され，追放され，一部には解散させられるべきであった。また，請求の相手がいない間は，労働法的な請求（賃金，就労，年休，賃金継続支払いなど）として理論的であったものが，今度は実現されなければならなかった。民間企業の新設は，経済統合の事後的承認によるものであれ，また，その取得や新設によるものでもあれ，ことのほか困難を極めた。完全な従前の企業の復旧は，現行の補償法規によっても失敗に終わったが，従前の所有者の遺産などによっても，現実の投資の用意を確実に実現できなかった。東ドイツの総産業所有者の譲渡におけるヘラクルス的任務は，信託庁に委ねられたが，企業の市場がその膨大な範囲（約8,000の単位で存した）では何ら成立せず，通常の条件では全く処理できなかった。東ドイツで典型的な，ほとんどの零落した工場では，誰も具体的な興味をもたず，せいぜいががらくた同然の不動産を安く取得することでの補助金取引への興味でしかなかった。信託庁の管轄内では，200万人の雇用が失われた。企業の新設の計画は，産業上の環境不備や不適当なインフラのゆえに失敗に終わった。これらの障害の一つに，旧西ドイツが50年代の経済発展のなかでもなしえなかった，過度に発達した労働法がある。

　直ちに，雇用の破局状況が起きた。これは，協約政策によってより厳しくなった。それは，団体が，西側から指導されて（特に労働組合は，さしあたり旧来のシステムを引き継いだ基盤の上にあった），急速に，100％の西側と同一の賃金獲得を急がせたことによる。金属産業分野では，こうした調整は段階的な労働協約により1996年にすでに完了しているはずであった。東の賃金は1対1の調整により1990年代半ばに，〈自由な為替相場とみなされ，〉すでに4倍，また時には300％にも及ぶ賃上げがなされ，加えて数年以内にさらに3倍の調整を受け入れざるをえなかった。その理由は，通常名目上以前は西の3分の1の水準であり，その結果12要素から見て数倍となっており，1000％以上の上昇となった（Sinn a.a.O. S. 193の統計によれば，東ドイツ時代の労働者一人あたり実質賃金は平均で，西ドイツの7％にすぎなかったが，1995年には，約85％であった。西ドイツの労働者は1989年には，平均3,000マルクを

得ていたが、東ドイツの同僚は 1,000 マルク、西ドイツマルクでは約 250 ドイツマルクを得ていた）。こうした戦略は、経済の基盤を失わせたが、これは西側のエゴイズムによってのみ説明でき、そのエゴイズムは、一つの国の中に、低賃金領域を存在させ、存続させることを——およそどんなことがあっても——避けようというものであった。

　「いずれにせよ、〈連帯〉のラベルを付けることにより協約交渉はうわべだけを取り繕うことになった。連帯によって、西ドイツの協約交渉で可能であったすべての点が、何年か後に基金を集めて、東ドイツに拡大されることになった。その結果、犠牲は、任意でもなく、税制上の〈連帯基金の分担金〉により、そして国の債務への個人の分担によってもたらされねばならなかった〈これは東ドイツについても同様〉。」

10　こうした軽率な措置の結果として、協約制度は損なわれた（さほどの考慮もなく、人は、「企業横断協約」は多くの場合に損なわれたし、いずれにせよ、あまりにも弾力的ではないと言う。しかし、かかる労働協約は、私的経済においては存在しない。定着した実務に基づき、まず、経済的に良好な状況にある協約地域である——北ヴュルテンベルク・北バーデンで、争議の有無にかかわらず合意され、これが、モデルとしてすべての地域で次々に受け入れられ、産業別領域で、統一的労働条件となったのである。これは企業にとって統一的な競争条件の利益になるものである）。東ドイツの各州においては、さらに低い協約水準で賃金が支払われた。それは、合法的に、使用者が使用者団体に加盟せず、何らの企業内協約もないか、または特に建設産業で非合法的に協約を適用しないことによるものであった。金属労組の週 35 時間の獲得のためのストライキは、2003 年夏に敗北し、その目論見は外れた。同時期に存在した多い失業者数に直面して、「東の再建」も失敗したと不満が語られた。大多数に給付されていた過去の失業扶助の減額を伴う 2005 年初めの失業手当金Ⅱの導入（「ハルツⅣ」）は、不安をもたらした。

Ⅳ.「雇用のための同盟」、生産拠点確保

11　法制度としての労働協約は、本来、硬直的なものではなく、あらゆる他の

IV.「雇用のための同盟」，生産拠点確保

契約同様，その有効期間中であれ，契約当事者により変更されうるものである。変更された条件が当該協約適用対象被用者にとっては劣るものであっても，それにもかかわらず新たに創られた秩序が適用される（「秩序原理」）。これは，過去には単に理論的な可能性として存在した。しかし，1993年フォルクスワーゲン（企業協約が普通であった）は，ますます収益上の損失がひどくなり，大量解雇を避けるために労働時間を週28.5時間に短縮し，過度にはならないように報酬の節減を行った。フォルクスワーゲンは，労働協約において，アウトサイダー（金属労組に非加盟）への適用を「合意した協定と措置によって確保する保証」という義務を負い，その実行義務を負ったのである。フォルクスワーゲンは，確かに特別で，株式保有において国の比重が高い。一般的には，ドイツの労働組合は，経済危機を協約上の条件切下げによって受け止め，信仰となっている週35時間労働をゆるがせにはしようとしない。労働組合の考え方は，しばしば，弾力性に欠けると批判されている。

その故に，被用者の他の代表である事業所委員会が注目される：事業所委員会は，現場で活動しており，具体的な問題状況を良く知り，その存続が事業所（企業）の存続にかかっていることを承知している。事業所委員会も，労働条件を事業所協定により，使用者と協議できるし，差別なくすべての被用者に適用され，ここではアウトサイダーは存在しない。 12

しかし，著名かつ評判の悪い事業所組織法77条3項は，事業所委員会に対して労働組合の厳格な優位を与えている。賃金（またはその他の労働条件）が「労働協約により規定されている場合，もしくは，通常規定される場合には，事業所協定の対象となりえない。」これは，（大きな例外であるが）協約がこのような事業所協定の締結を明文で託している場合，つまり「協約開放条項」を設けている場合にはあてはまらない。超事業所組織，とくに労働組合は，基本法9条3項所定の団結の自由の特別の保護下にある。独占的地位を有する協約のカルテルとしての効力は，意識され，意図されたもので，競争制限禁止法の憲法上の例外とされている。

協約規定が任意に処分できない（不可変更的）ということ，つまり，協約が「直接的かつ，強行的に」協約当事者の両サイド，すなわち労働関係の 13

A. 労働法と経済

当事者間に適用されるということは、自明なことである。労働協約と異なる合意は、被用者個人に適用することが許されない。労働協約は、被用者保護のために存在し、彼に予測される弱い交渉力を補うべきものであり、それゆえ労働組合（事業所委員会ではなく）は、ストライキ権をも有する。しかし、開放条項とともに、第二の例外がある：「規定の変更が被用者にとって不利にならない場合に、そしてその限りで、協約と異なった協定が許される（労働協約法4条3項）。「有利性原則」である。具体的には、協約より多い賃金は常に有利であり、より少ない賃金は常に不利である。しかし、その調整のために、たとえば長期にわたる雇用保証といった多大な利益が保証されている場合は、どうなるであろうか？　この問いには、今日まで激しい議論がなされた。巨匠ガミルシェクは、労働協約の厳格な適用を擁護し、法律家は「教条主義者の汚名を背負い、状況がそれほど一義的でないようなケースでは……遠方効果を思い起こさざるを得ないが」、そうでなければ、「下に合わせるべきである」と述べており、ひじょうに注目すべきである。

14　実務の発展からは以下のようなケースを知らねばならず、決定的な原則をマスターしなければならない。
- ●アイビーエム　1992年の分離設立：コンツェルン内に新しい子会社が設立（企業分割）され、それにマイクロチップ製造の主要部門が移された。これらの会社は、使用者団体に加入せず、協約拘束力の枠外におり、一部事業所委員会の関与のもとにコスト節約的な賃金協定を結んでいた。就業は、三交代制により行われ、24時間7週日、つまり休日にもなされていた。その一部会社の設立は、純粋に会社上の事柄であり、労働関係は民法613条a1項により新会社に移っている。労働協約は、1年後に「被用者に不利な内容で」変更されなくてはならない。事業所組織法77条3項は、事業所委員会が「協約で通例行われている」という観点からのみ、事業所協定の締結を妨げることができるし、その場合にも、有効な契約全体が残ることもあろう（包括的承諾）。当時は金属産業労組（IG Metall）と対立するドイツ職員労働組合（DAG、今日ではヴェルディー：ver. diへ吸収）があり、労働時間に関する労働協約の締結の余地があった。

Ⅳ.「雇用のための同盟」，生産拠点確保

● オペル　1993年：取締役会と中央事業所委員会との間で，「生産拠点確保協定」が，4年間の効力を有する事業所協定として締結された。その間，契約で賃金上昇を制限することが予定された。これは，従業員の賃金，俸給が協約により規制されていることから容認された。しかし，将来的には賃金上昇は3分の2実現され，3分の1は協約外賃金（賞与）に計上されるはずであった。企業側はその合意の有効期間中，事業上の理由による解雇をしないこととしていた。協約賃金の計算は問題とならなかったので，事業所組織法77条3項に違反することはなかった。2004年に，この条件は満たされないことが明らかとなった。

● ヴィースマン　1996年：経営陣から，週35時間から週38時間への賃金の調整なしでの3年間に限っての延長を，事業上の解約告知の放棄，給与の引下げをおこなわないこと，ヘッセン州の生産現場を維持し，チェコに移す計画の停止を交換条件として提案があった。これに対して，事業所委員会の多数派（9人の組合員に対して14人の非組合員），そして質問された従業員の96.4％は，それに同意した。IG Metallは，事業所委員会の多数派のメンバーの解職を，そして使用者に提案の中止を要求した。マールブルク労働裁判所は：これは，事業所委員会の重大な義務違反に該当するが，過失はなく，それゆえ事業所組織法23条の除名理由にはならず，ヴィースマン社に対する差止請求は認められない。法的紛争は，フランクフルト・マイン州労働裁判所の調停により終結した。その裁判長は，「世界市場は，ドイツの労働協約法をなんら考慮しているとはいえない」と述べている。

● ブルダ　1996年：2,300人の従業員を有する大規模印刷業において，従業員の98.5％の賛成を得て，雇用確保が合意された。IG Metallからの効力停止請求は，第二審において棄却されたが，連邦労働裁判所第一小法廷1999年4月20日の裁判で完全勝訴した：「有利性の比較は，テーマとして関連性のない対象の場合，方法上不可能である。本件では，一方が労働時間の延長であり，他方が就業の確保の約束，すなわち『リンゴと梨』が比較されることになる。それを少しでも許せば，強行法である協約法の効

力が、実際には個々の使用者にとって任意的なものになってしまうであろう。」連邦労働裁判所は集団的原理を厳格に守っているが、それは、2003年のCDU・CSUとFDPの法律草案により、またアジェンダ2010の枠内でのシュレーダー首相の要請によって協約へ開放条項を導入することで、その「雇用のための同盟」というテーマを政策的に現実化させるものである。

18 ●ジーメンス　2004年：ブホルトとカンプ・リントフォルトの携帯電話製造工場の補足的労働協約のケース。2,000の職場のハンガリーへの移転が迫まり、5年間に2億ユーロのコスト上の利益となり、最初の機械装置の解体時点がすでに確定されていた（両製造拠点での製造は、研究と開発を結びつけて携帯電話の開発を、ドイツで行い、移転は、避けられないものされた）。国外移転を止めるためには、ジーメンスは、週40時間労働に戻し、その代わり13ヵ月目の報酬のような、業績や成果に見合う利益分配による補足的な年休手当で対応するとした。このような労働協約が、金属産業使用者とIG Metallのノルトライン・ヴェストファーレン支部との間で締結された（企業適用の労働協約）。一つの「添付文書」で、ジーメンス社は追加の声明を行った。

　すなわち、「生産拠点の将来的な展望を好転させるために、以下の措置をとる：外部委託してきたコンサルティング業務の内部化――新製品のための投資として、数十万ユーロ（計画では30万ユーロ）の投資を2004～2005年度に行う。――第三世代携帯電話の重要な開発とその定着」

　管轄を持つ協約当事者間で、切り下げする合意をしたので、「秩序原則」により、何らの疑問もなく適用が認められる。考えられることは、コンツェルン内での平等取扱いに関する労働法上の問題が生じることである。1年後に生産部門はアジアのコンツェルンに買収された。文言上は、何ら「企業移転」ではなかった。

　ちょうど、この改訂版が印刷にまわっている最中、右のアジアのコンツェルンはドイツ企業について倒産を申請した。この場合、ジーメンスは、該当する被用者に職場を提供し、あるいは補償金を支払う義務を負う。一定の要件のもとに、この点で、法的義務がありうる。とりわけ企業の譲受

Ⅳ. 「雇用のための同盟」，生産拠点確保

人の倒産が，譲渡の際に見込まれていたような場合にである（Rn. 486, 1008 参照）。

●ダイムラー・クライスラー　ジンデルフィンゲン　2004年：取締役会は，中央事業所委員会に，製造（その中には，新モデルのメルツェデス・Cクラスも含み）の維持のために，6,000人の従業員により，年間5億ユーロの節減計画に同意すること，もしそうでなければ，ブレーメン工場か南アフリカのニューロンドンへの移転を行うという提案があった。人件費は他のいくつかの工場（たとえば競争相手のBMW）に比べてきわめて高い。その問題について争っている間に，1時間当たり5分の「シュタインキューラーの休戦提案」があった（取締役会は，あまり，駆け引きの上での「シュヴァーベン的症状」に触れなかった）。

この点は，一義的ではないが，2004年の協約交渉による開放条項には（全く一義的ではない），次のように書かれていた。
「社会的，経済的な結果を考慮して，異なる協約規定によって就業の展開を持続的に改善することを確実にすることが必要であれば，協約当事者は，事業所内の当事者との共同の協議によって規定に合意するか，一致して（どのようにか？）協約上の最低水準から期限つきで逸脱することになろう（たとえば，賃金の調整の有無を伴い労働時間を長くしたりあるいは短縮すること）。」

中央事業所委員会は，——IG Metallの了解の下に——，経営側と交渉し，労働組合にのみ認められている争議手段という圧力手段（交代制の労働の中止）を行使できる。この結果の合意により，2006年の総給与所得は，すでに合意していた賃金上昇放棄の結果，2.79％減じた。研究開発部門の例外はあるが，週35時間労働は，維持された。これらの企業からなる大コンツェルン（16万人の従業員）において，コンツェルンレベルでの雇用保障（どのような専門家でも説明できない，特に有名になった自動車製造会社の膨大な拡張に関する中国での計画に関して）は2012年までであった。これと並んで，取締役会は自己の10％の賃上げ放棄を表明した（これは，労働法の領域外であり，付加書面に記されている。取締役は被用者ではない）。

22　それは，特に大事業所の領域に対する労働条件の変化への新しい動きとなった。それでもって，存続する協約法が保証され，法改正は必要でないとする結論を引き出すのは早計であろう。ダイムラー・クライスラーやジーメンスは，社会政策的には高い位置にあり，常に公の光の中にあって，そこの労働組合とは，完全な共同決定の下に条件が形成されている。協約開放条項は，当事者団体の同意の下に，労働組合に集中的な政策上の決定を結果としても求める権限を与えているのである。中小企業においてどのくらいの受け入れ余地があるかについては，その下請け企業においても，いまだ期待されているところである。

　労働紛争の新たなタイプとしては，明確に以下のように指摘される：使用者側がイニシャティブをもち，――労働条件の切下げに関して――使用者の圧力手段としては不必要なロックアウトではなく，企業移転であることになる。

　再三論じられた「労働協約自治の限界」（*Biedonkopf* 1964）は，以前はどのくらい有利なほうに働くかであったが，今日では不利なほうに働いているかにある。

V．2000年以後の改革の努力

1．第一段階：シュレーダーとブレアの1999年文書

23　20年来，われわれの隣国がそれぞれの経済・社会政策をもって――EU（欧州連合）の言葉でいえば：政治家がグローバル化やハイテクへの挑戦をどのようにして，そして何のために現在よりもさらに公平に対処できるかという議論をしている。1982年，スペインの社会主義政党（党首フェリッペ・ゴンザレス）が圧倒的多数でリベラルなプログラムを掲げて加入し，成果を獲得した。イギリスでは，M・サッチャーの豪腕で実施された改革は，英国病を克服し，それに続く労働党政権によって完全に維持された。トニー・ブレアとシュレーダーは，1990年「ヨーロッパ社会民主主義前進への途」というタイトルのテキストを提出したが，それは，O・ラフォンテーヌの支持者からは恐ろしいほどネオリベラリズム的だと思われた。

V．2000 年以後の改革の努力

　「サッチャリズム」と「レーガノミックス」はなんらかのインスピレーションから生まれたものではない。両政府の社会民主主義者は，市場と経済に関する自由経済が「国富」（アダム・スミス 1776）の達成を配慮するものであるのに対して，深刻な経験から（かつてのアルゼンチン国家のように）国が危殆に瀕する前に，国の介入と官僚制をもってしても福祉国家では，市民の幸福の達成がわずかしか達成されないことを理解していた。「社会民主主義者や労働党は，極めて印象的に歴史的成果を示すことができるのであるから，われわれは，社会や経済での新たな挑戦に対し今や現実に有用な（！）答えを示さなければならない」。政治的な左翼政党は，言及するであろう。「彼らには何が必要か：たくましい，競争力のある市場経済の枠」であると。

　このような意味において，「市場のコントロール機能」が認められ，これは政治により「補完」されるが，その機能を「阻むこと」があってはならない。生産物の市場における競争と開放された通商は，「生産性の向上と成長にとって本質的に重要である。」EU は一層「世界の通商の自由化」に踏み込むべきであろう。現代的な経済政策は，「働いているものの実質所得の向上と，同時に使用者にとっては，労働のコストの低減」を目的としている（！）　それは，企業を創業し，新規に従業員を雇い入れることにより個別には容易になされる。そのためには，政府の負担の軽減も必要である（!!）「税と社会保障の制度は，人々の利益のために存在し，雇用を保障することを確保しなくてはならない（怠け者は不要である）。」それに加えて：「労働市場は熟練度の低い職場を稼働するために低賃金の部門を必要とする。」

　この「文書」に欠けているのは，当事者がこの政策転換を認めるがゆえに，両当事者のサイドで議論して結論に達した積極的な社会ビジョンである。

2．2010 年アジェンダと解約告知制限

　社会的観点からの，このような自由主義的な構想から，連邦首相シュレーダーは，第二のルードヴィッヒ・エアハルトとして，経済史を書くことができたのであろう！　2002 年に再選された社民・緑の党の連立政権は一定の軌道修正の必要性のもとにあった：それは，絶望的な社会金庫，同時に存する高失業率，停滞する成長率，頻繁に起こる倒産，一層広がる不満の状況下

にあった。少なくとも，国の新規債務比率を減ずることなど（決して債務とはいえない）は，再三にわたる財務省の試みは不成功に終わった。しかし，税収は，十分とはいえないところを，行き来している。計画的な「変化への勇気」はそれほど十分ではなかった。なかんずく，アジェンダの労働法的な部分は余り手が付けられず，解約告知制限法については論じられたものの，なんら決定的な手入れはなかった。その反対に，コールの時代から行われた舞台装置が再び持ち出された（1996年「労働法の就業促進法」）が，それは，社民・緑の党連立政権からは当時の立法手続きのなかで批判され，1998年の選挙で社会を解体するものとして非難され，1999年直ちに「修正法」によって削除された。納得できない，わずかしか実体のない，ほとんど効果のない解約告知制限法1条の修正は，その廃止後もはや誰からも顧慮されず，今や「死者の霊」（*Löwisch*）になってしまった。唯一一般実務にとって重要な改正，すなわち「5人以上」から「10人以上」の従業員への解約告知制限法の適用限度の引き上げ（23条，過去に設定された労働関係の存続保護）は，アジェンダのプログラムに由来するのではなく，議会の調整委員会で「労働市場改革法」の中に導入されたもので，明確な政治的責任のないものであった。

3. 失業手当金 II

27　唯一のアジェンダによる真の改革といえるものは，失業保険法に関するもので，——シュレーダー・ブレア文書に合致しており——，広く低賃金部門への導入によるものである。これはラジカルな改革といえ，いまや2005年1月1日の施行以前から，とりわけ旧東ドイツで社会不安を引き起こしている。誇張していえば，異なる共和国を統合したが，それはわれわれの社会的国家として新たに定義されようというのである。

　最初に，これは，認識するのがむずかしいので，ハルツ改革の多くの詳細な点が，社会法典の各部分に取り込まれた。職業紹介の改善策は2001年から2002年に約束されていたが，連邦雇用庁は，連邦雇用エージェンシーとなり，より官僚的でない，新たな組織となっている。「労働市場の現代的なサービス提供」がもたらされるべきであったが，そのために，フォルクス・ワーゲン社の人事担当取締役としての優れた建設的な考えを提起したペー

V．2000年以後の改革の努力

ター・ハルツ（後に腐敗非難で解職）が率いる委員会があった。この委員会の報告書に基づき，四つの個別法がある。その第2法は，低賃金領域での短時間労働に関する規定をおいている（社会法典第4編8条）。こうした「ミニジョブ」はあっという間に広がり，この従事者は失業者ではなく，稼得者と考えられた。この深謀による切り口は，失業手当の給付期間の短縮につながり（2006年以降の新規事案に関して），従前最大限32ヵ月であったものを，現在は，12ヵ月に，55歳以上のものについては18ヵ月に短縮している（社会法典第3編127条，適用は45歳以上）。

この限界に従って，以前には失業扶助を受けたが，「ハルツⅣ」がそれにかわり，稼働可能な社会扶助の受給者であっても，「失業手当金Ⅱ」を充てて，両グループ（合わせて概算300万人と見積もられたが，驚いたことに420万人に増加した）は，2005年1月1日から社会法典第2編の「求職者のための基本保障」によることになった。短くいうと，失業扶助と社会扶助は，一つになった（稼働能力のない社会扶助受給者を除いて）。共通するのは，職場が埋まらず空いていれば，両グループは，職業紹介により，救われるべきであろう。違いは，次の点にある。第一のグループは，保険料財政による保険給付を請求するのであり，第二のグループは，国の保護給付を受けることになるが，この点に関しては，さしたる問題ではない（生命保険を解約する必要と，配偶者と生活上のパートナーに関しては，保護の必要により調整される！）。

「要求と助成」は，社会法典第2編の新たなスローガンである。要求されるのは，自己責任の強化である。なんびとも生涯にわたって，若い世代を容易に破滅に陥れる「補助」を得るべきではない。扶助を必要とする者には，あらゆる労働が期待でき，過去の報酬や証明書も，また肩書も重要ではない。地位という考えはタブーである。仕事の提供を拒否する場合には，規則どおりの給付は極端にカットされるし，その給付はなんら高額のもの（単身者345ユーロ）ではない。その仕事が，良俗に反するほど低賃金で紹介されない限りというのが限界であるが，連邦労働裁判所2004年3月24日の裁判では，賃金が従前の社会扶助以下であるだけでは良俗違反とはいえないとしている。社会的安全ネットは，いっぱいに張られるべきであるし，緊急性なし

A. 労働法と経済

にそこに止まるのは快適ではないであろう。追加給付である住宅費，暖房費に関しては失業給付法Ⅱで決められているが，通常低賃金領域では，実際働こうとの用意のある場合にも減額されている。法定最低賃金としての要求（時給7.50ユーロ，ドイツ労働総同盟（DGB）2006年5月大会）によりこの額はさらに低下している。約束される助成は，必要の対象として十分であるかどうかは，むしろ，仕事の紹介がうまくいくか否かにより，財政的破綻が避けられるのか否かの点では，ますます疑問が深まっている。（2006年3月24日の最初の改善）。

30 労働組合が上の制度により低賃金を認めることに特に憤慨する場合，とにかくSPDとの結束を解消するであろうし，それは良くわかる。しかし，労働組合が恐れなくてはならないのは，その**協約自治の制限**であり，これは，法的なものというより実際上のものである。従来，いかなる協約政策であれ，たいへん広範囲に及んだ要求が貫徹された場合でも，技術的に達成された生産性向上を超えて，それにより生じ，あるいは増加した失業が財政的に抑制されてきたために，社会政策的には何らひどい結果にはならなかった。それには，ドイツ連邦（最初は西）の多額の給付が必要であり，その失業者を全くの困窮にさらす必要はなかった。昔の時代の飢餓革命を考えてみるとよい。しかし，再びそれにより，場合によっては経済によって克服できない労働組合の高賃金政策についての有効な集団的コントロールがなくなってきた[2]。低賃金グループに対しては，たとえば，IG Metallは，規則的な社会的特別手当を獲得し，こうして底上げされた賃金上昇を実現した。しかし，次のような結果をもってである。すなわち，まさしく単純労働（経済学者は限界供給者という）が過度に評価されているとみられ，もはやそれを求める必要のない状況であり，自動化や合理化で簡単に置き換えられるという結果をもたらした。そうして生じたのは，解約告知に対する「差し迫った企業の必要性」である。このような責任の関連は，簡単には認められるものではなく，当然ながら，その原因を与えた者から明らかに反論されるものである。共産主義者であるリート歌手のエルンスト・ブッシュは，そのバラードの中で，価格維持のために何百万トンという生のコーヒー豆を海に投げ込んだブラジル政府の以前の恥知らずな資本主義的なコーヒー政策をやり玉に挙げて非難

V．2000 年以後の改革の努力

した。

「あまりに多くのコーヒーが地球上で生産され，ツェントナー（50 キログラム）でも，少ししか稼げない。だから，半分の収穫を水の中に投げ込むのが，世界常識さ。」

経済学者のハンス - ヴェルナー・ジンは，我々の労働組合の指導部のエリートが，人間的な労働力をそのままに扱わざるを得ないので，この歌の文言を肝に銘じざるをえない。「生産的でもなく，その労働によって協約賃金の限度ぎりぎりで価値を創造しない人間は，無為に時を過ごすことを余儀なくされている。」

(2) EU と当時の加盟候補国について，最初の EU 統計の 2000 年からの開始後，製造業およびサービス産業における時間当たり賃金は，ドイツについては 26.34（EU 平均では 22.19 ユーロ）と計算されていた。28.56 ユーロのスウェーデンと 27.10 ユーロのデンマークのみがこれ以上であった。これとの対比で，ポルトガル 8.13 ユーロ，ポーランド 4.48 ユーロであった。また，中国は 1 ユーロ以下であった。

事実，これは人間の本質的むだ遣いはまったく別にしても，資源の浪費である。「限界供給者」の生産性は，それが常にゼロより幾分か多いだけなので，これが何百万もつもれば，実質上社会的な生産として寄与するところはわずかのものにすぎない。これに代わって国民経済は補足的な負担を課している。「失業保険金受給満了者が結果的に消滅しなかったとしたら，彼らはわずかのプラスから膨大なマイナスになる側にのみ変わる。……労働市場と社会国家との緊密な結びつきにより，働かないものすべては，国民経済上の帳じりに反対側につくことになる。何らの幸福を作り出さないものは，滅亡する」（*Steingart* S.96）。これから，循環論が始まる：人工的に作り出された失業は社会国家のコストを増加させ，このコストは働く者のみに課せられ，労働の価格を上昇させ，その結果，危険領域をはるかにこえる広範な限界ケースをもたらし，採算がとれないことになる。

もちろん，コンビ・ローンによってのみ，低賃金は社会的に是認できるが，失業手当法 II の給付部分での生存を確保するに足らない賃金を補うことになる。これは，確かにその意味するところは，正当ではないとしても，それは低所得者への補助給付になる。「1 ユーロジョブ」については，140 時間あた

り，140ユーロの補助金が月々支払われ，それが200ユーロになると，これに対しては労働組合の要求に基づく法定最低賃金により，「安く働くより働かない方がよい」という間違った哲学に依拠することになる。

4. アジェンダの哲学

32　一定の範囲からの厳しい批判のもとで，シュレーダー首相は，社会民主党の臨時党大会を開催せざるをえなかったが，シュレーダーは，基本的な「社会政策上の公約」から逸脱して，急がず，そっと断絶していった（Steingart S. 92）。彼がそこで表明した考えは再度繰り返されることはなかった。

その考え（2003年6月1日の演説）を防衛するために，当時のSPDの党首は，特に社会的公正について，高い目標を設定した。これは，特に「社会と民主主義での参加権から切り離されたものではない」とする。「公正な政策な最高の目的は，人が仕事と社会とから排除されることを避けることである。」失業者や社会扶助受給者にとっては，明らかにこのような参加がない。「10万もの若い人々が，社会扶助給付をうけて仕事に就けるよう紹介を受けることができるならば，10万にも及ぶ人の社会と民主主義への参加のチャンスが可能となる。」

33　ここで新たに検討され，論じられていることは，その問題と決して物質的方法だけでかかわってはいないことである。失業者への支払いは膨大なものであるが，仕事もそれ以上多いであろう。現役世代で仕事につくことを要求されず，何ら仕事を果たさない者には，人間としての本質についての貧困化の危機が迫っている。シュレーダーの言葉では，「社会からも尊厳や自己決定のある生活からも追いやられてしまう」のである。それは，少し違うかもしれないが，その危険は実際に存在する。不法な労働により，「雇用関係になく」，所得を得ている者（こうした者は，ドイツではGDPの16％にも及び，まさかではあるが，成長率の5.6％にも達している。Sinn S. 305）に対して，広範囲に及ぶ「支援」があり，徴税がなく，法秩序のらち外で生活している。仕事を辞めてぶらぶらしている者は，法的に誠実に行動しているとしても，ともかく，社会法典第2編の施行以前は「自己責任」の原則のもとにおかれていた！　もっとも，太りすぎ，白痴化，アルコール依存，動けない病気に

より，存在が脅かされていたが，若者は，きちんとした途を歩むことができる。我々の民主主義の政治体系には限界はないし，各人が選挙権を有し（罪人は，刑法 45 条 5 項により除かれる），ちょうど東ドイツの失業者数は，偶然とはいえ，かつての非民主主義的なドイツ社会主義統一党（SED）の伝統から出発した民主社会主義党（PDS）の支持者数に近似している。

　それ故，被用者の法的要請による保護の範囲が，これは，さらに，その上，保護を必要としないもので，それが追加的に企業の社会負担を増すような，非生産的な場合にも，広がっているのに対して，我々は失業者が果たして保護を要するものであるのか見極めなくてはならない。適当な賃金，まずまずの労働時間といった一定の基本的な必要を満たすことに関しては，協約政策が見るべき成果を上げ，世界に注目されている。必要な職場の安全健康保護は，論外である。今日の社会政策は，最大限度で，被用者の特権的な地位における局外者をこの中に取り込まなくてはならない。シュレーダーの言葉を借りれば，「公平だということは，仕事を創出することである。」

VI. 保護原則と雇用促進の原則

　1. CDU／CSU は 1985 年（および 1996 年），SPD は——1998／99 年の防衛的な反応の克服後——2000 年と 2003 年に，ドイツの立法で就業促進法の原則を確立しているが，それ以来，これが従来認められてきた保護原則とならんで，労働法を支配する原則となっている。大連立政権（2005 年 11 月）も失業に対する戦いを，「主要な挑戦」（副首相ミュンテフェリング）という，すべてをその下に置かなくてはならない目標にした（メルケル首相）。この二つの原則は，一見して対立するかのように見えるが，相互に補完しあうものである。保護原則は，被用者には有利に働くが，職場が放棄され，後に再生されないために，簡単に被保護者を失ってしまう。就業促進は，これを調整し，必要とあれば，被用者に有利でなくとも，それによって職場を維持および新たに獲得させようとする。就業促進により，労働法は経済的な思考にふさわしい立場を取り入れている。労働法は，使用者の動機について問いかけたり，およそ使用者たることをおろそかにしてきた。

A. 労働法と経済

「労働法は使用者の存在を前提としており，使用者にさまざまに負担を課しているが，その存在が現状にとどまるか，発展するかに関しては，なんら責任を負わない。」

2003年12月24日の「労働市場改革」法は，たとえ，常にこれに対する抵抗が克服されても，異なった，拡大された見方と結びつけてきた。連邦労働裁判所の50周年の祝賀に際して，当時長官のヘルムート・ヴィスマンは，「日刊シュピーゲル」紙から，彼が，たとえば我が国の産業の変化の結果，職場の不足について共同の責任を感じているかについて問われた（2004年5月2日）。

ヴィスマン曰く，「私は労働法学者で経済学者ではない。もし，企業が海外移転すれば，それは企業経営上の理由からで，私が裁判官としてそれに対する判断をできるものではない。」

協約法が，裁判によりはっきりと職場を見出すという失業者の見通しを柔らげるのかどうかという問いについては，ヴィスマンはいう。「労働法の任務は，使用者と被用者の間の利害の均衡をとることにある。労働法はこの労働関係以外の第三者の利害を目的とするものではない。」

36　この考えは，今日でも裁判官の自認するところである。法律上の方法論——決定的なのは法の奥義，法の目的で，『法秩序の統一』への義務——は今も，今後もとることは許されない。労働法学者は，まず労働裁判官であるが，同時に経済学者たるべきで，いずれにせよ，少なくとも経済学的考えの基礎を研究しなければならない。さもないと，彼が何をなすべきかがわからない。われわれは，事業主に労働関係を解消させるに至る企業経済上の理由を，「緊急な事業上の必要性」として解約告知制限法1条から知るのである。事業所組織法87条による事業所委員会の共同決定は，事業主の純粋な決定をよりどころとするが，その故に，『生産，投資，利益配分その他』とどう関わるのかを知らなくてはならない。失業者は，社会法典第2編で今日では，稼働可能である限り，求職者と考えられるので，労働法の枠外の「第三者」ではなく，待機中の参加者として，できる限り早期に再度労働関係に参入するものと考えられている。このことは，労働法の規範の適用を常に考え合わせねばならず，そのためには経済的な理解が必要である。

2. 経済的な考えは，冷淡なものである。「利潤以前に人間を」とアジェンダに反対するポスターが記している。さらに，こうした誤解があるのは，弁護士ウルリッヒ・フィッシャーで，その論文「経済と労働法」の中でである。フィッシャーは，経済学者にとっては経済のみが専ら重要であり，「連帯，助け合い，自己犠牲」といった価値は存在しない。真実は，巨匠アダム・スミスは，その「倫理的感覚理論」（1759 年）の中で，好意，同情や同胞といった感性を高く評価しているが，しかし，スミスは，私心のない経済制度を構築するようにと警告している。我々はなぜスミスが「国富論」（1776 年）で問いかけているが，パン屋では新鮮なパンを，肉屋ではうまいハムを供給するのが人間の喜びだと知るのか？　否，彼らは，利益（利潤）をその中に見いだしているからであり，またそれだけである（強制経済システムでは否定的に評価されている）。消費者の場合は，誰も彼もが自分中心以外に動機づけられるものだという考えはないであろうし，IT ネットは，極端に言えば，今日的にはその顧客を貪欲な者ととらえている。使用者のみが，思いやりをもって考えるべきであり，連帯，カリタス，さらに新たに再び愛国心を持つことが期待されている。それでもっていかにわずかなものしか得られなかったかは，60 年以来徒弟を職業訓練生へ変えたことによって明らかになる。徒弟は，昔は親方に授業料を支払い，できるだけ早く一緒に働かなくてはならなかった。「仕事をしながら学ぶ (learning by doing)」のがそのプログラムだった。訓練生は，生産的な仕事から意図的に遠ざけられ，理論を詰め込まれ（今では，アジェンダ 2010 でもって施行停止された職業訓練者適正令！），協約によって規定でき，さらに争議の対象にもなりうる「報酬」（何についての？　しかし，むしろ連邦教育訓練促進法にあるような奨学金である）請求権を直ちに有した。それ以来，それぞれの学年の終わりに訓練ポストの不足の苦情が言われ，既に準備されていた法律が，訓練場所のない事業所を強制的な賦課金で脅かすようになった：これは，訓練希望者を重度身体障害者のように扱うものであろう！　そうなるのは何も驚きではないが，思ってもみなかったことである（組織されていない徒弟を優遇するのか？　後記 Rn. 185 を見よ）。

A. 労働法と経済

3. 使用者とその利害のことを，労働法は，従来正確に見たり，承認してこなかった。ひとつの古典的な定義（アルフレッド・フック）によれば，労働法は，「被用者の特別法」であったし，それは，二面の法律関係であるとされた。労働法の特別の保護思想は，被用者のためにあるというのは正しい。企業の固有な労働では――労働法の意味での労働ではなく，自律的な経済行為である――，なんら自己搾取の限界は存しない。病気，（女性事業主の）母性は，なんらテーマにならないし，高齢者扶助も問題ではない。これは，まさに自立の問題である。

しかし，労働法は，使用者が従業員との関係において，こうした機能を充足することができることに留意すべきであろう。社会法典第3編2条（就業促進）によれば，使用者は，そのすべての判断をする際に就業に及ぶ効果を考慮しなくてはならない。労働法は，この点での障害となることは許されない。この重要な点では，1989年から90年にかけて，多くの犠牲者と結びついていたマルクス主義の実験の失敗から結論が引き出される。ともかくも今，われわれは，民間の使用者がいなければならないことを知るべきであろう。その必要な推論は，徹底的に考えつくされねばならなかったであろう。マルキシズムは，その隆盛期には何百万という文献を発刊し，西側でも，1973年のヘッセン州の社会理論の枠組み指針によって，西側の生徒に義務的課題とされた。こうした邪教の世に知られていない終末について，なんらそれに従う文献上の追随者はいなかった。労働法においては，唯一の労働関係を視野に入れる以前においては，まず一度は機会が与えられていても，被用者の保護が決して問題とはならないことが明らかでなければならない。ともかく，企業の創設段階では，保護が少し制限されている：パートタイム労働・有期労働関係法14条2項における最初の4年間，事業所組織法112条a2項による社会計画がそれである。存続している企業での新事業所の設立にとってのこうした概念の拡大は，新製品の受入れを実際に伴うものである。この関係で，解約告知制限法における事業所従業員数の増加がある（2004年1月1日以後10人以上）が，それは，新しい労働関係にも効力が生じる。

4. 「より少ない権利による，より多くの労働を」ということがありえるのか，また被用者保護の引き下げが就業を促進させるものであるかどうかは，

Ⅵ. 保護原則と雇用促進の原則

最も議論のなされている実証─予測上の問題である。解約告知制限法の限界値の引き上げについては，2003 年の理由書や議会委員会での審議において反対する意見がある。連邦議会は，「労働市場改革法」の読会で，その法律から積極的な就業展開が生じるとは信じようとはせず，それゆえ連邦政府にこれを調査させ，2007 年 12 月 31 日までに報告するよう要請した。しかし，因果関係の流れを一義的に確認することは，不可能であろう。人が純粋に理解することでまったく明らかなのは，他人を雇用するために自分の金銭を投入する者は誰でも，新たな従業員を厄介払いするために危惧しなければならない困難の程度に応じて非常に注意深くなるということである。

　事業所組織法は，出産手当金の場合，特別の根拠を費やさずに，使用者の負担に対する見当はずれの規定があるために，被用者（女性）に不利となることを認めてきた。

　これにより，立法者は，基本法 6 条 4 項に基づき，母親のための保護の義務を果たすために，これによりなされた保護規定により現実の生活上差別されない（例えば，それ自体疑問なしとしない民法 612 条 3 項 2 文参照）ように留意しなければならなかった。さらにまた，基本法 12 条により保障されている企業のための職務執行の自由が制限されている。

　「女性が，出産手当金の補助の支払いを使用者に負担させるが故に，採用されない蓋然性がどのくらい高いかは，明確には推し量れない。その負担が，女性被用者の妊娠と関係する使用者の他の負担と一緒になって差別効果を生じさせてしまうものなので，その負担は，憲法上重大である。」

　「その他の負担」としては，連邦育児手当法により「どの範囲で休職することができる保護期間を利用することができるか」についての保護が不確実ではあるが，これにより企業の計画の確実性を減ずることになる。民法 611 条 a の差別禁止は，労働法上の保護における事実上の差別効果に対しても向けられている。たしかにそうなのである！　雇用に対する危険をもつ労働法は，従って単なる幻影ではない。」（BAG 2004 年 7 月 8 日判決）。

　5．就業促進の原則は，解約告知，大量解雇，事業所閉鎖といった一方的な使用者による労働関係の終了を，柔軟な干渉を優先させる「最後の手段」の原則によりできる限り回避させている。社会法典第 3 編 2 条 2 項 2 号によ

り，使用者は，「事業上の措置を通して……被用者の解雇を回避」すべきである。同様に解約告知制限法1条2項も，この不透明な規定の大混乱に気づかないとしても，「被用者の雇用継続が変更された労働条件の下で可能であれば」，解雇は社会的に不当であることとしている。労働関係の簡単な終了，重大な変更ともありえないのである。連邦労働裁判所は，確かに利益の上がらない職場を整理するという事業主の決断を尊重し，終了の意思表示を許してはいるが，しかし事業所全体の採算性が専ら「確信できない」というだけであれば，労働条件を劣悪化する経済関係と適合させるための変更解約告知を許そうとしている。さらに，極端な1998年12月10日の判決：事業所譲渡に関わる合意解約は，特別な正当な事由がなくとも，「被用者の事業所からの最終的な退職の合意があれば許されるが，それに対して合意解約が，職場を同時に維持して労働関係の継続性をただ単に排除することを目的としていれば」，客観的な法律の回避として無効である。それを，誰が納得しようとするか！

リューマチ診療所判決（BAG 2002年9月26日）は，かくも多くの困難な問題をこの理解のために提起している。

「診療所は有限会社として社会保険施設により経営されているが，税制上は公益性が承認されている。何年もの数百万に及ぶ赤字の結果，1995年と96年には合理化鑑定書が出され，サービス部門のアウトソーシングを提案した。これにより，クリーニング，調理，食事の世話などのサービス部門が，新設されたサービス有限会社（以下会社とする）に委託され，この会社には多数の診療所有限会社が参加した。解約告知された者のうち，調理の助手が解約告知制限訴訟を提起した。」

連邦労働裁判所によれば，アウトソーシングはなんら取り消すことのできる事業主の判断ではなかったし，これに対応する解約告知は，従前の使用者が完全にサービス会社から切り離されていた場合には，解約告知制限法によっても批判されるべき余地はないというのである。たしかに診療所が，財政的，組織的にサービス会社と結びついており，「そこにも発言権が及んでいた」ので，その濫用だとみなされ，結論的には解約告知の要件を満たさない。――とはいえ，命の保持上重要な衛生を維持するため，あるいは，診療上の考えにあわせた栄養の必要から，炊事ならびにクリーニング部門への病

院の影響力は残っている。連邦労働裁判所の二者択一：まったく分離するのは肯定。影響力が残っている下での分離は否定，ということは納得できないとした。

6. 立法者は，解約告知を容易にすることにより，それに照応して就業を促進させようとするのであろうか？　かかる政治的問題に対しては安易には答えるべきではないであろう。しかし，これは，唯一の重大な労働法的な変更であり，この変更は，改革法によりなされ，とりわけ新たに解約告知制限法23条によるものである。「一旦健全な良識を借りるとすれば，解約告知の促進による就業促進は，念頭に置かれず，その反対，すなわち採用の促進によるのが有望であると考えられる」（前版Rn. 19）。詳細は，*Hanau* 2005.

採用に関して，より以上の契約の自由を保障することが建設的であろう。良い利益に沿った契約を解約告知する必要はないからである。やはりここでも，立法者が，明らかに労働法を徹底した規制緩和の下にあえて置くことをしていないので，労働法の体系的に熟考した適用ができるはずである。注目に値するのは，求職者にまったく異なる二つの種類のグループがあることである。

a) 問題のケースに関しては，両当事者が，特に負担を調整することができる活動の自由をより多くもたなくてはならない。出産手当金に関して連邦憲法裁判所の論じているところによれば，これは重要な点である。女性求職者とは，妊娠中ないし出産の計画がある（あるいは起こりうる計画をしていない）場合に，不払い休暇の期間に関して，パートタイム労働の主張，保育休暇の義務のある確定について話しがされねばならない。疑問を呈する（「嘘をつく権利」）ことへの労働法上の禁止は，なんらその解決にはならなかった。合理的な企業経営に対して，事業主に盲目飛行やロシアンルーレットを強要すれば，婦人たちに総じて被害を与えることになる。利用し尽くされないのは，現在さらに社会法上二者択一となっている（「リースター年金」）私的保険の可能性である。同様にこうした危険は余暇スポーツ選手に関しても存在する。こうした事故が起きた場合に，使用者に給与の継続支払いを型にはまったとおり課するとすれば，それは重大な不公正であった（ハンググライダー

A. 労働法と経済

のケース)。これは交渉に委ねられるべきであるにちがいない。その労働能力に衰えがあることが心配される高齢失業者は，労働時間のみならず報酬上の低い条件提示も許される。さもないと，応募しようとか斡旋しようとするすべての努力が無に帰する。人は，肩をすくめることになる。計算上協約システムに基礎をなしている通常のケースに応じて，問題となる個々のケースでコストを下げていくことは，人事経済上可能でなければならない。福祉国家は，高齢者パートタイムの補助金や早期退職に多額の金銭をつぎ込み，社会法典第3編217条では，「その仲介が被用者の個性にある諸事情ゆえに困難な場合に」，その被用者を組み入れる際労働報酬の助成金が規定されている。ここではまったくリアリストである立法者は，これを「仲介障害」と呼んでいる。労働法に関する必要な解明は，ずっと以前からなされていない。禁断治療後のアルコールや薬物依存者では，残念なことに絶対不可能ではない再発のために，結局今度は許容される解約告知制限の放棄が認められるであろう。労働法は，保護を示さねばならないだけではなく，必要なことは，自ら更生することに配慮を示さねばならないのである。

43　b) 求職者の第二のグループは，何もないところに保護を行うことは必要ないということである。「法の目的がなくなったときには法もすべてなくなる」(「cessante ratione legis cessat lex ipsa」) とローマ法学者は言う。高い基本給を有するプロサッカー選手は，試合に出場した時の高いプレミア手当も得るが，単なる基本給に従った休暇手当の計算に署名することができねばならない。そうしないと，彼は，グランドでは12番目の選手とみられることになる。ここでも，解約告知制限の放棄が合意されうるに違いない。完全な官吏である教員は，夜間学校での付随時間について解約告知制限の保護を請求すべきではない。特に，このような時間が完全な職場で失業している教師の有利になる場合には，請求すべきではない。あるガソリンスタンドで働いているアルバイト学生は，労働法による請求権を有するが，正規のスタンド従業員に職場がないような場合には請求権はない。差別を理由とする補償請求権は，まじめな志願者や現実に引き下げられた不利益取扱いのために存在する。学生ニルス・ドレムペール のためではない。ザクセン州で雇用されている教師が，学校の研修所へのクラス旅行の前に旅費の請求を放棄した

VI. 保護原則と雇用促進の原則

（そこでの官吏法に明文で規定されていた）が，連邦労働裁判所とは異なり，ある教師を信用し，彼の言質をとった二つのザクセンの裁判所の裁判に従って，彼は，その放棄に拘束されるべきであるとした。ある支店の店長が総額約4,000ユーロプラス成果給を受け取り，私的に使える業務用自動車を探すことのできる店長が，支払うべきリースルートに関して自分の会社と拘束力のある合意を結んだ。予め予見できない「裁判官による内容のコントロール」には制約されないという合意である。社会法において，「期待可能性」が，長期失業の場合に必要性の最低段階に立って目立って厳しく定義されれば，社会法は，労働法においてよりわずかに差し迫った関心事を判断する場合に顧みないということはしない。

　労働法が今日の状態で明らかにしているのは，それがカーニバルの王子の飴ほどにその保護を大量にばらまくことはできないということである。社会的保護は，有意義でなければならない。でないと，その保護は，注意に値せず，その保護の背後に隠れている契約自由が，法的には当然なものであり，憲法にとって重要な利益かつすべての機能する経済の基盤となる。それらすべてから，われわれが望む公共の利益が手に入れられねばならない。

B．労働法：その規定の構成

Ⅰ．労働法の法源

文献：*Bepler* RdA 2004, 226；*Boemke* FS 50 Jahre BAG, 2004, S. 613；
Hanau FS Wißmann, 2005；*Waltermann* FS Söllner, 2000, S. 1251；
Zöllner FS 50 Jahre BAG, 2004, S. 1395.

1．労働法の段階的構造

労働法は**法源の多いこと**によって特徴づけられる。つまり，どのような休暇を請求できるかを知りたい被用者は，以下のものの中にそれに関する情報を求めることができる：

1. 彼の労働契約（これに加えて，後からの取決め，約束のすべて）
2. 事業所の中で統一的に適用されている普通労働条件約款
3. 事業所に適用される事業所協定
4. 管轄を有する労働組合により締結された労働協約
5. そして最終的にはすべてに適用のある1963年の連邦休暇法
6. 連邦休暇法の適用前に，請求権のよりどころを，必要とあれば基本法（憲法），すなわち社会的福祉国家原則に求めなくてはならない！

この順序は，大部分契約によって約束された休暇請求権が最も広範囲にあるがために，実際的理由から選ばれる。

法源の意味と強さの順に並べると，**順位**は逆となる（その際に超国家的法規，とりわけEU法が，より強力に影響を及ぼす）：

B．労働法：その規定の構成

(1) 憲法
(2) 法律
(3) 労働協約
(4) 事業所協定
(5) 労働契約―この場合，書面による契約書に重きが置かれているのではなく，書面であれ，口頭，暗黙の了解（普通労働条件約款に関するか，または事業所内慣行に関する）でなされたものであれ，すべての当初からの約定と，後の約定をいう。
(6) 使用者の指揮命令または約束

47　労働法の規定の順位に応じて，本教科書は以下のように構成される。

　　B Ⅱ　労働法と基本法上の基本権
　　B Ⅲ　欧州労働法
　　B Ⅳ　労働法典（概観）
　　C　　団結体，協約，労働争議
　　D　　事業所内および企業内共同決定
　　E　　使用者と被用者：労働関係
　　F～J　個別労働関係
　　K　　労働裁判所手続き（法による権利の実現）

2. 諸規定間の抵触に対する原則

48　一般原則に基づき，より強力な（序列の高い）規定は，より弱い（序列の低い）規定に優先する（**序列原則**）。憲法違反の法律，法律違反の労働協約，労働協約違反の契約，契約違反の使用者の指揮命令は無効であるか，少なくとも是正・批判の余地あるものである。それぞれの規定はその規定作用そのもののほかに，それよりも下位にランクづけされた規定に対する**統制機能**も有している。

49　*繰り返すと*：憲法違反の法律はどのような法律上の効果を有しているか？法律違反の契約はどうか（基本法 100 条，民法 134 条）？

しかしながら労働法においては，一般的な法律においてとは違って，より弱い規定でもそれが内容的に被用者により有利であれば，原則的に優先される：**有利性原則**。使用者が被用者に連邦休暇法よりも多くの休暇もしくは労働協約以上の賃金を約束する場合，個別契約上の約束が法的に基準となる。逆に：たとえ被用者が彼の法的休暇請求権を下回って，あるいは彼の労働協約上の賃金請求権を下回っていることを問題にしようとしても影響はなく，より強い規定が優先するということは当然である（つまりここでも序列原則が再度適用される！）。被用者の保護に役立つ法律規定と集団的協定（労働協約と事業所協定）の規範は，彼らに有利となるように強行的であり，不可変更的である（不可変更性を明文で規定しているのは，民法619条，労働協約法4条1項，事業所組織法77条4項，職業訓練法18条である）。規定自体が，合意によって変更しうる（任意の）ものであると規定している場合は別である（労働協約法4条3項「異なる取決めは……許される」）。

　一部の法律は，個別契約ではなく，労働協約によって変更されうる（連邦休暇法13条1項参照）。そこで，**労働協約処分権**に言及することになる。例えば，パートタイム労働・有期労働関係法12条，13条の規定は労働協約処分権による。

　標語的には：**労働法において序列原則が適用される。すなわち，被用者に不利な逸脱の場合には特別厳格に，また，被用者に有利な逸脱の場合には適用されない。**

　事業所組織法77条3項による，事業所協定の権利に関する有利性原則の制限に関しては，後記 Rn. 428 参照。

　労働法においても，**同一の秩序段階**内部で，二つの一般的な，ほとんど自明といってよい原則が妥当する。：それは(1)**引継原則**と(2)**特殊性原則**である。

　(1)について：他の規定の後にある規定が制定されたものであるならば，係争事例に関しては後者が優先する。後法は，前法を廃止する（「lex posterior derogat legi priori」）。労働法においては，**秩序原則**（まさに時間的隠滅の規則）に言及される。互いに重なり合う適用範囲を有する二つの労働協約もしくは事業所協定が相前後して続いて制定されたとき，たとえ以後のものが被用者

に不利益をもたらそうとも、後のものが以前のものに替わる。理由：そうしないと、協約自治は活動の余地を失うであろう。その他の点では、労働組合が、なぜ、このような場合に巻き込まれるかを知ることになろう。残念ながら、雇用危機の結果、こうした縮減された労働協約もありうるのだ。

(2)について：特別の規定は、たとえそれがより不都合なものであっても、同一の序列段階にある一般規定に優先する。この原則により船員法は船員を他の被用者よりも厳しく扱うことがあり、企業協約で地域の産業別協約よりも少ない額を認めることがあり、使用者は個々の被用者と、一般に与えられる優遇措置を受けられないような取決めをすることもありうる。これらの事例において問題となっているのは差別化の実質的根拠であり、これなしには、基本法3条1項違反ないし、労働法上平等取扱いに対する義務違反となる（まず、それが優先するので、特別の規定に該当するか否かを検討する。）

3. 集団的労働関係法とは何を意味するか？

53　法律および契約上の規定によって法律関係が決められることは、何も特別なことではない。これは民法に基づくどの債務関係に対しても妥当する。すべての売買において、売主と買主の双方の権利と義務が、彼らの具体的取決め（「契約」）と一般的に適用される民法433条以下に基づき定まる。こうして、使用者と被用者の関係もまた、契約と労働法上の諸規定、なかんずく、民法611条以下に基づき決まる（この点での特殊性はただ：強行規定の割合が多いことである）。

消費財の売買については、民法の新規定が強行的に適用され、「消費者の不利に」変更できないとされている。買主が相手方の担保責任を放棄して、より安価に品物を購入するとすれば、その場合に有利性原則は適用されるであろうか？（*Adomeit*, JZ 2003, 1053参照）

54　労働法にとり目新しく、かつ特徴的なのは、**労働協約と事業所協定**（一括して**集団的協定**と呼ばれる）が間に入ることである。集団的協定は序列に基いてのみでなく、法律と契約の間にその法的性格に基づいて存在している。それらは国家によって公布されるのではないので法律ではないが、個々の法律関係に法律と同様に（「規範的に」）影響を及ぼす。それらは個別契約よりも

Ⅰ．労働法の法源

高い段階にあるが，やはり（労働組合と使用者団体の間で，もしくは事業所委員会と使用者の間で）合意されるものであるので，民法 145 条以下（契約の成立）ならびに民法 116 条以下（法律行為）をそれらに適用することができる。

最も重要な例外は：遡及効を有する取消しがないこと！　**解釈**：法律行為ではなく，法律におけると同じく：締結した当事者の意思は，部外者に認識できた場合に限り考慮される（BAG 30. 5. 1984, DB, 2357）。個人の**不合意**は当該労働協約の有効性に関係すべきでない（BAG 9. 3. 1983, AP Nr. 128 §1 TVG Auslegung）。このことは協約固有の意味を有する。集団的協定の成立とは容易になされるべきなのである（労働法はここでは国際法のやり方をとる）。

労働法は次のように区分される：**集団的労働関係法**＝労働組合と経営者連盟の間の関係（かつ：個々の使用者に対する），および事業所委員会と使用者間の関係を定める労働法の一部，特に集団的協定の成立（後記 C, D）。**個別的労働関係法**＝使用者と個々の被用者の間の関係を定める労働法の一部である（後記 E～J）。この区別は重要であるが，ある問題が一つ，もしくは他の一つの領域だけに属すると理解されてはならない。逆に労働法では，法律的な審理に際して個別法上の領域**および**集団的法上の領域の両者にまたがっていることが特徴的である。

例：(1)　被用者が**賃金請求**を起こす。審理すべきは，労働がなされている等の，要件をもった民法 611 条 1 項の個別法による請求権の根拠である。さらにまた審理すべきは，それが労働協約に依拠できるか否かであり，さらにその際協約管轄，協約の拘束力などの集団法上の諸問題である。

(2)　**解約告知制限訴訟**においては，解約告知が有効に宣言されたか否か，被用者に到達したか否か云々が問題であり，さらに事業所組織法 102 条に基づき事業所委員会の意見が聴取されたか否かも問題となる。

(3)　使用者は被用者に，喫煙禁止違反のかどで事業所の施設に罰金を支払うよう要求する。使用者は喫煙禁止を命じてよいものか？　当該被用者はそれに違反したのか？　罰金は事業所協定によって有効に警告されたのか？　罰金を科すにあたって事業所委員会は共同決定を行ったか（これらの問題のうちどれが集団的労働関係法に属するか？　もちろん双方に違反することにもな

る。第一の問題は事業所組織法 87 条 1 項 1 号が関与することになる）。

4. 契約自由の制限

57　労働法上の法律ならびに集団的協定の作用があることにより，その個人の契約は，個別の労働関係の内容に，例えば売主と買主の間，消費貸借の当事者間，あるいは請負契約における請負人と注文者の間の法的関係のような私法上の他の法的関係におけるよりもよりわずかな影響を及ぼすだけである（消費者保護は，その対立を緩和している）。

　労働契約は，労働関係の**成立**において最も重要な機能を果たす。労働契約のこの機能は，ドイツの憲法の職業選択の自由の原則（基本法 12 条）と企業による従業員選択の自由の原則（基本法 2 条 1 項，14 条）に対応する。労働関係が契約なしに成立する唯一の例外がある：訓練生の一方的意思表示による場合で，訓練生は，事業所委員会青年部と事業所委員会のメンバーである場合である（事業所組織法 78 条 a 2 項）。それに反し一般平等取扱法は，性別を理由とする不採用により差別された者に雇用請求権を認めてはおらず，信頼利益喪失による損害の賠償請求権のみを与えている（Rn. 632）。

58　労働契約は必ず，被用者が採用されること，いつ採用されるか（期限付契約の場合にはいつまでかも）と何の職種に雇用されたか（会計係，秘書，非熟練労務者）に触れている。労働関係の内容，つまり双務的な権利と義務の範囲は，なかでも法律，協約規定，事業所協定から生ずる。契約上，使用者の付加的給付のみが定められていることがしばしばある（例えば賞与，財産形成に役立つ手当，退職年金）。

59　**営業法 105 条**（2002 年改正後）には相変わらず次の原則が見られる：
　「使用者と被用者は，強行法規，有効な労働協約や事業所協定の規定が存しない場合には，労働契約の締結，内容，形式を任意に規定しうる。」

60　しかしながら，この契約の自由の原則はますます制限されつつある。労働法は個別契約に信を置かない。初期資本主義の時代にいかにこのシステムが搾取のために濫用されたかの記憶がまだ失われていない：飢餓賃金，婦人労

働，児童労働。

それに関し，*Friedrich Engels*（Die Lage der arbeitenden Klasse in England, 1845）；*Karl Marx*（Das Kapital ,1. Bd. 1. Buch（1867），Kap. 8 und 13）。二人の著者は，私法学者がローマ法の契約制度を洗練させることにひたすら没頭していた時代の社会状況の不当さを糾弾した。この批判が今日もはや妥当しないとすれば，それは労働法によるものである。二人が西側の民主主義の中で被用者の保護のために創り出した労働法の発展を理解できなかったことが，マルクスとエンゲルスの基本的誤りであった。

労働法は，契約の自由に対する偉大な統制システムの一つであるととらえられよう。労働法は契約の自由を制限する（憲法により，法律により，判例法により）；労働法は競合する集団的な協定を生み出す（労働協約，事業所協定）；労働法は個別契約の成立に，事業所委員会を介入させる（事業所内の共同決定）；労働法は大企業に対し，監査役機関への被用者代表の対等な参加を強制する（超事業所的共同決定）；労働法は些少の経費とほんのわずかな官僚主義的障害を承知の上訴えることのできる労働裁判所の制度を自由に利用できるようにしている（後記 Rn. 1031ff 参照）。

労働法は，そのコントロールを個別的労働条件のみならず，締結された契約関係の評価についても行っている（法形態の強制）。これは，とりわけ「自由労働者」（放送・テレビ，研修中の新人の弁護士）について適用される約定を従属性のメルクマールに該当する場合には，被用者として扱うことになる（BAG 11. 3. 1998, NZA 1998, 705 = EzA §611 BGB Arbeitnehmerbegriff Nr.64）。両当事者の意思とは関係なく，また民法 139 条に反して，労働契約の成立が認められる。

5. 「普通労働条件約款」の特殊性

労働契約上有効な労働条件の中で区別されねばならないのは：実際に個人で交渉し，合意したものと，事業所の中で一般的に（被用者すべて，被用者のあるグループに対し）通用しているものとである。「普通労働条件約款」もしくは「契約による統一規則」についてさらに言及される。労働法は以前から「普通契約約款」を問題だと認めており，「疑わしいときには，使用者に反し

て」認めてきた（BAG 23. 9. 2003, EzA §305c BGB 2002 Nr. 1）。ローマ法では：「不明確な条項を選択した危険（in dubio contra stipulatorem）」。

63　（1）　普通労働条件約款では，自由に交渉して決められた合意の「公正さの保証」は当然には与えられず（阻害された契約の対等性），それゆえ裁判官による厳しい**内容のコントロール**が付与される：そのコントロールは，民法305条以下の債権法の改革以来，特に同法310条4項2号によって労働法の特殊性を配慮してなされた。

64　（2）　普通労働条件約款は，**事業所内慣行**により成立することもありうる（*Bepler* RdA 2004, 226）。ある事業所内で通用しているものすべてが明文化されて様式化され，かつ取り決められているわけではなく，多くは単純な慣習に基づいている。しばしば被用者の一定の義務（例えば工具を自分できれいにすること），あるいは使用者の義務（例えばクリスマス賞与を支払うこと）について単なる慣例で十分なのかどうかが論争となる。

　使用者が従来新年に常に給与を引き上げてきたならば，使用者はこれを継続せざるをえないのか（BAG 4. 9. 1985, DB 1986, 1627 参照）。使用者が使用者団体から脱退した後に，協約の賃上げがあった場合，賃上げを常になさなければならないとは限らない（LAG Hamm 25. 9. 2002）。高齢者扶助についての事業所内の慣行は，請求権の根拠となりうる（BAG 25. 6. 2002, NZA 2003, 875 = EzA §1 BetrAVG Betriebliche Übung Nr. 3）。また，一定の書式の必要性があるからといって，ある事業所内慣行の存在を妨げることはないという新判例が出た（BAG 18. 9. 2002, EzA §242 BGB Betrieliche Übung Nr. 48. Rn. 776 も見よ）。

　実践的課題：ある事業所で，同僚が，インターネット接続を私的に利用する習慣があった。労働時間の維持がもはや保証されないので，管理職は，これを将来止めさせようとしている。しかし，どのようにして？ *Barton* NZA 2006, 460 参照。

　被用者に有利となる条件が問題となる場合には，個々の被用者にその意思が到達〈インターネットでの到達も〉したか否かにかかわらず，使用者の承諾だけで十分である（**包括的承諾**）。インターネットに関しても（BAG 22. 1.

2003, EzA §611 BGB 2002 Gratifikation, Prämie Nr. 1），事業所内慣行を理由とする被用者の請求権は，労働契約の内容となり（契約理論：BAG 14. 8. 1996, NZA 1996, 1323 = EzA §611 BGB Gratifikation, Prämie Nr. 44），使用者側からは一方的に破棄できない。ただし，事業所にとって不測の苦境を招くか，あるいは被用者の重大な信義則違反がある場合は別である。

　休暇手当の法律上の根拠に関する錯誤の場合には，公勤務者の使用者はその誤りを訂正することを妨げられない（BAG 6. 3. 1984, DB 1985, 183 = EzA §242 Beriebliche Übung Nr. 13）。これは民間の使用者にも同様に適用されねばならない。協約とは無意識的に異なるというだけでは，事業所内の慣行は成立しない（BAG 16. 4. 2003, EzA §§242 BGB 2002 Betriebliche Übung Nr. 1）。異議を明示に留保すること――送迎用バスの無料使用――は，事業所内慣行よりも強い（BAG 21. 1. 2003, EzA §611 BGB 2002 Gratifikation, Prämie Nr. 5）。事業所内慣行からの請求権は，逆の事業所内慣行によって廃棄されうる（BAG 24. 11. 2004, EzA §242 BGB 2002 Betriebliche Übung Nr. 5）。

(3)　普通労働条件約款の導入もしくは変更にあたっては，むしろ事業所委員会の共同決定が介入する。なぜならば事業所組織法 87 条が原則的には個別のケースについて掌握していないためである（後記 Rn. 441）。

(4)　普通労働条件約款は，よく後続の事業所協定もしくは労働協約と抵触する。契約の内容から保護に値する信頼が根拠づけられない場合には，有利性原則の代わりに**秩序原則**が適用されるのであろうか？　労働協約について，BAG 25. 7. 2001 は，秩序原則の適用を排除し，契約規定に関しては，秩序原則の適用を認めている（EzA §4 TVG Günstigkeitsprinzip Nr. 10）。事業所協定では，1986 年 9 月 16 日の BAG 大法廷判決（EzA §77 BetrVG 1972 Nr. 17）は，判例によって形成された**集団的有利性原則**の考えの下に，新たになされた事業所協定に対し制限的に効力を認めた。すなわち新たな規定は，個別的なものでもありうるが，全体的に考慮した際に不利になってはならない（批判：*Bepler*, RdA 2004, 226）。この場合には，就業促進の原則はかなり低い範囲で認められている。

67　(5)　被用者の大部分が，彼らに適用されている普通労働条件約款を改善するために，解約告知の圧力手段を投入するならば，**大量変更解約告知**の問題が出てくる：この行動は，ストライキのように扱われねばならないのか（後記 Rn. 284）？

6. 指揮命令権

68　被用者がある特定の日に実際に行われなければならないことは，これまで列挙した諸規定からではなく，その大部分が企業組織で具体的に表わされる使用者の指揮命令から生ずる。「労働契約に基づいた労務指揮権は，個々の労働関係の本質的な内容に属する（BAG 27. 3. 1980 DB, 1980, 1603）。これは，2002 年以来改正営業法 106 条において労働法の全般に認められている。被用者は，おおまかには，一般的に，労務の提供のみを義務づけられているにすぎず，具体的な日々の義務に関しては，使用者の指揮命令権に従わなければならない（法的根拠：民法 315 条 1 項にいう「正当な裁量による」）。被用者は，労働拒否の理由での解約告知，場合によっては損害賠償義務に身をさらしたくなければ，使用者の指揮に従わなければならない。当然のことながら使用者の指揮（あるいはその受任者，つまり，部課長，工長，職長などの指揮）は，法律，特に労働保護法の，また労働契約の範囲内にとどまり，配慮義務の一般的原則に従わねばならない。使用者は，被用者の障害を配慮しなければならない（上記 3。個々には Rn. 653ff）。

69　営業法 106 条 2 文により，労務指揮権は事業所内の職場秩序および被用者の行為にも及ぶ（*Borgmann*, NZA 2004, 241）。Rn. 653 を見よ。

7. 共同決定の機能

70　契約上の約束と指揮命令――すなわち，労働関係の個別法上の規制手段――は，事業所の共同決定というさらなる制限に服する。使用者の命令――たとえば，操短の命令や入退門のコントロール――は，法律上および労働契約と同様，適用されている協約―合意に従って許されるとしても，事業所委員会が共同決定権を有し，同意をしなかった（個別法上の規定適用のための条件としての共同決定）ならば，その命令を無効となしうる。被用者に対する使

用者からのすべての解約告知（監理職職員は除く。事業所組織法5条3項）に関しても，事前の事業所委員会への聴聞が行われない場合には，その効力がない（事業所組織法102条1項）。事業所委員会は，選ばれた被用者の代表であるので，その権限内に属するものについては，使用者の指揮命令権により労務に関する外部からの決定が調整される。

8. 労働法はどこに属するのか？

労働法は，民法から発展してきた（*Lotmar* Der Arbeitsvertrag, 2. Bände 1902/08）が，今日ではそれをはるかに超えている。これは，今日借家の家賃と同様，その公共的な意味と幾重にも強行的な構成があるにもかかわらず，体系としては私法に属する。民法に加えている効果にもかかわらず，労働契約と労働協約は，基本的に行政上の強制に基づいて形成され，その効力が実行されるものではないからである。2006年の一般平等取扱法は，「連邦の差別禁止機関」に一層強力な権限を与えている。労働裁判権は，民事訴訟法の適用がある民事裁判権の一部門となり，労働裁判所法によってのみ補充されている。

公勤務職員代表のみが公法に属し，すべての労働保護規定は，行政官庁による公権により実行される（労働保護法1996年）。この関係から生ずる争いは，例えば，営業監督の権限または重度障害者の解約告知の同意に関しては「福祉事務」によることになるが，行政裁判の下にある。**公法的な労働保護規定は同時に私法上の効力を有する**：使用者は被用者に対して最低条件の確保が義務づけられている。この違反に対しては，使用者は，行政法上の制裁と並んで，私法上の制裁を受ける。

9. 判例法の意義

すべての考えられる労働法上の問題に答えるには，労働法に関してあまりにも多く（多すぎるところ）の条文があるが，これらの条文だけでは全く十分ではない。労働法は多くの領域において一定しない規定を持っており（「一般条項」），これは判例により初めて補充されることになる：たとえば，使用者の「配慮義務」（起源は民法618条），労働関係の存続の「期待可能性のないこと」（民法626条），「社会的に不当な」解約告知（解約告知制限法1条），

とりわけそこで問題とされる「緊急の事業上の必要性」などである。多くの領域において、法律的な定めが全くない：例えば、労働争議法や被用者の責任に関する法（その立証責任を除いて。民法619条a）。明らかなのは、判例の意義が大きく、とりわけ**連邦労働裁判所**（以前はカッセルに、現在はエアフルト）が労働事件の最終審として重要な役割を果たしている。現行労働法は本質的に判例法によるところが大きい。しかしながら、連邦労働裁判所の判決の基本（判旨）が自動的に適用されるというように理解することはできず、その判決に厳しい判例批評を経て、初めて適用がある。すべての労働法の学者は、また演習でレポートを書く法学部の学生も、連邦労働裁判所の判決から自由に距離を置き、理由づけることができる。

73　どこで、**連邦労働裁判所の判例**を見つけるのか？　インターネットに関しては、Rn. 79. Amtliche Sammlung（BAGE…）。Losenblatt EzA と Arbeitsrechtliche Praxis（AP）——法律ごとに、また条文ごとに、さらに時に補足して見出し語ごとに整理されている。Sammlung arbeitsrechtlicher Entscheidungen（SAE）. Arbeitsrechtblattei（AR-Blattei）. その他に、特別な労働法雑誌（ZfA, AuR, RdA, NZA）や一般の、特に経済法向けの雑誌（BB, DB, NJW, ZIP）。有用なのは、*Belling/Luckey* Höchstrichterliche Rechtsprechung zum Arbeitsrecht, 2. Aufl. 2002 と *Steinmeyer/Waltermann* Casebook Arbeitsrecht, 2. Aufl. 2002 の判例集。

74　連邦裁判所の判例をめぐる学問的な議論については、同裁判所の歴代裁判長の H. C. Nipperdey 1965, G. Müller 1981, O. R. Kissel 1994, Th. Dietrich 1999, Wißmann 2005 の記念論集が重要である。さらに Hilger und Stumpf 1983,「25 Jahre BAG」, 1979,「50 Jahre BAG」, 2004（それについては、*Gamillscheg* RdA 2005, 79）。*Wißmann*, Das BAG an der Schwelle zum Jahre 2000, NZA 2000, 2； *Hanau* NZA 2004, 625 参照。

10．労働法における解釈と法の継続的形成

75　すべての労働法上の規定において、解釈の問題が起こる。労働法における解釈の問題は、他の法領域におけるよりもより強度の政治的力点を有する。

その理由は，被用者側に立って決定するか，企業家側に立つか，つまり社会的集団の対決において（「階級闘争」）どちらの立場をとるかの二者択一をかわすのは容易ではない（*Zöllner* NJW 1990, 1）。そもそも，労働法の発展，一般的な市民法（国民，市民の法であり，資本家階級のそれではない）からのその独立は，被用者を保護し，彼らの労働条件ならびに生存条件を改善し，同時に立法者の怠慢を埋め合わせるという（また SPD 内の修正主義的立場に好意的という限りでの，革命の代替物を提供するという）労働法の創設者の社会的目的に基づいている。法解釈と法の継続的形成の手段が，この社会的目的のために動員される。

その状況は，今日労働法の端緒と比べて，被用者の利害が議会制度の中で代弁されるという点で異なっており，多数党の状況が変わるにつれて，経営者団体の反対を押し切って，1972 年の事業所組織法や，もっと明確には，1976 年の共同決定法のような労働法が成立している。立法者にとってより困難なのは，2003 年の「アジェンダ 2010」ように，労働組合に対し立法者の権限を主張することである。

であるから，一方もしくは他方の側に有利に決定し，また議会立法者のその時々の意図を尺度にし，**中立性**をめざして努力するために解釈をなすことについては自由でなければならない。不可欠な均衡の政治について論ずることもできる。典型的な労働法上の**保護思想**は，就業促進の反対原理を含んでいる。

法の継続的形成の考えは，権力分立の原理及び法律や法に対する裁判官の必然的な結びつき（基本法 20 条 3 項）を顧みれば，何らの疑問も生じないものであり，ここに権力の分配（*Montesquieu*, Vom Geist der Gesetze 1748）が存する。

11. 労働法に関する文献

a）大作

Alfred Hueck und *Hans Carl Nipperdey* Lehrbuch des Arbeitsrechts, 2. Bände.（残念ながら，続刊されていない），*Nikisch* Arbeitsrecht, 3. Bände, *Gamillscheg* Kollektives Arbeitsrecht, Bd. 1, Bd. 2.

多くの著者による共同の業績としては，*Richardi* と *Wlotzke* の編集による3巻からなる「Münchener Handbuch zum Arbeitsrecht」。注釈による法律集である「Erfurter Kommenntar」(*Dieterich, Preis, Müller-Glöge* と *Schaub* の編集) がある。*Henssler/Willemsen/Kalb* の HWK がこれに続く。実務的で全体的なものとしては，*Schaub* Arbeitrechthandbuch がある。[訳者注：これらの著作は再三改訂されており，特に版は付けなかった。]

b) 研究文献

78　労働法に関する研究文献は，ことのほか内容が豊富である。多くの教科書がある。*Boemke*「労働法入門」，*Hans Brox/Rüthers/Hennssler*「労働法」，*Däubler*「労働法」，*Willhelm Dütz*「労働法」，*Franz Gamillscheg*「労働法」，*Michalski*「労働法」の教科書。*Heckelmann/Franzen*「ケース労働法」，*Hromadka/Maschmann*「労働法」，*Abbo Junker*「労働法の基本」，*Manfred Lieb*「労働法—重点」，*Manfred Löwisch*「労働法」，*Hansjörg Otto*「労働法入門」，*Ulrich Preis*「個別的・集団的労働法」，*Richardi/Annuß*「事例と最高判例に基づく解決—労働法」，*Rolfs*「学生用コンメンタール」，*Steinmeyer*「事例集」，*Söllner/Waltermann*「労働法」，*Wolfgang Zöllner und Karl-Georg Loritz*「労働法」。このようにおびただしくあって，その選択が容易ではない。最も簡単で量的で？　1ページ何セントか？　薄い本では，試験のためだけ猛勉強するときに手にするであろう。厚い本では，労働法を同時に就職目標とみるか，あるいは意欲をもってそれでは十分に獲得できないというときにである。さらに，その教授や試験官の勧めに注意するのもよいであろう。[訳者注：旧版と比べ，今日多数の教科書がドイツでも発刊されている。これらについては，毎年のごとく改訂されているので，何版か，年度などは省略した。この活況ぶりは，日本の状況と似ている。なお，各著作については，そのテーマを付記した。]

12. インターネットにおける労働法

79　労働法に関するインターネットサイトでの選択が可能である。多くは有料である (JURIS)。無償のものには，以下のものがある：
　　www. bundesarbeitsgericht. de; www. zurecht. de/finden/arbeit. htm (判決と法律); www. unikiel. de/fak/rechtw/ful/institute/reuter/arbeitsr. html (労働

法のテーマの諸論文); www. jurathek. de/inhalt/arbeitsrecht/html (契約実務); www. bundesverfassungsgericht. de; www. bundestag. de/datbk/datbak. htm (連邦の情報バンク); europa. eu. int/index. htm (EU); www. bundesregierung. de; www. jura. uni-sb. de/Entscheidungen/Bundesgerichte (最上級裁判所のプレス); aus-Portal. de.

II. 労働法と基本法上の基本的権利

1. 労働法における基本権の適用

　古典的理解では，基本権（基本法1条以下）によってまず，個人が国家に対し保護されてきた。基本権が私法上市民の間でも有効か否か，またその程度がいかほどか（「基本権の第三者効」ニッパーダイが発案）は，一つの問題である（唯一の明文化された憲法規定：基本法9条3項2文）。「絶対的」第三者効は，私法の諸原則（契約の自由，所有権，遺言の自由）を失効させるであろう（遺言する資産のある父親は，彼の子供すべてに同じだけ与えることを平等の原則によって強いられることはない。彼は義務部分の限度まで「随意に」優遇してよいし，冷遇してよい）。しかしながらここで，平等の権利を有する者に対する水平的秩序が存在せず，それ以外では公法にあるのみの上下関係，命令と服従が見られるときに限り，**間接的な第三者効**が労働法上の基準として考慮される。この点はまず規範的効力を有する規定（労働協約，事業所協定），ついで普通労働条件約款（前記 Rn. 43），最後に使用者の一方的指示に対しても同様である。基本権が直接に効力を有しない限りにおいて，基本権は間接的に労働法上の法概念の解釈基準として，さらに，被用者の保護のために一般条項の具体化に際して適用がある。基本権の適用制限：使用者の当然の利益としての差し迫った事業上の必要性（2条1項，14条）。この第三者効の相対的性格から，使用者は，個々の事例において自分が決して強者でも支配者でもないことを確証できる結果となる。

　新しい文献：*Dietrich* Kommentierung der Grundrechte im ErfK.

B．労働法：その規定の構成

2. 被用者の人間の尊厳と人格

82　基本法は，人間の尊厳（1条1項）と人格の発展（2条1項）を保護している。労働法上の**配慮義務**は，憲法上の原理の具体化および敷衍である。明文では，事業所組織法 75 条 2 項。2001 年の連邦情報保護法については，*Däubler* NZA 2001, 874.

被用者の人格権侵害の最悪な事例として明白なのは，舞台劇場のエポック時代の俳優の事例を受け入れざるをえず，その雇用はきつく，ほとんど各年度ごとの期限付き雇用であるため，身を守ることも全く不可能である。

83　小売業における店員の「誠実性コントロール」に関しては，一定の条件の下に認められている（BAG 18. 11. 1999, EzA §626 BGB Verdacht strafbarer Hndlung Nr. 9）職場での覚醒剤の検査は可能か？　*Diller* und *Powietzka* NZA 2001, 1227.

心理学的な適性試験は？　専門家による実施が確実ならば，許される。筆跡鑑定は，被用者の同意なしには許されない。しかし応募のための手書きの履歴書送付については，結論の決まった了解がある。

採用試験に合格しなかった応募者は，自分が記入した質問用紙の破棄を要求できる（BAG 6. 6. 1984, NJW 1984, 2910 = EzA Art. 2 GG Nr. 4）。隠しビデオカメラによる被用者の監視は，原則として許されない（BAG 27. 3. 2003, EzA §611 BGB 2002 Persölichkeitsrecht Nr. 1）。貯蓄金庫の検査は、同僚の人事記録閲覧の理由になりうる（BAG 4. 4. 1990, NZA 1990, 933 = EzA §611 BGB Persönlichkeitsrecht Nr. 9）。盗聴のための接続によるものは，訴訟では援用できない（BVerfG 9. 10. 2002, EzA §611 Persönlichkeitsrecht Nr. 15）。企業内の禁煙は，同僚に健康に害のある慣習をやめさせる目的（BAG 19. 1. 1999, NJW 1999, 2203 = EzA §87 BetrVG 1972 Betriebliche Ordnung Nr. 24）。職場での性的負担については，一般平等取扱法 3 条 4 項。

外面的なことに関しても労働法上の意味がある。

84　**事例：ブラックは美しい！**　高級ホテルで新規採用されたウェートレスは，新しいアフリカ人様の理髪をしていたことで使用者を恐らせてしまったが，

これを直そうとしなかった。使用者は通常の解約期間付きで解約告知を行った。使用者は特別な（即時）解約告知をしたのではない。しかし，使用者は，民法626条1項所定の「重大な事由」があるとの法的判断を得ることはできなかった。かかる通常解約告知（期限付きの）は，解約告知制限法1条1項により社会的に不当なものとされうる。すべての労働法上の一般条項の解釈にとっては，基本法2条1項の主旨が間接的に意味を持つ。6ヵ月間の就業期間以内では，なんら解約告知制限（解約告知制限法11条）の適用はない。民法242条の間接的な基本権の適用が考えられるだけである（いわゆる，ミニ解約告知制限）。使用者は，禁じられている恣意ないし，弱者に対する嫌がらせ（シカーネ）にのみ制限を受ける（Rn. 923を見よ）。

人格権侵害は，当該被害者に民法241条2項，280条による損害賠償請求権を与えるが，非財産的損害に対しても民法253条2項によりその損害に対する請求権をもたらす（不十分な文言とは反対に）！

3. 平等原則と平等取扱原則

基本法はすべての人間の法の下における平等（3条1項），特に男性と女性の平等（2項）を規定しており，3項で不当な不利益取扱いを禁止している。その労働法上の具体化は，欧州指針を受け入れた2006年8月14日の一般平等取扱法によってなされている（詳しくは欧州法について，後記Rn. 125 ff. 一般平等取扱法については，Rn. 132）。

一般平等取扱法の中で認められているのは，**男性と女性の賃金平等の原則**であるが，いわゆる軽作業は報酬が少なく，実際に女性のみ割り当てられていたことにより，以前はよく実際上なおざりにされていた（「低賃金グループ」の問題，Rn. 769参照）。均等待遇の請求権は，労働が同一または同価値であることが証明できる場合に，少なくとも協約賃金に関して成り立つ。これは普通労働条件約款にも妥当するであろう。差別の証拠が明らかならば，使用者は異なった取扱いに対する客観的根拠を明らかにし，争われたケースでそれを証明しなければならない。個別契約で取り決められた賃金，例えば高級職員の賃金について，使用者に恐らく**女子の昇進の可能性**を補足的に避けるためであっても不利益取扱いを認めている。女性労務者の深夜業禁止は，も

はや女性にとってやさしいものとはみなされず，基本法3条3項に違反する（BVerfG 28. 1. 1992, NZA, 1992, 270)。

88 　差別の禁止については，基本法3条2項2文により，政府の目標設定として，促進義務が存する（*Starck* FS Dietrich, 1999, S. 643)。「積極的差別」，すなわち**50％―比率**を越えない限り，女性を優遇する義務については，EuGH 19. 10. 1995, NJW 1995, 3109と一般平等取扱法5条。

　基本法3条2項は，男性にはめったに利益をもたらさないし（BAG 26. 1. 1982, NJW 1982, 2573)，唯一指摘している：独身男性は同一の前提の下に，女性被用者と同様に家事休日を請求できると。

89 　その効果は比較的弱いのであるが，基本法3条をはっきり打ち出していることは，使用者が，**差別の要件の他にすべての被用者を平等に取り扱う義務**である。特に労働協約でカバーされていない協約外職員，もしくは事業所協定――社会計画！――にカバーされていない管理職職員は好んでこの原則を援用している。しかし，禁止されているのはこれに基づき，集団に関連した規定を個別の被用者もしくはある集団の不利となるように正当な裏づけなしに破ることである。それが自明なのは，労働協約または協約外でより高いさまざまな賃金水準が合意されることである。連邦労働裁判所の判例傾向に反対するのは，賃上げはただ同率でという*Hromadka*の見解（DB 1987, 2519)である。彼によれば，この判例は必要な効果的人事管理を困難にしているとする。最近のものとしては，BAG 18. 4. 2002, EzA. Art. 3 GG Nr. 98。まったく個人的に認められた手当は，決して平等取扱いに関係しない（BAG 29. 9. 2004 EzA §242 BGB 2002 Nr. 4)。否定できないのは，時代の地理学的な違いである。すなわち，豊かな年で生活してそれが影響したかあるいは不足した年であったかどうかである。生活面での保護を伴うすべての規定によって不釣り合いが生じる。小企業で2004年1月1日以来弱められた解約告知保護によるものがそれである。今でもますますよくある労働協約がそれで，新規採用は，少なくなっている。

　事業所における不当な差別が起こらないことについて，事業所組織法75条により，使用者や事業所委員会は，共同して監視しなければならない。

文献：*Wiedemann* Gleichbehandlungsgebote im Arbeitsrecht, 2001（それについては，*Adomeit* JZ 2003, 998）；*Fastrich* RdA 2000, 65.

4. 良心の自由

良心を根拠とする就労拒否の事例：原告は公認された兵役拒否者で，ナチス政権によって迫害された犠牲者団体の活動的なメンバーである。彼は，ある出版社の活字工としてかなりの軍国主義的な文章を組まなくてはならない。基本法4条には「良心の……自由は……侵害されてはならない。」とある。つまり彼の業務拒否は許され，裁判所に係属する解約告知を恐れる必要はないのである。また，ルフトハンザのパイロットが認定されなかった亡命希望者の本国送還を拒んだ場合，彼は法治国家の判断が下されたことに反対したといわねばならない。また，堕胎することを拒否しているキリスト教の病院医については，次のようにいえる。彼は解雇されることはないと。詳細は，Rn. 855 を見よ。

5. 言論の自由

基本法5条1項は労働関係についても適用される。「世話になったヒトのことはほめてあげるさ」と私は歌う。このシニシズムを労働法は支持してはならない（*Söllner* FS Herschel, 1982, S. 389）。解約告知は，政治的な手段として用いられてはならない。それは，事業所運営ないし顧客の出入りにとって歴然とした妨害が生じ，もしくは確実に予想される場合にのみ，正当化される。しかし，使用者は，彼に向けられた煽動を黙認する必要はなく，さらには「誹謗にあたる批判」で，名誉毀損になるような煽動も黙認する必要はない。

左翼的銀行職員の事例（古典的なケース）：原告は銀行員であり，また，ドイツ共産党の党員でもあった。州議会選挙戦で，彼は党のために号外を配り，そのことのために，銀行全体が，また，彼を雇用している銀行が，特に批判された。彼は，6ヵ月の雇用期間終了前に通常解約告知された。――基本法5条2項は，5条1項が一般法の制限を受けると規定している。これに属するのが，「労働関係に関する基本規定」である。この場合には，利益考量を

避けて通ることはできない。連邦労働裁判所が正しく判断するところでは，原告は彼の使用者を公共の面前で罵倒してはならなかった（28. 9. 1972, AP Nr. 2 zu §134 BGB = JuS 1973, 190（*Reuter* の評釈）= NJW 1973, 77 = JZ 1973, 375（*Schwendtner* の評釈）= AuR 1973, 218（*Ramm* の評釈））。

94　単なる普通の被用者〔役職にない〕は，事業所においても「政党活動をする」ことができるし，例えば彼の政党のために教宣をすることができる。その限りでは寛容原則が妥当するが，それには限度がある。

　「シュトラウス―もう結構」のプラカードの携行を労働裁判所（BAG 9. 12. 1982, DB 1983, 2578）は，挑発的な政党活動であり，即時解雇の重大な事由であるとみなしたが，*Dietrich*（Erfk. Art. 5 GG Rn. 32 ff.）は，この過去の判例を抑圧的であるとみなしている。害のない思想表明プラカード――ライトブルーをバックに白い鳩――は容認される（ArbG Köln, BB 1985, 663）。DGB の呼びかけによりある被用者が5分間の平和のための祈りで労働を中断すれば，使用者は彼に文書による戒告をすることができる（LAG Hamm, DB 1985, 2691）。この場合，決して容認されない政治的ストライキに近いものを容認したものではない。被用者が社会に対する批判を持つ場合には「告発者（Whistle-blower）」と呼ばれる（*Müller* NZA 2002, 424）。

95　検事局の捜査手続きでの被用者の陳述が，即時告知を正当化できるものではない，例外は，過失により（または故意の）不実の陳述をした場合である（BAG 2. 7. 2001, NZA 2001, 888）。

96　事業所委員会のメンバーは，無論職務にあるときだけであるが，公務担当者と同様に政党活動を禁止されている。事業所組織法74条2項（それについては，BVerfG 28. 4. 1976, NJW, 1976, 162 = EzA §74 BetrVG 1972 Nr. 1）。この禁止は，個々の事例において事業所の平穏を脅かすか否かにかかわりなく，そのものずばりで妥当する。事業所組織法74条2項は，役職にあるものに対する特別規定であり，それゆえに事業所のすべての従業員に一般的に敷延することはできない。

　公勤務被用者は自由民主主義の基本秩序の支持を表明する義務を負う（連

邦職員協約 8 条)。憲法違反の組織に属する被用者の解約告知が許されることは，公勤務の協約の範囲内ではとられていない。もちろん公勤務に就いている職員にとっての請願権の行使は，たとえそれが職務における不都合を指摘するものであろうとも，妨げられてはならない。

公勤務への採用に際しては，60 年代に一般的な政治的討議の中で粗っぽくキーワード「過激派条例」をめぐって議論で堂々巡りする問題（Rn. 628 も見よ）が重要であった。その問題性は，国がその使用者としての独占的採用権に基づき一定の職業について採用することが義務づけられる可能性があり，採用請求権について念頭に置かれない一般的労働法によりも鮮明に浮かび上がる。連邦労働裁判所（第 5 部）は，自由主義の基本秩序と活発に戦ってきたある求職者（教育職の志願者）を不適当と見なしたが，彼の中立性については満足していた：「彼が国家と憲法に対してはいわば中立の姿勢をとっていることで十分であり……」（9. 12. 1981, NJW 1982, 2396)。このような教師について国は大抵多くをなしえない。1988 年に連邦労働裁判所（13. 10. 1988, AuR, 1988, 383）は，ドイツ共産党の候補者として立候補した在任中の教師に戒告を与えたことを明確に支持した。公務員の解約告知事由としてのシュタージ所属員についての重要な規定は統一条約に定められていた。

言論の自由に関する争いにおける事態の進展は，しばしば以下のごとくである：被用者がある行為を行う；使用者がそれへの警告を発し，人事記録に記載する（解約告知に関して起こりうる紛争の場に証拠資料を供するために）；被用者は戒告の撤回と人事記録からの写しの除去を求めて提訴する。もっとも厳しい手段は，特別な解約告知である。 97

6. 婚姻と家族の保護

基本法 6 条 1 項に対する重大な違反は，婚姻してはならないという労働法上の**独身条項**であろう。それゆえ，ある女子被用者が結婚し，また妊娠した場合に，合意を根拠として彼女の労働関係が終了するとすればその協定は当然に無効である（BAG, AP Nr. 1 u. 3 zu Art. 6 1 GG Ehe und Familie）。カトリック関係の施設の職員については，離婚経験のある相手との婚姻は解約告知の理由となりうる（BAG 25. 4. 1978, DB 1978, 2175 = EzA §1 KSchG Ten- 98 denzbetrieb Nr. 4)，この場合一種の傾向に対する忠誠を求められるのである。規則的に経口避妊薬を服用するというかつて実際にあった取決めは，明らかに無効である。「扶養に関する夫婦関係」からの死亡などへの危険に対して，年金規則で，寡婦（夫）年金が最低限2年間の婚姻期間と結びつけられることにより対処してもよい（BAG 11. 8. 1987, NZA 1988, 158 = EzA §1 BetrAVG Hinterbleibenenversorgung Nr. 2）。

母親は6条4項に基づき保護と扶助を請求する権利を有する。母性保護法は，この憲法の命題を詳細に実現したものである（BAG 1. 11. 1995, EzA §14 MuSchG Nr.12）。まさに，法的保護そのものが女性に事実上の不利をもたらすことがあったがゆえに，再三修正されねばならない（BVerfG 18. 11. 2003, JZ 2004, 354-*Kube*）。実際に女性にとっては，婚姻・家族・母性と職業との結びつきはとりわけ重要であり，2004年の第65回ドイツ法曹大会で「家族に適合的な構造」が，問題とされた。

婚姻と家族は，基本法6条で特に保護されている。同姓の生活上のパートナーもこれに含むべきである（BVerfG 17. 7. 2002, NJW 2002, 2543）（二人の反対意見がある）。結婚している場合に，増額された地域手当は認められない（BAG 29. 4. 2004, EzA §1 TVG Auslegung Nr. 37）。

7. 団結の自由

99　団結の自由は，基本法9条3項に保護されている。これは労働組合運動に敵対する古い国家的闘争（訳者注：1845年のプロイセン営業令のなかの処罰規定，ライヒ営業法152条2項に基づく権利保護の拒否）を終焉させたワイマール憲法の成果である。ナチズム時代には，労働組合は弾圧された。これに代わって被用者も共に加入する統制された事業主組織（「労働戦線」）が存した。自由な労働組合の厳しい拒絶とすべての団結体形成を容赦なく迫害している点で，ファシズム体制も共産主義体制も驚くほど一致していた。ドイツの今日の憲法はまた**ストライキの自由**を認めるものである：これは，基本法9条3項が緊急事態法とともに獲得したその拡大によって明確にされた。詳細は，後記 Rn. 184。

8. 信教の自由，教会，宗教

現代への途は，社会学者のマックス・ウェーバーによれば，世俗化，すなわち間断なき宗教的な感情の減退を意味し，20世紀の末頃には，消滅することになった。新たな21世紀には，燃えさかる宗教上の対立に驚かされている。その一部は労働法にも影響を及ぼしている。ドイツの古典から：*Lessing* Nathan der Weise, 1779, による寛容への呼びかけ。

原告は8年間製本の表面加工企業に雇われていた工業職人である。彼は6時から8時までの間に，イスラム教の教義に基づき**早朝礼拝**の時間を作業から3分間許すことを，仮処分手続きにおいて求めた。LAG Hamm（NzA 2002, 675）は，次のようにいう。操業の妨害になるようなことを認める義務はない（原則として，*Hillgruber* JZ 1999, 538）。彼は上司との相談なくして，独自に礼拝の時間をとることはできない。

スカーフ裁判（BAG 10. 10. 2002, NZA 2003, 483 = EzA §1 KSchG Verhaltensbedingte Kündigung Nr. 58）は，デパートの店員が個人的なあるいは行動による解約告知を受けた場合，スカーフの着用を認めていない。具体的に販売妨害が証明できれば別である（*Preis u. Greiner* RdA 2003, 244）。2003年7月30日の連邦憲法裁判所（NJW2003, 2815）は，憲法上の異議をその裁判については認めなかった（*Bittner* Jura 2004, 39）。他のスカーフのケースでは，原告は教師として任用され，シュトットガルトの上級学校局の判断と対立した。連邦憲法裁判所の第二法廷は，多数をもって原告の立場を容認した（24. 9. 2003, NJW 2003, 3111. それについては，*Hüfen* JuS 2003, 1220；*Baer/Wrase* JuS 2003, 1162），Rn. 946を見よ。

教会は特別な基本権を有する。しかも基本法140条，ワイマール憲法137条3項は，「何人も，宗教の社会を秩序づけ，すべての人に適用される法律上の限度内で独立して業務を管理することができる」と規定している。現在の一般平等取扱法も同様である。労働契約に関しては，特別の忠実義務を徹底させようとしている。それ故に，BAG 21. 10. 1982, DB 1983, 2778 = EzA §611 BGB Kirchliche Arbeitnehmer Nr. 10 は，「カトリックの病院で働いている医師は，合法的とはいえ妊娠中絶を差し控える公的立場を持つべきである。」

人工受精（同性からの受精）については，BAG 7. 10. 1993, NZA 1994, 443 = EzA §611 BGB Kirchliche Arbeitnehmer Nr. 40; *Däubler* RdA 2003, 204. *Belling* NZA 2004, 885 も参照。

102　バクワン運動のような宗派は，雇用関係の創設以前に，信者の全財産を委譲させ，従属的なので，彼らを搾取できるような特に情け容赦のない使用者である。サイエントロジーに対しての一義的な判断：BAG 22. 3. 1995, NZA 1995, 823 = EzA Art. 140 GG Nr. 26. すべての労働法上の保護規定が適用される。

9. 職場選択と職場の保護

103　すべてのドイツ人は，職業，職場，職業訓練の場所を自由に選択する権利（より正確には，法によって妨げられない）を有する（基本法12条1項）。労働協約上のコックピット乗員の55歳ないし60歳での労働関係の終了は，実質的な正当事由となる（BAG 25. 2. 1998, NZA 1998, 715 = EzA §620 BGB Altersgrenze Nr. 9. それについては，Rn. 897）。職場についての権利は，企業家に対しても一般営業についての権利が保護されているのと同様，民法823条1項所定の保護されたその他の権利とみなされる。

104　使用者が乱脈経営により企業を倒産させた場合，被用者は，（古くはいわゆる）積極的債権侵害または民法823条1項に基づいて損害賠償請求権を有するであろうか？　それにより彼等の破産配当額は改善されうる。通説は，民法823条1項からも契約からも請求権は認められないとする。

105　一般的に保護されていないのが**労働の権利**（労働権）である：失業は国家による援助（失業手当金ⅠとⅡ）を請求する権利を発生させるが，基本法に抵触する状態ではない。立法は，失業者に対し曖昧な規定によって雇い入れる機会を与えることには抑制的である（*Hanau* FS Wißmann, 2005）。欧州社会憲章が「労働権」について触れるとき，それはただプログラム的なものである（*J. P. Bauer*, RdA 1983, 137）。同じことは，州憲法におけるそのような保障に当てはまる（*Gubert* in：v. *Münch/Kunig* GG, Art. 12 Rn. 25）。

職場の保持と退職についての基本法12条から導かれる権利はより強く保護される（Rn. 923）。

強制労働は，以下の場合のみにありうる：非常事態（基本法12条a），刑の執行の際。

労働法，特に共同決定法により，企業のために職業を営む自由は後退させられている。BVerfGE 50, 290 = NJW1986, 1601 および *Scholz* ebenda S. 1587参照。

10. 社会福祉国家原則

基本法上の国家は，憲法に基づき社会福祉国家である（20条1項，28条1項）。統一条約は，これを裏付けてきた。社会的ならびに経済的弱者の保護は，国家のプログラムに属する。この課題は，見極めのつかないほど大きく，それ自体で増大する傾向をもつ。一方的に強者にのみ役立つ法律は憲法違反であろう（基本法100条）。2条1項に基づく事業主の自由も（同時に）保護されるので，立法と判例は**均衡状態**を目指すよう義務づけられているともいえる。2003年に決められた「アジェンダ2010」は，社会扶助改革（ハルツⅣ）と共に社会国家の限界についての議論を引き起こした。

基本法14条によって条件つきで保護されている**所有権**について，連邦行政裁判所は次のように言う（2. 7. 1981, NJW 1982, 62 = EzA §9a MuSchG Nr. 1）：「出産休暇中の無条件の，例外を認めない解約告知禁止は，所有権規定の領域における所有権保障と行動の自由に抵触する。」すなわち憲法上の保護は，労働権の制限にも——必ずしも拡大へばかりでなく——導きうる。

*R. Scholz*は，社会国家を福祉国家と混同しないことを要求している（Deutschland—In Guter Verfassung ?, 2004）。

Ⅲ. 欧州および国際労働法

テキスト集：EU-Arbeitsrecht, dtv；Sellier European Law Publishers 2003； *Birk* Europäisches Arbeitsrecht 1999；*Däubler/Kittner/Lörcher*（Hrsg.），Internationale Arbeits-und Sozialordnung, 2. Aufl. 1994；*Oetker/Preis* Europäisches Rechtvorschriften zum Arbeitsrecht, 2. Aufl. 1997.

110　**文献**：*Birk* Münchener Handbuch zum Arbeitsrecht, 2. Aufl. §§ 18, 19； *Blanpain/Schmidt/Schweibert* Europäisches Arbeitsrecht, 2. Aufl. 1996； *Gaul* NZA 1997, 1022； *Junker* NZA 1999, 2； *ders*. Europäisches Arbeitsrecht 2000–2002, RIW 2003, 698； *Klimphove* Europäisches Arbeitsrecht, 2. Aufl. 2001； *Reichhold* JZ 2006, 549； *Schick* Europäisches Arbeitsrecht, 1997； *Marlene Schmidt* Das Arbeitsrecht der Europäischen Gemeinschaft 2001； *Wißmann* RdA 1999, 152.

111　欧州の思想，これによる欧州評議会と欧州共同体の枠内での欧州諸国の共同作業と統合は，各国の労働法にとっても重要な多くの規制を要することとなった。EUにおいては，既に，超国家的な労働法が適用され，これを「欧州労働法」と呼ぶことができる。

1. 欧州労働法

a) 基　礎

112　中核部分をなすのは，**欧州共同体**（EG）**条約**を基礎とするEUの法である。（かつては，ヨーロッパ経済共同体（EWG）として示されたものとして存し，旧来の規定も今なお有効である。）簡単な紹介は，*Gerhard Köbler* FS Söllner, 2000, S. 1.

b）制定法

aa）欧州共同体の機関と制度

113　欧州共同体等の組織と制度については，それぞれの文献がある。

bb）労働法規定の公布についての法制定の権限

114　最初の共同体法は，共同体条約に由来し，次に場合によってはEU憲法でもって，欧州共同体に法制定の権限を与えてきた。労働法については，最初は全く話題にならなかった。

欧州統一条約（1986年2月28日）によって，社会的な次元が真剣に欧州共同体の視野の中に入ってきたが，しかし経済的目標を後から秩序づけるものであった。というのは，その国内市場がとにかくも市場であるからである。

Ⅲ. 欧州および国際労働法

EG条約が社会政策の要素であった（EG条約136条以下）労働法は，最初に個別の領域でのみ影響を受けた。労働法での二次的な法を公布するためのEG条約による十分な権限付与の基盤はなかった。権限を与える規範は，時間の推移とともに創造され，拡大された。

労働法上特別に設定されたのは，EG条約137条，138条である。これと並んで，権限の付与に関しては，同条約94条，95条。すべての規定の権限に関しては同条約5条によっている（制限された個別の授権の原則，補充原則及び比例性の原則）。かかる制限は，決して維持されてはいない。

115

新たな段階が，EU創設の法的根拠である1992年2月7日の**マーストリヒト条約**への転換をもって始まった。EUでは，経済的な目標と同様，社会的目標にも同じ地位が与えられている。

116

1997年10月2日の**アムステルダム条約**は，マーストリヒト条約を実質的に修正すべきものであった。社会政策に関する古い協定は，英国が署名しなかったが，EG条約の社会的規定へ統合された。

ニザ条約（2001年）は，2003年2月1日に始めて施行されたもので，EUやEG条約の規定を変更するものであったが，それは特に東ヨーロッパ諸国加盟のための共同体の機関を準備しようとするものであった。この最大の拡大グループでもって，結局2004年5月1日には7,500万人の市民を要する10の新たな加盟諸国がEUへ参加した。18ヵ月の審議後始めて，2004年6月に欧州憲法の合意について一致を見た。2000年にニザで公布された基本権憲章は，欧州憲法の一部になるはずであった（*Zachert* NZA 2001, 1041）。フランスとオランダでの消極的な国民投票後に，この展開は，危機に陥った（「小休止」）。

共同体の法は，加盟諸国の法と矛盾がある場合には，優先適用となる。各国の法は，共同体と一致して解釈されるべきである。連邦憲法裁判所は，基本法の最終的コントロールを基本法の基準が保障されている「限度で」のみにとどめている。残念ながら欧州憲法裁判所による頻繁な権限の不当要求は，より明確な言葉でもっての呼びかけではっきりさせるべきである。

cc) 指令と指針による法の制定

117　共同体の機関の発した追加法は,「第二次的な」共同体法である。最も重要なものとしては**指令**と**指針**がある。既定の目的は,法的な統一ではなく,再三強調されているが,各国法の同時的な同一化による「調和」である。指令と指針は,EG 条約 249 条によって,その法的効力の点で区別される。指令は,各加盟国での変換なしに直接適用され,矛盾する国内法を排除するのに対して,指針は,実現すべき目標をあらかじめ定めてはいるが,その国内法への転換をそれぞれの国家にゆだねている。これにより,(よく言われるが)「第三期の」欧州法が,確かに各国の立法者によるが,委任業務の結果として成立する(例:民法 613 条 a)。かなりの数の指針は,詳細な規制がなされており,各国の立法者に対してはほとんど独自の裁量の余地はない。欧州裁判所が,指針に関して,遅れている各国の立法に対して指針の直接適用をすることに対しては,欧州法の専門家は批判的である(*Lecheler* S. 131)。怠慢な加盟国に対して,条約違反を問う手続きがあれば適当なのだが。このような怠慢に対してはその条約により有利な状況になる被用者は,自分の国家に対する損害賠償が可能だとみるべきである(EuGH 19. 11. 1991)。

　ある指針の「統一的効果」である直接的効力は,各加盟国の,いわゆる垂直的な直接的効力として,その市民と国家に認められている。被用者は国の企業の従業員として,これによる利益を受けることができる。欧州裁判所は,「水平的な直接的効力」を,最初は否定した(*Streinz* Rn. 394ff.)。しかし,このような限界は消え去り,各国法において欧州法違反だとされる。スペインの医師労働組合「シマプ共和助手連合の医師組織」の訴えに対する裁判(3. 10. 2000, NZA 2000, 1227)で,欧州裁判所は,医師の待機勤務の問題につき,私法上組織された救援勤務に関しても報酬の支払いをしなくてはならないと判断している。さらに,高齢者の差別に関するマンゴールド裁判が続く(*Bauer und Arnold* NJW 2006, 6 ; *Reichhold* JZ 2006, 549 は「とんでもない」と言っている; *Preis* NZA 2006, 401)。

c) 実体法の重要な個々の規定

118　以下,法的発展の重要な領域:労働者の移動の自由,性による平等取扱い,技術的な労働保護について述べる。

Ⅲ. 欧州および国際労働法

aa) EU 市民の基本的自由

ドイツの基本法 3 条 2 項や 12 条が賃金平等や移動の自由の基本権を有しており，ほとんどの欧州諸国の憲法に見られるのとは異なり，EG 条約は，何らの基本的人権のカタログをもたない。

119

(1) 1968 年 10 月 15 日の欧州評議会の指令 (1612/68) 以来，**被用者の移動の自由**は保障されている（EG 条約 48 条，現 39 条）：加盟国の市民である被用者は，その国籍に基づき，雇用，賃金その他の労働条件に関して，当該国民である被用者と異なる扱いがなされることはない。EG 条約 39 条 3 項は，被用者に，提供された仕事に応募する権利と，加盟国の領域において自由に移動する権利を保障している。移動の自由は，雇用の継続とその雇用終了後も，「公民」としての前提のもとに，そこにとどまる権利を含む。公勤務では，同条約 39 条 4 項によりこの規定を受け入れることを義務づけられている。

120

スポーツファンに大きい注目をあびたのが，**ボスマン裁判**（EuGH 15. 12. 1995, NJW1996, 505）である：欧州裁判所は，契約終了後選手の移籍に対して，過大な解約金を課し，取得したクラブに負担をかけるヨーロッパのプロサッカーで数十年実際に適用された移籍規定が，EU 出身の選手の場合 EG 条約 39 条（および旧 48 条）に違反するとした。同様に，相手国との試合に関して，その EU 加盟国の選手につき，スポーツ連盟における「外国人規定」が限られた人数だけが出場できるとするのは許されないとした。従って，私人に対する第三者効である！

すべてがパレッティー？ ドイツで被用者として働いていたイタリア人パレッティーは，その年休を大部分家族とカラブリア地方の故郷でとった。彼は，そこからしばしば休暇の終わる直前に，短い病欠の届を出した。従来再三にわたって同様な病休を請求している。今回再度の病気をサニタリア大学の証明書で明らかにし，使用者に文書を送付した。使用者は，その証明が真実であることに疑いがあるとして，賃金継続支払いを拒否した。欧州裁判所は，社会保険法に関する指令 1408/71 を適用し，EG 内での病気の証明は，使用者に対しても拘束力があると判断した（DB 1992, 1577, *Schiefer* DB 1993,

38)！ しかし，権利濫用の抗弁を認めた（EuGH 2. 5. 1996, *Paletta* II NZA 1996, 635）。

121　（2）　共同体内部では，**就労の自由**（EG 条約 49 条）と同様**居住の自由**（同条約 43 条）は，制限されてはならない。

役務提供の範囲での派遣を認める 1996 年 12 月 16 日の指針 96/71 は，あまりにも低い賃金で働く EG 内から派遣された労働者との域内での競争を防がなくてはならない。

2006 年：包括的なサービス供給の指針で，出身国ではなく，勤務地の協約によって賃金を支払う義務を定める指針。

bb）社会政策と雇用政策

122　（1）　**事業所の移行**に関しては，現在では EG 指針 01/23（2001 年 3 月 12 日）があり，それは，企業，事業所，または事業所の一部の移行に対して，被用者の請求権に関して基準となっている。参照民法 613 条 a（Rn. 1005ff. を見よ）。取得者の責任，破産への移行，被用者や取得者に対する情報提供義務などが規定されている。争いがあったのは，被用者が事業所の移行に関して反対できるかの点である。しかし，それは，自由なヨーロッパにより，被用者が譲渡されまた移行されるべき客体となるのでは，奇妙である。欧州裁判所は，被用者の労働関係の移転に対する被用者の異議権をまず最初は逆の傾向によって受け入れ，ドイツ法に適合させている（EuGH 16. 12. 1994）。

有名なのは，「清掃婦（**クリステル・シュミット**）の裁判」であり，貯蓄金庫の支店で，以前はわずかな独自の労働力でもたらされていた清掃作業を独立した他の企業に任せた。欧州裁判所判決によれば，個別の職務の移譲はすでに企業の譲渡になっている（EuGH 14. 4. 1994）。**カリルト・アブラー**の裁判（EuGH 20. 11. 2003, NZA2003, 1385. それについては，*J. -H. Bauer* NZA 2004, 14）によれば，クリニックがケータリングの契約を解約し，他のケータリング企業と契約した場合，その従業員は前企業から企業譲渡により第二の企業へと移行することになる。欧州裁判所 2005 年 12 月 15 日（NZA 2006, 29）によれば，航空機の乗客や手荷物のコントロールでのデュッセルドルフ空港への会社の交替に関して，一定期間の経済的な単一体が移行すると判断された。

(2) 共同決定，請求権の確保

共同体内で営業している企業での，企業あるいは事業上の決定に対する被用者の参加は，EG 指針 94/45 により保障されたが，これは，欧州事業所委員会に関する法律（1996 年 10 月 28 日）によって実行に移された。そこで答えを出した規定から分かるのは，ドイツがどのくらいその共同決定で先行していたかである。我々がさらに進んでいるグローバル化の中で維持しうるかどうか？ EG 指針 94/45（1998 年 7 月 20 日）は，被用者の大量解雇の際に被用者からより良い情報を得ようとしている。使用者の支払い不能の際の被用者の請求権：**倒産に関する指針**（80/987/EWG）により，倒産時の手当に関する社会法典第 3 編 183 条以下の規定により置き換えられている（EuGH 4. 3. 2004, NZA2004, 425 参照）。

123

(3) 労働の際における被用者の安全の改善や健康保護の移管に関する EWG 指針 89/391（1989 年 6 月 12 日），いわゆる労働保護枠組み指針は，使用者の一般的義務を定めている。これは一連の特別の個別指針により補充されている。例えば，2003/88/EG の労働時間についての指針（医師の待機勤務 BAG 5. 6. 2003, NZA 2004, 165 ; *Schliemann* NZA 2004, 513）。

124

cc) 平等取扱い——差別に対する一般的保護のための**女性保護について**——

まず最初に，労働生活における男女の労働の平等取扱いが注目され，そのために，EEC の最初の共同体法 EG 条約 141 条（旧法 119 条）と一般条項 3 条 2 項：「男性と女性の不平等を除去し，その平等を促進する」と定められた。

125

(1) EG 条約 14 条は，実際には**賃金の平等**だけを定めている。この規定は直接的に適用され，女性にすべての加盟国において訴訟可能な権利を与えるものである。1975 年 2 月 10 日の指針（75/117/EWG，平等賃金指針）は，男女同一労働同一賃金の原則を強化した。これは，すでにその前に連邦労働裁判所の確立された判例にあった（基本法 3 条 2 項，BAG 14. 3. 1989, NJW 1990, 68）。基本的には使用者は，その賃金の支払いシステムを透明なものとし，それにより調査可能なものとする必要がある（EuGH, EuZW 1990, 317）。

126

B. 労働法：その規定の構成

企業年金は，一回払いの年金支払いの時点について，女性と男性で差をつけることはできない。寡婦と寡夫との間での年金の平等については，BAG 19. 11. 2002, EzA Art. 141 EG-Vertrag 1999 Nr. 11.

127　性による直接差別とともに，間接差別も，EG条約141条とEWG指針75/117により否定される。人的グループの間での性に中立的な規定で差ができ，事実上ほとんどが性による不利益につながる場合で，客観的に正当な場合でないときは，この規定による救済がなされる（BAG 20. 8. 2002, EzA Art 141 EG Vertrag 1999 Nr. 13）。不利益取扱いの意図は，重要ではない（今は，平等取扱法3条2項）。

　パートタイマーの多数が女性であり，その結果多数の女性が賃金の継続支払請求権から締め出されていた場合，従前の賃金継続支払法1条3項2号の間接差別が存した。同様に，企業年金や協約上の移行手当に関してパートタイマーを除外することを不当と判断したし，また，協約上の妻への付加給付が，連邦労働裁判所の判決と異なり，比率に応じた請求が差別だと認めた。また同じく，より以上の等級への昇給に関して，倍の待機期間を要するのは同様に差別になる（EuGH 7. 2. 1991, DB 1991, 660）。もちろん：終日の職業訓練施設において，主婦パートタイマーに対し，終日分の訓練手当を支給しないことは，差別である（EuGH 6. 2. 1996；BAG, DB 1998, 373, 375f.）。労働協約で，保育休暇の手当が協約の特別手当を減額させる協約上の規定は，EG条約141条に適合する。使用者は，追加的に手当の支給を強制されない（BAG 28. 9. 1994, EzA §611 BGB Gralifikation, Prämie Nr. 114；EuGH 21. 10. 1999 DB 2000, 223.）。法定年金を受給できるために，60歳で労働関係から除外される女性被用者のみに移行手当を支給するとする協約規定は，許されない（BAG 7. 11. 1995, NZA 1996, 653. Rn. 770も見よ）。

128　(2)　**入職への男女の平等取扱原則**を実現するための1976年2月9日のEWG指針76/207（2006年改正された）は，ドイツの立法者により最初は民法611条a, bと612条3項（その後一般平等取扱法により失効）に立法化され，さらに人種的出自，宗教・世界観，障害，年齢，性同一性などの2000/43と2000/78の二つの指針による差別のメルクマールの取り込みは，**2006年の**

一般平等取扱法で立法化された。

611条 a に関する過去の判例からは，今日でも次の点が重要である。611条 a が職場への応募者を性に関連して不利益に取り扱う場合，最初に規定していた制裁（信頼利益の賠償）は，欧州裁判所の見解（EuGH 10. 4. 1984, AP Nr. 1 und Nr. 2 zu §611a BGB；EuGH, NJW 1997, 1839）では，修正されたバージョンで十分ではなく，連邦労働裁判所によれば，一般的な人格権侵害による慰謝料の請求（民法823条1項，847条）に拡大されている。しかし，この見解は，デッカー事件においては，受け入れられていない。使用者の責任は，これによれば，その過失に左右されてはならず，民法823条1項の過失は，構成要件だからである。

欧州裁判所は，**ドレムパール事件**（EuGH 22. 4. 1997, AuR 1997, 253ff）において，過失原則と賠償の限度を斥けた。

応募者の**妊娠**を理由として，その採用が拒否されるような場合には，常に差別があるのだが，妊娠しているか否かの問いは許されず，その問いに対して，虚偽の答えをすることも許される（EuGH 4. 10. 2001, EzA §611a BGB Nr. 16）。妊娠している間の仕事が禁止されている場合でも，無期限の採用が妊娠のために拒否されてはならない。女性には総体的にみて，その結果十分な功果がもたらされなかった。

女子の雇用比率：多くの州では，女子の雇用者数を増やすために，公勤務の領域で，女子の地位促進法が立法化され，これらの州法は，一部では**比率（クオータ）**規定を様々な形で取り込んでいる。

欧州裁判所は，**カランケ事件**で，志願者の資格が同じ場合に女性を**自動的**に優先させる比率規定を，EWG指針76/207・2条1項に含まれる実際上男性に有利な差別禁止に反すると評価した。それとは異なり，続く**マーシャル事件**では，いわゆる**厳格条項または開放条項**を有する能力と関連した比率規定が問題となった。欧州裁判所は，「この種の比率規定は，共同体法で許容される。重要なのは，同じ資格の場合に女性を厳格条項に基づき相対的にのみ優先させることであり，その**相対的優先**は，個々のケースで必要な客観的検討を行う場合に，男性の志願者に有利なメルクマール（すなわち，特別な

社会的諸事情）が凌駕する場合には，問題にならない。しかし，実際の対等化を達成するためには，一定の選抜基準を援用することにより，女性の間接差別が阻止されねばならない。」と判断した。

131　従って，女性の比率は，それが能力に関連する比率規定として**厳格条項を**もって組成される限り，共同体法と調和することになる。個々については，Rn. 628.

企業内高齢者扶助に関する平等取扱指針（86/378/EWG）とならんで，社会保障における平等取扱指針（79/7/EWG）では，社会的ミニマムを補償する際にパートタイマー就業者を間接的な差別から保護している。最終的には，1997年12月15日の指針（97/80/EG）が，性による差別における証明責任に関して出されたが，これは，内容的には以前の民法611条a1項3号に対応するものである。証明責任は，使用者にある（現行一般平等取扱法22条）。

欧州裁判所は，使用者個人に対する効力を伴う国内人の転換がなくても，**一般的な平等取扱いの原則**に固執している：2005年12月22日の**マインゴールド／ヘルム事件**（批判しているのは，*Bauer u. Arnold* NJW 2006, 6；*Preis* NZA 2006, 401）。この事件で問題となったのは，パートタイム労働・有期労働関係法14条3項4号による年齢を理由とする有期労働関係のケースである（BAG 26. 4. 2006）。

132　（3）　宗教・世界観，障害，年齢，性別による労働法上の平等取扱指針2000/78および，人種／民族的出自による差別禁止に関する指針2000/43は，ドイツでは2006年6月29日の**一般平等取扱法**に立法により置き換えられた。ヨーロッパ法の基準に関してどう立法化するかの点を超えて，立法手続の政治的対立が最後の最後まで続いた。

これにより規定されている根拠による不利益取扱いは，雇入れ条件と労働条件（2条），個人的な措置（7条），なかんずく，採用に関して禁止されている。「異なる職務の種類のゆえに，さらにはその職務の行使に関する条件ゆえに，本質的・決定的な職業上の要請がある場合には」，換言すればそれが正当とされる場合には，異なった取扱いは許される。従前過度に求められて

いた民法611条aでいう「不可欠な」という必要条件は，削除された。関係者の対抗手段は，異議申立て（13条），労務提供の拒否（14条），損害賠償および非財産損害の賠償請求（15条）である。採用されなかったことに対しては，もし，応募者（一般平等取扱法は「就業者」とする）が，不利益な取扱いにより採用されなかった場合，3ヵ月分の月給を超えない賠償を請求できる。法的ドグマは，民法311条2項の意味する契約関係開始の際の「契約締結上の過失（culpa in contrahendo）」（*Rudolf von Jhering*）のケースと関係する。訴訟での主張は，関係者の負担を軽減し，不利益取扱いが推定される間接証拠によらしめ，企業（使用者）にも，何らの法律違反がないことを証明させる（証明責任の転換22条）ことを可能にした。23条による反差別連盟は，全権委任を受けていない場合にも，関係者の訴訟手続きにおいて助力するため同席することができる。一般平等取扱法は公務員にも適用がある（24条）。31条の強行的効力：保護を受ける者の不利益に，適用が除外されることはできない。事業所委員会と当該事業所で代表する労働組合は，事業所組織法23条により，使用者に一般平等取扱法に対する重大な違反がある場合に，使用者と交渉し，あるいはその不作為を要求できる（17条2項）。性的な負担をかけること（過去の1994年就業保護法）は，一般平等取扱法3条4項で今では定義され，禁止されている（これに対して批判的なのは，*Adomeit* NJW2006, 2169など）。さらなる個々の問題に関しては，Rn. 596, 613, 621a, 624, 633ff., 897, 912, 923, 935, 946参照。

　一般平等取扱法の構成要件は，狭く，あるいは同時に広く解釈することはできない。人種や民族的出自では，公式見解は，広い解釈を求めている（連邦参議院議事録329/06=連邦議会議事録16/1780）。**人種**とは，人種差別主義者のなすすべてのものをいう。**民族的な出自**は，血統で，民族的な出所または民族性で，強い違和感をもつところのものをいう。**障害**とは，社会法典第4編2条1項1文で広い定義が公式になされており，6ヵ月以上の長期にわたる能力の減退をさす（これについては，*Leder*, Das Diskrimierungsverbot wegen einer Behinderung, 2006）。欧州裁判所の2006年7月11日判決（EzA EG-Vertrag Richtlinie 2000/78 Nr. 1）は，これに対し，長期の減退を求め，疾病との限界づけを強調している。**性**と**性同一性**については，さほどの解釈上の

132a

疑問に答えていないが，特に一般平等取扱法 3 条 1 項が，性による不利益取扱いが妊娠ないしは母性のゆえに生ずることを明らかにしている。**年齢**の概念については，高齢のみならず，いかなる年齢に関しても含まれるとし，同法 10 条はさらに，広く年齢による差も認めている。**宗教**および**世界観**については，指針 2000/78 と同様一般平等取扱法 1 条で構成要件のメルクマールをまとめているが，世界観は宗教との二者択一もしくは，宗教を補足するものとしている。サイエントロジーは，連邦労働裁判所（22. 3. 1995, NZA 1995, 823）では，それが，経済的な目的を追求していることから，宗教ないしは世界観としては認められていない。

d) 権利保護

133　EC 条約 234 条による**先決的裁判手続き**は，加盟国の裁判所ならびに当局によるヨーロッパ法の統一的解釈と適用に役立っている。EU 法の解釈をめぐる疑問がある場合，法律問題は**欧州裁判所**（ルクセンブルグ）の先決的裁判に提起される。各国の裁判所は，その裁判がもはや上訴理由となり得ない限りにおいて，提案する義務を負う。すべての国内の裁判所は，いずれの審級においても，その裁量により欧州裁判所に判断を求めることができる。その提案の要件は，具体的事案において，その規定についての解釈の必要性よりも判断の重大性が低いことである。EG 条約 220 条によれば，欧州裁判所は，EU の判例形成機関として，共同体条約の解釈と適用に関して法の安定と維持のための権限を持つ。その判決は，その事件を提案した裁判所ならびに事実審としての裁判所を直接的に**拘束する**。その上，前審に対しても拘束力を有する。後に，同様な法律問題を扱った各国裁判所が，取り扱うときには，欧州裁判所の判決を真剣にうけとめ，可能な限り考慮し，改めて処理しなくてはならない。各国の法律についてこれを無効とする権限は形式的に欧州裁判所には存しない。同裁判所は，あえていえば，まさに抽象的解釈問題について判断し，加盟国の裁判所に個別の法的紛争を包摂することを委ねている。加盟国の個別の市民からの EU の機関に対する訴えは，欧州裁判所は**初審**としての役割を同時に果たす（EG 条約 225 条）。

2. 欧州評議会

欧州評議会では，1949 年の時点での自由主義国家が，「鉄のカーテン」の 134
西に組織されてきた。しかし，現在では，ロシアもウクライナも加わっている。この規約は 1949 年 5 月 5 日に署名され，ドイツ連邦共和国（西ドイツ）は 1951 年から完全な加盟国となった。組織としては，閣僚委員会と「議員会議」がある。欧州評議会は，何らの法制定権限をもたないが，協定を締結する。労働法に関しては，以下の欧州評議会の協定が重要である。

a) 欧州人権規約

欧州人権規約（1950 年）は人権のカタログを含むものである。例えば 11 135
条 1 項は，被用者の団結の自由につき規定する。これは，英国の**クローズド・ショップ**のケースで重要となった（EGMR 1981, 559 = NJW 1982, 2717；最近では EGMR 1990, 209）。相当の期間の民事，刑事手続きが注意されるべきである。各構成国は，必要な裁判官の数を裁判所に配置し，非常時の任務に対応する義務を負っている（2000 年 7 月 27 日の欧州人権規約―石炭補助金に関するドイツに対する小事件：連邦憲法裁判所の 8 年に及ぶ審理はあまりに長い。そうかといって，連邦憲法裁判所が人権侵害をしたものかどうか？）。人権規約は，明白に国内法律の地位を有し，すなわち，**直接的に適用可能なドイツ法**である（BVerGE 74, 358）。人権規約の遵守を監視することは，欧州人権裁判所（ストラスブール）に委ねられているが，その裁判は当事者間に法的効力が拡張される。しかし，連邦憲法裁判所（14. 10. 2004）は，この点については容認していない。

b) 欧州社会憲章

1961 年 10 月 18 日に署名された欧州社会憲章は，1964 年 9 月 19 日ドイツ 136
連邦共和国によって承認された。これは，欧州人権規約の「社会的に対をなすもの」である。欧州社会憲章の法的効力については，争いがない。すなわち同憲章 6 条 4 項は直接に適用される法である。その点で，署名国は被用者や使用者のためのストライキ権保障を承認している。これによりドイツ労働争議法に対して，抗議スト，連帯ストおよびいわゆる山猫ストライキがどこ

まで認められるのかについては激しい論争がなされている。

4条は、適切な賃金を得る権利の獲得を求めている。

c）情報保護憲章

137　1981年の規約は、おおかたEU憲法8条1項の背後に退いている：「誰もが個人に関する情報の保護に関する権利を有する。」

3. 国際労働組織

138　ジュネーブには世界的な活動をする国際労働機関（ILO）がある。ILOは国際連合の特別組織で、約150以上の加盟国からなり、ILO憲章2条1項によって三つの機関（総会、理事会および国際労働事務局）により代表されている。総会すなわち国際労働会議で各国代表は協定を議決し、その通過した**協定**は多国間条約および**法律提案**として、加盟国を拘束するために内国法へ**委ねられねばならない**。これの個別契約および集団的な関係での拘束性は存しない。

139　ドイツ連邦共和国は（1951年の加盟以来）、たとえば最重要な協定である、結社の自由と結社の権利を保障する87号条約、ならびに結社の権利と団体交渉の権利という原則の適用に関する98号条約を批准してきた。1986年には、DGBは、おそらく、愛国心がないのであろうが、就業促進法116条の規定の新設に対して政治ストライキを行おうとしたのに対し、それが裁判によって禁じられた。ILOのわかりやすい努力は、奴隷的拘束力の下にある女性や児童労働をいかによりよく改善していくかに関して国際的な条約を締結していることである（さらなるインフォメーション：MünchArbR/*Birk* 2. Aufl. 2000, §17, Rn. 29ff.）。

140　国際連合レベルの基本権：1976年以来ドイツにおいては、経済・社会ならびに文化的権利に関する国際条約が効力を発効した。その8条は、労働組合の活動の権利を認めている。6条は自由に選んだ労働につく権利を認め、欧州社会憲章1条とともに憲法上の社会的国家原則のために重要な指摘を行っている。国連の経済社会理事会は2006年にこうした権利を認めるとの

意向を示した。世界の半分以下の被用者が一日2ドル以下しか得ておらず，何らの社会的保護を受けていない。労働法的最低基準の商業政策上の実現は，西側諸国の職場の保護にも寄与することになる。

4. 国際労働法

　この表現は「国際私法」の名前と同様に不明確である。**ドイツの法秩序**は，原告が国内の裁判官に権利を求める限りにおいて，いくつかの国内法が問題となる場合，どの労働法が適用されるかを確定する。抵触法は，「外国との関係」により生じ，外国人労働者が就労している場合，とりわけ，使用者が外国人であるか，またはドイツ人が外国で就労している場合に問題となる。その場合に規律されるべきことは，いかなる実体法がそしていかなる手続法が適用されるべきかである。1986年9月1日に国際私法改正法が，初めて民法施行法の中に事件を裁く労働法の抵触規定を導入した。民法施行法27条と関連する30条。ドイツにおける労働は，ドイツ労働法によるというが，そう単純ではない。[141]

　個別的労働関係法に対して決定的なのは，まずは労働契約当事者間の意思である。民法施行法27条と関連する30条1項による，こうした**法の選択**は，債権法に関して支配的な**契約自由の原則**の確認による。[142]

　しかし，選択の自由は，同法30条1項（強行的被用者保護規定は法の選択のない基準となる法である）および同34条（ドイツ法の国際的な強行規定）により制限されている。

　企業移転に関する民法613条aは，この意味でも強行規定である。

　ドイツのマグドナルド：ドイツで生産をしているアメリカ企業は一部はドイツ人の，一部はアメリカ人を被用者としており，すべての被用者にアメリカ法の適用が合意されている。被用者の訴えに対して裁判官は，アメリカ法を配慮しつつ，ドイツ人被用者はドイツ労働法の保護を受けるとした。これに対して一人のアメリカ人の同僚は，同法30条2項によって契約がアメリカとの狭い結びつきを示しているので，この保護がない。賃金請求の基礎は，従ってアメリカ法による！　EU加盟国の法秩序についてボーナスが支払われるとしても，EUの企業では，その解決は異ならない！（実際マクドナルド

B. 労働法：その規定の構成

は，使用者であることやフランチャイズ契約で働かせることを避けている）。
—有効に明示され，あるいは結論のはっきりした合意がなければ，主体的ではなく，客体的な連結があてはまる：決定的なのは民法施行法30条2項1号の**常時就労ないしは労務の提供の場所**の法が適用される。
—国際的に変転する就労場所に関しては，使用者が採用した部署の法が適用される。しかし，その他の国と労働関係の狭義の結びつきが留保されている場合には，民法施行法30条2項2号による。

143　被用者の**共同決定**（事業所組織法）については，属地主義が適用される。ドイツ法はドイツ内に存する事業所の営業領域すべてに適用される。被用者ないしは使用者の国籍は，この場合には無関係である。ドイツの事業所の被用者は，彼らが外国に配転されても，国内の事業所に組み込まれていれば，事業所組織法上の事業所委員会の参加権が継続して適用される。

　議論されていたのは，国際間で行動する船舶で働く船員の労働関係が，いかなる法秩序に服するかである。海上の航行では，原則として「（国）旗の権利」が重要である。しかし，これは，時代に合っているとは思われない。それは，「国旗で示すこと」を助長するからである。1989年に導入された2番目の登録は，ドイツの国旗を掲げていても国内に住所のない外国人船員を異なって扱うことを許してしまう（許しているのは：BVerfG 10. 1. 1995, NZA 1995, 272）。明確にされていないのは，さらに国際的な労働協約法と外国と関わる労働争議の法的位置づけである。参照，*Zachert* NZA 2000, 121（国際運送連盟について）。

144　訴訟面：裁判所の管轄等に関するEG指令44/2001によって，他の条約締結国で働く被用者は，ルガノ協定に従って，その使用者をその本拠地または労働場所で訴えることができる（*Jayme/Hausmann* Internationales Privat-und Verfahrensrecht, 11. Aufl. 2002 Nr. 152）。

IV. 概観：労働法の諸法律

145　旧東ドイツの労働法典の失効以来，ドイツにおいては何ら統一的な労働法

の法典化はなされておらず，多くの個別法が今日では共通して適用されている。圧倒的に連邦法（その名称が競合する立法権限については，基本法74条12号）が重要である。法律と個別の規定の数は，恐ろしいほど多く，ドイツ法に依拠することは何らの利点もない。

dtv における Beck の法令集のテキスト（基本的改題は，*Richardi*）と Luchterhand, *Kittner*, Arbeits- und Sozialordnung.

1. 民　　法

民法（1896年）は，2002年の債権法の改正後も，611～630条の中に依然として**個別的労働関係法の基盤**を有している。民法が取り扱う範囲に入らない労働関係は存在しない。諸団体の活動，労働協約，共同決定については，民法はもともと係わってはいない。

民法は，労働関係を債権法の中に組み込み，売買，交換，賃貸借，請負契約その他と並べている。それゆえ行為能力（104条以下），意思表示（116条以下），契約の成立（145条以下），給付障害（277条以下）ならびに履行（362条以下）に関する民法の総則規定も，修正つきではあるが適用される。

中心となる重要な規定（読んで確かめてほしい！）：
—611条：基本的義務
—612条～616条：賃金請求権
—613条 a：事業所譲渡
—615条：受領遅滞，事業上の危険（*Picker* FS U. Huber, 2006, S. 497）一般平等取扱法制定によって削除されたのは：611条 a, 611条 b, 612条3号
—618条：使用者の配慮義務（619条と共に：強行的効力）
—619条 a：被用者の責任，証明責任
—622条：解約告知期間（労務者と職員で一体として：歴月の15日または最終日の4週間）
—623条：期間設定，解約告知および合意解除について民法126条と関連する書式形態
—626条：重大な事由による即時解約告知
—労働法に関わるのは，さらに113条，310条4項，831条，855条，950条
　文　献：*Müller-Glöge, Schaub, Lorenz* und *Schwerdtner* in MünchKomm；

Edenfeld und *Belling* in : Ermann ; *Neumann, Oetker, Preis* und *Richardi* in ; Staudinger ; *Kraft* und *Raab* in : Soergel.

特別：債権法の改革：*Michael Gotthardt* Arbeitsrecht nach der Schuldrechtsreform, 2. Aufl. 2003；*Henssler* RdA 2002, 129；*Singer* RdA 2003, 194；*Preis* FS 50 Jahre BAG, 2004, S. 123. 個々には，Rn. 581ff.

新債権法に対する労働法の問題

1. 被用者は13条にいう「消費者」か？　彼は，何度も売主等として保護されるが，使用者に対する関係では，こうした組み込みは簡単ではない。今では，連邦労働裁判所の判断によれば異なる（Rn. 247ff.）。

2. 241条2項は，何か新たなものをもたらしたか？　むしろ，誠実義務と配慮義務の確認，280条による損害賠償義務を伴う不完全履行の理由づけ（*Wank* Das Recht der Leistungsstörung im Arbeitsrecht nach der Schuldrechtsreform, FS Schwerdtner, 2003, S. 247）。

3. 305条以下の普通契約約款規制は，重要か？　協約や事業所協定では重要ではない（310条4項）！　労働契約では，労働法における特殊性を考慮してのみである（2を見よ）！　定式の労働契約条項である，「協約を超える構成要素は，何時でも無制限に撤回できる」という条項は，そのままでは有効ではない（BAG 12. 1. 2005, EzA §308 BGB 2002 Nr. 1）。309条2号によれば，留置権の定式による賃金未払いを理由とする排除は，無効である。309条6号の意味する違約罰の条項は，どの場合でも批判的に吟味されねばならない（BAG 4. 3. 2004, NZA 2004, 728 = EzA §309 BGB 2002, Nr. 1—*Thüsing/Leder*）。具体的な規定とともに，307条による相当性のコントロールもある（*Bayreuter* NZA 2004, 953）。

4. 旧来からの契約締結上の過失責任でもって，何が生じるか？　現在区別されるべきことは，311条2項によって，取引上の接触，契約の開始と契約交渉の開始，給付障害である（311条a）。

5. 消滅時効について新しいことは？　被用者と使用者相互の契約および契約外の請求権は，195条；3年の一般的消滅時効に従う。法確定力をもって確認された請求権等は，30年である。従って，ここでは，法は簡潔になった（*Däubler* NZA 2001, 1329）。

IV. 概観：労働法の諸法律

2. 営業法

1869年の営業法は，工場労務者と技術職員に対する労働法上の規定の最も古い概念を含んでいる。もともと古くなった営業法は，新たに制定され，すべての被用者に適用される規定105条，106条によって，一般的な意味をもち，現実のものとなった（契約の自由！）。

148

特別の法規：船員法（1959年）と連邦鉱山法（1980年）（これらの特殊な法規集は，ミュンヘンコンメンタールの2巻を見てほしい）。

149

3. 商　法

商法は，今日においても商業に従事する職員を「商業使用人」と呼び，シェフは「支配人」と呼ばれる。レオ商会の従業員シュトリッツの事件は，FAZ紙ではコミックシリーズに入っている。重要なのは労働関係にある間の法律上の競業禁止に関する規定（60条）と契約関係終了後の期間に対する契約上の競業禁止に関する規定（74条以下）であるが，当然だが損害賠償の対象だ。これらの規定は，営業法110条により，その他の被用者に類推適用される。代理商は，自立した商人であり（89条），その行為をおおよそ自由に構成し，労働時間も自由に決めることはできるが，その代理により実行し，媒介しての営業行為により反対給付を受けることができる（手数料）。ある種の企業代理人は，国の定める最低収入を下まわっていれば（92条a），保護を必要とし（「被用者類似」），その場合労働裁判所でその主張を請求することになる（労働裁判所法5条3項）。さらに，被用者類似の者には，商法383条の問屋がある（BAG 4. 12. 2002, EZA §611 BGB 2002, Arbeitnehmerbegriff Nr. 2）。

150

4. すべての被用者保護のための法律

賃金継続支払法は，祝日と疾病での賃金の支払い（6週間）を確保しており，(1996年に80％に減額されてから)1999年1月1日に再度100％支払われるようになった。

151

解約告知制限法（2004年の改正法）は，ある事業所（企業）に最低6ヵ月属した被用者すべてに——例外：小事業所（10人以下）——彼に言い渡さ

た通常の解約告知が社会的に正当なものであるかどうか，法廷において争い，審理させる権利を保証している（その他の事由がある解約告知に関して同時に審理する！）。

労働時間法は，一日の最長労働時間を8時間とし，それは，労働協約でほとんどがそれより短いものとなっている。労働時間がそれを超えている場合の調整期間は，2週間から6週間へ延長された（3条）。最低限，年間15日の日曜日については勤務につかせてはならない（11条）。

連邦休暇法（1963年）は，すべての被用者に24労働日の最低有給休暇を保証している。

民事訴訟法は，賃金請求が無制限に差押え可能ではなく，家族状況と主張される要求の種類に応じて段階づけられ，被用者にとり最低額が残されることを定めている（850条以下，特に850条iと850条d）。

倒産法には，賃金債権の優先権がある（参照876以下）。

被用者発明に関する法律（1957年）は，被用者の創造的着想（特許もしくは登録意匠保護に関し考慮の対象となるもの，もしくは技術的改良提案）に特別に報酬が支払われることを保障している。

従業員の安全と健康については，1996年の**労働保護法**3条により使用者からの保護を受ける（*Wlotzke* NZA 1996, 1017）。具体的には：事業所嘱託医，**安全対策**技師と他の労働安全の専門家に対する**労働安全に関する法律**（1973年）がある。

一般平等取扱法（2006年）は，人事上の措置と労働条件における差別からの保護を行う（詳細はRn. 132）。

5．特別に保護の必要な被用者グループ

152　**母性保護法**（1968年）は，妊娠中の女性被用者が彼女の健康を損なうような作業に従事しないよう，妊娠期間中および出産後4ヵ月経過するまでは解雇されえないこと（9条）また待機期間中（分娩予定日前6週間，実際の分娩後8週間；早産ならびに多胎分娩の場合には後者の期間は12週間に延長される）に彼女が賃金継続支払いもしくは出産手当金による賃金補充を受けながら仕事から解放されることを指示している（新しい規定：*Buchner* NZA 2006, 121）。

配偶者双方が就業している場合に，母親も父親もとることができる保育休

暇(両親休暇)では,連邦育児手当法によって36ヵ月までの間労働関係を停止させることができる。

年少者労働保護法(1976年)は,児童労働(15歳まで)を原則禁止し,未成年(18歳未満)を雇用する使用者に未成年の労働時間,休憩,職業訓練の機会,休暇,就業と健康管理に関する多様な義務と制限を課している。

これらの規定は**職業訓練法**(最新改正2005年)によって補完される。

社会法典第9編は,重度身体障害者,すなわち,少なくとも50%(場合によっては30%)稼働能力を喪失している障害者について,職場探しの手助け(社会法典9編71条以下),加重された解約告知制限(85条以下,福祉事務所の事前の同意が必要),労働生活の事後的援助(122条以下),5日の追加的休暇(125条)などを定めている。企業の義務として,職場の5%を少なくとも重度身体障害者で埋めるという義務は,常に負担調整金(77条)の支払いによって実際に回避される。

家内労働法(1951年)は,事業所に編入されることなく,だが企業もしくは中間親方の委託を受けて就業する者(なかんずく婦人)にも労働法の最も重要な特典を確保するものである。

方法論的な考察:個別的労働法に分類されるものについては,実践的課題を遡って読むこと。請求がなされたとき,まずは,彼らが,未成年者か? 職業訓練生か? 母親になったか? 重度身体障害者か? 家内労働者か? よく考える。それが決まって,特別の保護法が適用される(前記Rn. 152)。これらの場合でないときまたはこの法律が何らの答えも与えない場合,出された問題は実質的に調べられることになる:解約告知の問題? 労働時間の問題? 年休か? 賃金支払いか? 被用者発明か? である。それぞれの領域には,それぞれの法規が存する(前記Rn. 151)。一般論:現業労働者? 技術職員(双方とも営業法)? 商業使用人(商法)(前記Rn. 148-150)? 常に民法が根底にある(前記Rn. 146)。

153

6. 労働協約法

労働協約法(1949年,1969年)は協約自治を実現するものである。詳細な記述は:後記Rn. 200. 労働協約法1〜5条を正確に読むことはやりがいの

154

あることである！　労働協約法には，1996年被用者派遣法が属する。建設作業等の委記における「協約への信頼」に関する州法については，*Löwisch/Rieble* §5 TVG　Rn. 166参照。

7. 事業所組織法と共同決定法

155　事業所組織法（1972年1月15日，DⅠ～Ⅲ参照）は，その前身の1952年法を引き継いだものである。大企業については，1976年以来，共同決定法（Rn. 490）が適用される。石炭鉄鋼の共同決定には1951年以来独自の規定があった。公勤務の領域での共同決定については，連邦職員代表法（1974年）とこれに対応する州法（Rn. 503）が作られている。ヨーロッパの企業については，欧州事業所委員会法（1996年）（Rn. 503a）が適用される。

8. 社会法典

156　社会法とその基礎にある社会法典は「ハルツ」改革（2002—2004年）において新設された。2005年1月1日からは，新社会法典第2編「求職者に対する基本的保障」が「完全化法」（2006年）とともに適用されている。使用者と被用者の間の責任に関する労災保険法（1996年）については，Rn. 707ff. 参照。

9. 就業促進法

157　就業促進法（1985年）は，我が国の民主労働法の歴史上始めて，社会思想のための運動の流れに逆行するものであった。今回は被用者保護の拡張ではなく，縮減が，とりわけ期限付労働契約を容易にして，失業者と一定の職場の提供を割り当てられる若い世代の利益のためになされたのである。就業促進は，法政策的に労働・社会法の最も熱く争われている領域となっている。さらなる変化——低減された賃金継続支払い，解約告知制限の緩和，事業所の変更に際しての限定された共同決定——を伴う労働法の就業促進法（1996年）は，1999年1月1日まで社民・緑の党連立政権により一定の後退をしたが（それについては，*Hanau* DB 1999, 45），2003年に**アジェンダ 2010**で再び一部導入されている（*Adomeit,* Die Agenda 2010 und das Arbeitsrecht, 2004）。就業促進の原則は現行労働法の保護原則に属する。

10. 存在しないもの：労働法典

労働法典は旧東ドイツのみが持っていた。旧ドイツ連邦共和国は計画された制定もうまくいかなかった。東西ドイツ統一条約は，労働契約法と労働時間法の法典化をドイツの立法者の任務としている（30条）。1992年のハノーファーの第59回ドイツ法曹大会議事録P（報告者 *Neumann, Köbl, Weiss*）参照。ドイツ法曹大会は立法を力を込めて推奨しているが，政治情勢はこれに近い状況ではない。一度に多くの厄介な障害があった。これに代わって，個別法の集成がなされている。ベルテルズマン財団は，目下，ヘンスラーとプライス両教授の労働契約法の討議案をスタートさせている。

158

11. 労働裁判所法

Rn. 1031 以下を見よ。

12. 労働刑法

労働法の法律は，しばしば処罰規定を置いている（多くは，事業所組織法119条，120条のように末尾に）。しかし，これは，**付加刑についての刑法**である。警察と検察がこれを管轄する。差別の場合，損害賠償の支払いは（今では，2006年一般平等取扱法による），懲罰的な性格を有する。

158a

C　団結体・労働協約・労働争議

Ⅰ．団結体

法的根拠：基本法9条3項；1990年社会同盟主旨；事業所組織法2条；労働協約法2条

文献：基本書　*Gamillscheg* Kollektives Arbeitsrecht, Bd. 1, 1997；*Blank* FS 50 Jahre BAG, 2004, S. 597；*Buchner* NZA 1994, 2；*Däubler* FS Hanau, 1999, S. 489；*Dieterich* Tarifautonomie und Gesetzgebung, 2003；*Franzen* RdA 2001, 1；*Hanau* RdA 1993, 1；*Löwisch/Rieble* Koalitionsfreiheit…, Münchener Handbuch zum Arbeitsrecht, Bd. 3 §§ 248ff.,；*Matthes* FS Schaub, 1998, S. 477；*Rieble* SAE 2006, 89；*Säcker/Oetker* Grundlagen und Grenzen der Tarifautonomie, 1992；*Ursula Schlochauer* FS Schaub 1998, S. 699；*Rupert Scholz* Kommentierung des Art. 9 GG im GG-Kommentar von *Maunz/Dürig/Herzog* 1999；*Löwisch* Arbeitsrecht 7. Auf. 2004, §6.

1．団結体という概念の意義

団結体とは，労働組合や使用者団体の上位概念である。団結体が，基本法9条3項による特別な憲法上の保護を受けている[1]。団結体だけが協約締結能力を有する，労働協約法2条1項（加えて個々の使用者も）。団結体だけが適法な労働争議を行うことができる：「労働組合のストライキ独占」団結体だけが，労働裁判所で第2審でも当然にその構成員を代理することが認められる（労働裁判所法11条）。このような団結体とは何者であり，あるいは何

なのであろうか？

(1) しかし，反対の結論が引き出されてはならない。BAG 15. 3. 1977, AP Nr. 24 zu Art. 9 GG = NJW 1977, 1551 = EzA §2 TVG Nr. 12 によると，団結体であり，憲法9条3項によって確かにとらえられるが，しかし労働組合または使用者団体のメルクマールを満たさない団体が存在する。同様に，BAG 17. 2. 1998, EzA Art. 9 GG Nr. 63 と *Löwisch* Arbeitsrecht Rn. 210（注目すべき理由をあげている）。

2. 要　件

162　再統一以来，団結体には，全ドイツで次のようなメルクマールがあてはまっている：自由な，主体的な，個々の事業所を超えた，自主的な，合法な，強力なである（BAG 6. 6. 2000, NZA 2001, 160「技術面の監視従業員」を見よ）。

団結体の存在についての検討シェーマ[2]：
a) 自由な団体であること

163　（公法上の）設立強制団体は，考えられない（従って団結体ではないのは：工業会議所，商業会議所，手工業会議所，医師会，弁護士会である）。手工業組合は，任意参加の会員からなるために，協約締結能力は認められている（手工業法54条3項）[3]。

(2) Vgl. *Löwisch/Riedel* TVG, 2. Aufl. 2004, §2 Rn. 29ff.

(3) 同業者組合の使用者団体への加入は，可能である：BAG vom 6. 5. 2003, EzA Nr. 26 zu §2 TVG.

164　団結体は，管轄範囲にある被用者ないし使用者に対して自由な加入を保障しなければならない。すなわち，加入請求権が存在する。しかし，労働組合は，組合員の除名を予定してもよい。例えば，ドイツ国家人民党への所属を理由に（民事訴訟で，BGH 19. 1. 1981, DB 1982, 130），また「スト破り」を理由に（BGH 19. 1. 1978, EzA Art. 9 GG Arbeitskampf Nr. 21, *Seiter* の評釈），さらに事業所委員会選挙の対立候補者名簿への立候補を理由として（BGH 19. 10. 1987, NJW 1988, 552 = EzA §25 BGB Nr. 1；BVerfG 24. 2. 1999, NZA 1999, 713 = EzA Art. 9 GG Nr. 6）。

b) 社団組織であること

意思形成の可能性，すなわち意思表示のための機関がなければならない。不要なのは，権利能力である。労働組合は，多くは**権利能力なき社団**として組織されている（統一サービス産業労組，ver. di は異なる）。

165

私法の判例は，民法 21 条以下，すなわち**権利能力**ある社団の規定を広く類推適用している。民事訴訟法 50 条 1 項に反する，**能動的**当事者能力に関する BGHZ 42, 210 や BGHZ 50, 325 を見よ。他方で，労働組合は，**民法 31 条**によっても責任を負う。民法典の起草者は，労働組合を社団法人法の監督に服させることを強いるつもりであった。判例は，この傾向を断念した。法的明確さのためには，むしろ法律を改正するほうがよかったのであろう。

166

ある程度**継続する**団体であって，1 回限りの目的のための団体（「**アドホックな団結体**」）（BAG 14. 2. 1978, DB 1978, 1403 = EzA Art. 9 GG Arbeitskampf Nr. 24）であってはならない。例えば，「山猫スト」の禁止を回避するために，1 回だけストライキを遂行することを目的とした団体は，団結体ではない[4]。

167

(4) 同様に，*Nipperdey, Hueck/Nipperdey* Bd. Ⅱ, S. 82. 異なる見解 *Löwisch* Arbeitsrecht, Rn. 202.

組合費：労働組合では，支給総額の 1％が普通である。

167a

c) 労働協約への積極性，強力であること

目的：現行労働協約法を基礎とした労働条件と（または）経済条件の維持および（または）向上。いずれにしても，もはや時代に即していない争議の準備は，その目的に適していない[5]。団体がその構成員の利益を効果的に代弁することができ，社会的な対抗者に対して貫徹力が確保されていることが保障されるべきである（BAG 17. 2. 1998, EzA Art. 9 GG Arbeitskampf Nr. 129）[6]。

168

(5) カトリックのハウスキーパーの団体に関する BVerG 6. 5. 1964, AP Nr. 15 zu §2 TVG = NJW 1964, 1267 = EzA §2 TVG Nr. 5 を見よ（*Gamillscheg* S.

427).

(6) しかし，これは，使用者団体には適用されない。というのは，すでに個々の使用者が協約締結能力を有するからである。例えばベルリン弁護士協約団体に関する BAG 20. 11. 1990, NZA 1991, 428 = EzA §2 TVG Nr. 20. それについては，*Hergenröder* EzA §2 TVG Nr. 20.

169　使用者団体には，今日，協約を結びたがらない会員がいる（協約の拘束力を受けない使用者―OT 会員―）。それについては，Rn. 212 参照。

170　従って，必要なことは，団体の「社会的な力の強さ」すなわち「貫徹能力」である。それと同時に，確かに硬直な面が大きく団結法の中に現れる。それは望ましいことなのか？　どのようにして，人は，ある新しい団体をゼロから社会的に強力なものへと変えるべきなのであろうか？　連邦労働裁判所（28. 3. 2006）は，キリスト教金属労組を承認したし（DB 2006, 2070），また約 10,000 人の組合員がいる独立客室乗務員団体という名前のフライトアテンダントの組合も承認してきた（BAG 14. 12. 2004, EzA §2 TVG Nr. 27）。成果を産む協約の締結は，連邦労働裁判所によれば，団結体たる特徴の証である（BAG 10. 9. 1985, AuR 1986, 351, *Zachert* の評釈，S. 321 = EzA §2 TVG Nr. 14）。しかし，これが単なる「みせかけだけの協約」にすぎなかったのではないのか，注意されるべきである（BAG 6. 6. 2000, NZA 2001, 160―技術面の監視従業員に関して）。*O. E. Kempen* FS 50 Jahre BAG, 2004, S. 733 参照。協約の締結なしに構成員の利益に役立とうとする団体は，強力さという要件が欠けている。

d) 主体性

171　その団体は，被用者のみまたは使用者のみ[7]を代表しなくてはならない。この主体性または団体の純粋性というメルクマールは，明確な代表関係をもたらすべきものである。両陣営の参加する下での「和合の団体」は，協約締結能力がないであろう。そうはいっても，このメルクマールは，社会国家の実現と合わせてさらに難しくなっている。労働組合は，営利企業において自ら使用者の機能を果たしており，その運営に関しても既に使用者なのであ

る（BAG 20. 2. 2001, NZA 2001. 1204 参照）。組合代表者は，公営企業や社会保険保険者において指導的に働いている。鉱山業の労務担当取締役は，被用者の代表と人事部門の長という厄介な二重の地位を有している。反対に，使用者の機能をもつ管理職職員（事業所組織法5条3号）も，労働組合の代表になったり，ストライキの権限に関与することがある[8]。対等な事業所横断的な共同決定によって，敵対者という本来の観念は，実際に全く放棄されている。これは，団結法に影響を与えずにはいられない。

今日では，主体性の要件は，相手方やまた第三者（国家，教会，政党）からの**独立性を守ろうとする団体の必然的努力**としてとらえられなければならない（*Gamillscheg* S. 415ff.）。例えば、相手方から財政的援助を受けたり，買収された団体は，（特別な手続きなしに）その協約締結能力を失う。

(7) 同様な利害を有する者は，官史，自由専属の共同スタッフなどである。そこで，ドイツ著作者団体は，1973年その当時の印刷・紙業労組に加入した。その反対に，「登録社団法人・ドイツハウスキーパー労組」は，労働組合ではなかった（RdA 1980, 224）。消費者団体も，特別である（*Reichold* FS 50 Jahre BAG 2004, S. 153 (161)）。

(8) それについては，BAG 16. 11. 1982, DB 1982, 2518 = EzA Art. 9 GG Nr. 36（協約外の管理職職員の団体）。「組合被雇用者の団体」については，*Junker* Rn. 454 の演習事例。

質問：地区行政機関の管理者が，調整委員会の委員として使用者団体から報酬を受け取ることを，労働組合は許してもよいか？（BAG 14. 12. 1988, NZA 1989, 515（イエスである！）= EzA §76 BetrVG 1972 Nr. 47） 172

e) 事業所横断

主体性や強力といったメルクマールから生じる結果は，個々の事業所を横断した（ここで考えられるのは，一つの企業を超えてということである）団体でなくてはならない。そうしないと，団結体の構成は，使用者による採用や解雇によって左右されてしまうであろう（「企業別組合」は団結体ではない）。それについての一つの事例は，Rn. 827 を見よ。しかし，ドイツの鉄道や郵便職員の労働組合は，この企業規模ゆえに団結体である。BAG 17. 2. 1998, EzA Art. 9 GG Arbeitskanmpf Nr. 129 = SAE 1998, 237.（*Rieble* の評釈）は，ドイツ 173

労働総同盟とその単位組合の従事者のみを組織する労働組合というものを承認している。これが事業所横断と呼ぶのに十分だとすれば、その結果労働組合は、**コンツェルン**の被用者を組織するものにも及ばざるをえない。

f）憲法の承認

174　団結体は、その目的または活動が刑法諸法規に反し、または**憲法上の秩序**もしくは国際協調の思想に反するという理由で、基本法9条2項によって禁止されてはならない。その禁止には、行政裁判所によって確認された最上級の州官庁の禁止の処分が必要である（結社法16条参照）。憲法の承認していない団結体は、この憲法が支配している法秩序の保護も受けられない。

g）民主主義的構造

175　法律は、団結体の**内部構造**について何も触れていない[9]。政党に関する憲法21条1項：「その内部秩序は、民主主義の原則に適合しなければならない」というような規定はない。それでも、これは、やはり社会的な自己管理をする団結体が公の任務を果たすのであるから、当然に求められねばならない。団結体は、意思形成を基礎から確実にし、機関を選任したり、解任できることを可能にする**根本規則**をもたねばならない。

(9)　特に重要なのは、*Gamillsheg* S. 400ff. 比較法による指摘をしている。*Löwisch*, Arbeitsrecht Rn. 208 は、協約締結能力の場面で初めて述べている。

176　**注意すべきこと**：団結体の特徴を検討することは、労働法の課題の中では、特にある団体が自己の協約締結能力の確定を望む場合の主要な問題であるし（その場合には、労働裁判所法2条a1項4号、97条）、あるいは例えば協約に基づく（被用者からの）請求または違法ストライキを理由とする（使用者からの）損害賠償請求の前提問題となる。

h）解　散

177　団結体は、ラジオ・テレビ映画同盟のように、自主的な解散によって消滅する（BAG 25. 9. 1990, NZA 1991, 314 = EzA §10 ArbGG 1979 Nr. 4）。労働組合の**合併**に関しては、*Hanau/Adomeit* AuR 1994, 205．サービス産業の労働組

合・統一サービス産業労組 ver. di の設立については，*Wiedemann/Thüsing* WM 1999, 2237ff, 2277ff. 社団法人として合併した団体の登録後に組織変更法が適用される。使用者団体が倒産しても，協約は存続する：BAG 27, 6. 2000, NzA 2001, 334.

3. 加入請求権

この（私法上の！）請求権は，独占組織に類似する，卓越した組合の支配的な地位からして，認められるのが原則である（*Gamillscheg* S. 447）。
事例：毛沢東主義の機械工の事例：その機械工は，金属産業労組の諮問委員会が毛沢東主義の「ドイツ共産党」を敵対組織とし，それに所属することが金属産業労組の組合員であることと相容れないと表明していたにもかかわらず，金属産業労組を相手に加入を訴求した。その請求は退けられた（BGH 1. 10. 1984, DB 1985, 701 参照）。

178

4. 存在する団結体

団結体と係わらざるをえないのは，**ドイツ労働総同盟**に所属する労働組合，または**ドイツ経営者団体連合会**に所属する使用者団体が扱われる場合である。

179

a) 被用者

ドイツ労働総同盟では，教育・学術労組のような非工業的労働組合と並んで金属産業労組のような工業的労働組合を含む8つの単位労働組合が連合している。広範囲のサービス産業労組は，「Ver. di」と呼ばれる。ドイツ労働総同盟の組合員の総数は，800万人とされている。それは，全被用者の約4分の1である。（はっきりさせる質問：ドイツ労働総同盟には何人の構成員がいるか？　正解：8である。）

180

キリスト教労働組合総同盟は，自称約30万人の組合員を有する。その他の被用者団体：登録社団法人・化学産業研究職員連盟，マールブルグ同盟，ドイツ医師職員連盟等がある。

181

「**統一労働組合**」とは：政党の政策の上で中立であることを意味する。反

182

対は，傾向組合である。ドイツ労働総同盟やその単位組合が中立の思想を十分真剣に考えてきたかどうかは，争いがある（以前では連邦議会選挙前の「選挙に対する試金石」にすぎなかったが，1998年には，ドイツ社会民主党のための直接的な票集め，2006年には，「シュレーダーのために票集めをしない。」という脅し）。

　ドイツの組合制度は，印象深い団結イメージをみせている。例えば，フランスあるいはスペインでの穏健な共産主義者の組合との競合関係を参照。ヨーロッパ：ドイツ労働総同盟が構成員である欧州労働組合連合。

b）使用者

183　**使用者団体**は，労働組合と同様に多くが産業別分野に従って区分されているが，地域性が加わることもある（例えば，ケルン行政区域金属産業使用者団体）。連邦の次元では，上部組織が存在するのが常である（「金属総連盟」）。産業別の上部団体や使用者団体の州の団体は，ドイツ経営者団体連合会という最上部団体を形成している。ヨーロッパでは，欧州産業経営者団体連盟。

5. 団結の自由

184　職業別団体に関する法律が存在しないので，裁判所や労働法学者は，団結体の法的地位を基本法9条3項の助けをもって決定せざるをえなかった。その際この規定が大変広く拡張されてきたので，その本来の姿がほとんど分からなくなっている。

9条3項の要素：
a）個人の積極的な団結の自由

185　「いかなる者も」人と連合を組むことができる。外国人も，当然労働組合に加入したり労働組合を設立してよい。官吏も同様である（概念上は徹底していない）が，スト権はない。その個人の団結の自由には，加入した団結体のために活動することも含まれる。権力分立の本質にかかわる問題は，労働裁判所の**裁判官**が組合活動を行うことが許されるかという問題である。私は，これをきっぱりと否定すべきであると思う。裁判官は，予断をもたずにいなければならない。連邦憲法裁判所は，予備審査の委員会で問題をよく無視し

てしまう。それが無意味だからではなく，あまりにも窮屈だからである(10)。

　ある事業主が就職志願者に予め労働組合を脱退しておくように求めれば，その組合は，**不作為の請求権**を有する（BAG 2. 6. 1987, DB 1987, 2312)。事業所委員会が加入を要求する場合も同様である。クローズド・ショップ制は，どうしても我々の憲法に適合しない。

　事例：未組織の研修生が質問している！　Uは，電気産業の企業であり，協約に拘束されている。Uは，毎年自己の必要から職業訓練のため6〜8人の卒業者を採用し，協約による教育訓練報酬を支払っている。Uは，1997年に必要以上に職業訓練を行うが，「あなたは，…その職業上の将来的チャンスを良くするために，訓練場所を確保する代わりに協約による給付（例えば訓練報酬の一部）を放棄することを厭わない。」という報酬引下げの協約を付して卒業者に申し出でを行った。労働組合に所属しないことを承認した5人の志願者は，訓練のための契約が結ばれる予定である。事業所委員会は，同意を拒んだ（事業所組織法99条参照）。連邦労働裁判所は，Uのこのような処置を次のように判断して認めた（28. 3. 2000, NZA 2000, 1294 = EzA §99 BetrVG 1972 Einstellung Nr. 6）。事業所委員会は，協約を下まわる支払いが予定されていたという理由だけで，採用に対する同意を拒否することはできない。被用者はみな，可能な協約による請求権を採用後でも主張することができる。求人広告の中では，「協約による給付の放棄」だけが要求されていた。しかし，組合員個人も法的に放棄できない協約上の請求権を，例えば「雇用のための同盟」によって事実上主張しないようにすることも可能である。考えられることは，「有利性が拡張されて認識され，職場の確保が賃金の制限を正当化できるということが現に今でも主張されているのは考慮に値する」と連邦労働裁判所は指摘している。その裁判は，訓練場所についてしばしば不満があった間隙を埋める実際的な道を開くものであろう。これが特に認められるのは，訓練生の「報酬」が結局のところ協約賃金ではなくて，連邦育英奨学金法による奨学金であるからである。そのケースは，以前は異なった結果で解決されていたであろう。21世紀での大変革が明らかである。

　(10)　Vgl. *Rüthers* Richardi-Symposion 2003, S. 111.

b) 集団的団結の自由

団結体であっても，その中にいわゆる社員権が融合しているので，基本法9条3項を援用することができる(11)。ドイツ統一第一国家条約は，これを確認した。それに含まれるのはそれぞれ以下のものである。

> (11) 基本的にそう考えるものに，BVerG 18. 11. 1954, BVerfGE 4, 96 = Ap Nr. 1 zu Art. 9 GG = EzA Art. 9 GG Nr. 10.

aa）存続の保障

組合の禁止は，絶対的に憲法に反する。

bb）活動の保障（*Däubler*, Gewerkschaftsrecht im Betrieb, 15. Aufl. 2000）

団結体の活動がその維持と保全のために必要不可欠であった限りでのみ（コア理論），それを保護してきた過去の判例により，連邦憲法裁判所（BVerfG 14. 11. 1995, NZA 1995, 381 = EzA Art. 9 GG Nr. 60）によって，団結体に特有なものと認められるべき行為が，基本法9条3項の保護下に入る。組合員の募集もまたそれに含まれる（BAG 28. 2. 2006）。労働組合が**教会**施設への立入りを熱望しても，これまでそれは果たされなかった（BVerfG 17. 2. 1981, NJW 1981, 1829 = EzA Art. 9 GG Nr. 32 = SAE 1981, 257. *Rupert Scholz* の評釈）。組合政策上の目的のための立入請求権は，対抗する使用者の基本権（基本法12条, 13条, 14条, 140条）を前にして相変わらず挫折することになる。Rn. 404を見よ。事業所組織法による立入権は，Rn. 413を見よ。

cc）団結体の目的と手段の保護

労働法は，協約制度を自由に利用させ，争議を許容しなければならない。従ってここには，連邦労働裁判所の「ブルダ」裁判が主として補強している**協約自治**の本来的な保護が潜んでいる。「自己の決定と他人の決定」との間にある協約自治に関する原則に立ち帰った考察は，*Picker* FS 50 Jahre BAG 2000, S. 795.

交渉請求権はあるか？ 「当第一部法廷は，組合が，協約の相手方に対し協約交渉の開始や継続を求める請求権をもたない，とする当裁判所の判例を維持する。」(12)争われてきたのは，交渉を行っている使用者が雇う被用者を

労働組合の交渉委員会へ迎え入れることである。しかし，交渉請求権は，協約によって挿入することはできる（BAG 14.2.1989, NZA, 601）。

(12) *Brox/Rüthers/Henssler* Arbeitsrecht, 16. Aufl. 2004, Rn. 667 参照。

c) 第三者効

基本法9条3項2文，民法134条。一義的に無効になる極端な事例：被用者と，どのような者との間であれ，労働組合から脱退するという約束。 191

d) 競合する組合との関係での団結の自由

基本法9条3項は，競合する組合相互の関係においても適用されるか？ 192
ノーである。というのは，9条3項は，対外的な団結体保護に向けられているからである[13]。しかし，民法826条による請求権はあるであろう。組合は，競合する組織の組合員の募集を甘受しなければならない（BAG 31.5.2005, EzA Art. 9 GG Nr. 84）。

(13) *Gamillscheg* S. 217：「力の弱い団体のための国家による延命救助は，団体の競合の争いにおいて中立性を侵すであろう」。同様に，*Löwisch/Rieble* TVG 2. AufL. 2004 Grundl. 55.

e) 消極的団結の自由

任意の結合体の特徴は，（個人の）消極的団結の自由も基本法9条3項によって保護されているとみるならば，さらに強化される（1967年11月29日の連邦労働裁判所大法廷 BAG GS 29.11.1967[14]の強固な批判に対して）。基本法9条3項を消極的団結の自由に適用することに反対なのは，ニッパーダイであった[15]。むしろ基本法2条1項だけによる保護，すなわち法律の留保によって制限されるとする。いずれにしても，被用者（使用者）は，**団結体と距離を置く**（あるいはそれを去る）という，基本法によって保護された権利を有する。これは，Ⅰ2で述べた第一国家条約議定書によって，全ドイツにわたって承認されている。その結果，脱退猶予期間は非常に短くてもよく，半年以上ではあまりにも長すぎる（BGH 22.9.1980, NJW1981, 340）。 193

組織された被用者のみが採用されるという（組織条項），「**クローズド・ショップ**」の原則は，取り決められてはならない（EGMR 13.8.1981, EuGRZ

1981, 559)。

 (14) AP Nr. 13 zu Art. 9 GG = NJW 1968, 1903 = EzA Art. 9 GG Nr. 3 は，区別待遇条項の事件に関する重要な裁判（「協約では，協約を締結した組合に組織された被用者と別の組織または未組織被用者とを区別してはならない」）である。詳しくは，後記 Rn. 229。

 (15) *Hueck/Nipperdey* Ⅱ/1, S. 154. それにかなり近いものに，*Nuemann* RdA 1989, 243.

194 人は，消極的団結の自由という思想が反組合的傾向をもつと考えるかも知れない。しかし，その思想が，最後は強制の要因によって正当性と自主性を失うことになるであろう組合に活動力を与えるのに役立つのである[16]。

 協約のアウトサイダーは，これを意図しなくとも，往々協約に関係する。特に労働時間に関する規則でである。争いがあるのは，**消極的団結の自由**が消極的協約締結の自由をも含むかどうかである。肯定するのは，BGH 18. 1. 2000, ZIP 2000, 426：公共事業の委託では，協約忠実条項が適用にならない（EuGH 9. 3. 2006, BB 2006, 891 zu §613a Ⅰ 2）。異なる学説，*Däubler* ZIP 2000, 681 と恐らくは BVerfG 8. 6. 2000, DB 2000, 1772（協約の余後効について）。

 (16) *Kissel* FS Hanau, 1999, S. 547 参照。

195 団結体が（組合の意見で）拙い協約を締結したならば，その団結体は，構成員に対して責任を負うのであろうか？　不満な機長の願望に関する事件（BAG 20. 8. 1986, DB 1987, 693 = EzA §242 BGB Gleichbehandlung Nr. 44）を参照してほしい。正しい手段は，よい良い代表者を選ぶことである。協約政策は，司法になじまず，いかなる「協約の検閲」も許されない。

196 f）事業所委員会も，事業所の自治を保護するために基本法 9 条 3 項を援用することができるか？　ノーである。基本法 9 条 1 項の類推だけである（*Ehmann* ZRP 1996, 317）。

6.　団体の影響力行使

197 団体の影響力行使は，補足的に立法，行政および裁判での多くの公法上の権限によって促進される。施行規則の発布への協力，行政委員会や諮問委

会への代理人の参加，労働裁判所法18条1，2項に従った労働裁判所裁判長の任命の際の協力，名誉職裁判官による労働裁判所の構成の際の提案権，最後に構成員についての訴訟代理権等がそれである(17)。経済および文化に及ぼす事実上の影響力は，それよりももっと広範に及んでいる(18)。

(17) 構成員だけ！ BAG 16. 5. 1975, DB 1975, 1658 = EzA §11 ArbGG 1979 Nr. 1.
(18) 問題なのは, *Hettlage* DGB in der Sackgasse, 2003.

II. 労働協約

法的根拠：1949年4月9日の協約法

文献：基本書 *Gamillscheg* Kollektives Arbeitsrecht, Bd. 1, 1997；*Wiedemann* TVG, 6. Aufl. 1999（Bearbeitet von *Oetker, Wank u. Wiedemann*）；*Löwisch/Rieble* TVG, 2. Aufl. 2004；*Herschel* ZfA 1973, 183（mit Materialien）；*Däubler* Tarifvertragsrecht, 4. Aufl. 2003；*J. H. Bauer* FS Schaub, 1998, S. 19；*Berg* FS Däubler, 1999, S. 495；*Boemke* FS 50 Jahre BAG, 2004, S. 613；*Buchner* FS 50 Jahre BAG, 2004, S. 631；*Dieterich* Tarifautonomie und Gesetzgebung, 2003；*Dieterich* RdA 2004, 65；*Ehmann* FS Zöllner, 1998, S. 715；*Meinhard Heinze* NZA 1991, 329；*Kraft* FS Zöllner, 1998, S. 831；*Loritz* FS Zöllner, 1998, S. 865；*Löwisch* FS Schaub, 1998, S. 811；*Rieble* NZA 2000, 225；ders. ZfA 2004, 1；*Schaub* NZA 2000, 15；*Thüsing* FS 50 Jahre BAG, 2004, S. 889；*Zachert* NZA 1994, 529；*Zumfelde* NZA 2004, 836.

1. 意義と歴史的展開

労働協約は，実際には被用者の自力救済を通して発達し（1873年書籍印刷工協約），1918年の労働協約令以来法的に承認されてきた。法的な承認は，協約が民法で知られたどの契約よりも強い効力を有しているので必要であった。その取決めは，「協約当事者」つまりそれを締結した団体ばかりか，個別の労働関係にも直接かつ強行的に（＝任意にではなく）適用される（協約法

4条1項)。**協約は，**(法律のように)**規範的効力を有する**と一般にいわれるところである。使用者が，協約によって保護された給付を変更解約告知によって変更しようとするならば，その解約告知は，無効である（BAG 10. 2. 1999, NJW 1999, 2541）。

201   協約の解釈は，その規範的性質に適合しなければならない。当事者の真の意思が重要なのは，それが協約規範またはその文脈の中で表現されているときにのみである（BAG 22. 10. 2002, EzA §1 TVG Auslegung Nr. 36）。体系的な規準がより重要なのである。協約法1条の形式的要件に適合する協約当事者の共通の意思によって，解釈が拘束力をもつ（BAG 17. 9. 2003, EzA §4 Ausschlussfristen Nr. 169）。

202   有利性原則は，被用者の利益のために個別の契約の訂正を許すのであるから，協約は，**最低の労働条件を生み出す**ものということができる。社会秩序の主たる部分は，長期にわたって適用される一般的労働協約[19]や早く変えられる賃金協約で確定される。協約は，形式的にその適用領域に含まれる組織された被用者だけに原則として適用されるが，実際にそれは，該当する経済領域全体のための「指導的作用」を有する。

 　(19)   論議について　*Hettlage* DGB in der Sackgasse, 2003.

203   協約制定権の由来に関しては，**授権説**（「国家からの委託による」）と**自律説**（「団体の固有権による」）とが争われている。それについては，BAG 28. 6. 2001, EzA §4 TVG Beschäftigungssicherung Nr. 7（*Rieble*）; *Waltermann* FS 50 Jahre BAG, 2004, S. 913.

204   どこで現行の協約を見つけることができるか？　協約登録簿があり（労働協約法6条），年間ほぼ8,000の協約まで登録されている。連邦共和国では，約60,000の協約があり，そのうち約15,000が企業内協約である。多くの地域的合意は，交渉して取り決められたモデル協約を借用しているだけなので，横断的協約が成立している。一般的拘束力のある協約は，インターネットのjurius-Datenbank Tarifverträge/Haufeで見られる。

II. 労働協約

2. いつ，協約は存在するか？

法律学上，規範的部分の協約は，**請求権の基礎**である。実務では，日々の請求権が，特に被用者の側の請求権が協約に支えられている。そこで，検討すべきは： 205

a) 書　式

それは，民法145条以下の意味での文書で作成された（協約法1条2項）契約でなければならない。その書式は，外部に対して効力を有する契約にあって必要不可欠であるし，しかも単に債権的合意にすぎない場合でもそうである。同じ理由から，悪意の抗弁すら方式不備を治癒しない[20]。それとは異なり，協約法8条による事業所内の協約の周知は，単なる手続規定である。 206

(20) BAG 21. 3. 1973, AP Nr. 12 zu §4 TVG Geltungsbereich = NJW 1973, 1343 = EzA §1 TVG Nr. 3. このケースでは，協約当事者は，事業所の適用領域を後になって単なる書簡の交換により制限しようと試みた。しかし，それは，協約によってのみ生じる。

協約が別の協約を引用したときには，この引用された協約は正確に示されねばならないし，客観的に類似の適用範囲になければならない（BAG 27. 10. 2004, EzA 3 TVG Bezugnahme auf einen Tarifvertrag Nr. 28）。協約の中で，たまたま適用されていた別の協約範囲の協約を引用することも許される[21]。 206a

(21) 「静的な」引用だけではなく，「動的な」引用である。BAG 9. 7. 1980, DB 1981, 374. *Wiedemann* TVG §1 Rn. 198 と BAG 18. 6. 1997, NZA 1997, 1234 = EzA §1 TVG Fristlose Kündigung Nr. 3 も参照。

協約の対外的効力のために，その締結を目的とした予約は，形式を必要とするであろう（異説：*Wiedemann* TVG §1 Rn. 238）。単なる「交渉結果」からは，それが文書によって確定されているとしても，協約上の権利は引き出せない（BAG 26. 1. 1983, DB 1983, 2146 = EzA §1 TVG Nr. 17）。第三者のためにする契約という私法上の形態も役立たない。 207

b）協約締結能力

208　特に団結体のような当事者は，協約締結能力を有しなければならない。一方には，労働組合または組合の上部組織があり，他方には，使用者，使用者団体（同業組合）もしくは使用者の上部組織がある（協約法2条参照）。民法の権利能力もしくは行為能力は，重要でない[22]。使用者の側に団体があれば（多くがそうであるが），それは団体協約と呼ばれ，個々の使用者が労働組合の協約相手方であれば，企業協約または企業内協約が存在する（周知の例は，フォルクスワーゲンである）。団体に所属する使用者は，それ自体で企業協約を要求することはできない。使用者は構成員という意味である（しかし，BAG 10. 12. 2002, NZA 2003, 735 = EzA Art. 9 GG Arbeitskampf Nr. 134（*Franzen*）を見よ）。批判的なのは，*Buchner* RdA 2003, 263. 企業との関連での産業別協約については，*Cord Meyer* NZA 2004, 366；*Lobinger* RdA 2006, 12.

(22)　*Kühbler* Rechtsfähigkeit und Verbandsverfassung, 1971 参照。

c）協約の管轄，協約の統一性，協約の多元性

209　協約を締結した団体には，協約管轄が認められねばならない（*Oliver Ricken* Autonomie und tarifliche Rechtsetzung, 2006）。それについては，団体，例えば産業別結成主義によって組織された各単位組合の規約が基準となる。ドイツ労働総同盟の単位組合の規約は，その組合の仲裁判断によって確実に解釈される（BAG 14. 12. 1999, NZA 2000, 949 = EzA §2 TVG Tarifzuständigkeit Nr. 7）。ドイツ労働総同盟の単位組合の規約は，疑わしいときは，重複適用が生じないように，しかしすべての協約管轄の範囲から外れるような事業所がないように解釈されねばならない[23]。ここでは，有利性の比較は何ら求められないが，特殊性の原理は求められる（BAG 16. 5. 2001, EzA §3 TVG Nr. 23）。

複数の団体，特に労働組合は，一つの事業所を管轄することができるので，その相互関係が問題になる。一つが優先するのか，あるいはそれらは同時に適用されるのか？　憲法によって保障された団結体の多様性は，協約の多様性へと至るのであろうか？　確かに，二つの協約が同一の労働関係に適用になれば，ノーである。その場合には，特殊性の原理に従って解決されるべき

協約の競合が存在する。さらにより特殊なのは，常に事業所に近い協約，すなわち団体協約との関係での企業協約である。今までに，連邦労働裁判所は，協約の統一性という協約の競合にとって必然的に適用になる原理を，一つの事業所において複数の協約が適用になるが，異なる労働関係について適用される**協約の多元性**にも転用してきた（最近では，BAG 4. 12. 2002, EzA §4 TVG Tarifkonkurrenz Nr. 17）。これは，一つの事業所において金属産業労組の団体協約が適用になり，はるかに小規模のキリスト教労組の企業協約とが併存して適用になる場合にもそもそも当てはまるであろう。しかし，ここでは連邦労働裁判所は，28. 5. 1997, EzA §4 TVG Nachwirkung Nr. 23 の判決によって金属産業労組の産業別協約が余後効をもつに過ぎない場合には，少なくとも協約の統一性を認めてこなかった。確かに，競合する協約に対抗して，余後効のある協約に完全な効力のあるものよりもさらに強力な効力を与えることは矛盾している。それゆえ，協約の統一性の原理は，おそらく二つの協約が同じ労働関係に適用になるというケースに限られるであろう。連邦労働裁判所の裁判が目前に迫っている。

民法 613 条 a の企業譲渡では，協約の統一性または多元性が考慮される。参照 *Hergenröder* FS 50 Jahre BAG, 2004, S. 713.

(23) BAG 14. 11. 2001, EzA §2 TVG Tarifzuständigkeit Nr. 8 参照。しかし最近，ドイツ労働総同盟の単位組合も相互に競争状態にある。BAG 27. 9. 2005, EzA §2 TVG Tarifzuständigkeit Nr. 9.

d) 適用領域

協約の管轄と区別されるべきものは，協約の**人的適用範囲**の問題である。すなわち，例えば協約が「営業を行う被用者」（現業労働者）だけ，あるいは協約地域の職員のみを対象にしようとする場合の問題であるが，それは，長いこと既に繰り返されてきた問題であるし，2004 年に金属産業の領域で課されたものである。**時間，場所，部門**による適用は，協約の最初の文言に従って検討されるべきである。

事例：ある女性講師が条文を読む。原告は，以前の公共サービス労組に所属し，フランスで勉強してきて，ハイデルベルグの大学でフランス語の講師と

して有期で働いていた。彼女の契約は，協約や連邦職員協約にも服さなかった。彼女は，協約による賃金額の等級を聞き，相応の賃上げを訴求した。その訴えは，却けられた。「協約の当事者は，自分たちが協約上の取決めを定めるか否か，またどのような職業グループや業務について定めるかを，自由な自己決定で確定するのであるが，それが団結の自由とのうらはらな関係での不利益となる。」(BAG 27. 5. 2004, EzA Art. 3 GG Nr. 101)。アルバイト学生に関する BAG 30. 8. 2000, DB 2000, 1817. せいぜいのところが，恣意的な不利益取扱いにおける均等待遇の問題である (*Wißmann* FS Dieterich, 1999, S. 683；BAG 30. 8. 2000, NZA 2001, 613)。

e) 協約の拘束力

212　協約の拘束力は与えられねばならない。協約による請求権は，労働関係の範囲内でのみ成立できるのが原則であり，その労働関係の当事者は，協約を締結する団結体の構成員である（協約法3条1項。協約締結後加入した場合でもよい）か，またはせめても協約締結時構成員であった者である（協約法3条3項「事後拘束力」BAG 27. 9. 2001, EzA §2 KSchG Nr. 44 参照)。

　経済のグローバル化は，企業を絶えず競争の圧力のもとに置いてきたために，企業は，現行の協約の拘束から逃れようとする（「協約からの逃亡」)。これが試みられるのは，団体の所属変更または団体からの脱退によってである。協約によって団体からの脱退のように扱われるのは，協約の拘束の及ばない使用者団体の構成員で，いわゆるOT—構成員である (BAG 23. 2. 2005, EzA §3 TVG Verbandsaustritt Nr. 2；18. 7. 2006, 1 ABR 36/05)。労働協約法3条3項ゆえに，団体の脱退は，現在のではなくて，将来の協約の効力をはじめて排除することができる (BAG 7. 11. 2001, EzA §3 TVG Nr. 24 参照)。協約が継続して適用されている間，被用者が協約を締結している労働組合へ加入すれば，その被用者は，協約による報酬を求めることができる (BAG 4. 8. 1993, NZA 1994, 4)。企業協約の場合，協約を締結した使用者自身がもちろん協約に拘束される。協約の当事者の関係が解消されれば，協約の拘束力はなくなる (BAG 5. 10. 1986, DB 1987, 590 = SAE 1987, 201, *v. Stebut*)。

213　**協約の遡及効の事例**：8月1日成立の協約が，1月1日に**遡及**して報酬を引

き上げた。被用者は，7月に死亡した。その寡婦が，差額を訴求した。連邦労働裁判所は，労働関係終了の時点には，協約の拘束力がなかったので，協約の効力を認めなかった。しかし，おそらくは，使用者が遡及して引き上げられた協約賃金を未組織者全員に支払うならば，平等取扱原則から，契約上の請求権はあるであろう（BAG 13. 9. 1994, EzA §613a Nr. 125 も参照）。ある団体における構成員資格の遡及的発生に関する合意は，協約の拘束力の遡及的発生へとはならない（BAG 22. 11. 2000, NZA 2001, 980）。企業再建のための協約は，既に成立している請求権も遡及的に排除することができる（BAG 22. 10. 2003, EzA §1 TVG Rückwirkung Nr. 6）。

基本問題：1984年夏とその後生じた金属産業の**時短運動**に対して，未組織者の取込みがどう行われたのか？　その当時の文献からは，*Löwisch*. DB 1984, 2457, NzA 1985, 170；*Hanau*, NZA 1985, 73；*Buchner* RdA 1990, 1. 1993年のフォルクスワーゲンの協約については，*Adomeit* NJW 1994, 837. 今日の労働時間延長の問題に関しては，*Gotthardt*, DB 2000, 1462；*Wolter* RdA 2002, 218.

未組織の（あるいは証明できない）被用者は，原則として協約に基づく請求権を主張できない（BAG 18. 8. 1999, EzA TVG Nr. 17）。

（第1）しかし，事業所の問題，例えば，一般的な社会施設に関する問題では，協約は，協約に拘束される使用者の事業所内にいる**アウトサイダー**にも適用される（3条2項）。しかしながら，個々の被用者に請求権が与えられるべきかどうかは疑問であろう（連帯規範）。

例：託児所が事業所内に設置されるべきことが定められている。ここで，いかなる被用者にも訴求できる履行請求権が与えられているとは考えられないであろう。

このような，協約のアウトサイダーへの拡張が許されるかどうかは常に議論されている（*Löwisch/Rieble* §3 TVG Rn. 102ff. 参照）。

（第2）**協約のアウトサイダー条項**：協約当事者は，未組織被用者が同等

C 団結体・労働協約・労働争議

に置かれるべきことを取り決めることができる。そうした場合，この未組織被用者は，とにかく企業内協約で，第三者のためにする適法な契約に基づいて直接の請求権を有する。民法 328 条（*Wiedemann*，§3 Rn. 280f.）。アウトサイダーの負担となる契約は，存在しえない：不利益な協約の問題である！

218　（第 3）使用者と被用者との間での**均等待遇の合意**（個別契約の引用による）は，明示または結論を明確にして結ぶことができる。その取決めは，強行的な効力の部分のみを除いて，被用者に協約上のすべての利益をもたらすものである。それは，補充的な契約解釈の方法による。「組織された者と未組織者の平等取扱いは，今は社会的正義の現われとして広く看取される」からである（BAGE 20. 223；*Hennsler* FS 50 Jahre BAG 2004, S. 683）。使用者の協約拘束力が前提である（BAG 1. 12. 2004, EzA §3 TVG Bezugnahme auf Tarifvertrag Nr. 29）。構成上許されないのは，形だけの平等取扱請求権の容認である。使用者が団体から脱退後に締結した協約へは，以前の判例によると，その取決め合意が拡張されることができなかった（BAG 19. 3. 2003, NZA 2003, 1207）。新しい債権法による普通契約約款規制法の施行—2002 年 1 月 1 日—後に締結された合意には，新しい協約が適用されるべきである（BAG 14. 12. 2005, EzA §3 TVG Bezugnahme auf Tarifvertrag Nr. 32）。均等待遇の取決めの基礎：協約ではなく，契約（取決め）である！　取決めと関係を断つのは，使用者にとっては簡単ではない（*Reichel* NZA 2003, 832；*Möller* NZA 2006, 570）。協約の引用の構成については，*Preis* Der Arbeitsvertrag 2002, 1300ff.

　予め定式化された労働契約における引用条項は，普通契約約款の規制に従う（民法 310 条 4 項 2 文。*Witt* NZA 2004, 135；*Giesen* NZA 2006, 625）。その条項は，類型化して解釈される（BAG 30. 8. 2000, NZA 2001, 510）。疑わしい場合は，そのつど適用になる協約への動的な引用と解釈される（BAG 26. 9. 2001, NZA 2002, 634 = EzA §3 TVG Bezugnahme auf Tarifvertrag Nr. 19），20. 2. 2002, Nr. 20 a.a.O. の判決。批判しているのは，*Thüsing/Lambrich* RdA 2002, 193, Rn. 745 以下。

219　（第 4）特殊性：**一般的拘束力宣言**。一般的拘束力が宣言されているのは，

Ⅱ. 労働協約

今のところ約650の協約であり，それによってほぼ450万人の被用者がとらえられている。法律は，団体の同意を前提にして，アウトサイダーを協約の適用範囲内へ取り込むことを行政府の手に委ねている。事業主が団体に属していない小規模の事業所が多数を占める部門（建築，商業，飲食店）では，その事業主は団結体に所属しておらず，このような処置がなければもっと無協約の状態が続くであろう。「一般的拘束力宣言をもって，その適用範囲内の協約法規範が（しかもこれだけが），今まで協約に拘束されていなかった使用者や被用者をも拘束することになるのである」（5条4項）。協約の（場所的，人的）適用範囲は，拡張されない。協約の拘束力が欠落していたことだけが補正されるだけである。個々の規定を除外することはできない（OVG Münster, BB 1984, 723。制度改革の問題については，*Zachert* NZA 2003, 132）。緩和された一般的拘束力宣言では，使用者の消極的な団結の自由が影響を受ける！

申請権者は，各協約当事者である。要件は次のとおりである： 220
a）公共の利益が存在すること（BAG 22. 10. 2003, EzA §5 TVG Nr. 13）。かつ，b）協約に拘束された使用者が協約地域の被用者の最低50％を雇用していることである。例外は，緊急避難のケースである。

「公共の利益」や，連邦大臣による一般的拘束力宣言の拒否の決定に対する訴えについては：BVerwG 3. 11. 1988, NZA 1989, 364 = EzA §5 TVG Nr. 9。*Gamillscheg* S. 893 は，大臣のあまりにも広く解されている権限に反論している。大臣は，むしろ団結体のために働いているというのである。

一般的拘束力宣言は，**二重の性格**を有する。それは，協約当事者に対しては一つの行政行為である。当事者は，行政裁判所において，その却下には義務づけ訴訟を，決定には取消訴訟をもって攻撃することが許される。該当するアウトサイダーの観点からみると，それは，立法行為であり，労働裁判所の手続きにおいてその合法性が審査されうる（BAG 22. 9. 1993, NZA 1994, 323 = EzA §5 TVG Nr. 11）。しかし，それは，独立した授権であって，憲法80条に拘束されない（BVerfG 44. 322 = NJW 1977, 2255；BVerfG v. 15. 7. 1980, DB 1980 = NJW 1981, 215）。 221

C 団結体・労働協約・労働争議

222 **実践的課題**：使用者は，協約に拘束されず，協約の水準を下回る賃金を支払っている。事業所委員会と労働組合は，何ができるか問いかけている。a) 協約の準用を求める法的請求ができるか？　具体的なものが他に何も取り決められておらず，協約通りの賃金支給が慣例になっている場合だけである（民法612条2項）。b) 一般的拘束力宣言が得られるか？　協約法5条の要件が満たされた場合だけである。c) 事業所協定による一般的な対等化はどうか？　ノーである。事業所組織法77条3項。加えて共同決定を強制することもできない。d) むしろ労働条件を変更するための大量変更解約告知による，より良い契約条件の強制ができるか？　疑問である。後記 Rn. 284。e) そのまま続けよ。労働組合が企業協約の締結を請求し，拒否された場合争議に入る[24]。

  (24)　小規模の使用者およびその団体には，協約締結能力や争議行為を行う能力がある（BAG 20. 11. 1990, EzA §2 TVG Nr. 20）。

f) 規範的部分

223　協約の具体的規定は，**規範的部分の許容範囲**に含まれるものでなければならない。労働協約法1条1項（「…労働関係の**内容**，**締結**および**終了**並びに**事業上および事業所組織法上の諸問題**を規律することのできる法規範を内容とする」）参照。最も重要な意味をもつのは，労働関係の内容に関する規範であり，例えばすべての賃金規則を包含する労働関係の内容や労働時間（週35時間をめぐる争議を考えると良い！）に関する諸規範である（今日，再び下火になっているが）。

　争いのあるのは，合理化に関する対立でしばしば深刻になっている，職場の**配置**に関する規定もそれに含まれるかどうかの問題である（認めるのは，BAG 22. 1. 1991, NZA 1991, 675 = EzA §4 TVG Druckindustrie Nr. 22）。安全性と人間的な労働条件がかかわる限り，機械のところで働く者の最低人数が内容規範として定められる。しかし，「電機機関車に乗った釜たき」ではない。印刷・紙業労組は，いわゆる質的な人員配置規則を獲得した。それによると，特定の職場は，優先的に印刷産業の熟練者でもって配置されるべきものであった（それは許される。BAG 26. 4. 1990, NZA 1990, 850 = EzA Art. 9 GG Nr. 53）。配置条項は，事業主の自由に係わるので，それは，調整目的また過

Ⅱ. 労働協約

渡的な目的のためにだけ許される（*Schleusener* Die Zulässigkeit qualitativer Besetzungsregeln in Tarifverträgen, 1997；*Löwisch/Rieble* TVG §1 Rn. 806ff.）。

　許容されており，かつ大いに歓迎されているものは，誰も合理化を理由に解雇されないという就業保障である。許されないのは，新しい職場を生じさせる事業主の義務を含めた投資義務である。*Gamillscheg*（「事業主の決断（Unternehmerische Entscheidung）」S. 339 ff.）は，許容される任意の合意と強制された協約とを区別しているが，私は，実際にこの区別はほとんど実現できないと思う。*Wiedemann*（Einleitung 456 zum TVG）によれば，経営権は普遍的に確定できないという。

　労働関係の終了規範の**例**：協約による解約告知の放棄（BAG 27. 9. 2001, EzA §1 TVG Nr. 44）。定年規則（BVerfG EzA §620 BGB Altersgrenze Nr. 7）。定年規則は，被用者が労働と定年退職との選択可能性を長く有すれば有するほど，被用者にとって有利である（BAG GS. 11. 1989, DB 1990, 1724 は正しく指摘している）。客室乗務員では，パイロットとは異なり，定年の正当事由が欠けている（BAG 31. 7. 2002, EzA Art. 9 GG Nr. 78 と BAG 21. 7. 2004）。南西ドイツ放送における「早期定年退職」の協約によって，放送局には，スタッフの解放を目指して休職させる権利が与えられた（BAG 27. 2. 2002, EzA §4 TVG Rundfunk Nr. 23（疑わしいが））。

事例：終了規範による事業所の閉鎖は？　金属分野の企業が，大規模な事業所の閉鎖を希望している。事業所委員会は，事業所組織法111条以下に従って共同決定権を有し，利害調整や社会計画について交渉することができる。事業所の経営陣との話し合いに行き詰まったあまり，事業所委員会は，さらに金属産業労組へ，操業停止のためのすべての条件が協約によって決められるように配慮し，必要とあればストを行うべきことを委任している。利害の調整は，事業主の利益も含んでいるとは協約に規定できない。労働関係の終了は，解約告知によって生じるのであるから，解約告知制限法が適用になる。社会的な補償金は，協約に馴染むであろうから，ストによって勝ち取ることもできるであろう（LAG Niedersachsen 2. 6. 2004, LAGE Art. 9 GG Arbeitskampf Nr. 74；*Nicolai* SAE 2004, 240. 争議を勝ち取れる可能性については，*Hess.* LAG 2. 2. 2006 も）。事業上の問題解決に資する慣行が維持されるべきである

し，さもないと事業所組織法の限界の回避を生じさせよう。事業所または企業の閉鎖は，（悲しむべき）事業主の自由な決断であり，それに対してはデモをしてよいが，ストライキは許されない。明らかに閉鎖の撤回を目的とする，度を過ぎた補償金または解約告知期間の要求は，労働法上許されない（*Schiefer/Worzolla*, DB 2006, 46）。

事業所内の規範は，個別の請求権を与えるのではなくて，全従業員に係わるものである。産業立地の確保は，企業協約の中で達成されることができる（BAG 1. 8. 2001, EzA §1 TVG Betriebsnorm Nr. 2）。許容されるのは，労働協約法4条2項による協約当事者の共同施設（例えば，休暇金庫）の規範(25)，また財産形成に役立つ給付に関する規範（第3財産形成法3条）である。

(25) その根拠をあげるのは，*Bötticher* Die Einrichtung der Tarifvertragsparteien, 1996；BAG 3. 2. 1965, AP Nr. 12 zu §3 TVG = NJW 1965, 1624。

g) 法律の意義

協約規範，特に内容規範は，**上位の制定法**または憲法に反してはならない（BAG 29. 8. 2001, EzA Art. 3 GG Nr. 93；29. 11. 2001, a.a.O. Nr. 94（航空機長）；*Heide Pfarr* FS 50 Jahre BAG, 2004, S. 779 参照）。さらに民法138条の公序良俗違反が，派遣被用者のための協約規定に関して検討されたが，否定された（BAG 24. 3. 2004, EzA §138, BGB 2002 Nr. 2, *Hamann*）。Rn. 771も見よ。公的な財政法は，協約法にとって強行的なものではない（BAG 26. 9. 1984, BAGE 46, 394 = EzA §1 TVG Nr. 18）。そこで：**労働法は財政法を破るのである！**すべての協約はカルテル禁止を免除される。それが実際に価格および条件カルテルに基づくものであってもである。それゆえ，**競争制限禁止法は適用にならない**。協約は，被用者に負担となっても，法律の任意規定に反して差し支えない（例えば，民法615条，616条，連邦休暇法13条，労働時間法7条）。

協約は「**既得権**」へ介入してはならない。そこで，扶助に関する協約の変更は，扶助の受給権がある被用者の不利には許されない。むしろ，行為の基礎が欠落していない限り，給与所得は守られねばならない。さらに最近になって，既得権である協約上の請求権は，「再建のための協約」というキーワードの下でよく用いられる（BAG 22. 10. 2003, EzA §1 TVG Rückwirkung Nr. 7.―あるチーフ・スチュワーデスのクリスマス手当に関して―）。

Ⅱ. 労働協約

h）終了と余後効

協約は，請求権が成立する前に，解約告知，解除[26]または時間の経過によって**消滅してはならないし，他の異なる取決めと替えられてはならない**。協約の解約告知がいつ許されるかは，協約による。以前は，労働組合だけが解約告知をした。経済的な非期待可能性を理由とする使用者による協約の即時解約告知には，現在では民法314条が類推適用されて基準となる。第3項は，適切な期限の保持を要求している（*Löwisch/Rieble* §1 TVG Rn. 514ff）。

使用者団体が倒産しても，それだけで，その団体が締結した協約の規範的効力は直ちに終了しない。破産管財人は，その協約を解約告知することはできる（BAG 27.6.2000, NZA 2001, 334）。

協約の単なる期間満了では，まだ無規律の状態になったとはいえない。むしろ，その法規範が継続的に適用されるが（余後効），今やもはや強行的性格はなく，個別の契約によって効力を失わせることもできる。労働協約法4条（BAG 18.3.1992, NZA 1992, 700）。

一種のキャッチフレーズ：**余後効では，平和義務と同じく，直接的効力が存続し，強行的効力は欠落する**。協約の有効期間満了後になって作られた労働関係には余後効はないし（BAG 7.11.2001, EzA §3 TVG Nr. 24；BAG 2.3.2004, EzA §87 BetrVG 2002 Betriebliche Lohngestaltung Nr. 4），同じ性質の協約によって余後効のある協約が継続することはない（BAG 10.3.2004, EzA §4 TVG Nachwirkung Nr. 36；*Wiedemann/Wank* §4 TVG Rn. 354ff. さらなる証明）。余後効は，協約において排除できる（BAG 16.8.1990, NZA 1991, 353）。「その際限なき効果」は，協約の拘束力とは関係ないので，批判されている（BAG 15.10.2003, NZA 2004, 387 = EzA §4 TVG Nachwirkung Nr. 35）。

使用者に残された可能性は，個別の契約による変更，変更解約告知，企業協約の締結の可能性であるが，民法613条aは，除外される。

(26) *Wiedemann* §1 TVG Rn. 235によれば，形式のない取り決めだけでは生じない。

i）個別の契約による適用排除

協約規範の効力は，個別の契約によって失われてはならない。それは，一

般に強行的効力ゆえに協約に拘束される被用者の不利益には不可能であるが，協約は，この強行的効力を外し，異なった取決めを認めることがある。労働協約法4条3項：「異なった取決めは，それが（第1）協約によって承認されているか，または（第2）被用者の利益のための規則の変更を含む限りでのみ許される。」（第1：開放条項，第2：有利原則）

228　**有利性原則**について：それは，「アジェンダ2010」の枠の中での大きなテーマであり，「雇用のための同盟」のサブテーマである。

229　連邦労働裁判所（Rn. 17, 193を見よ）は，1999年4月20日の決定——ブルダ企業の印刷事業所事件——で，有利性原則の保守的な理解を貫いた。事業所を維持するために，1996年に事業所委員会との合意の中で，諸手当の削減と週の労働時間の39時間への延長を実現することで，年間3,000万マルクの節約が予定された。その代わり，2000年末までの無制限の就業保障がなされた。ほぼ全員の協働労働者——98.5％とされる——は，それに応じる同意書に署名した。連邦労働裁判所は，メディア産業労組に対して集団的団結の自由を侵害することを理由に**差止めの請求権**を認めた（基本法9条3項）。協約との齟齬は，有利性原則によってカバーされないというのである。「労働条件を規律する際に，できるだけ高額の賃金を受け取る被用者の利益が，競争能力ゆえに，そして同時に職場の確保のために低い労働コストでの使用者の利益（それは，誰の利益なのか？）とどのように調和させられるのかという問題に関して判断をしているその裁判は，一つの協約政策上の根本問題を含み，協約当事者の典型的な課題になっている。」

k）「協約上の権利の不可侵性」

230　協約規範の強行的効力は，「協約上の権利の不可侵性」の原則によってさらに強化される。協約に拘束される被用者は，自己の協約上の権利**を放棄**することができない。そして，協約に拘束される公勤務の職員は，その働きに応じた賃金グループよりも少なく支給される賃金グループに入れられることを合意することはできない。放棄は，労働協約法4条4項によって，およそ協約当事者が同意した和解でのみ可能である。その同意は，和解が請求権の

II. 労働協約

事実上の基礎について，例えば行われた時間外労働の時間数についての争いを調整する場合には必要ではない。(従って，ギリシャ・レストランのコックは，15万マルクを有効に放棄することがありえた。BAG 5. 11. 1997, NZA 1998, 434)。協約上の権利の**失効は，認められない**。権利濫用，悪意またはその他許されない権利行使であるという使用者の異議は，奪われはしないが，しかし厳格な要件の下に置かれる。これは，協約が休暇クーポン券の供与を定めているが，しかし現金支給が契約によって合意されていた場合，被用者は，結果的に二重の休暇中の賃金を受け取ることになった（BAG 7. 12. 1956, AP Nr. 1 zu §817 BGB = NJW, 1957, 726 = EzA §187 BGB Nr. 1)。

l) 除斥期間

検討が残されているのは，消滅時効，または特別な**協約上の除斥期間**との抵触である。協約上の除斥期間は，明確な法律関係を生じさせるべきであり，また判例によって厳守されている。請求権は，被用者がその条項を知らなかったか，また自分の弁護士によっても明らかにされなかった場合ですら消滅する。もっとも，同じことは，使用者の償還請求権についても当てはまる。使用者が証明書法に反して，現行の協約を指示することを怠っていたならば，被用者には，民法280条によって請求する権利が残されている（BAG 17. 4. 2002, NZA 2002, 1096)。被用者は，その期間内に明示的に請求を行わねばならず，しかもその限度額を「少なくとも概算で」示さねばならない（BAG 17. 5. 2001, EzA §4 TVG Ausschlussfristen Nr. 136)。要件は：請求権が既に成立していたことである（BAG 10. 7. 2003, EzA Nr. 168 zu §4 TVG Ausschlussfristen)。使用者が留保せずに精算書を提出すれば，被用者の側はもはや何も主張する必要がない。

雇用関係清算証明書：実務では，退職する被用者には，自分にもはや何らの請求権もないという意思表示をしばしば要求される。これは，協約上の権利に関しては何らの効力をもたない。それに対して，既に表明された解約告知後に，解約告知制限訴訟の提起を放棄することは可能である（LAG Köln 22. 2. 2000)。もっともそれは，「労働関係に基づく」請求権だけではなく，「労働関係終了を理由とする」請求権が放棄されたことを必要とする。

3. 協約自治の限界

232　（これについては、今もってなお基本である *Biedenkopf* の同じタイトルの本、1964年がある。）「自治」とは、国家の影響力行使とは独立して労働条件を定めることができる団結体の権利のことである（ギリシャ語の autonomia は、文字通り自主立法を意味する）。この権限は、基本法9条3項の核心部分の中で同時に保護されている。しかし、限界がある。この限界が固有のテーマになったということは、協約の経済政策的な意味を反映するものである。

233　**事例：教師のための少ない労働時間と少ない金銭**：職場を確保するために、ザクセン・アンハルト州の職員である教師について、協約が労働時間を短縮し、相応したすべての報酬を連邦職員協約の87％に減額した。BAG 28. 6. 2001, EzA §4 TVG Beschäftigungssicherung Nr. 7 は、許されるという。前掲 *Rieble* によれば、協約により決定される労働契約の中核がなければならないという。彼は、労働時間と報酬の85％を考えているのである。

a) 法治国家の原則

234　協約は、法治国家の原則を侵害してはならない。被用者あるいは使用者にとって不利に作用する遡及効のある協約は、客観的な正当化が与えられ、信頼原理が侵されないときにのみ考慮される（参照：BAG 14. 11. 2001, EzA §4 TVG Tarifkonkurrenz Nr. 16 — 13ヵ月賃金の削除に関して。Rn. 253 も見よ）。既得権、例えば満期で消滅しなくなった扶助の期待権は、タブーである。とりわけ、個々のケースを規定している協約は、批判的に検討されなければならない。すなわち、平等に反して特権が認められているかそれとも差別されているか？をである。企業協約は、少なくとも部分的な賃金補償と事業に原因がある解約告知に対する一部の保護とが定められている場合に、就業確保のために週労働時間を一時的に少なくしてよい（BAG 25. 10. 2000, NZA 2001, 328）。少なくとも基本法3条の平等原則との基本法上の連係については、BAG 27. 5. 2004, EzA Art. 3 GG Nr. 101.

b) 公共の福祉の意味は？

「協約の検閲はない！」従って，裁判官が内容面での詳しい点までコントロールをすることは認められない。その理念によって，協約を締結した団体間の利害の対立は，双方からのコントロールを生み出すべきであり（均衡原理。*Herschel* RdA 1986, 1 参照），さらに，人は，協約における「正当性の保証」をしばらくの間信じていたが，それは今日明らかなように一つの幻想であった。一般社会は，失業保険のための国の補助金，すなわち「ハルツIV」の資金調達に関して，誤った協約政策の結果を担わなければならないのである。その両集団のエゴが一般社会の費用と合算されるとするならば，基本法20条（社会国家）が侵害されていることになる[27]。しかし，これは，ただでさえとらえにくい経済全体の均衡が影響を受ける場合に至っては，異なる。経済政策の指針となる情報をもった，1967年の経済安定法は，「共同歩調による行動」という一連の虚構の議論に支えられて，法的拘束力を生み出すという誤りから出発している[28]。*Wiedemann*（Einleitung zum TVG Rn. 353）によると，公共の福祉の原則は，むしろ「公共の，第三者の利益を統合するところの指導原理となる原則で，なお未確定な法律効果をもっているものである。」

公共の福祉を保護するのは，明らかに難しい。*v. Arnim* ZRP 1999, 326 が述べている：特殊な利益は，一般的な利益よりも手に入れることが容易であると。

(27) 労働組合への批判：*H.-W. Sinn* Ist Deutschland noch zu retten ? 5. Aufl. 2004, S. 115ff.
(28) *Reuter* FS Hilger/Stumpf, 1983, S. 590ff. は，秩序自由主義という国民経済的学派の一方的な確定をもって，協約自治を経済システムの秩序原則と結びつけようとした。

c) 個人の領域

協約自治は，被用者の個人領域（W. ジーベルト）に触れてはならない。確かに，被用者は，労働組合への加入によってその規則制定の権限に従ったのであるが，しかしそれでも無制限にではない。むしろ，どの被用者も個人的な決定に関する問題領域を留保するつもりであったとみられるべきである。協約は，賃金の額，支払方法を定めることができるが，しかし賃金の使い道を決めることはできない（債権譲渡または質権設定禁止を除く）。被用者の私

的生活はタブーである。しかし，協約は，疾病のケースについて，被用者が使用者によって指定された医師による診察を受けなければならないと定めることができる。ただし賃金継続支払請求権は，それに左右されるべきではない。

237 　財産形成：被用者には，貯蓄による消費の断念が課されてはならないが，おそらくは使用者には，目的に拘束された特別な賃金支払いが課されるとすることはできる。*Löwisch/Rieble* §1 TVG Rn. 68.

d) 契約の自由，賃金調整引上条項（実効条項）

238 　労働協約は，**契約の自由**が，協約と併存するか，または協約に拘束される被用者について，有利性原則に従い協約よりも優越する場合に限って，労働関係での契約自由の領域へ介入してはならない。協約の労働条件を最高の条件と定めることは，許されないであろう[29]。

> (29) 公勤務についてだけは異なる（BVerwG, AP Nr. 4 zu §4 TVG Angleichungsrecht 参照）。

239 　判例上許されないのは，**賃金調整引上条項（実効条項）**[30]である。その問題は，協約賃金が協約適用領域の支払能力の弱い使用者の給付能力に向けられざるをえず，それゆえ多くの事業所において協約の定めを超える手当が支払われることによって生じる。そこで，協約賃金が上がれば，しばしば争いが生じる。その手当は，「吸収される」のかそれとも「上乗せされる」のであろうか？

> (30) BAG 18. 8. 1971, AP Nr. 4 TVG Effektivklausel Wiedemann BB 1971, 1366 の補足の評釈付き；*Wiedemann* Dietz Gedächtnisschrift 1973, S. 361.

240 　**事例：一言多い**。協約が時間賃金を20ユーロと決めている。使用者は，協約を超えてそのうえに2.50ユーロ多く支払っている。新たな協約は次のようにいう：「賃金を調整して10％引き上げる。」この場合，協約に拘束される被用者の賃金請求権は，どれほどの金額になるのか？

II. 労働協約

(1) 「調整して」という一言がなければ，協約上賃金を 22 ユーロへ単純に引き上げることになる。被用者が加えて 0.50 または 2.50 ユーロを受け取る（手当の吸収かまたは加算か）ことができるかどうかは，専らその手当に関する個別法的な合意に従い，協約によるのではない。手当の解釈は，次のことを明らかにする。すなわち，それが例えば協約賃金が先取りされているので，差し引かれるべきであるとか，あるいは反対に，（一般の賃金水準とは関係なく）業績手当または個人の社会手当として考えられるので，増額されるべきであるとかである。疑わしいときは，算入であり[31]，すなわち 0.50 ユーロの手当となるにすぎない（しかし，週労働時間の短縮のための賃金全額の調整の際に生じる増額賃金の算入ではない。BAG 7. 2. 1996, NZA 1996, 832 = EzA §4 TVG Tariflohnerhöhung Nr. 31.）。

(31) *Wiedemann/Wank* TVG §4 Anm. 509ff. の判例概観参照。BAG 17. 9. 2003, NZA 2004, 437 が認めている。

(2) 「調整（実効）して」というのは，次のように理解される。
(a) その手当が協約賃金に含められるべきである。すなわち，22.50 + 2.25＝24.75 ユーロの協約賃金請求権が生じる（調整引上保障条項）か，または，
(b) 22 ユーロへの協約賃金の引き上げにもかかわらず，手当は，いずれの場合でもそのままで，被用者が今の 22 ユーロの協約賃金と 2.50 ユーロの手当（＝ 24.5 ユーロ）とを受け取る場合（調整引上制限条項）とがある。

今もってなお指針である連邦労働裁判所の裁判によれば[32]，どちらの形態も，その構成にかかわらず許されず，協約上の算入条項もやはり許されない（「消極的調整引上条項」）。連邦労働裁判所は，協約によって同じ労働で異なった協約賃金が発生するのを許すつもりはないのである（基本法 3 条 1 項）。

(32) BAG 14. 2. 1968, AP Nr. 7 zu §4 TVG Effektivklausel (*Bötticher* の批判的注釈) = NJW 1968, 1396 = EzA §4 TVG Nr. 18 を見よ。BAG 16. 9. 1987, DB 1987, 2522 = NZA 1988, 29 によって再確認されている。

協約を超える賃金の領域は，協約から外されている！

(3) 連邦労働裁判所の判例は，協約当事者に困難さを強いているが，その

C 団結体・労働協約・労働争議

当事者の負担も軽くしている。賃金調整引き上げ条項のどのような形態も無効である。常に(1)で述べたことが当てはまる。その算入が一様にではなく，異なってなされた場合，事業所委員会の共同決定が行われる（BAG 16. 1. 2002, AuR, EzA §4 TVG Tariflohnerhöhung Nr. 36, 37；v. 25. 9. 2002, Nr. 40 a. a. O.）。

調整引き上げ条項と区別されるべきものは，問題なく許される収入確保条項である（BAG 21. 2. 2001, EzA §4 TVG Verdienstsicherung Nr. 9；16. 6. 2004, EzA §4 TVG Effektivklausel Nr. 3）。

e) 事業所組織

244　協約は，事業所組織法上の問題を当該法律によって認められた限界内でのみ規定してよい。それについては，事業所組織法3条を読むとよい。

f) 企業組織

245　協約自治から外されるものに，企業組織がある。大企業のための対等な共同決定の導入には，立法者の決断が必要であった[33]。立法者は，新たな共同決定モデルの導入を協約自治や労働争議に委ねることもやめるべきであろう。

(33) 参照：*Beuthien* Jura 1970, 85, 102；ZfA 1986, 131；*Jahnke* Tarifautonomie und Mitbestimmung, 1984.

g) 組織領域

246　同様に協約自治は，両サイドの組織領域をコントロールすることはない。労働組合は，規約変更を強制されることはないし，企業団体には，異なる組織が強制されない。使用者を企業協約の中で，その団体の会員資格を保持するように義務づけることは許されない（BAG 10. 12. 2002, NZA 2003, 735）。それは，既にこの使用者の消極的団結権に反するものである。

h) 経済的な取引能力

247　協約は，事業主の経済的な取引能力も尊重しなければならない。例えば，事業主は，価格値上げをやめ，新しい機械を購入し，外国ではなく国内で投

資を行うように義務づけられることはない（事業主の決断の社会的結果は，例えば合理化保護協定の中で定められればよい。*Wiedemann*, Einleitung 458 zum TVG）。社会主義体制の破局的な崩壊以来，なぜ事業主の自由が社会政策的にも必要不可欠なのかが容易に理解できる。従って，産業立地確保は簡単に協約自治の中へ挿入されてはならない（*Wolter* RdA 2002, 218ff.；*Hanau/Thüsing* ZTR 2001, 6）。

4. 特論：区別待遇条項

この，当時議論され，現在再び激しく議論されている問題は，1965年，繊維・衣服労組が，いくつかの企業に対して休暇中の賃金の付加給付（すなわち連邦休暇法を超えた）に関する協約を組合員に優先的に要求したときに生じた（新しい今日的問題，組合員のための「協約によるボーナス」については，*Gamillscheg* NZA 2005, 146；*Franzen* RdA 2006, 1 も見よ）。

この給付は，使用者が賃金総額の2％を労使共同施設へ支払うことによって達成されるはずであった。そこから，各被用者には，最低で60マルクの休暇中の賃金が支払われ，さらにそれを超えて事業所や労働組合への所属に応じて区別された増額が支給され，その結果，組合員は，未組織者より40ないし60マルク多く受け取った（それ以前は，アウトサイダーの**連帯分担金**について議論されたが，既に議論はなくなった）。使用者に禁じられたのは，未組織者への付加給付によってその差額を調整することである。ある事業主は，その協約の締結を拒否し，その結果争議が行われた。事業主は，労働裁判所の仮処分によってストを禁止させ，繊維労組に対して損害賠償の訴えを起こした。

その問題は，困難であったし，今でもなお困難なのである。というのは，未組織者（便乗者）に対して加入へのより大きな刺激を与えるために，組合費収入から組合活動を行なうことに対して資金提供する組合員を優遇することが組合の利益として承認されるべきだからである。しかし，それは消極的な団結の自由とどのような関係になるのであろうか？　ガミルシェクは，特別な利益が組合費の額までに及ぶべきであるという見解を主張した。しかし，そうすると，使用者は，相手方の組織的政策目標に拘束されないのであろう

か？　連邦労働裁判所（GS 29. 11. 1967）は，使用者の立場を正しいと判断した。すなわち，全額の休暇中の賃金を渡さずにおくことは，この休暇中の賃金の金額を問題とすることなしに，許されない圧力である。アウトサイダーの規定は（例えば，連帯分担金も），協約の対象ではないというのである。この裁判に対して，憲法異議が提起された[34]。使用者から主張された損害賠償請求は，結局は，組合のむりもない法律上の錯誤のために失敗に終わった[35]。

(34)　BVerfG 4. 5. 1971, AP Nr. 19 zu Art. 9 GG = NJW 1971, 1212 参照。憲法異議は，形式的な理由から退けられた。
(35)　BAG 21. 3. 1978, DB 1978, 1647：詳細な *Däubler* BB 2002, 1643 の算出案。

5. 有利原則，秩序原則（引継原則），履行原則

最初にもう一度ＢⅠ2を読んでほしい。

a) 有利性の比較

有利性原則は，被用者が（法律からみて協約によって，協約からみてその労働契約によって）一部は良く，また一部はあまり良くなく扱われる場合に，面倒になる。その場合に，客観的に関連する条文を取り込んでの**有利性の比較**が行われねばならない：**事項グループの比較**（それは，さまざまな規定の中からそのつど被用者にとって有利なものが探し出される：「摘み食い理論」というようにして行われるのではない。）大きなセンセーションとなったのは，「ヴィースマンのケース」であった。この場合，はじめて裁判所の前で，職場の確保という局面が有利性の比較に包含されうるかどうか，そしてそれと同時に協約上の権利を個別の契約で放棄することによって就業保障が達成される場合に，より有利であるとみなされるべきか否かに決着がつけられた[36]。

連邦労働裁判所1999年4月20日の「ブルダ」判決によっていえることは：協約上の制限が就業保障によって何ら代償とはならない，「りんごと梨」は比較できないということである。集団の原理の勝利である（*Kort* FS 50 Jahre BAG, 2004, S. 753）！

II. 労働協約

いかなる場合でも，有利性の比較は，**健康保護**の目的を無視してはならない。疾病の場合の休暇請求権または賃金継続支払請求権は，減額できないし，しかもより高額の賃金によって補償されうる。

(36) ArbG Marburg 7. 8. 1996, NZA 1996, 1331ff. は，未解決のままである。職場の喪失が心配されなかった，すなわち協約上の権利の放棄が適切な反対給付と引き替えになっていなかったので，これらの問題にさらに立ち入ることがなかったのである。ArbG Frankfurt 28. 10. 1996, NZA 1996, 1340；*Buchner* NZA 1996, 1304 も参照。

有利性原則の二重効（BAG 25. 7. 2001, EzA §4 TVG Günstigkeitsprinzip Nr. 10） 251

労働契約は，有利な協約に介入してはならない。そして，協約は，より有利な労働契約に介入してはならない。両者については，例外がある。労働契約は，より有利な協約が協約法4条3項に従って開放条項によりそれを許容している場合には，その協約に介入して差し支えない。協約は，より有利な労働契約がそれを協約の引用によって許している場合に，その労働契約へ介入してもよい。短くいえば，有利性の原則は，労働契約へ開放している協約と協約を開放している労働契約には適用にならない。

b) 給付の保護

有利性原則は，個別の契約を基礎として，協約を上回る手当を認めるものである。その手当が協約の効力発生の前後いずれの時に認められている（た）のかどうかは問わない。ただし，その場合も，別個の事柄がその個別の取決めから生じてしまうような場合を除いてである。それに対して，ある協約と別の協約との取替えについては，**秩序原則**が適用される。取替えがなされると，余後効はない（BAG 30. 1. 2002, EzA §4 TVG Ablösungsprinzip Nr. 2）。 252

後の協約は，被用者にとって**不利な**条件を含んでよい。これは，協約自治の効果であり，「後法は前法を止揚する」という一般原則の適用である。それは，労働組合が，そのようなことに巻き込まれたならば，なぜだか知りうるからである。連邦共和国の経済的な構造危機以来，協約の条件の引下げが現下の交渉対象になっている（VW 1993！　ダイムラークライスラー 2004！

さらに厳しい VW2004！）。秩序原則の例外：特別な給付によって報酬が支払われるか，あるいは負担が調整されることになるような，前の協約に対する特別な優遇措置は，通常存続する（「履行原則」）。

253　**ハンブルグ高架鉄道事件**(37)――（**給与所得維持の基本事例**）：この企業の被用者には，25年の勤務年数を過ぎた就業者は解約告知されない（すなわち通常の解約告知の除外）という地位を与えた1953年の一般協約が適用されていた。勤務時間としてどのような時間が算入されるのかという争いが生じた。1938年の旧協約令によれば，履行された兵役義務，任意の兵役および戦時の兵役の時間も勤務時間とみなされた。その高架鉄道は，1950年公勤務・運輸・交通労組との間で協約を締結した（1950年1月1日施行）。すなわち，それは，限定された算入規定を取り入れたもので，兵役の時間は，労働関係が軍隊に召集された間解消されなかったときにのみ，高架鉄道では勤務時間とみなされる，というものであった。許されるか？　連邦労働裁判所は，肯定した。序列原則である。そこで，1950年1月1日からは，制限された算入だけが認められたのである。しかし，1950年1月1日にすでに解約告知が排除される資格に達した者は，解約告知されない。「というのは，このような協約規定の意味は，被用者の法的地位を，その被用者が長年行った誠実な勤務を考えて保護し，その被用者が，通常の解約告知によって自分の職場を失うことから将来長く保護されるべきであることにある。」それについて話題になっているのは，新たな連邦諸州における職員，特にベルリンのフンボルト大学付属シャリテ病院の介護要員に関する勤務年数の承認をめぐる論争である。我々がどれだけ長く給与所得を維持できるのか，疑いが増大するのである。今また，BAG 2. 2. 2006, DB 2006, 1326：解約告知不可の遡及的な制限をみてほしい。

　（37）　BAG 16. 2. 1962, AP Nr. 11 zu §4 TVG Günstigkeitsprinzip. ハンブルグ高架鉄道事件の今日的な問題は，就業確保に関する協約規定の差異に係わるものである（BAG 25. 6. 2003, EzA Art. 3 GG Nr. 99）。

c)「契約上の統一規則」

254　**問題**：「契約上の統一規則」＝「普通労働条件約款」（前記BⅠ5）。個別の

契約という方法によっても，「秩序」，すなわち一つの事業所または協約地域において統一的に適用される規則が得られる。しかも，その規則は，機能上一つの全体的な約束としての力を有する。それは，事業所協定，企業協約または事業所を横断する協約に対して確固としたものであるべきなのだろうか？　それとも，秩序原則が妥当するのであろうか？　連邦労働裁判所は，現在は秩序原則に反するとしている。それは，今まさに解決の差し迫った問題である（BAG 25. 7. 2001, EzA §4 TVG Günstigkeitsprinzip Nr. 10)。

6. 協約の債務的効力

協約は，その規範的な規定の中で協約に拘束される労働関係の当事者に権利義務を生じさせる。それは，使用者について（例えば引き上げられた賃金の支払い）そして被用者について（例えば労働義務，責任問題，付随義務等に関する規則）である。しかもどのような協約も，**協約を締結する団体相互に債権法上の義務**（と対応する権利）を設定する（「規範的部分の債務的効果」――ニキッシュ)。

a) 平和義務

最も重要な債務的効果は，平和義務である。協約とは，「一つの平和契約である」（ニッパーダイ)。使用者側のあらゆる内容の譲歩に対して組合が反対に与えるものは，一定の期間の間もしくは合意された解約告知期間の満了までは，協約に定められた事柄に関する労使間の平和を常に守ることである。これは，まずは**不作為義務**，すなわち争議行為を準備したりまたは開始する行動を始めない，という義務である（許されるのは，協約を共同で廃止しようという提案である)。その不作為義務は，**積極的な作為義務**によって補われる。すなわち，団体の構成員が労働平和を破ろうとしているかまたは破ったときに，規約によって許されるあらゆる方法によってその者に影響力を行使する義務である。**履行の訴え**，後に不履行による損害賠償請求の訴えが可能である。協約からは，その時々の協約相手方の構成員に対する請求権は存在しない。このロジックに反するのは，BAG 20. 4. 1999 が基本法9条3項から組合に与えた不作為請求権である。さらに妥当するのは，組合は，団体協約では，使用者に対して組合員への給付を訴求できないということである[38]。しか

しおそらく，団体に所属する使用者には，民法328条「第三者のためにする契約」に関する平和義務が役立つであろう。その場合，団体に所属しない使用者は，自己固有の企業内協約でもって，内容を引用しただけの場合でも団体の労働争議から一貫して外されるべきである。異なるのは，BAG 18. 2. 2003, EzA Art. 9 GG Arbeitskampf Nr. 135（批判しているのは，*Rieble*）。

使用者が団体に所属している場合の企業協約の問題点については，*Rolfs u. Clemens* NZA 2004, 410.

平和義務は，通常，適用中の協約（等）との関連では，**相対的な**義務である。そこで，この範囲外の要求は，出されてもよいし，闘い取られても差し支えない。

(38) BAG AP Nr. 7 zu §256 ZPO. 批判するのは，*Däubler* Tarifvertragsrecht, Rn. 1383ff.

257　**質問**：賃金協約の有効期間中，財産形成に役立つ**給付**を導入することはどうか？　休暇中の賃金を規定していない協約が適用されている間に，付加的な休暇中の賃金を支給することはどうか？　ノーである。使用者は，協約の有効期間中は確かな賃金コストの定額を計算できなくてはならない。ここでは，現実の経済が妥当する。

258　**絶対的平和義務**は，明示に取り決められねばならないであろう。それは，協約当事者間のいかなる争議行為をも禁止するのである。協約の規則が，生じうる諸問題の全体的解決を目指そうとする程度によって，相対的平和義務が絶対的な平和義務に近づくのである。

平和義務は，協約の機能的条件であるので，排除することができない（懐疑的なのは，*Gamillscheg* S. 1075）。しかしながら，長い有効期間をもつ協約では，解約告知の可能性という結果をもって，予めその「期限の喪失」が合意されることができる。

b) 実行義務，不作為請求権

259　それと並んで，実行義務がある。協約の規範的部分は，直接かつ強行的に個別労働関係に作用する。協約は，「自然に実行」されるのである。した

がって，団体の側からの関与は本来必要ない。それでも，この団体には，その実行を妨げるであろうすべてのことを行わず（明白な違反は，協約違反の奨励である），誠実な履行に向けて構成員を抑止するために，規約に従ったできうるすべてのことを行う義務がある[39]。連邦労働裁判所第一部法廷1999年4月20日判決以来，協約違反の制裁は，より厳しくなっている。すなわち，**事業主に対する**労働組合の不作為請求権である。関係する組合員は，名前を挙げられねばならない（BAG 19. 3. 2003, EzA Nr. 79 zu Art. 9 GG）。

(39) *Heckelmann* DB 1970, 158；*Wiedemann* §1 TVG Rn. 705ff. 訴訟による実行については，BAG 9. 6. 1982, DB 1982, 2522 = EzA §1 TVG Nr. 14；21. 12. 1982, DB 1983, 1098.

実行義務の違反は，協約の即時解約告知そして争議行為の正当な開始にとっての重大な事由となる。

事例：連帯による抗議 労働組合がストライキを行った。ロックアウトも生じた。そこで，組合は，別の，戦いのない協約地域の被用者に，労働時間中の抗議集会への参加を呼びかけた。この地域の使用者団体は，中止を訴求した。請求の基礎は平和義務か？　ノーである。これは，相対的であるにすぎず，ここでは当てはまらない。実行義務との関係はどうか？　協約では，被用者の労働義務でなく，使用者の賃金支払い義務のみが規定されている。したがって，協約からは請求できない。ことによると民法1004条からの請求にはなる（BAG 21. 12. 1982, DB 1983, 1098）。これは，今日でも重要である。協約において使用者に約束させられるのは，労働ではなく，労使間の平和である。協約は，上位にある民法616条の反復ではない。

c) 債権法上の取決め

いかなる協約も，（明示の）**債務的部分**を含み，協約当事者の権利義務を規律することができる（協約法1条）。このような合意は，規範的効力をもたず，民法の債権契約以外の効力をもたないし，より大きな社会法的な意味をもつに過ぎない。

263　例：調整委員会への申立義務，労使共同の分担金の給付等の義務，団体相互の責任問題についての規則，処分の禁止

264　債権法上の合意が許容されることは，協約自治の拡張とはならない。禁じられた規範的な規則をこの脱法的手段で達成する（区別待遇条項！）ことはできない。さらに，この制約は，争議行為の自由にも当てはまる[40]。債権法上の合意も，協約法1条2項の文書形式に従う。

　（40）　参照：*Wiedemann* §1 TVG, Rn. 745ff.；詳しくは，*Kempen/Zachert* §1 TVG, Rn. 361ff.

265

協約上の請求権の検討シェーマ
a）方式に合った協約か？ b）締結した団体の協約締結能力はあるか？ c）協約の管轄はどうか？ d）労働関係がその適用範囲に属するか（場所，部門，時間的）？ e）協約の拘束力は？　一般的拘束力宣言によるとどうか（まれである。協約法3条2項）？　ノーだとすると，あるいは，(1)均等待遇の合意，(2)事業所の慣行または(3)民法612条2項の適用が認められる場合，平等取扱いの請求はできるか？ f）規範的部分の内容は許されるか（協約法1条）？ g）基本法または法律に反しないか？　協約自治の特別な限界が守られているか？ h）期間満了，解除，解約告知によって協約が消滅していないか（しかし余後効に注意！）？ i）協約の失効は（注意すべきは，有利性原則であるが，開放条項は異なる。）？ j）放棄は？　消滅時効は？　除斥期間はどうか？

266　**反復事例：一度だけの給付**（印刷業の専門労働者はもはやいないが，しかし，本事例は，法律学上の基礎として残っている）。

　使用者は，食品販売の大企業を営んでおり，「ヘッセン州小売業大中事業所労働共同体」に属している。その使用者は，事業所内にある印刷所（広告，案内書等々）で，印刷・紙業労組に組織されている15人の印刷熟練被用者を働かせている。それらの実質賃金は，小売業の協約賃金や，複製印刷業の

II. 労働協約

協約賃金をも超えるのを常としている。加えて、被用者は、ヘッセンの小売業のための賃金協約5条に定められた家族手当を家族の状況に応じて支給されている。印刷業の週基準賃金が、1969年10月2日3％引き上げられた。同時に、印刷業の協約当事者は、すべての印刷所熟練被用者が210マルクの金額を受け取るべきであるとする、「調整支給金の一時金支払いに関する協定」を結んだ。使用者は、この支給金の支払いを拒否した。

解決のためのスケッチ：
a) 方式：明らかに備わっている。
b) 協約締結能力はどうか？ 「印刷業の協約当事者」として疑問はない。
c) 協約管轄はどうか？ ノーである。複製印刷の事業所についてだけである。事業所内の印刷所を含む使用者の事業所については、小売業の協約当事者が協約管轄を有する。この点について疑いがあるとしたならば、
d) 適用範囲もないし、いずれにせよ
e) 使用者の協約への拘束力もない。使用者がどこかで組織されただけでは十分でないことに注意してほしい。使用者は、まさに協約を締結した団体に所属していなければならないのである。一般的拘束力宣言は、問題にならない。

　そこで、検討されるべきは、平等取扱いの請求はどうかである。それには、その「協定」が協約法によって適法であることを必要とする。
f) 内容が許容されるか？ もちろんである。
g) 法律に反しないか？ 明らかでない。

では、明示の均等待遇の取決めがあるか？ 事実関係ではそのよりどころとなるものはない。事業所内の慣行はどうか？ 事実関係によると賃金は、複製印刷のそれを超えているのが常であった。しかし、協約上の時間賃金に関する事業所内の慣行だけは認められるが、協定のタイトルにおいてすでに、一時金と記載されている賃金支給に関しては認められない。したがって、請求権はない（BAG 1. 3. 1972, DB 1972, 1168 = AP Nr. 11 zu §242 BGB Betriebliche Übung = NJW 1972, 1248 = EzA §242 BGB Betriebliche Übung Nr. 3参照）。

C　団結体・労働協約・労働争議

Ⅲ．労働争議

268　**法的根拠**：基本法9条3項；連邦労働裁判所の裁判で，EzA や AP zu Art. 9 GG Arbeitskampf に登載されているもの；欧州社会憲章6条4号

269　**文献**：*Otto Rudolf Kissel* Arbeitskampfrecht, 2002；*Michael Kittner* Arbeitskampf-Geschichte, Recht, Gegenwart 2005；*Gammillscheg*, Kollektives Arbeitsrecht, Bd. 1, 1997；*Birk/Konzen/Löwisch/Raiser und Seiter* Entwurf eines Gesetzes zur Regelung kollektiver Arbeitskonflikte, 1988；*Brox/Rüthers* Arbeitskampfrecht, 2. Aufl. 1982；*Däubler* Arbeitskampfrecht, 2. Aufl. 1987；*Bayreuther* NZA 2006, 642；*Konzen* FS 50 Jahre BAG, 2004, S. 516；*Lieb/v. Stebut/Zöllner* Arbeitskampfrecht, Symposion Hugo Seiter zum Gedächtnis, 1990；*Löwisch* Arbeitskampf und Schlichtungsrecht, 1997；*Cord Meyer* NZA 2004, 145；*Otto* Arbeitskampf- und Schlichtungsrecht, in：Münchener Handbuch zum Arbeitsrecht, Bd. 3, 2. Aufl. 2000, §§ 281 ff.；*Rüthers* NJW 2006, 970；*Seiter* Streikrecht und Aussperrungsrecht, 1975；*Zachert/Binkert* NZA 1998, 337.；- *Hergenröder* Der Arbeitskampf mit Auslandsberührung, 1987.

1．なぜ，労働争議は許されるのか？

270　労働争議を生じさせる権限の中に，特に団結体の力が現れてくる。
　労働争議が，それに見舞われた被用者や使用者，州の経済，国庫に対して広範囲に及ぶ効果をもつのは明白である。労働争議が度重なったり，長期間に及ぶと，政治制度を揺るがすことになる。

271　労働争議は，変化する状況に労働条件を適合させることに役立つものである。どのような長期に及ぶストライキでも直ちに生じる問題，すなわち一体そのようなことが許されるのだろうか，また法秩序によって容認されるのだろうかという問題は，肯定されるべきである。賃金が引き上げられたり，他

の労働条件が改善される場合，それを行うかどうかまたどの程度行うかを使用者の意向に任せることはできない。年金を受け取るまでの労働契約の有効期間中ずっと，被用者を契約締結時に従った労働条件に縛り付けることも正しくないであろう。これは，明らかにコントロールが難しい恒常的な貨幣価値の下落という経済状況からして既に禁じられる。むしろ，被用者には，契約交渉の事態を新たに引き出し，諸条件の改善を求めることが可能でなければならない。そして，使用者にとっては，諸条件を経済に適合させるものでなければならない。しかし，この権限は，とにかく個人法の解約告知―労働条件変更のための変更解約告知―を通して得られるが，しかし最初にストライキの方法での集団的な権限行使が望ましい。**適法なストライキは，労働契約を破棄しない**。むしろ，すべての労働契約は，正当な労働争議という留保の下にある。

厄介なのは，次のことだけである。すなわち，ドイツのリベラルな争議法―概してリベラルな民主主義と同様に―が，経済的かつ政治的な理性の最低水準を前提に置き，これが幸運にも存在するか，または不幸にも欠けているかのチャンスとリスクを受け入れねばならないことである。

キッセルは，その 2002 年の大著の中で，労働争議が衰退した実際的な意義を観察している。すなわち，「最後の伝統的な争議は，1993 年 3 月新たな連邦諸州における金属産業の事業所で発生した。…ストライキは，特に短時間のストや拠点ストによって実行され，…ロックアウトは，現実味を帯びていないようにみえる。…」それは，あたかも大きな争議が既に打たれた後のようである（*Loritz* FS 50 Jahre BAG, 2004, S. 557 参照）。新たな，方向の定まらない争議が，新たな戦線で，今や医師達のストライキのような形態を支配している。

2. 労働争議法：形式的な規律

労働争議は，規則に従った闘いである。ドイツには，確かにその法律はないが，実務または学説や判例の展開に基づく争議法がある（中心にあって重要なのは：BAG GS 28. 1. 1955 と 21. 4. 1971[41]，それに 1980 年 6 月 10 日の防衛的ロックアウトに関する第一部法廷判決である。EzA Art. 9 GG Arbeitskampf Nr. 37；NJW 1980, 1642；BVerfG 26. 6. 1991, NJW 1991, 2549 ＝ EzA Art. 9 GG

Arbeitskampf Nr. 97)。

(41) AP Nr. 1 zu Art. 9 GG Arbeitskampf = BAGE 1, 291 = NJW 1955, 882, 972 および AP Nr. 43 a.a.O. = NJW 1971, 1668 = BB 1971, 701 = EzA Art. 9 GG Nr. 6. 最初に挙げた裁判については，*W. Zöllner* が連邦労働裁判所 30 周年の記念日のためにその考察をしている（DB 1985, 2450）。今は，*Konzen* FS 50 Jahre BAG, S. 516.

273 **中間質問**：連邦労働裁判所の大法廷はいつ裁判を行ったのか？　労働裁判所法 45 条 2 項を見よ。

274 　その規則は，もともとの理念からして，形式的な性質のものである。それは，ある枠の中へ労働争議をセットし，有害な結果を抑制したり，労使平和の再現を可能にしたりするルールを与えようとするものである。相手方の破壊が労働争議の目標であってはならず，その目標は，共存する条件の変更だけでなくてはならない。それとは反対に，**内容上の境界線**はないし，協約自治の原理によってそもそも除外されもする。組合の賃金の要求が，経済的理性の限界の枠内にとどまり，むしろ指針となる国家機関のデータに頼ることが望ましいのであるが，しかしこれは許容性の要件ではない。これは，まったく同様にロックアウト，使用者のゼロ回答にも当てはまるに違いない。

275 　*Kissel*（Arbeitskampfrecht S. 328）によると，行過ぎ禁止は，協約の要求する内容と関連づけられてはならない。そうでないと，協約の検閲になるであろう。協約当事者は，経済全体でのバランスに専ら注意して行動すべきである。ただ，緊急避難の限界だけがある。ストライキが生活にとって重要な事業所（病院，供給事業，交通事業）で行われる限り，ストライキの指揮は，緊急避難措置を可能にするものでなければならない。さもないと，労働争議は（全体として）違法である。他には──そしてそれだけであるが──，国家公務員（警察，連邦国境守備隊）をスト参加者の職場へ投入することも許される。そうしないと，国家の中立保持義務違反になろう（雇用促進法 116 条）。連邦国防軍は？　ノーである。基本法 87 条 a（BVerGE 88, 103 に対して批判するのは *Gamillscheg* S. 1025──特別な法律が必要であるとする）。

III. 労働争議

3. 争議対等の原則

　争議権は，争議対等の思想の下にある。すなわち，両当事者は，一方が**ストライキ**，他方が**ロックアウト**という闘いの手段を有する。これら二つの戦いの手段は，元来が形式的に同等であるという考えによっていた（*Rüthers* JurA 1970, 85）。しかし，これは，やはり現実の労働生活に全くそぐわないものであったし，経済成長の時期には，経済危機のときとは違って見えた。労働争議は，昔は被用者の側から始められるのが常であった。技術の進歩が引き続き労働生産性を高めるからという理由で，また以前と同様に獲得した利潤が十分自由な活動の余地を残しているという理由からである。ドイツの争議法の体系に従って今日なおいえることは，**ストライキ**は，典型的な**攻撃手段**であり，**使用者の側のロックアウトは，典型的な防衛手段**（「**防御的ロックアウト**」）であるということである。ロックアウトは，承認された闘争手段としてぎりぎりのところでのみ主張される。金属産業労組と印刷・紙業労組（後にメディア産業，今日では ver. di）の二つの組合は，ロックアウトに至った 1978 年のストライキ後，ロックアウトを認めた 1971 年 4 月 21 日の大法廷の裁判[(42)]にもかかわらず，組織的な集団訴訟の方法で新たな基本となる裁判を求めた。連邦労働裁判所第一部法廷は，1980 年 6 月 10 日の判決（NJW 1980, 1642ff.；12. 3. 1985, AP Nr. 84 zu Art. 9 GG Arbeitskampf = EzA Art. 9 GG Arbeitskampf Nr. 58 で確認されている。その一つのケース：Rn. 831ff.）で，防御的ロックアウトに比例的な制限を当てはめ，形式的な対等性の原理を放棄した。しかし，ロックアウトの許容性は，連邦憲法裁判所と同じく連邦労働裁判所によって原則として確認されている。

(42)　GS AP Nr. 43 zu Art. 9 GG Arbeitskampf = EzA Art. 9 GG Arbeitskampf Nr. 37. それについては，*Richardi* RdA 1971, 334 と SAE 1972, 1；*Joachim* AuR 1973, 289. 連邦憲法裁判所は，連邦労働裁判所の判例に対して憲法上の疑いをもたなかった（BVerfGE 38, 386 = AP Nr. 50 zu Art. 9 GG Arbeitskampf = NJW 1975, 968 = EzA Art. 9 GG Arbeitskampf Nr. 16）。

4. 労働争議の限界

　我々は，いつ労働争議——または計画された労働争議——にかかわり合わ

ねばならないのか？　その概念の問題は，争議法の特別なルールが適用されるべきか否かがそれにかかっているために，重要である。疑いがもたれて当然な労働生活上の多くの争いや障害がある。これに対して，許容性の問題を概念の場面に取り込み，問題とならないケースのみがそれに属しているというように労働争議を詳しく定義することは，得策でない（定義の方法では，現実の問題が決して解決されない）。違法な労働争議も労働争議である。より確実にいえるのは，どのようなときに労働争議が存在**しない**かである。

a) 集団行動

278　被用者個人は，たとえそれを言葉で宣言してもストライキを行うことはできず，労働を拒否することができるだけである。使用者は，個々の被用者に対してロックアウトを行うことはできない。そのようなケースは，純粋に個人法において検討されるべきである。争議行為は，集団によるもしくは集団と関係する行為であり，最低限被用者のグループが参加するか，それが見舞われるものでなければならない。個々の被用者が拠点を占拠し，その組合がこれを意識的に利用する場合だけが異なる。

b) 変革という目標

279　労働争議とは，常に変革という目標に向けられているものである。**法的紛争**（反対：利益紛争）は，それが労働拒否ないし就業拒否と結びつけられたものであっても，労働争議ではない。運送業務を行う事業主が，運転手のグループが酒を飲んでいたように思ったので，乗車させなかった場合（類似するLAG Schl.-H., NZA 1989, 472 参照），あるいは被用者が，法律による安全保護設備がなかったので，機械を動かすことを拒否した場合には，それは，契約法で検討されるべき出来事である。使用者が賃金を支給しなかったならば，被用者には労務を提供しないという留置権が認められる（BAG 25. 10, 1984, SAE 1987, 23 *Hirschberg*の評釈＝EzA §273 BGB Nr. 3. Rn. 329f を見よ）。

c) 協約の規則に関する争い

280　争議法は，典型的にはストライキや場合によってはロックアウトを伴う協約上の争いに向けてなされることもある。それは，重要である。特に注意さ

III. 労働争議

れるべきものは：
—警告スト，抗議スト，同情スト（5b, e）
—政治スト（5b）
—ボイコット（10）である。

5. ストライキ：適法性の要件

ストライキは，多数の被用者が，自分たちまたは他の被用者のために改善を実現させる目的で（使用者の争議行為を阻止する目的のためにも），計画的かつ共同して労働を停止するときに存在する。端的にいえば，労働義務に対する意図した集団的違反である。それにもかかわらず，ストライキはいつから適法なのであろうか？ この問題は，根本的である。その答えにかかわる問題は，使用者がストを指揮している団体や／またはスト実行者に対して不作為の請求権を有し，強制罰を執行することができるかどうか，民法626条によって即時の解約告知を宣告することが許されるかどうかの問題である。原則は，**ストライキの適法性が，個別的労働法の領域からではなく，専ら争議法から明らかになる**ことである（ニッパーダイの着想）。次のような要件が認められねばならない。

a）「山猫スト」は許されない

ストライキは，**協約締結能力のある当事者**，すなわち組合によって行われねばならない（それに対して，ストの実行者は，この組合に所属している必要はない）。「**山猫**」ストは**違法である**[43]。その違法性は，すでにその契約違反によるが，なお，企業（創設されかつ業務が遂行されている事業所）は，民法823条1項の意味での「その他の権利」とみなされるので，不法行為法によっても根拠づけられる。団結体（基本法9条3項）のみがストライキの自由を正当化する根拠になる[44]。山猫ストの実行については，事実上のものにすぎず，法的には有効な取決めがなされえない（異なる見解は，*Däubler*, I, S. 206）。経営陣からの具体的でない解雇の脅しに驚いて行われた，2004年のオペル就業者のデモには，理解が寄せられたが，そういったことは労働時間外に行われるべきである。

　(43)　BAG 20. 12. 1963, AP Nr. 32 zu Art. 9 GG Arbeitskampf = EzA Art. 9

GG Arbeitskampf Nr. 7 = NJW 1964, 883. それを踏襲したのは, 14. 2. 1978, DB 1978, 1403 = EzA Art. 9 GG Arbeitskampf Nr. 24。それとは反対に, ストが組合によってなされると, 連邦労働裁判所は, その適法性を推定するであろう (BAG 19. 6. 1973, EzA Art. 9 GG Nr. 8 = NJW 1973, 1994)。

(44)　参照：*Kissel* Arbeitskampfrecht §25 (「団結に支えられた争議」).

283　**事例**　(BAG 20. 12. 1963, AP Nr. 32 a.a.O = EzA Art. 9 GG Arbeitskampf Nr. 7)：ある製靴会社が, 同盟罷業等でもって特に工場長の解雇を達成させようとした63人の裁断工を4日間のストの後即時解雇し, これらの者が連帯債務者として (！) 使用者に対して全損害を賠償する義務を負うことの確認を申し立てた。連邦労働裁判所は, 認めた[45]。

(45)　Vgl. *Brox/Rüthers/Henssler* Arbeitsrecht, 16. Auf. 2004, Rn. 843.

組合は, **山猫スト**を引き継ぐことができるし, それによって山猫ストを遡及的に正当化させることができる。ただし, 組合が平和義務に拘束されない限りである。組合がそれをしないで, ストの実行者を支援したならば, それらとともに責任を負う (BAG 20. 12. 1963, AP Nr. 32 a.a.O. = EzA Art. 9 GG Arbeitskampf Nr. 7)。

284　**大量変更解約告知の問題**　被用者は, 労働条件の引上げを目標に全員による行動で, すなわちグループによる変更解約告知を宣告することにより, 山猫ストの禁止を回避することができるか？　このような出来事は, 表向きは個人法の次元でのみ生じるであろう。法秩序が, 許容される労働争議としての特別な正当化の根拠を与えているならば, その法秩序は, 労働法上の闘争目標には労働法上の闘争手段のみが強制されることを要求できる。それゆえ, 争議行為に類似する大量変更解約告知は, 違法な争議行為であると性格づけられねばならない。しかしながら, 協約制度に「不備」があり, 効果的でないようなところでは, 被用者には一種の自力救済として変更解約告知が残されていなければならない[46]。使用者にとっても, やはり大量変更解約告知は, 法的可能性として残されていなければならない[47]。

(46)　「契約上の信義則」は, 解約告知の権限に対しては論拠となっていないが,

III. 労働争議

ただし *Säcker* Gruppenautonomie, S. 390。
(47)　*Zöllner* RdA 1969, 250；S. 134；*Brox* und *Dudenbostel* DB 1979, 1841 も参照；*Gamillscheg* S. 1031.

事例：「タイル張り職人が蜂起を試みる。」（BAG 28. 4. 1966, AP Nr. 37 zu Art. 9 GG Arbeitskampf = EzA §124 GewO Nr. 5)
　使用者は，建築資材の商売をし，タイル張り職人の部門を運営している。その 250 人の被用者の中で，31 人は床職人で，個別の契約で取り決められた時間 7.45 マルクと 9.68 マルクとの間の出来高賃金を得ていた。1964 年 4 月 1 日新しい協約が施行され，労働時間の短縮をもたらしたが，しかし出来高賃金はそのままであった。新たな賃金協約は，まだ交渉中であった。床職人は，ある集会で，使用者に次のような文書を送ることを決議した：「私は，この文書をもって，3 日の協約上の解約告知期間付きで私の労働関係の解約を告知します。この解約告知は，変更解約告知であります。私は，解約告知期間満了後労働関係を継続させることを望みますが，ただ，実施された労働時間短縮から相当と考えられる時間賃金もしくは修正された出来高制の条件でのみの継続を求めます。」連邦労働裁判所：違法な労働争議とした。このような闘いを組織する被用者は，即時に解雇されてもよいというのである（批判するのは，*Mayer-Maly*, Anm. a.a.O.)。本件では，さらに協約規定の締結がごく間近であったから，判決は正しい。

b）協約によって規律できる目標（抗議スト，同情スト，政治ストは，許されない）

　協約で規律できる目標がストライキによって追求されねばならない。それと同時にいえるのは，ストライキの根拠になっている要求は，使用者団体またはストライキの行われている使用者に対して向けられねばならないことである。それは，争議法と協約法との間のより広い結びつきの現れである。協約の規範的部分の内容でありうるすべての規定（参照；協約法1条）は，闘いの対象にもなる。協約上許されない規範（前記 Rn. 248 の区別待遇条項，前記 Rn. 238 の賃金調整給引上条項）の実施のためのストライキは許されない。同様に，組合は，協約以外の給付を要求してはならない。また，それは，団

体に所属する使用者に対して，企業協約が強制適用されるべき場合には，協約の原理に反する（しかし，BAG 10. 12. 2002, NZA 2003, 735. 批判するのは，*Buchner* RdA 2003, 263）。争われているのは，ストが，無効とみなされる協約の即時解約告知に対して向けられるかどうかである[48]。これは，**法的問題**が残っているので，否定されるべきである。

> (48) それについては，*Rüthers* NJW 1993, 1628；Walker NZA 1993, 769；ArbG Stralsund NZA 1993, 811 参照。

287　**同情スト**（連帯ストも）は，我々の争議法の立場からもはや許されない（BAG 12. 1. 1988, NZA 1988, 474 = EzA Art. 9 GG Arbeitskampf Nr. 73；LAG Köln, NZA 1992, 82）。そうしないと，争議法はますます複雑になるだけで，今では，それはもっと単純になってきた（*Gamillscheg* S. 1100ff. さもないと，被用者が主たる闘争でむなしく敗れてしまう場合の例外をあげている）。

288　使用者側の行動や意見表明に対する**示威スト**と**抗議スト**は，労働法のストライキ権をもってしては理由づけられない。例外として，一般原則による法益や利益の衡量が，労働契約や事業所の侵害を正当化することはある[49]。相当性の原則は，ここでは内容的な正当化，すなわち目的と手段の関係まで拡張されうる。

> (49) よく衡量されているのは，*Gamillscheg* S. 1100ff.

289　**特論：政治スト**　政治ストは，本来争議法の問題ではなく，市民権や抵抗権（基本法20条4項）と係わる憲法上の問題である。議会の立法手続きをストという行動で圧迫することは，許されない。例えば，一定の国内政策と闘うには（例：ハルツ第Ⅳ法），事業所における労働の停止以外の別のデモンストレーション形態を見つけねばならない。事業主は，要求を実行する権限をもたないからなおさらである。それは，雇用促進法116条の新しい規定1986/87（間接的に争議に見舞われた被用者の操短手当）のように，組合が自己の利益のために，ある法的な規定を作り出したり，阻止しようとするときにも当てはまり，しかもスポーツのフェアプレーの理由からみても当然あてはまる。確かに，政治ストの行動は憲法違反であると単純にはいえないが，し

かし憲法は，集団的な労働停止という契約違反を正当化するための何物も用意してはいない（LAG München, NJW 1980, 957 参照。賛成するのは，*v. Maydell* JZ 1980, 431 と *Löwisch* RdA 1982, 73）。その反対に，これを手段として憲法に適った秩序に対する攻撃に闘いが向けられるべきである（基本法20条4項。国家の防衛を目的とする抵抗権である）。

組合が違法な政治ストへの参加を呼びかけたならば，それに見舞われた使用者は，この呼びかけに対して撤回を求める法的請求権を有する（ArbGe Arnsberg u. Bocholt, NZA 1986, 170）。

c) 平和義務

組合は，まだ適用下にある協約で規定された事項をめぐるストライキが適法であるならば，平和義務に従わなくてもよい。 使用者団体の個々の使用者に関しては，協約は，その限りで民法328条の第三者のためにする契約の効力を有する（BAG 10. 12. 2002, NZA 2003, 735）。それにもかかわらず，連邦労働裁判所は述べている。「ストライキは，団体に所属する使用者に対して，企業協約が強いられるべきであるという理由だけで違法なのではない。」（BAG 10. 12. 2002, EzA Art. 9 GG Arbeitskampf Nr. 134 (*Franzen*)）。しかし，平和義務は，その主旨から生じないものによって影響されない。解約告知されない企業協約を有する使用者——アウトサイダー——は，協約の適用によって関連がある場合に，団体協約をめぐる対立でストが起こされてもよい（BAG 18. 2. 2003, EzA Art. 9 GG Arbeitskampf Nr. 135 (*Riebel*)）。それに対して起こされた憲法上の異議は，何ら成果がなかった（EzA a. a. O. Nr. 136）。

質問：平和義務は，ストライキの投票を実施する決議をも禁止するものなのか？ 1956, 57年の**シュレスヴィヒ・ホルシュタインでの金属産業労働者のスト**に関する当時大変批判された判決によれば，イエスである（BAG 31. 10. 1958, AP Nr. 2 zu §1 TVG Friedenspflicht = NJW 1959, 356）。「争議行為として考えられるのは—少なくとも平和義務に関して—，協約相手方を，意識しかつ意図して，実行に移された労働争議の直接的な圧力の下に置き，それと共に決定の自由を損なうことになるすべての行為である。それは，手続きの踏まれた，いつでも直接に生じさせることの可能な労働争議の誘発を目標

C　団結体・労働協約・労働争議

とする行為についても妥当する。それに含まれるのは，組合員に対して，投票によりストライキに賛成する決議を行うように勧める，スト投票に関し…表明された決定である。」その点についての疑問は，特に，時期尚早な争議の勃発によって生じた損害を被っただけなく，3ヵ月以上も続いたストライキによって生じた全損害（4,000万マルク）の責任が金属産業労組に負わされたことであった。しかし，支払われなかった。今日の，すでに普通になった「交渉を導く」警告ストの時代では，それは，異なる世界の印象を与える。

事例：事業所寄りの協約政策：使用者団体への逃亡

292　(a)　組合は，それを管轄する使用者団体に所属しない使用者と企業（賃金）協約に関する交渉を行っている。組合がストライキをもって脅すと，Aは組合とすでに賃金協約を結んでいた使用者団体に加入した。組合は，企業協約をめぐるストを今でもなお実施することが許されるか？　ノーである。というのは，Aには今や団体協約に基づく平和義務が役立つからである（参照：昔のフォード事件に関して，ArbG Köln 26. 6. 1964, BB 1964, 844)⁽⁵⁰⁾。

　　(50)　アウトサイダー使用者は，反対に，自己との間に成立している企業協約が「動的に」団体協約を指示しているならば，団体協約をめぐるストに巻き込まれてよい（BAG 18. 2. 2003, NZA 2003, 866)。

293　(b)　団体協約は，その後間もなく期間が満了している。その改訂に関する交渉が長引いた。調整による合意がなければ，協約の期間満了によって，平和義務も消滅する。それゆえ，組合は，見込まれる（収益の大きくない企業をも配慮しなければならない）団体協約よりも有利である賃金に関する企業協約を強いるために，今やAに対してストライキを実施したいと思っている。

　団体に所属する使用者が単独で組合と協約を締結することを強制されないことは，使用者も有する団結の自由（基本法9条3項）による（*Wiedemann/Oetker* §2 TVG, Rn. 128ff.）。同じ理由から，使用者団体は，個々の協約に拘束される使用者との間の企業協約を認める「開放条項」を団体協約に入れるように強制されるべきではない。しかし，それでも，組合は，特別な条件の存続する個々の企業に関して特別な協定（「企業に即した団体協約」）を結ぶように，使用者団体に求めることはできるであろう⁽⁵¹⁾。使用者団体の政策が

自分にとって都合のよくない個々の使用者が，脱退によって協約の拘束を終了させてはじめて，組合は，使用者に対し「企業内闘争」を始めることができる。

使用者団体からの離脱後の平和義務に関しては，LAGE Rheinland-Pfalz 20. 12. 1996, §1 TVG Friedenspflicht Nr. 8.

(51) 闘争目標である協約領域の変更に関しては，BAG 10. 6. 1980, NJW 1980, 1653；*Hoyningen-Huene* ZfA 1980, 453；LAG Düsseldorf, DB 1986, 807；*Krickel* NZA 1986, 731；*Ulrike Wendeling-Schröder* NZA 1998, 624；*A. Schleusener* NZA 1998, 239.

d) 規約による手続き

組合は，規約に**定められた手続き**を踏まねばならない。特に**スト投票**を実施し，必要な過半数を獲得する手続をしていなければならない。規約違反のストライキは，同時に違法でもある。組合の規約は，単に内部の問題ではない(52)。争いはない！ 294

規約は，投票の要件を放棄できるか？ 形式的にはイエスである。被用者は，スト決議を実施することを強制されずに，自分たちの意思を表明する機会を有するのである。確かに，そうすると，よく強調される民主主義的な関係が緩められる（*Kehrmann/Bobke* ZRP 1985, 78；*Gamillscheg* S. 1011 参照）。

(52) A. A. *Kehrmann* und *Rose* AuR 1974, 321；*Vorderwülbecke* BB 1987, 750；*Löwisch* Arbeitskampf- und Schlichtungsrecht, Rn. 130.

e)「最後の手段（ultima-ratio）」

ストライキが，定められた目標を達成するための最善で最後の手段でなければならないかどうか（**最後の手段の原則**）は，疑問である。*Kissel*（Arbeitskampfrecht S. 352）は，これについて特有な「熟慮」をしている。組合が交渉していなければならなかったのは確かである。ストをいきなり始めてはならない。しかし，組合は，平和的な交渉の継続から何を期待するかどうか，また任意の調停手続きに従おうとするかどうか，自ら決定できなければならない。自分の戦術を選択する権利も，またストライキ権に含まれることに十分な意義がある。組合は，ストライキの拡大（重点ストまたは地域スト）も自 295

C 団結体・労働協約・労働争議

由に決める。連邦労働裁判所（GS 21. 4. 1971, AP Nr. 43 a.a.O. = EzA Art. 9 GG Nr. 6）は，**相当性の原則**（行過ぎの禁止）をより重視している。

296　交渉の可能性は，利用し尽くされねばならない。闘いをしようとする当事者がその交渉の（一時的な）失敗を表明し，これが「最後の手段」であると信じるならば，何よりも最初に形だけの安定性が生まれる（ArbG Stralsund NZA 1993, 811）。しかし，連邦労働裁判所は，この重要な原則を十分真剣に考えてはいない。組合の短時間の**警告スト**は，すでに平和義務が切れた後の交渉段階で許されるとする[53]。金属産業労組は，これを「新たな可動性」という針で刺すような闘争戦術のために利用し，そのうえしばしば成果のあった賃金継続支払いへの思惑をもって利用したのである。というのは，時間単位のカットについての管理費用は，大変に多額であろうからである。連邦労働裁判所は，それでもこれを許している[54]。

[53]　BAG 17. 12. 1976, AP Nr. 51 zu Art. 9 GG Arbeitskampf = NJW 1977, 1079 = SAE 1977, 233（*Konzen*）= EzA Art. 9 GG Arbeitskampf Nr. 19.

[54]　BAG 12. 9. 1984, DB 1984, 2563 = EzA Art. 9 GG Arbeitskampf Nr. 54 = RdA 1985, 52；29. 1. 1985, DB 1985, 1697 によって確認されている。それを修正するものに BAG 21. 6. 1988, NZA 1988, 846, *Brox/Rüthers/Henssler* では，最後の手段の原則の失敗した解釈といわれている（Arbeitsrecht, 16. Aufl. 2004 Rn. 801）。

297　連邦労働裁判所の**警告ストの判決**で最も重要な指導原理：

「最後の手段の原則は，組合が継続している交渉段階中に…呼びかける短時間の，時限的なストを禁止するものでない。『新たな可動性』という形での金属産業労組の警告ストも，ごく短時間の，期限付き労働停止のためにだけ呼びかけられたのであれば，許される。計画と構想によってストライキが行われることは，重要ではない。反復は，どのような場合でも否定されない。」

問題点は，「…計画と構想によってストライキが行われる」という言葉に示されている。それによって，数百万の規模での労働時間の欠落が達成され，強制的なストライキの限界が超えられてしまうのである。連邦労働裁判所の判例への批判は，*Löwisch* ZfA 1985, 53；*Richardi* JZ 1985, 410；*Scholz* SAE

1985, 33；*Adomeit* NJW 1985, 2515；*Lieb* NZA 1985, 265；*Seiter* Anm. EzA Warnstreik = Die Warnstreikentscheidungen des BAG, 1986。

　警告ストの裁判に対する，拳を固めた学者の批判は，表面的にみれば成果 298 があった。というのは，第一部法廷は，1988年6月21日の判決（EzA Art. 9 GG Arbeitskampf 7）で，最後の手段の原理からの方向転換を明らかに撤回 したからである。しかし，実際には，ほとんど何も変わっていない。指導原 理の2：「最後の手段の原則は，協約交渉が形式的に失敗したと表明される ……ことを求めていない。むしろ，争議行為の準備に含まれるのは，協約当 事者がその後にくる争議行為なしでの交渉の可能性を利用し尽くしたとする， 自由な，再検証できない（！）協約当事者の決断である。」しかし，最後の 手段の原則の意味は，まさに再検証の尺度を作ることであったはずである。 この不明確さに直面して，大法廷が開かれることが以前からどうしても求め られていたようであるが（*Lieb* ZfA 1990, 357；*Rüthers*, DB 1990, 113 参照）， しかしおそらくはもはや期待できない。警告ストは，予告するという性質を 伴った好まれる積極的な行動からして，実際には**ストライキの通常の形態へ** と発展してきた。

　いずれにせよ，短時間のストには，短時間のロックアウトでもって答えら 299 れる（BAG 11. 8. 1992, SAE 1993, 57 *Hergenröder* の評釈（「方向転換」）= EzA Art. 9 GG Arbeitskampf Nr. 105）。

f）フェアーな争議行為
　組合は，法的な限界の範囲内で争議をフェアーに行うように配慮しなけれ 300 ばならない。使用者を攻め立ててよろしいが，長期間害してはならない。組 合自らが違法な行動を呼びかければ（就労希望者に対する実力行使，機械の破 壊，職場占拠，事業主の私的領域への侵入），ストライキは違法である（となる）。 同じことは，組合が，この種の行動を阻止する準備を講じていない場合に当 てはまる（十分な裁判をしていないのは，BAG 18. 11. 1988, NZA 1989, 475。使 用者は，ストライキが適法であるならば，違法な行動—事業所の封鎖—を理由に して損害賠償請求権だけを有するとする）。**ピケッティング**は，言葉を手段と

C 団結体・労働協約・労働争議

して連帯を惹起させることだけが許され，身体の攻撃を企ててはならない。全面閉鎖は，事業所へのわずかな出入口があっても許されない（LAG Schl.-H., NZA 1987, 65；BAG 11. 7. 1995, NZA 1996, 209 = EzA Art. 9 GG Arbeitskampf Nr. 122）。（しかも，ピケラインにおける裁判所で広く受け入れられてきた空間が幅2mの広さで，20mの長さの場合は？）保持されねばならないのは，やはり外部への事業所のコミュニケーション（インターネット）である。

　組合は，**必要な維持作業**（高炉）や工場安全保護任務のために，社員権の作用によって被用者を自由に使わせねばならない（BAG 30. 3. 1982, DB. 1982, 2139 = NJW 1982, 2835）。しばしば，緊急業務に関する合意が結ばれる[55]。スト実行者も，含まれるべきである（*Hanau* NZA 1996, 847）。

(55) 参照：BAG 14. 12. 1993, NZA 1994, 331 u. 31. 1. 1995, NZA 1995, 958；Thüsing DB 1995, 2607.

301　a) から f) について：人は，これらの諸要件を，ストライキが社会的に妥当でなければならない，という要請にまとめることができる（ニッパーダイ）。より重要なのは，細部の点検である。この検討の目標は，適法性もしくは違法性の確認である（許容される手段で，許容される目的のための争議の実行は，民法823条1項に関する正当化の一つの根拠である）。

6. ロックアウト

302　ロックアウトは，遅くとも1991年6月26日の連邦憲法裁判所の裁判（NJW 1991, 2549 = EzA Art. 9 GG Arbeitskampf Nr. 97．それについては，*Dieterich* NZA 1996, 676）以来承認されてきた法制度である。それは，一人の（または複数の）使用者が，協約政策上の目標を達成するために，計画的に被用者のグループに労働を許さず，賃金の支払いを拒否する場合に存在する。端的にいえば，ロックアウトは，就業させる義務や賃金支払い義務の意図的な違反である。それは，いつ適法なのか？

　ロックアウトにもいえることは，それが団体の決議によってカバーされていなければならず，「山猫」ロックアウトは，使用者が単独では争議に見舞われず，または単独で行為しようとする限り，「山猫」ストと同様許されない（BAG 31. 10. 19 95, NZA 1996, 389）。実際今までは，とりあえず使用者が

ストライキに反応する**防御的ロックアウト**のみが取り上げられてきた。それによって，ロックアウトの承認は容易であった。ヘッセン州憲法29条のようなロックアウトの禁止は，時代遅れである（＝慣行から由来して，BAG 26. 4. 1988, AuR 1990, 98）。

防御的ロックアウトは，金属産業労組と印刷・紙業労組の集団訴訟に答える1980年6月10日の連邦労働裁判所第一部の3つの判決によって(56)，今や，ストライキにも決してない均衡的な制約下に置かれた。それは，**形式的な対等性原理の破棄**である。しかし，他のいかなる原理が形式的ではない対等性に入れ替わるべきかは，わからない。思い返してみるならば，1955年の連邦労働裁判所大法廷は，後のどの裁判よりもはるかに納得できるものであったといわねばならない。

第一部にとって基準となるのは，**交渉のバランス**の存在である。ストライキは，このバランスをまず初めに被用者側の利益のために作り出す使命を担っている。組合が協約地域の全被用者をストライキに実際投入すれば，バランスがとられ，ロックアウトは不要であると指摘している（しかし，長期間，特別に厳しく続く場合は異なる。大法廷下記 Rn. 312）。被用者の一部へのいかなる限定（限定的争議行為）（部分スト，拠点スト）も，交渉バランスを損ない，ロックアウトの許容性を理由づけるというのである。「ストライキが協約地域の中で狭く限定されればされるほど，争議行為を協約地域の別の事業所へ拡張する使用者側の必要性は増す」（判決要項の4b）。しかし，実質的なバランス（対等性）を求める要求は，証明不可能な推定に基づいており，経済的な背景を弱めていき，最後は，ただ単なる虚構となる。

その法廷は，ストライキの限定をロックアウトの拡大と同様に制限し，全体として協約地域における労働者の半分に労働争議を制限しようとしている。

(56) NJW 1980, 1642ff. = EzA Art. 9 GG Arbeitskampf Nr. 36 = JuS 1980, 766 (*Reuter*).

その文言がその当時も今も多くの疑問の余地を生じさせるので，文言を引用しなければならない。「スト決議によって，協約地域の被用者の4分の1よりも少ない者が同盟罷業を促されるならば，限定された部分ストとなる。

……ここでは，使用者の側は，争議の範囲を拡大できねばならず，争議に見舞われた被用者の25％までの拡張が不均衡でなくなる。それより広範囲に及ぶ反応は，通常は均衡がとれないであろう。協約の適用範囲の4分の1以上の被用者がストライキを呼びかけられれば，闘争範囲の拡大への使用者の必要性は，それに応じてより少ない。総じて，当法廷の印象では，例えば，協約範囲の半数の被用者がストライキを呼びかけられるか，またはロックアウトの決定にさらされるならば，闘争の対等性の阻害は，もはや懸念されることないといえるであろう。」(NJW, 1980, 1651 右段)。

305 ストライキないしロックアウトによって間接的にのみ非就労状態に置かれた被用者は，明らかにこの計算の中へは入らない（Rn. 833 を見よ）。

使用者には，してはならないことがある。「ストライキを行う組合の組合員のみを意図的に襲いはするが，しかし未組織被用者に危害を加えないロックアウトは，違法である」(BAG 10. 6. 1980, NJW 1980, 1653 = EzA Art. 9 GG Arbeitskampf Nr. 38. それに反対するのは，*Seiter* JZ 1980, 749)。それでもしかし，被襲撃者は，中立的な者または非戦闘員ではなく，襲撃者に対して防戦を望むのである。ここで，非戦闘員は，まさに付随的損害を強いられる。

306 使用者側が行過ぎ禁止に反したかどうかの検討では，ロックアウトの**決定**が重要であり，事実上ロックアウトされた被用者の数は重要でない。そのように補足しているのは，BAG 12. 3. 1985, NZA 1985, 537 = AP. Nr. 84 zu Art. 9 GG Arbeitskampf (*Mayer-Maly* の評釈付き)。それによると，1978年3月の印刷産業での全連邦レベルの無期限の防御的ロックアウトは，不相当であって，それゆえ違法であった（しかし，その動機は競争にあった。印刷産業労組が，自分にとって好ましくない日刊紙を選んで破産へと追い込むべきではなかったのである）。

307 1954年から1980年にかけて，古い形式的に対等であった労働争議の下では，被用者集団は，国民経済による全体的な計算の範囲内で組合の助けをかりて賃金比率を著しく引き上げることができたし，ロックアウトが許されていたにもかかわらず，連邦労働裁判所が想定したように，組合は，何ら無力

III. 労働争議

ではなかった（ロックアウトは，「集団的な不要品」にすぎなかった）。

補足すると，連邦労働裁判所は，量的な限定について，ロックアウトに一 308
般条項である「**相当性**」を適用している。ある事業主が半日のストライキに
答えて 2 日間のロックアウトを行うと，それは，連邦労働裁判所によれば，
すでに不相当である（BAG 11. 8. 1992, NZA 1993, 39）（事業主は，残念ながら
それを前もって知ることはできない）。Rn. 829 も見よ。

ロックアウトと区別されるものは，連邦労働裁判所が新たに承認した，ス 309
トライキの継続中に賃金の継続支払義務なしに事業所を**休止する**という使用
者の権利である（学位論文。*Schultheis* Tübingen 2001）。使用者は，ロックア
ウトと異なり労働争議法上の行為によって積極的に労働争議に介入している
と表明しているのではない。このような，ストライキを原因とする事業所の
妨害に対する対応は，純然たる休止ではなくて，敵対する相手方の争議行為
に時間的に限られる（BAG 27. 6. 1995, NZA 1996, 212 = EzA Art. 9 GG Ar-
beitskampf Nr. 120 u. BAG 11. 7. 1995, NZA 1996, 209 u. 214）。本来ここでは，
労働争議の集団法的着想が再び置き去りにされている（しかし，BAG 18. 2.
2003, EzA Art. 9 GG Arbeitskampf Nr. 135（*Riebel*）は、認めている）。*Kissel*
（§ 33 Rn. 121）：失敗に終わった法の持続形成。

7. 適法な争議行為の法的効果

a) 労働関係の停止

以前は，ストライキとロックアウトは，解約告知の特殊なケースであると 310
考えられていた。連邦労働裁判所の 1955 年 1 月 28 日の基本的な決定以来，
いずれも，集団的な法制度として，解約告知と区別されるべきことははっき
りしている（「集団法による労働争議の一体性理論」）。解約告知期間も，解約
告知制限も適用されない（重度身体障害者，妊婦や事業所委員会委員も，ロッ
クアウトされるが，解消的にではない。後記 Rn. 312 を見よ）。疾病にかかった
被用者の場合，ロックアウトは，賃金継続支払請求権の欠落を意味する
（BAG 7. 6. 1988, NZA 1988, 890 = AuR 1989, 219（*Piper*）= EzA Art. 9 GG Ar-
beitskampf Nr. 79）。ストライキとロックアウトは，それらが適法であるなら

ば，労働関係の**停止**という効果を有し，しかもこの効果は，余計な解約告知なしに「当然に」生じる。当事者の**主たる義務**は，労働争議の間**静止**するのである。それらの義務は，その終了をもって当然に復活し，特別な再雇用は必要ない。

311 「ストライキは，それによって他方の社会的なパートナーへ圧力を加え，有利な協約上の労働条件規定を生じさせるために労働関係を中断しようとするものである。ストライキを行う者は，労働関係の解消を望まず，労働関係を停止させたいだけである。彼らは，後にその目標が達成された後，また敗北した後，その労働関係を継続したいのである。」(BAG 28. 1. 1955) この原則は，それ以来適法なストライキについては異論がない。

b) 解消的ロックアウトは認められるか？

312 連邦労働裁判所は，1955 年にロックアウトに関して，「ロックアウトを行った使用者について異なる意思が認められない場合」いかなる防衛的ロックアウトも，労働関係を即時に解消させると判断した。ストライキによって実際すでに停止が惹起されているのであるから，ロックアウトは，その効果において，停止の域を超えなくてはならない，というのである。この判例は，実際の結果において争議の終了とともに全員の再雇用が予定されていたにもかかわらず，厳しく批判された (3. 9. 1968, AP Nr. 39 a.a.O. の第一部法廷決定：それについて，*Rüthers* DB 1969, 967；*Säcker* DB 1969, 1890)。その批判は大法廷の裁判 (GS 21. 4. 1971, AP Nr. 43 zu Art. 9 GG Arbeitskampf = Croupier 事件（最後の賭け）) を導いた。「**ロックアウトも，一般的には停止の効果のみを有する。**」というのである。「解消説」は，特に次の諸点で不十分であるという。すなわち，(a) 労働争議は，労働関係の終了とは異なった目標を有し，反対にその存続を前提とする。(b) 事業所委員会の任務は，争議期間中も存続しなければならない。(c) 緊急避難のために労働する義務も，そうでないと説明がつかない。それゆえ，原則として，停止的ロックアウトのみが認められる（すなわち，防衛的ロックアウトは，スト参加者には何らの法的効果をもたず，スト不参加者の労働関係には反対に効果を有する。拠点ストへの反応の場合がそうである)。使用者は，闘いの終了後再び就業させねばならず，

Ⅲ. 労働争議

「労働の再受領の開始を，事業所や市場に沿った需要と合わせることが単にできるだけにすぎない。」ロックアウトされた被用者は，解消的ロックアウトへの「**転換**」をもって答えてもよい，すなわち自分のほうから即時に労働関係を解消することはかまわないというのである。

連邦労働裁判所は，争議が大変長期に及び，かつ／または頑なな争議の場合，すなわちそれがごく短い場合を除いた違法なストライキの場合，また，その職場が労働争議の間別の方法で占拠され，または削減されたところの被用者に対しては，解消的ロックアウトを認めている。事業所委員会(57)やその他の類似する機関の構成員，重度身体障害者，妊婦等に対しては解消的ロックアウトができない。解消的ロックアウトの効果は，労働関係が即時に終了し，したがって争議終了後再雇用が必要であるが，しかしそれでもこれは，単純に使用者の裁量には服しない。使用者は，「職場がまだ存在する限り」，再雇用の義務を負う。そして差別は禁止され，労働裁判所によって審査されるのである（BAG 26. 10. 1971, AP Nr. 44 a.a.O.；*Seiter* Streikrecht und Ausuperrungsrecht, S. 357ff. も参照）。

(57) BVerfG 19. 2. 1975, DB 1975, 792 = AuR 1975, 350, *Ramm* の評釈= EzA Art. 9 GG Arbeitskampf Nr. 16 によって確認されている。

最も重要な段階を伴った**労働争議の予定カレンダー**

(1) 協約当事者，特に多くは組合による協約の解約告知。確定期限のある協約の終了もそれと同じである。

(2) 交渉段階　一方または双方からの交渉不調の宣言（場合によっては，調整段階に入る。後記 Rn. 335）をもって往々終了する。この宣言ないし調整の提案拒否によって平和義務は終了する。しかし，嬉しいことに，組合は，この段階ですでに警告ストによって守られている。しかも，連邦労働裁判所によれば，組合はこれをさらに組織してもよい。警告ストは，実際には，ますます「強制を強いるストライキ」の代わりになっている（*Kissel* Arbeitskampfrecht S. 1062）。

(3) ストの直接投票（金属産業労組の規約では，必要な多数すなわち投票権をもつ組合員の4分の3以上）。印刷・紙業労組の規約では，投票の要件が削除されていた。

313

(4) 組合執行機関によるスト決議とストの呼びかけ。ストは，期限が付されるか無期限かである。

(5) スト　普通はすぐに一方または他方の側から交渉の申入れがある。

(6) 場合によっては起こりうる使用者サイドのロックアウト宣言。(ストの執行部は，この宣言をスト参加者に代わって受領する権限を有する（BAG 26. 10. 1971）！）先鋭化すると，労働関係を解消するために行われる第二のロックアウト宣言（むしろ理論として！）。交渉は継続し，場合によって特別な調整手続きに入るであろう。

(7) 普通は交渉委員会での合意によって，また，ストを行った組合の終了宣言によって労働争議が終了する（放送・テレビによる報道では十分ではない：BAG 23. 10. 1996 NZA 1997, 397）。金属産業労組の規約では（他の組合も同様である），執行機関は，最初の投票によって確認された要求の完全な貫徹なしにストを終わらせたいときには，該当する組合員の下での新たな秘密投票を実施しなければならない。しかし，ストの終了は，投票に加わった組合員の最低限75％がそれに反対するならば，その場合に限って執行機関に対して禁止される。

(8) 新たな協約の締結。労働の再受領。解消的ロックアウトの場合，再雇用。協約での不利益取扱い禁止およびその効力に関しては，BAG 26. 10. 1971, AP Nr. 45 a.a.O. ＝ EzA §615 BGB Betriebsrisiko Nr. 1； *Zöllner* Maßregelungsverbote und sonstige tarifliche Nebenfolgeklauseln nach Arbeitskämpfen, 1977.

c) **賃金請求権の欠落**

314　ストライキに参加したか，あるいはロックアウトをかけられた被用者は，労働争議の間賃金を受け取ることはない[58]。フレックスタイム制の場合，警告ストへの同僚の参加は，前もって事業所時間把握システムに基づいて届け出ていたならば，自由時間となる（BAG 26. 7. 2005, EzA Art. 9 GG Arbeitskampf Nr. 137）。一連の被用者が申し合わせて申請した場合，ストの集団法上の本質に関するニッパーダイの理論によれば，労働争議が存在する。

ストを実行している被用者が組織されている以上，彼らは，その組合から規約に従った範囲内で支援を受ける（**ストライキ支援**）。ストライキ支援は，

Ⅲ. 労働争議

連邦財政裁判所の判決によると，所得税法による納税義務を負わない（BFH 24. 10. 1990, NZA 1991, 277）。未組織労働者は，必要とあれば，事情によって返還を求められることのある**社会扶助**に頼らざるをえない。失業手当金Ⅰは，支払われない。国家は，労働争議では中立を保たねばならない（有名になった雇用促進法116条，今では社会法典3編146条）。ちょうどよく祭日前にストライキを終えたならば，休日賃金を受け取れる。ただし，これがあまりにもはっきりと意図して計画されていたならば，異なるであろう。

　　(58) 最近のものでは，BAG 17. 6. 1997, NZA 1998, 47 = EzA Art. 9 GG Arbeitskampf Nr. 128. それ以前に稼働した給与は，もちろんすべて払われねばならない。

ストライキ（労働争議）に間接的にのみ見舞われている就労希望者の賃金請求権は，社会政策上激しく争われている問題である。簡単なのは，ライヒ裁判所が展開した**支配領域説**（RG 6. 2. 1923, RGZ 106, 272）を適用することであった。給付障害が被用者の領域から生じているので，ストライキでは，請求権がないのである。新たな判例は，*対等性*の立場に立っている（BAG 22. 12. 1980, AP Nr. 70 u. 71 zu Art. 9 GG Arbeitskampf）。しかし，この対等性は，曖昧に定義されているので，一層確定するのが難しい。Rn. 821 以下も見よ。

争議の遠隔作用が闘っている当事者の力関係に影響を与えることがあれば，両サイドは，その度自分にかかってくる労働争議のリスクを担わなければならない（そして，それは，同一の部門の中ではおそらく常に生じることである。*Kissel* Arbeitskampfrecht §33 Rn. 142）。これは，使用者が就業の喪失に至る波状ストに予め組織的に備えていたときでも当てはまる（BAG 12. 11. 1996, NZA 1997, 393）。しかし，用心して別の会社が委託されていたが，ストの呼びかけがないという場合には当てはめるべきでない（BAG 15. 2. 1998, NZA 1999, 552）。

ストライキに見舞われた新聞事業主が号外を出そうとするならば，それはその事業主自身の問題である（BAG 17. 2. 1988, NZA 1998, 896）。疑問なのは，使用者が（一時的な）操業停止によって賃金支払義務を免れうるという驚くべき譲歩である（BAG 22. 3. 1994, NZA 1994, 1097；11. 7. 1995, NZA 1996, 209；

Gamillscheg FS Roger Blanpain, 1998, S. 735)。

316　間接的にストに見舞われた被用者は，社会法典第3編146条によって原則として失業手当金Iを受け取れる。労働組合がこの結果を闘争手段として意識的に投入していた場合，国家の中立義務と相容れないとしてもである。誰がストライキを財政支援するかという重要な問題が出てくる。1984年の協約解釈上の対立では，連邦雇用庁長官は，操短手当が支払われるべきではないという指令を発した（「フランケ通達」）。いくつかの社会裁判所は，異なる裁判を行った（BSG 5. 6. 1991, NZA 1991, 982；4. 10. 1994, NZA 1995, 320 によって確認されている）。雇用促進法の1987年改正法[59]，今日の社会法典第3編146条を制限してである。それによると，ストライキに見舞われた被用者が，激しく闘われた協約の場所的な適用領域ではなく，部門別の領域に所属し，争議行為が彼らを「代理して」行われたとき，すなわち協約上の請求が性質と範囲に応じてほぼ同じであるときに，賃金を補償する給付金が支給されるべきではないのである。

　しかし，これが本来得られるべきはずの明確さを欠いていることは明らかである。雇用促進法116条の旧規定は，法律学や社会政策の上でより正しかった。

(59)　*Gagel* NZA 1985, 793 u. Jura 1986, 281；*Isensee* DB 1985, 2681 u. DB 1986, 429；*Seiter*, Staatsneutralität im Arbeitskampf, 1987；*Löwisch* DB 1987, 1351；*Ossenbühl u. Richardi* Neutralität im Arbeitskampf……, 1987；*Kreßel* NZA 1995, 1121.

317　病人は，ストライキに参加していない限り，賃金継続支払請求権を有する（BAG 1. 10. 1991, NZA 1992, 163 = EzA Art. 9 GG Arbeitskampf Nr. 99）。公勤務での扶助金はなくなる（BAG 5. 11. 1992, NZA 1993, 757 = EzA Art. 9 GG Arbeitskampf Nr. 108）。**疾病保険**は，適法な労働争議の間存続する（社会法典第5編192条1項2号）。違法なストライキでは，疾病保険は，報酬が支払われた最後から遅くとも4週間で終了する。継続保険は，告示または規約による保険料の継続支払いによって確保され，しばしば組合または事業所委員会によって組織されている。ストライキと年金保険については，BSGE 37,

Ⅲ. 労働争議

10. 1ヵ月よりも短い中断は，後の年金の計算にとって重要でない。

ストライキ中の**休暇**：ストを行う者には，もちろん休暇はない（BAG 24. 9. 1996, NZA 1997, 507）。しかし：「付与された休暇は，事業所が休暇中ストライキをかけられたことによって中断されない。使用者は，休暇中の被用者に対する休暇中の賃金の支払いについて，たとえストライキ日の間でも義務を負う。」（BAG 9. 2. 1982, NJW 1982, 2087—われわれは多くを奮発している！）同じことは，ロックアウトについていえる（BAG 31. 5. 1988, NZA 1988, 887）。被用者がストライキを休暇へ切り替えたければ，それは，明確に示されていなければならない（BAG 25. 1. 1995, NZA 1995, 854）。

318

d) 供給契約に基づく事業主の責任

事業主は，その（国内の）購入者に対して，自分が特別な保証を引き受けていたとか，あるいは労働争議に対して責めを負っていた限りでのみ，供給契約の不履行または履行遅滞について責任を負わなくてはならない（民法275条，276条）。ストライキを回避する義務は，否定される。一体性理論が持ち出される：労働法が労働争議を適法と評価すると，それは契約パートナーとあらゆる争議当事者との関係においても適用になるのである（*Kissel* Arbeitskampfrecht §73 Rn. 10. 異なるのは，*Otto* MünchHandb §290 Rn. 90）。外国の顧客は，しばしば履行に固執するか，またはさらに違約罰を求めるであろう（IRP問題！）。それは，使用者の立場をさらに弱めるものである。

319

製造者の供給義務は，限定的な種類債務であり，製造者は，その生産から商品がまだある限りでのみ，無過失責任を負う[60]。納品がない場合の本来の制裁は，今日，損害賠償請求という点では少なくなっており，供給者を変更する，しかも永久にという点にある。

(60) 参照：*Mayer-Maly/Nipperdey* Risikoverteilung in mittelbar von rechtsmäßigen Arbeitskämpfen betroffenen Betrieben, 1965；*Löwisch* AcP 1974, 202-264.

e) ストライキ中の労働

労働争議を原因とする個人法の問題である。使用者は，今までの職務分担

320

C 団結体・労働協約・労働争議

と関係なく，スト参加者のやり残した仕事を非参加者に多く命じがちである。しかし，それを行うのは決して義務ではない。同僚を「裏切るように」要求できない！　例外は，装置（高炉！）を保持するのに必要不可欠な緊急避難業務の処理である。公勤務では，官吏を，ストが行われている職場へ投入することが議論を呼んでいる。連邦憲法裁判所：法律規定がある場合だけである（BVerfG 2. 3. 1993, NJW 1993, 1379；*Battis* BBG, 3. Aufl. 2004, §2 Rn. 16）。ストを行っていない被用者に命じられた時間外労働に関しては，事業所委員会にはほぼ全く情報が与えられる必要はないであろうが，利害の状態を誤認した場合でも同様である（BAG 10. 12. 2002, NZA 2004, 223. *Reichold* NZA 2004, 247 は，事業所委員会を適切にもトロイの木馬と呼んでいる）。

321　　**事例：階級意識をもつた組立工**　機械工場の労務者がストを行っている。使用者は，他に任務を帯びている組立工等に，完成した機械を顧客のところに据え，その製造部分を保持するように求めている。組立工等はそれを拒否することができる。ストライキ中の労働である。使用者が彼らに他の仕事をあてがうことを拒否すれば，民法615条による賃金請求権が生じる。それは，ストライキ中の労働以外に与えるべき仕事がなければ，適用されない。賃金請求権はない。支配領域説。

322　　ルフトハンザの機長は，そうしないと英国航空でのストライキのために輸送されなくなってしまう乗客を輸送することを拒否してもよいか？　ノーである。ある事業所の被用者は，委託が，他の事業所のストライキによってその事業所だけになされているという理由で，生産を拒否できないのと同じである。今でもなお妥当する見解である（*Rüthers* ZfA 1972, 403）。

8. 違法な労働争議の法的効果

323　　ここでは，多様な制裁が威嚇となっている。すなわち，闘争を行っている団体は，不作為（請求根拠：民法1004条）[61]を請求される。違法な争議行為は，企業（BAG 7. 6. 1988, NZA 1988, 883 参照）や職場についての権利が「その他の権利」として民法823条1項によって保護されているので，不法行為である（BAG, AP Nr. 34 a.a.O.）[62]。組合は，ストライキの指導者の不法行為

について民法31条に従い責任を負い，ピケッティングについては，民法831条により責任を負う（BAG 21. 6. 1988, NZA 1988, 846 = EzA Art. 9 GG Arbeitskampf Nr. 7, 5）。

不明確な法的状態における過失：労働組合は，連邦労働裁判所がまだ裁判をしていなかったならば，自分の法的立脚点をテストしなくてはならない（BAG 10. 12. 2002, NZA 2003, 735）。組合は，訴訟リスクを本来負わなければならないであろう。

(61) 「協約当事者は，固有の権利に基づき，協約の相手方が違法な争議行為を止めるように求めることができる」（BAG 26. 4. 1988, NZA, 775 = EzA Art. 9 GG Arbeitskampf Nr. 7, 4）。

(62) 使用者団体は，民法1004条との関連での基本法9条3項に基づいて，訴える権限がある（BAG 26. 4. 1988, NZA 1988, 775）。

LAG Hamm, DB 1981, 1571の**職場占拠事件**で，組合，地域の組合書記および事業所委員会委員長が**ストライキを原因とした事業所の休止**によって生じた損害を連帯債務者として賠償するよう命じられた。ただし，損害の半分だけである。異常に挑発的な行動および損害逓減義務違反により使用者に50％の共同過失があった。従って，民法254条が注意されねばならない。 324

単に間接的に争議に見舞われただけの企業は，通常の場合請求権をもたない。営業事業所の保護はそれほど広く及ばないからである。しかし，異なるのは，航空管制官のストライキで損害を受けた旅行会社についてである（BGH, NJW 1977, 1875）。連邦労働裁判所の見解では，ストライキに原因のある生産の欠損は，まだそれだけでは損害ではなく，被害を受けた事業主は，その損害を決算によって証明しなければならない（BAG 5. 3. 1985, DB 1985, 1695 = EzA §249 BGB Nr. 19）。労働関係の当事者間では，民法325条の損害賠償請求権は，個別法における即時（BAG 29. 11. 1983, NJW 1984, 1371参照）および通常の解約告知(63)（争議中でも十分な理由があれば，許される！）が問題になる。（解約告知制限は適用されるか？　イエスである。解約告知制限法25条は，個別法における解約告知の妨げとならない）。 325

(63) 解約告知の争いにおける検討例（BAG 29. 11. 1983, DB 1984, 1147）。

C　団結体・労働協約・労働争議

326　関連する**犯罪構成要件**：脅迫，恐喝，器物損壊，住居侵入。2006年の医師のストライキでは，いくつかの診療所では死亡事例もあった。あるいは，延期された手術によってかもしれない。ここでは，過失による死亡が捜査される。

　　刑法では，240条，*Tröndle/Fischer* 2003, Rn. 49a.

327　実際的にみると，労働争議の際の個々の違法な行為は，稀に法的効果を有する。というのは，争議の終結のときに存在する協約は，概ね処分禁止の規定をもっているので，使用者は，制裁を行わないという債権法上の義務を負うからである。しかし，犯罪を告訴する権利に関しては拘束されない。

328　**事例：労働に対するささやかなプレゼント**（LAG Köln, 4. 10. 1990, LAGE Art. 9 Arbeitskampf Nr. 39 による事例。Rn. 773 も見よ）
　　固有の技術部門の事業所をもつ，ある出版企業が，ストライキに見舞われ，その組合員のうち，約半数がストに参加している。使用者は，他の被用者と共に事業所を維持することができるので，使用者の編集した印刷物は，ほぼ例外なく出版されている。ストライキを好まぬ人は，制度に従って賃金の支払いを受けているが，特別手当としてさらにそれぞれ最低800DMの額の金銭プレゼントを受け取っている。その労働争議は，「協約をめぐる紛争へ参加したことを理由とする，就業者のいかなる個人的な処分も，……なされず，または撤回される。」という条項を含んだ団体協約の締結とともに終結している。スト参加者は，不利益な扱いを受けたと思い，800DMの支払いを訴求している。
　　しかし，処分というものが存在しない。平等原則も関与しない。どちらかといえば，使用者は，組合の団結による行動を阻害したのである。しかし，組合がストライキのために宣伝してもよいならば，使用者は，非・ストのために宣伝してもよいはずである。達成された協約でもって，好意的でない違反には目をつぶった**のに**，なぜ，好意的な違反についても大目にみられないのであろうか？　請求権はない。同じくArbG Köln, NZA 1986, 32. 反対説，BAG 4. 8. 1987, DB 1987, 2470 = EzA §4 TVG Druckindustrie Nr. 11. 確認する

もの,BVerfG NZA 1988, 473. 中間の解決,BAG 11. 8. 1992, NZA 1993, 39 = EzA Art. 9 GG　Arbeitskampf Nr. 105：特に厳しくしている。BAG 28. 7. 1992, NZA 1993, 267 も；BAG 13. 7. 1993, NZA 1993, 1135；*Kissel* Arbeitskampfrecht §42 Rn. 123ff. も。

9. 権利争議, 留置権

ストライキと区別される事例は,例えばストライキに見舞われた被用者が,支払い賃金を受け取れないでいるため,あるいはその他の請求権をもっているために,民法273条による留置権を集団的に行使する場合（そのような請求権が成立していれば当然である。Rn. 279も見よ。),あるいは労働安全規則に適合しない機械のところで働くことを拒否しているような場合のように（正しくないのは,ArbG Wiesbaden, NZA 1990, 275. 職場の毒物による被害を受ける危険がある場合,被用者には留置権の必要性がない！),利益争議ではなく,権利争議が基礎にある事例である。そのうえ,最後の事例では,民法615条による受領遅滞が存在する（したがって,賃金請求権は,ここでは労働法のストライキの事例とは反対に存在する！)。しかし,正しいのは,連邦労働裁判所である：それは,被用者が,留置権を行使することを明白に表示しなければならない（特記する義務。BAG 20. 12. 1963, AP Nr. 34 zu Art. 9 GG Arbeitskampf；BAG 14. 2. 1978, AP Nr. 59 zu Art. 9 GG Arbeitskampf 参照)。

ストライキ中止の仮処分は？　過大な要求なのは,LAG Köln, NZA 1997, 327；*Kissel* Arbeitskampfrecht §65.

329

注意すべきことは,「山猫スト」では,早急に違法とはいえないことである。最初に検討されるべきことは,使用者の違法な行為または不作為を理由とする,許された拒否行動が存在しないのかどうかである[64]。連邦労働裁判所は,前の同僚の再雇用を目標にした集団的な労働放棄の場合に,さらに正当防衛を吟味し（DB 1978, 1403),当然のことながら結果的に否定した。

330

(64)　*B. Rüthers* Rechtsprobleme des wilden Streiks, Stuttgart 1971, u. JZ 1970, 625；DB 1070, 2120；*Söllner* ZfA 1973, 1；*Moll* RdA 1976, 100.

10. ボイコット，業務停止

331　ボイコットや業務停止は，労働争議の範囲内で必要とされることがある。すなわち，ストの行われている団体の使用者が，もはや職場への就職申込みを受けるべきでなく，あるいは反対に，ある組合の組合員を採用すべきでない場合（「ブラックリスト」）がある。ここでは，法的状況は，今までに扱われた争議行為とは異なっている。なぜならば，労働契約の将来の締結は阻止されるべきではあるが，契約自由の原則によって，契約締結の強制は存在しないからである。それにもかかわらず，目標に置かれた行動であり，それが正当な利益を擁護して（例えば牛乳価格の値上げのときの購買者のストライキのように）なされない限り，一般事業所ないし職場への介入である。したがって，この行為は，争議法ではなくて私法によって検討されるべきである：正当な利益の擁護とは？　それは，商品ボイコットの場合にはじめて当てはまる：組合は，ストの行われている会社の商品を買わないように呼びかける（不買運動）[65]。

(65)　BAG 19. 10. 1976, NJW 1977, 318 = EzA §1 TVG Nr. 7 は，船舶航行企業に対する輸送労働者の労働組合による国際的ボイコットを認めている（発送準備の拒否）。*Kissel* Arbeitskampfrecht §61 Rn. 122ff 参照。

11. 事業所占拠

332　事業所占拠を新しい闘争手段として承認することは，「緊急生産」によってストライキの効果，つまり闘争の対等性を損なうことを使用者に可能にしてしまう生産過程のますますの技術化をもって理由づけようと試みられてきた（詳しくは，*Ostendorf* Kriminalisierung des Streiksrechts, Rn. 59ff）。しかしながら，厳しい合理化の時代に，緊急生産によって簡単に切り替えられる余剰の職場をもった企業は，ほんのわずかであろう。闘争手段としての職場占拠は，判例や学説からは正しくも否定されている[66]。金属産業労組は，長く，そしてさらに今日までその許容性に固執した。事業所の封鎖は，いずれにせよ許されない（BAG 21. 6. 1988, NZA 1988, 884 = EzA Art. 9 GG Arbeitskampf Nr. 7, 5）。

(66)　BAG 14. 2. 1978, AP Nr. 59 zu Art. 9 GG Arbeitskampf；*Loritz* DB 1987,

223；*Hellenthal* NZA 1987, 52；*Rudolphi* RdA 1987, 160（刑法 111 条と 123 条！). 対等性の名で制限しているが，それでもって無秩序の争議の危険が生じるというのは，*Treber*, Aktiv produktionsbehindernde Maßnahmen, 1996.

12. 徒弟（訓練生）のストライキ

訓練生のストライキは，生徒や学生の「ストライキ」と類似している。とりわけ，自分自身を傷つけ，教師や養成者に気の緩みを生じさせ，しかも抗議行動のために誤った表現を用いる[67]。ストライキが大変長くなった場合，時によっては職業訓練の延長が必要である。ストを行わない訓練生は，ロックアウトされてはならないが，その職業訓練が事業上の理由から休止されなければならないことはありえよう（参照：*Weiss* und *Marx* AuR 1982, 329；*Natzel* DB 1983, 1488）。連邦労働裁判所（12. 9. 1984, EzA RdA Art. 9 GG Arbeitskampf Nr. 54）は，警告ストの判決で警告ストへの訓練生の参加を認めた。

[67] これについて詳しくは，*Brox／Rüthers* Rn. 673ff.

13. 公 勤 務

官吏は，ストライキをしてはならない（*Battis* BBG 3. Aufl. 2004, §2 Rn. 5. 回避する方法は，緩慢な労働，「遵法闘争」である。それは，法規の意味に従ってではなく，文言に従って行動するだけであるから，許されない）[68]。このスト禁止は，慣習法であり，公務員という身分からきた原則に由来している（基本法 33 条 5 項）[69]。したがって，やはり許されないのは，公務員である教師の警告ストである。公勤務の**被用者**は，この禁止の下にはない（BVerfG 2. 3. 1988, BVerfGE 88, 103, 114；*Heinze* FS BAG 50 Jahre, 2004, S. 493）。しかし，ここでストに見舞われるのは，その経済的な損失を再調整することのできる一般事業所ではなく，公衆である（ゴミ回収者のストライキ）。公衆は，「生活への備え」が奪われることによって，愕然とさせられるであろうが，給与を節約することができる事業主はそれほどではない。公勤務の被用者によるストライキは，ある種の示威ストの性格を有し，したがって同様に，厳しい基準，特に内容的に最後の手段の原理に服するべきであろう（緊急業務の施設を指摘するのは，*Kissel* Arbeitskampfrecht §28 Rn. 18ff. 。*Leisner* NJW 2006, 1488 も参照）。

(68) BGH NJW 1977, 1875. 飛行機誘導係についての連邦の責任について。
(69) 詳しくは、*Battis* BBG 3. Aufl. 2004, §2 Rn. 5 ; *Scherer* Ganzen des Streikrechts in den Arbeitsbereichen der Daseinsvorsorge, S. 67ff.

14. 仲　裁

335　連邦法によって規定されたところの調整なるものはない。団体は，労働争議の回避もしくはより速い解決のために仲裁手続きを協約によって自由に取り決めることができる（*Löwisch* 補遺Ⅰにおける協定）。**国家による仲裁は**，時代遅れとなった法的根拠によって利用されてきた（KRG Nr. 35 v. 20. 8. 1946）。いずれにせよ，両当事者の申立てと両者の受諾にかかっている。連邦労働裁判所は，1971年のロックアウト決定の中で，仲裁の合意の締結を強く求めた（*Lieb* FS Hanau, 1999, S. 561 ; *Heinze* FS Däubler 1999, S. 431 を見よ。*Kissel* Alternativen zum Arbeitskampf？, Arbeitskampfrecht §77）。

演習事例：「臆病なパイロット」

336　劇的な飛行機乗っ取りをきっかけとして，パイロットの国際的な団体である「国際定期航空操縦士協会連合会（Ifalpa）」は，政府や航空会社に対して安全確保措置の緊急性を指摘するために，その組合員に1日のストライキを呼びかけている。「Ifalpa」のドイツ支部，「登録社団法人・コックピット連盟」は，その呼びかけに加わっている。ルフトハンザの協約当事者であるver.di は，連帯を宣言している。航空輸送は，この日広範囲にストップする。ルフトハンザは，欠損が相当な金額になることを予測できる。ルフトハンザは，いかなる結論を引き出すことができるか質問している。

337　**前提**：問題提起は，大変に広い。結論となりうるのは：
(1) ［ストの前の］不作為請求
　　a) コックピット連盟に対して，請求根拠は，民法823条1項（「その他の権利」としての創設され，かつ業務が遂行されている一般事業所），民法1004条。
　　b) ver.di に対して，協約法1条（平和義務）と民法823条1文，1004条。
　　c) 職員であるパイロットに対して，民法611条または823条1項，

1004条。（民法611条の履行請求権はどうか？　民事訴訟法888条2項ゆえに強制執行できない！　しかし，労働裁判所法61条2項による補償がある。）
(2) 損害賠償請求権
　a) 連盟に対して。請求根拠：民法31条と関連する823条1項。
　b) ver.diに対して，民法325条と関連する協約法1条，民法830条2項や31条と関連する823条1項。
　c) パイロット職員に対しては，連帯債務者として。請求根拠は民法325条と823条1項。
(3) パイロットに対する解消的または少なくとも停止的ロックアウト。
(4) パイロットに対する即時または通常の解約告知。
(5) ver. diと結んだ協約の解約告知。

　ここでは，至る所でスト行動の適法性の問題が生じる。パイロット（A）とver. di（B）に対する損害賠償請求がまずは試みに分析される。

A．スト参加被用者に対する損害賠償請求権は？
[338]
Ⅰ．民法325条
　これは，契約（611条）から成立する給付義務を前もって必要とする。その妨げになるかも知れないものが，次の事柄である：
1. **期待できない労働条件を理由とする留置権（民法273条）があるか？**
　（あるとすれば，「ストライキ」は，労働法の意味でのストライキでは全くない！）留置権が成立すれば，それは，短期的に期限が設けられ，いわばデモンストレーションとして行使されることができる。労働条件は期待できないか？　パイロットは自ら危険な職業を選択した。さらに，ハイジャックは，市電や鉄道交通と比較して，2001年9月11日のワールド・トレイド・センターへのテロ襲撃を含めて，今まで乗組員の間に比較的わずかな損失を生じさせてきただけである。したがって，ノーである。
2. **労働法上のストライキを行う権利があるか？**　あるとすれば，それに必要なのは：
a) **団結体によって行われたか？**　事実関係は，「登録社団法人・コックピット連盟」に関してほとんど触れていない。それに団結体の特性があ

C 団結体・労働協約・労働争議

るものと仮定しよう（客室乗務員は，パイロットの例に従う。独立客室乗務員組合—UFO）！

b) **協約によって定めうる目標は？** 航空会社について言及されている限り，航空会社とは，追加の安全確保措置に関する協約が締結されているであろう（事業所内の規範または債権法によって）。しかし，これは，希望されていない。その要求は，協約に向けられたものでなかったし，それぞれの具体化が欠けていた。そのストライキは，政府に関しては，むしろ政治的であった。したがって，この要件は満たされていない。それによって，本件では明らかに規約通りの手続き（直接投票）もとられていないことが確認される。

（ヒント：その他にまだ検討されるべきは，c) **平和義務はないのか？** d) 直接投票は？ e) 最後の手段か？ f) フェアーな闘いであったか？）

3. 示威ストの権利は？

通説は，このような権利を承認しない（Seiter, a.a.O., S. 500）。その通説に従う者は，パイロットに責任を負わせねばならない。私は，示威ストが顧客の正当な利益を擁護してなされれば，適法でありうると思う（前記 Rn. 288）。そこで，被用者の重要な利益は承認されなければならないし，それは，相当性の原則の目的―手段の関係に適合するであろう。これが認められるならば，協約によって規定できる目標も，また団結体による行為であることも必要でない（自然発生的な行動は許される）。パイロットが，政府から厳しい犯罪撲滅活動を要求されている限りでは，その正当化は難しい。ハイジャックの数がそれによって少なくなることは，あまり起りそうではない。政治上の要求は，示威ストの合法化のためには，原則として抵抗権の要件（上記 Rn. 289）の下でのみ十分である。憲法上の禁止が強いられている限り（ハイジャッカーの旧チェコスロヴァキアへの引渡し），それに反するのは，むしろタブーである。しかし，承認されるべきものは，「職場の確保」という労働法上の利益である。それは，武器の正確なコントロールによって技術的にも果たされる。1日に限ったのは，相当性の原則を考慮したことを現わしている。したがって，請求権はない。

II．823条1項

同じ結果を生じさせる。ストライキ権は，違法性を阻却する。

Ⅲ．労働争議

B．支援する組合の損害賠償義務は？
Ⅰ．民法325条と結びついた協約法1条「(平和義務)」はどうか？

　平和義務は，特別な取決めがなければ，相対的である。協約賃金が存在することは，妥当な他の種類の要求を出すことの妨げにならない。したがって，ノーである。

Ⅱ．823条1項，830条2項は？

　違法な争議を支援する場合だけの責任である。本件は違う。AⅠ

補充問題：

　ルフトハンザは，ストに参加したパイロットに対し1日の給与をカットしてよいか？　当然である！　これは，まさに問題のない労働法上のストライキにも当てはまる。それが実行されるのはまれであるが。
　参照：これら全体について，*Rüthers* ZfA 1987, 1；*Kissel* Arbeitskampfrecht §28 Rn. 18ff.；客室乗務員のUFOという団体およびその労働組合性については，BAG 14. 12. 2004, EzA §2 TVG Nr. 27.

D. 事業所内および企業内の共同決定

　事業所内共同決定は，**1972年1月15日の事業所組織法**に基づくものである。これは，政治的に重要な法領域に関わる問題があるので，ドイツ連邦議会の多数派の関係変化が事業所組織法を変更してきている。1972年の法律をもって，当時の社会民主―自由民主の連立政権は，1952年の事業所組織法をさらに発展させてきた。社会民主―緑（赤・緑）の党は，その核になる部分を2001年7月27日の改正法によって改正し，翌日施行された。この連立政権の立法者の**政治的な基本的決定**は：

341

(1) 共同決定権は，わずかに拡大されているだけである。企業の事業所の経済的な決定については，共同決定は直接的に立ち入ってはいない（下記 Rn. 481）。
(2) 「信頼に満ちた協働」の原則がなお効力を存している（2条1項）。
(3) 事業所委員会委員の選出は容易になり，事業所委員会および業務免除の数は，増えている。
(4) 共同決定の組織は，3条により労働協約により拡大された範囲で改編することができる。
(5) 労務者と職員の差はなくなった。これに代わって，男女間の差別についての規定が導入され，15条により最低限人数比による事業所委員の代表の選出がなされなくてはならない。

事業所組織法に関する文献：*Däubler/Kittner/Klebe*（Hrsg.），10. Aufl. 2006（なかば公的な労働組合コンメンタール）；*Eisemann und Kania*（以前は，*Hanau/Kania*）im Erfurter Kommentar zum Arbeitsrecht, 6. Auf. 2006；*Fitting/Engels/Schmidt/Trebinger/Linsenmaier*, 23. Auf. 2006（なかば公式の官庁専門官・裁判官のコンメンタール）；Gemeinschaftskommentar（GK），2 Bände, 8. Aufl. 2005

342

（最も広範囲なかつ値段の高い）；*Hess/Schlochauer/Worzalla/Glock*, 6. Aufl. 2003（半ば公式の使用者のコンメンタール）；*Richardi*. 10. Aufl. 2006；*Wlotzke/ Preis*, 3. Aufl. 2006（これらのうち最も安い）

Ⅰ．事業所組織の構築

343　法的根拠：事業所組織法1条～73条

1．団結法との対比

344　事業所レベルの共同決定の次元においては，**使用者と事業所委員会**が相対した関係に置かれている。また両者の間では―団結間におけるように―，労使の規定をめぐる争いを解決するし，両者は労働関係の規範的な規定を**事業所協定**によって制定する権能を有する。しかし，協約当事者と最も重要な相違が次の点において見られる：

a）選出された代表者

345　事業所委員会は，任意加盟の構成員に基づく機関ではなく，事業所の全被用者（管理職は除くが）から選出された代表からなるものである。事業所協定については何らの「アウトサイダー」も存在しない。

b）絶対的な平和義務

346　「使用者と事業所委員会の間の争議行為は違法である。」（74条1項）事業所委員会は常に絶対的な平和義務に従う。事業所委員会は，使用者との**信頼に満ちた協働**，すなわち協同の立場に立つことを促される（2条1項）。それゆえ，「事業所内パートナー」と言われる。政党政治的には，事業所委員会は，使用者同様事業所レベルで抑制的かつ中立でなければならない。事業所組織法74条2項3（BAG 12. 6. 1986, EzA Art. 5 GG Nr. 19）。

c）共同決定

347　以上の代償として，事業所委員会は，豊富な**共同決定権限**を有する。これは使用者に事業所委員会と協働し，その場合には実際に交渉する意思を持っ

て臨むことを強制するのである。かかる関係は団結体のレベルでは存しない。つまり，労働協約は存在しないので，使用者は，労働組合の存在により，その行動能力に関して法的には全く制限されないのである。これに対して事業所委員会の存在は，使用者の個人法的な規制権能を制限する。事業所委員会が完全な共同決定権を有する（例えば87条1項）限り，使用者は一方的に行動できず，双務契約的に，つまり当該被用者との合意により，その労働条件を有効に規制することはできない。労働法上のケース解決にとって，それが意味するのは：使用者が，ある請求権を契約による取り決め，あるいは使用者によって出された指示を根拠にしているか，または被用者の請求権に対してそのような法律行為によって異議を唱えているのであれば，検討されねばならないのは：事業所委員会の共同決定が遵守されたか？である（請求権の体系：あるいは法的障害の抗弁）。Rn. 444 を見よ。

d) 協　働

使用者と事業所委員会との協働は，一般的協定（事業所協定，事業所組織法 77条）の締結に尽きるものではない。恒常的なコンタクトや，意見交換，討議，諮問，しばしば行われる非公式の合意（覚書，事業所内申し合わせ）も法により予定され，促進されている（74条1項，80条）。 348

2. 事業所組織における被用者

a) 基本原則

事業所の組織は，企業所有者との労使関係に立ち，企業組織に組み込まれている被用者を擁している。5条1項1文により，被用者一般の概念規定が置かれているが，これは社会法典第4編7条1項により一層明確に規定されている（指示により就業し，指示を与える者の下で労働組織に組み込まれている者）。5条1項1号により，明確にされているが，いわゆる外交員と在宅勤務者については，彼らが被用者の概念を満たす場合にのみ，これに含まれるが，それ以外は拡張されない。外国で従事している被用者については，その赴任が企業所有者の指示によりなされ，国内企業に組み入れられているかぎり，含まれる（Rn. 508 以下も見よ）。 349

b) 拡　張

350　家内労働者（家内労働法2条）で，主として一定の企業のために従事している者について（5条2項2号）。これは，より上級の勤務についている者についても当てはまる。

　職業訓練中の者。立法者は，訓練生に関して解雇制限，障害者保護の限界が訓練の受入れに及ぼされるのを慮って，解雇制限法23条1項，社会法典第4編74条とは異なるものとした。何故に，事業所組織上異なるものとするのか？　この場合，訓練生のフル参入により，訓練の可能性が妨げられるのか？　事業所委員会の委員の手当が，訓練生の手当以上のものになるからか？　第一の点に関しては，使用者はこの問題に触れられないとされる。

c) 制　限

351　(1)　事業所組織法5条2項5号（配偶者，2001年2月16日 BGBl. S. 206 の法律の意味での登録された生活パートナー，一親等の血族と姻族に関しては使用者との家族的共同体である）

(2)　5条3項所定の管理職職員。その限界は，同法5条3項3号，4号の一般条項におけるだけではなく，連邦労働裁判所判決で，狭く解釈されている，1号および2号によるもの，3号の点でも同様（BAG 16. 4. 2002, EzA §5 BetrVG 1972 Nr. 66）疑わしい。同法18条aの限界の手続きは選挙手続きにのみ関係する。使用者にとっての結論は：解雇前の問題のある場合には，事業所委員会の（次の事業所委員会委員）や聴聞委員会が事情聴取をすることである。被用者への結論：問題のある事案では，誤った代表により事情聴取がなされた場合に，問題とすることである。

(3)　高齢者パートタイマーで，全労働時間が任意に設定されている場合（BAG 16. 4. 2003, EzA §9 BetrVG 2001 Nr. 1）。

d) 定員および選挙

352　(1)　原則：事業所組織法5条所定の全被用者が定数に数えられ，選挙する。

(2)　定数には数えるが，選挙権のない者は：18人未満の被用者（7条1項1文），被用者で，通常就労していても，選挙の日に就労していない者

I. 事業所組織の構築

(事業所組織法1条1文，7条1文)。

(3) 選挙権はあるが，定数に加えない者：3ヵ月以上派遣されることになっている適法な派遣労働者（7条2文；BAG 16. 4. 2003, EzA §9 Betrug Nr. 1)。育児期間中の代替就労者（連邦育児手当法21条7項)，これに準ずる代替就労者。選挙日に就労している補助労働者で，定まった業務で就労してはいない者。

(4) 選挙するが，被選挙権がない者：被用者で，6ヵ月間事業所にいない者。

(5) 被選挙権はないが，選挙権のある者：解約告知制限訴訟の係属中で，解約告知期間が経過した者（BAG 14. 5. 1997, EzA §8 BetrVG Nr. 8)。それゆえ，選挙の宣伝上の参加権はある（LAG Hamm 6. 5. 2002, 10 TaBV 531/02)。

3. 事 業 所

文献：*Detlev Joost* Betrieb und Unternehmen als Grundbegriffe des Arbeitsrechts, 1988；*U. Preis* RdA 2000, 257.

353

a) 事業所と企業

事業所組織法は，事業所に事業所委員会を事業所レベルで設置するという制度を設けている。**事業所**とは：人的，物的財産の組織的集合体であり，それによって誰もある者（使用者）が継続して労働・技術的目的を追求するのである（古典的な長い定義は，もともとエルヴィン・ヤコビライプチッヒ教授に遡る)。実践的で，簡単な定義：統一的な管理によって特に人的，社会的事項において掌握されている領域（BAG 3. 6. 2004, EzA §23 KschG Nr. 27)。ここで考えられているのは，私的事業所である。公共体の管理部門や事業所には，事業所組織法の適用はなく（130条)，職員代表法が適用される。しかし，国家が企業を私的法形態で営んでいる場合，例えばある株式会社の全株式を所有しているような場合には，事業所組織法の適用がある。事業所は必ずしも空間的に集中したものである必要はない（交通関係の事業，販売組織)。この場合，決定的なのは空間的な統一性ではなく，人事管理の統一性である。**企業**は法的主体であり，これに事業所が組み込まれている（例えば，カール

354

シュタット株式会社は企業であり，その支店はそこで独自の人事管理がなされていれば，事業所である）。

355　一つの企業に多数の事業所が属する（この場合には中央事業所委員会，Rn. 360）ことができる。一つの事業所が複数の企業に属することもある（この場合は，共同事業所でRn. 360を見よ）。共働事業所における中央事業所委員会については，Rn. 414。

b) 一部事業所

356　指揮命令権の行使のために固有の人員配置管理を有する一部事業所（メモ：すなわち，労働関係の設定，内容や終了についての権限を有する固有の人事管理は，事業所の特徴を表わし，労働の組織や分配のための権限を伴う固有の投入管理を有するものは，一部事業所の特徴を示す（BAG 19. 2. 2002, EzA §4 BetrVG Nr. 8））。この場合には，事業所組織法上は，基本的に，その一部であるところの事業所に属する。例外は同法4条1，2号。

357　4条1項1号についての疑問：空間的な隔たりとは，一体何を指すのか？ 大まかな規則では70kmであるが，交通手段で若干の変化がある。一つの企業に多数の主要な事業所が存する場合にはどうか？ Jaである。主要事業所は事業所に当たり，この企業の一部での管理，とりわけ，人事，社会的事項に関する管理が行使され，多数の統一的な行使が別々になされる。

358　4条1項2号についの疑問：なぜこの規定の適用が稀なのか？ その任務の範囲と組織により独立した統一的な組織は，通常独立した事業所であって，単なる一部事業所ではないからである。

c) 具体的展開の可能性

359　●使用者について：人事又は人員投入管理の拡大。例：ある使用者がケルンに工場を持ち，研究所が20km離れた小都市にある場合には，双方に関して独自の人事権行使がなされており，それゆえ，独自の事業所委員会がある。使用者は，合理化をなす場合，人事管理を統一する。従って，事業所がその

I. 事業所組織の構築

独立性を失わない，統合的な事業所の一部となる。事業所委員会は21条a2項により新たに選出される。
● 被用者について：3条3項，4条1項2号；一部事業所の被用者は，この場合には主たる事業所において選出されるだけではなく，その一部事業所でも計算に入れられる。
● 協約当事者について：3条1項
● 事業所の当事者について：3条2項

d）複数企業の共同事業所（1条2項）

● **前提要件**：明文による，あるいは結論の明らかな経営合意，特に人事・社会的案件に関してすべての企業を代弁する経営合意。従って，重要なのは，再び統一的な人事管理という一つの事業所のための一般的な基準である。そのために，1条2項1号は，共通の人員配置の背後に共通の人事管理が存在するという反証可能な推定を置いている。しかし，共同事業所は，事業所組織法1条2項の推定の要件を充たさなくても，複数の企業が——明文によりまたは結論上明らかに——「共同事業所の経営のために法的に結合してきたならば存在できるのである。その場合，個別事例の事実による諸事情から，経営合意の存在が推定される」（BAG 11. 2. 2004, DB 2004, 1213 ＝ EzA §1 BetrVG 2001 Nr. 2）。

360

● **法的効果**：参加企業の労働契約と労働協約（事業所や事業所組織の規範を除く）は，それぞれ別個に存続するし，何ら平等に取り扱う義務はない。被用者の数をめぐって，解雇制限に関して単一事業所内で交渉する場合，事業上の必要性やとりわけ（同時に，企業にまたがる）社会的な選択（BAG 5. 5. 1994, EzA §1 KSchG Nr. 31；BAG 24. 2. 2005, EzA §1 KSchG Sozialauswahl Nr. 59）が問題となる（Rn. 938も見よ）。事業所組織は基本的に単一的なものであるが，連邦労働裁判所は，徐々に，個別的共同決定を分離する傾向にある。99条（グループ分け）と87条10号に関するする *Wißmann* NZA 2003, 3；BAG 12. 11. 2002, EzA BetrVG 2001 Nr. 3——社会計画に対する責任。

● 民法613条a：企業の分離の場合は？（基本的に肯定するのは，BAG 26. 8. 1999 8 AZR 588/98 — Jurisだけに公表されている—）事業所委員会はいずれにせよ存続する。

4. 事業所構造の変更

a）事業所所有者の変更

361　事業所委員会は，変更なく存続する。

b）事業所の分割（事業所の一部の所有者の変更がある場合とない場合）

362　分離された事業所の一部について，従前の構成における従前の事業所委員会の移行期の代理権は，事業所組織法21条a1項による。この規定の文言によれば，従前の事業所で分離されていない部分に関しては，新たな事業所委員会委員が選出される。企業分割により当該事業所の同一性に変更がない場合には（完全な分割の場合と異なり），この規定の適用は認められないであろう（*Richardi* BetrVG, 10. Aufl., §21a Rn. 6）。分割により被用者の数が減少した場合には，同法13条2項により計算される。

同法111条3文3号による共同決定は，旧使用者に対して行使できる。

c）企業の統合（企業所有者の変更のある場合とない場合）

363　21条a2項による移行期の委任で，従前一人も事業所委員会委員がいなかった事業所委員会や一部事業所委員会にも適用があるのか争いがある。これを肯定するものは，*Richardi* a.a.O. Rn. 10ff.

d）事業所閉鎖

364　21条bによる残余部分の委任につき，企業分割と統合に際しての移行期の委任との関係は，明らかではない（*Richardi* a.a.O. §21b Rn. 5；*Fitting* §21b Rn. 13.）。

5. 事業所概念に関する誤り

365　通常は次のようなものがある。すべての該当する領域における，19条による企業形態の提案や決定により事業所委員会委員の選挙に対する異議申立ての可能性（Rn. 376）。

6. 事業所委員会の選挙

　法的根拠：事業所組織法7～20条，2001年12月11日の事業所委員会委員選出令　366

a) 選挙権者，選出委員数
　一つの事業所委員会は，事業所において，選挙権のある常用被用者5人で最低限選挙され，かつそのうちの3名が被選挙権を有する（1条）。被用者の概念については，上記 Rn. 349 参照。選出委員数は，9条で規定されており当該事業所で就労している被用者の数によって決まる。この数は，被用者が半数ないしは倍数になった場合は，新しく選挙される（13条2項1号）。　367

b) 何らの設置強制はない
　事業所委員会は選出されうるが，何ら設置強制はない。すでに事業所委員会が存在し，その在任期間が終了している場合には，選挙管理委員会の選出を行なう（16条1項）。選挙管理委員会の決定に対する取消しが可能である。選挙管理委員は，自ら選挙の公示に署名し，立候補することも可能である：BAG 4. 10. 1977, EzA §8 BetrVG Nr. 3.　368

　事業所委員会が存しない場合には，あらゆる共同決定権は全く効果がない。従来，事業所委員会の存在しない事業所が閉鎖された場合にも，何の役に立たないが，事業所が閉鎖過程にある中での選出は可能である：BAG 20. 4. 1982, NJW 1982, 2334 = EzA §112 BetrVG 1972 Nr. 25；BAG 28. 10. 1992, NZA 1993, 320 = EzA §112 BetrVG 1972 Nr. 60；異なる見解 ArbG Reutlingen 29. 10. 1998, EzA §112 BetrVG 1972 Nr. 100.　369

c) 最初の事業所委員会委員の選出
　慎重を要するところである。使用者も，被用者もこれに慣れなくてはならない。多くの使用者は事業所委員会を望まず，かなりの被用者も事業所委員会委員になることを望まない。法律はこれに対して，**最初の選挙管理委員会の任命を容易にしている**。

D. 事業所内および企業内の共同決定

aa）通常の手続き

370 ●**中央事業所委員会ないしはコンツェルン事業所委員会による場合**（事業所組織法16条1項と関連した17条1項），ただし，当該事業所の選挙権を有する被用者から。この場合以下のやり方でもよい。

●**事業所集会**（44条）において，3名の選挙権のある被用者（この場合の解雇制限は解雇制限法15条3項）の招請に基づくか，事業所内で（最低一人の被用者を組合として有する）代表する労働組合（一度も協約管轄を有しなくてよい）の招請に基づく（BAG 10. 11. 2004, EzA §17 BetrVG 2001 Nr. 1；異なる見解 *Hanau* NZA 03, 130；*Ramrath* SAE 06, 115）。連邦労働裁判所の2判決（7. 5. 1986；26. 2. 1992, EzA §17 BetrVG Nr. 5, 6）は，その各被用者がその招請について認識する可能性を持たねばならないことを要求している。これは，連邦労働裁判所の決定（BAG 5. 5. 2004, EzA §19 BetrVG 2001 Nr. 3）が明らかにしているように簡単なことではない。それによれば，全部で84事業所のうち，2事業所だけでの選挙公報の掲示では不十分だとしている。出席者の多数による選挙管理員会の選出。

救済の方法

労働裁判所による選任（事業所組織法17条4項）の場合には，右の招請は無効となる。招請の失敗は，これに影響しない。それゆえ，この場合には選挙管理委員会を外部に求めることができるが，事業所委員会委員に関しては，事業所内に求めなくてはならない。

bb）事業所組織法14条a，17条a，事業所委員会選出令28条以下による小事業所における簡易手続き

371 ●**二段階の手続き** 選挙集会での選挙管理委員会の選出後，事業所委員会が1週間後に選出される（いわゆる皮一枚の手続き）。選挙できなかった被用者は文書による投票を申請できる（事業所委員会選出令35条）。

●**一段階の手続き** 事業所委員会または労働裁判所による選挙管理委員会の優先する任命では，その後の手続きを規定する事業所委員会選出令36条は，何ら選挙実施のための期間を定めていない（この不備については，*Hanau* ZIP

2001, 2163, 2167；*Richadi* §36 WO Rn. 14)。

d) 選挙の原則および手続き

事業所委員会の選挙は，民主的選挙原則（参照：基本法38条1項）に従う。すなわち，一般的，直接的，自由，平等，秘密選挙である。もちろん，政治的選挙とは異なる独特な点もある。事業所委員会選出令5条，22条に関連する事業所組織法15条2項により，事業所委員会に最低限3人の構成員がいる場合には，従業員の中で少数である性別は，その数による割合に応じて事業所委員会で代表されねばならない。Kölnの州労働裁判所は，これを憲法違反だとし，当該事件を連邦憲法裁判所へ提示した。法律によって達成されるべき性の対等化は，選挙の場合には，すべての選挙権者や立候補者が平等な機会をもたねばならないという上位にある，基本法3条1項から引き出される原則に劣後せざるをえないというのである。確かに，平等原則は，不利益に扱われたグループ（いわゆる積極的差別または逆差別）を排除はしないが，事業所の選挙で今まで差別があったであろうかは明らかでない。一般的な選挙原則からのさらなる逸脱が明らかなのは，小規模事業所（50人未満，選挙管理委員会と使用者間の協定がある場合には100人未満）では，選挙は，選挙集会でなされる（14条a2項）ことである。

372

通常は比例代表制でなされるが，選挙候補提案がなされるか，従業員が50人ないし100人の事業所では，多数決により異なることがある（事業所組織法14条2項，「勝者はすべてを取得」）。定例の事業所委員会選挙は，連邦全体で，各4年ごとに，3月1日から5月31日までに行われる（13条1項，例外は13条2項，3項）。選挙費用は使用者負担である。その他の誰が負担できよう。

373

e) 候補者名簿の提出

候補者名簿の提出は，全従業員の最低20分の1，または最低3名の選挙権を有する被用者により行うことができるが，事業所を代表する労働組合もできるようになった（同法14条）。労働組合は，除名の威嚇をもってしても，競争組合やその他の政治的グループを支援しないように働きかけること

374

163

ができる（BVerfG 24. 2. 1999, BVerfGE 100, 214）。

375　候補者名簿は，それぞれ，事業所委員会委員の定員の2倍の候補者を少なくとも挙げなくてはならない（事業所委員会選出令6条2項）。最大の人数は，選出される委員より多数の候補者としての被用者がいることから問題とならない。なぜか？　それは，解雇制限法15条3項により，候補者の通常解約告知は，候補者の提出の時点から選挙結果の公表された6ヵ月までは認められないからである。権利の濫用？

　　f）選挙の取消し（事業所組織法19条）。それについては，*Nießen*, Fehlerhafte Betriebsratswahlen 2006．

376　選挙結果が公示された日から2週間以内に，選挙は，労働裁判所での申立てによって取り消すことができる。その取消しには，最低3人の選挙権者，事業所にあって代表する労働組合もしくは使用者が権利をもつ（3人という数は重要である：BAG 12. 2. 1985, DB, 1799）。要件は，それによって選挙結果が変わったり，影響を受けることになる選挙権，被選挙権または選挙手続きに関する重要な規定に対する違反があることである（BAG 19. 9. 1985, DB1986, 864）。これに加えに，事業所の概念の誤る場合もそれに含まれる。取消しの申立てにより選挙のやり直し，または選挙結果の訂正を求めることができる。裁判所の判決の言渡しの効果として事業所委員会委員のポストが失われるが，何ら遡及的効果はない。使用者は，それまでに必要な費用のすべてを，それゆえ事業所委員会に支払わなければならない。

377　明らかに法律の規定に対して，重大な違反があった場合には，**選挙は，取り消しできるだけではなく無効である**。いくつかの取消理由が無効原因に加わることはない（BAG 19. 11. 2003, EzA §19 BetrVG Nr. 2）。

378　法律違反の選挙の効力を停止する仮の法的保護は，長年，支配的な判例により，差し迫った無効に当たる場合に認められ，取り消し得るだけの場合には認められなかった。これにより，違法な状態は不必要に助長されている。事業所組織法18条2項のこれを補う規定は，事業所委員会の資格がある組

織の統一性に関する訴訟を可能にはするが，その規定は，ひとたび選ばれた事業所委員会の存続には触れていないので，あまり役に立たない。

事例：*二重に選出*されることはあまりよいことではない。企業Uはその本社をケルンに有し，ビーレフェルトに支店を持っている。2002年に事業所委員会委員選挙はケルンとビーレフェルトとで統一して行われたが，それがビーレフェルトの被用者には怒りの渦を引き起こした。選挙結果が公表されるや否や，ビーレフェルトの被用者は，選挙結果について訴えを提起した。その訴訟係属中，一貫してビーレフェルトの被用者たちは，事業所委員会において本社の委員が多数を占める，この事業所委員会委員に対し不満を持ち続けた。それゆえ2003年10月にビーレフェルトでは，新たに事業所委員会委員が選出された。ケルンの使用者も被用者側もこの結果を認めようとはせず，ケルンでの選挙に関しての訴訟が終結するまで，この新たな事業所委員会委員に何もさせようとはしなかった。U社は，選挙直後ビーレフェルトで選ばれた5人全員が参加した労働法の一週間の研修費用の引受けを拒否した。労働裁判所は，使用者に事業所組織法37条6項により右の費用を課することを認めた。

この際労働裁判所では何が考慮されたのであろうか？
その請求権は，ビーレフェルトに有効な事業所委員会が存在することを前提とする。単なる選挙の取消可能性だけでは，これを阻止できないが，無効ではある。2002年に選出された事業所委員会が，ビーレフェルトにおいて権限を有していることから，無効だとの判断が出てくる。第二の事業所委員会の選挙は，一つの企業ないしは企業の一部に二つの事業所委員会の存在を認めることはできないがゆえに，すでに，任務を実行している事業所委員会の職場での第二の事業所委員会選挙は無効である。それゆえ，2002年に実行された選挙の効力につき判断せざるを得ない。この選挙が，ケルンとビーレフェルトの双方で統一的になされたことから，この問題が生じた。支店がビーレフェルトにあり，ケルンとビーレフェルトは距離的にも遠隔地にあるゆえに，そこで独自の人事課が存在し，その結果自立した事業者とみなされるか，または，最低限，独自の人事管理がなされ，一つの事業所の一部とみ

なされる場合には、その事業所においては事業所組織法4条1項1号により、独自の事業所委員会委員が選出されなくてはならないのであるから、事業所組織法1条、4条に違反するといわざるを得ない。すべてこの点に関しては、法の定めるところではない。事業所の概念を誤って判断している場合、2002年の選挙の結果については、取り消しうるものであり、無効の余地はない。ビーレフェルトの被用者による訴訟においては、ケルンの事業所委員会選挙は暫定的に有効であり、ビーレフェルトにおいても同様であるから、効力を左右するような裁判により補完されなくてはならない。それゆえ、ビーレフェルトにおける後の選挙は無効であり、費用補塡請求は認められない。

7. 事業所委員会

381　　文献：*Christoph Rosset* Rechtssubjektivität des Betriebsrats und Haftung seiner Mitglieder, 1985 ；*v. Hoyningen-Huene* RdA 1992, 355 ；*Simitis／Kreuder* NZA 1992, 009.

a）自由な委任

382　　事業所委員会は、事業所の被用者の**代表**（代表者）として、共同決定権能を行使する。民法164条以下の代理とは関連しない。つまり、従業員はこの権能をそれ以外の方法を選んで与えることができないからである。また事業所委員会は、個別被用者の法律行為上の代理人として行為するわけでもない。被用者―従業員―事業所委員会の法的関係は、独立の（sui generis）のものであり、私法上の代表と国家法上の代表との中間にある。

383　　事業所委員会は、出身母体から**自由な**、つまり命令的ではない**委任の担い手**である。事業所集会（42条〜46条）は、事業所委員会に提案をし、その決定に対して立場を明らかにすることができる（45条）が、事業所委員会に指示することができない。事業所委員会が再選を望むならば、その提案や立場の表明は、強い、事実上の重みをもつことになる。従業員による否認権は存しない。法律上の義務の重大な違反の場合についてのみ、事業所委員会の**解散**または**個々の委員の除名**が考えられる。これは労働裁判所により裁判され、申立権者は選挙権のある被用者の最低4分の1と、使用者またはその事業所

を代表する労働組合であるが，事業所委員会も除名申立てをなしうる（23条）。

事業所委員会の**会議**は，非公開である。その決議に対する法的手段は存しない。詳細は，*Reitze* Der Betriebsratsbeschluss, 1988. 注意：事業所委員会での選択に対しては，事業所委員会の委員への選任同様14日以内でのみ取消しが可能である。事業所組織法19条の類推（Rn. 376を見よ）。瑕疵ある決定の遡及的追認については，BAG 16. 11. 2005, EzA §80 BetrVG 2001 Nr. 4.

事業所委員会の**責任**については問いえない。何ら財産を有しないからである。しかし，その委員は（連帯責任により）民法の一般規定により違法な行為ないし不作為に関与していた限りにおいて責任を問うことができる（民法179条，823条以下）。

b）合議機関

事業所委員会の組織は，合議機関であり，そこでの意思決定は多数決による（33条）。形式的要件として，議事日程を通知し，手続きどおり召集された会議によること（29条3項）である。それでなければ，決議された決定は無効である。統一的な権限行使の原則は，多数決による組織にあっては（上限がない。9条参照），堅持しえない。つまり一定の任務分担が不可避である。26条1項により選出された**議長**（ならびに議長代理人）は，基本的には独自の決定をする資格がない。議長は，すでに決まった決定の範囲内で事業所委員会を代表することができる（意思表示の代理であって，意思そのものの代理ではない）。議長は，27条4項により日常業務の執行の授権がなされていれば，行為できる。

質問：使用者は，ある方針に事業所委員会議長が同意した場合に，それが内部決定でなされているかどうかについて信用することができるか？　その通り！　使用者に内部の合意の調査を義務づけることは適切ではないであろう。だが，合意があったかどうかについて疑いが存する場合は，別である。一種の支配領域説であるが，各人は自らの領域について責任を負うのである。事業所委員会議長が，事業所のための意思表示をすれば，このことから具体

的に事業所委員会の決定があったとする推定が成り立つ（BAG 17. 2. 1981, EzA §112 BetrVG 1972 Nr. 21；BAG 6. 10. 2005, EzA §102 BetrVG 2002 Nr. 16)。推定は、明らかに議長の個人的意見だけであるときには、くつがえる。

388　日常業務の執行について、9名以上からなる事業所委員会では、**事業所小委員会**を設けなければならない。この場合、事業所小委員会にその任務に独自に処理を委ねることができるが、それは撤回可能である（27条）。事業所小委員会は、事業所委員会の議長、議長代理人、その他の事業所委員会メンバーからなる（27条1項2号）が、そのメンバーは、事業所委員会委員の中から秘密投票で、かつ、少数派の保護のために、比例代表原則により選ばれる。法律は少数派の保護を弱体化しており、事業所委員会の4分の3の多数を占める事業所委員会委員の選出を比例代表原理より選んでいる。この結果多数派はたしかに、少数派がその得た議席を再度占めることができれば、多数派にとって何にもならないが、連邦労働裁判所は、多数決選挙を認めている（BAG 28. 10. 1992, EzA §38 BetrVG 1972 Nr. 14)。それは、法によるよりも、連邦労働裁判所の判決のほうが矛盾は少ない。

c) 名誉職

389　事業所委員会の各委員はその職務を無報酬の**名誉職**として行う。委員はもちろん全く無償ということではなく、37条1項により報酬請求をなしうる。事業所委員会委員としての活動が、事業上の必要から、労働時間外になされれば、事業所委員会委員はその時間の就労義務の免除を請求しうるし、もし、これが不可能な場合には、超過労働に対するのと同様の補償を請求できる（37条3項）。かくして、事業所委員会委員としては、より以上の収入となる。37条4項は、事業所委員会委員に、仮定的な職歴を認めており、その賃金は、これと対応する被用者の企業内での職業上の賃金上昇に対応させられている。

390　200人以上の従業員のいる事業所では、人数に応じて段階づけられた最低人数の事業所委員会メンバーは、その職務を**免除**されうる（38条1項）。事業所委員会は、委員のうち、38条1項により、当然の権利として全面的に職務免除されるものの代わりに、複数の委員の、比例的な一部職務免除も請

I. 事業所組織の構築

求することができる。一部職務免除としては，短時間就業者の完全な職務免除にあてはまる（*Greßlin* Teilzeitbeschäftigte Betriebsratsmitglieder, 2004）。職務免除を得る事業所委員会の委員は，使用者との協議により，事業所委員会メンバーの中から少数派の保護のために再び比例代表原理により選ばれる。職務免除は，200人以下の従業員の事業所では，客観的な理由のある場合に認められる。38条は，何人の被用者が**最低限**職務免除されるかを明文で規定している。

職務を免除されない事業所委員会委員については，連邦労働裁判所は，事業所委員会活動のための職場の退出届の提出をしやすくしている。連邦労働裁判所（13. 5. 1997, EzA §37 BetrVG 1972 Nr. 135）によれば，委員**個人から**の免除届の提出は必要ない。事業所委員会が，どのように，そして誰によって，ある一定の事業所委員会委員が使用者にその不在について情報を与えるかは，その自由である。連邦労働裁判所（15. 3. 1995, EzA §37 BetrVG 1972 Nr. 124）によれば，事業所委員会委員の行うその任務の種類についての通告は必要ない。使用者は，使用者側から見て明らかに必要性に疑問がある場合に，37条2項所定の賃金の支払いに際して通告を求めることができる。

37条6項，7項の問題領域　事業所委員会の各委員は，4年の任期中，訓練および教育の機会に参加するため合計3週間（委員については4週間）の有給での職務の免除を申請することができる。そのほとんどは労働組合により組織され，それは労政当局により適当だとされるものでなければならない（37条7項）。単に**適当だとされる**講習への参加者の費用については，使用者は負担する必要がない。それゆえ当該委員は何らの請求権を有しない。これと異なり，**必要とされる**講習ならびに教育に関しては，37条6項により異なる。使用者は，その費用を負担しなければならない。事業所委員会活動についてと同様，賃金継続支払いもである。その必要性は，何段階にも分かれる。すべての委員に必要な一般的基本知識に関してと，当該の事業所委員会委員が，その事業所にあることによるテーマに関しての特別な知識などに分かれるが，事業所委員会委員の権限に属さないか，事業所で現実に問題になっていない特別のテーマに関しての必要性は認められない。

169

D. 事業所内および企業内の共同決定

393　自らの責任での講習参加はありえない。常に適切な事前の事業所委員会ないしはその小委員会の決定を要する。

394　その他に，使用者は，事業所委員会の活動の費用を負担しなければならず，部屋，物品や事務員を提供しなければならない（40条）。事業所委員会への法律テキストの貸与については，BAG 24. 1. 1996, EzA §40 BetrVG 1972 Nr. 77. 法律に目を向けることで，事業所委員会も法の発見を容易にすることができる。事業所委員会は，被用者の分担金を請求または受領してはならない（41条）。

395　**現時点で** 2001年以来，40条2項の規定は，事業所委員会に必要な範囲で情報ならびに通信技術を利用できることを定めている。裁判官自身がかかる技術を多く用いれば用いるほど，裁判官は，事業所委員会でも必要だと考える傾向がある。事業所委員会にとって，事業所の内部で通常化されている通信手段は認められることになる。

396　**専門家なしで，事業所委員会はすませることができない。しかし，誰がその費用を払うのか**。事業所委員会は，その裁量により報酬なしの専門家の助言を求めうるとしても，このような理想主義者はほとんどありえない。その専門家の下には，上記の資材，書籍，雑誌などが備わっており，結局書面により有料の専門家の力を，事業所委員会は，事業所組織法40条2項に基づき借りることになる。使用者の費用で専門家の助言を求めることに対する一般条項は80条に定められており，その2項には，内部における専門家（専門知識のある被用者）に関して，3項には，外部の専門家の規定がある。使用者がその費用を支払わなくてはならないのであるから，事業所委員会は事前に使用者の同意を得て，やむを得ない場合には，それを訴えにより求めることができる。目前に迫っている事業所形態の変更の場合には，それはたしかに遅きに失することがある。事業所形態の変更が予定されている場合には，事業所委員会は111条1項2号により，従業員300人以上の企業において，使用者の事前の同意なしに助言者の意見を求めることができる。その文言は，

I. 事業所組織の構築

「一人の」とあるので，複数の助言者でもよいか争いがある。事業所委員会側の使用者に対する法的紛争に対し準備し，それを実行すべき弁護士の助言の場合にも，使用者の同意は必要ではない。それゆえ，事業所委員会は，それが実質的に必要だと考えられる場合には，40条により，使用者の同意なしに，使用者の費用の支払いにより，事業所委員会の利益の主張のために，弁護士に依頼できる。

d) 不利益取扱いに対する保護

不利益取扱いに対して，特にその使用者からの独立を確保するために，**事業所委員会委員は特別に保護されている**。事業所委員会委員は，その活動について不利益を被ることはない（差別禁止は78条，処罰規定は119条）ことから，活動について妨害されず，妨げられることはない。

397

解約告知からの保護 事業所委員会委員の通常の解約告知は解約告知制限法15条（事業所閉鎖の場合を除く）により避けなければならず，これは，任期終了後1年間についても同様である（事後的保護）。解約告知制限法15条は，通例被用者に包括的になされる集団的変更解約告知については適用されない。しかし，反対説は，BAG 9. 4. 1987, §15 n. F. KSchG Nr. 37. この場合，特権としての保護を除くことも重要である（実際に限定的に解するのは，BAG 21. 6. 1995, EzA §15 KSchG Nr. 43）。また，事業所委員会委員の特別の解約告知については，事業所組織法103条により，事業所委員会の同意が必要であるが，即時解約告知が「あらゆる事情を考慮して正当だとされる場合」，すなわち民法626条の重大な事由が存する場合に，労働裁判所によって同意に代えることができる。

398

当該事業所委員会委員自身は，その解約告知に関して，何らの同意権を有しない。もし，事業所委員会が一名の委員だけで成り立っている場合で，補充事業所委員会委員が決められていない場合には，ただちに労働裁判所が判断する（BAG 14. 9. 1994, EzA §103 BetrVG Nr. 36）。補充事業所委員会委員も代表の任務につき，その後の事後的保護の間は，特別の解約告知制限を求めることができる。これは，補充委員にその後の通常の解約告知（解約告知

399

制限法15条1項2文）における1年間の除外を手に入れさせるために，通常の事業所委員会委員に会議の欠席を求めようとさせることになる。このような権利の濫用が結果として生じると，確かに特別な解約告知制限保護がなくなる。事業所委員会委員の代表は，25条1項2文では暫定的に阻止された事業所委員会委員のために予定されているからである。

400　民法626条2項の**解約告知期間**（Rn. 973）は，ある事業所委員会委員を即時解約しようとする使用者を厳しい時間的制約の下に置く。使用者は，解約事由のあることを知った後14日以内に，事業所委員会に事業所組織法102条2項3文に応じて3日間の考慮期間の権利を有する事業所委員会の同意を求めるだけでなく，受けた同意の後に，解約告知の効力発生のためにも配慮しなくてはならない（BAG 18. 8. 1997, DB 1978, 109 = EzA §103 BetrVG 1972 Nr. 20）。裁判所に対する同意に替わる決定の申請も右期間内になされなくてはならない。事業所委員会の考慮期間は，使用者の負担になる。特別の解約告知については，即時解約がなされた場合，法的効力のある同意の補充についての決定がなされた後にはじめて有効となる（BAG 9. 7. 1998, EzA §103 BetrVG 2001 Nr. 39）。特別な解約告知は，同意に替わる法的確定力ある決定後，その決定が遅滞なくなされたときにのみ有効である（BAG 9. 7. 1998, EzA §103 BetrVG Nr. 39）。解約告知制限訴訟は，解約告知の到達後3週間以内に提起できる（解約告知制限法4条，13条）。事業所委員会の同意が裁判所によって代替された理由は，しかしもはや争うことができない。除斥効果。

401　連邦労働裁判所（13. 6. 2002, EzA §15 KSchG n.F. Nr. 55）は，事業所委員会委員が解散された事業所ないしは事業所の部門で，解約告知制限法15条4項の範囲内での決定が直ちになされない場合に，この委員が代替の職場を得られるか否かに関して寛大な判断をしている。この場合使用者は，解約告知に関する交渉の終わるまで，待たなくてはならない。

e）義務違反

402　事業所委員会委員の義務違反とその制裁では，契約上の義務違反と職務上の義務違反とが厳密に区別される。契約上の義務違反は，当該行為が他の被

I. 事業所組織の構築

用者の場合にも起こり得るし，それが契約違反である場合に成り立つ。例：事業所委員会の評判や手段を顧みることなく，違法な労働争議に参加すること。制裁：損害賠償，警告，さらに継続すれば解約告知。しかし，単に事業所委員会委員として負っている職務上の義務の場合には異なる。もっとも重要な職務上の義務は，2条以下（誠実な協働），74条（任期中の労働争議の禁止，政党活動への参加），75条（差別禁止，組合政策上の中立の原則），79条（守秘義務）などである。もっぱら職務上の義務に違反する例：事業所委員会の事務所での合法なストライキの組織化。制裁：解約告知制限法23条1項による事業所委員会からの除名提案。決定手続きにおいて不作為を求める仮処分。契約違反と職務違反が同時に生じた例：事業所委員会事務所から始まる違法なストライキの組織化。職務上知り得た事業上の秘密を開示すること。これは，労働契約上の違反（Rn. 600）にも，事業所組織法上の守秘義務（79条）にも違反する。このような場合には，契約違反に対する制裁も職務上の違反に対する制裁も同時に適用される。使用者の典型的な労働裁判所への申請：事業所委員会がこれに同意を与えない当該被用者の解約告知に対する同意（103条2項）；補足的には事業所委員会からの除名（23条1項）。

これらの事例は必ずしも単純ではなく，連邦労働裁判所は，連邦憲法裁判所が憲法違反の行為と非難したことを知らなくてはならない（BAG 13. 11. 1991, EzA §611 BGB Abmahnung Nr. 24 に対する BVerfG 14. 11. 1995, BVerfGE 93, 352 = EzA Art. 9 GG Nr. 60. Rn. 188, 413 も見よ）。 403

異議申立人は，解任された事業所委員会委員長で，労働時間中に食品・飲食業・ホテル産業労組の印刷物で，組合の業績や加入の書式などが入ったものを職場の同僚に渡した。使用者は，これに対して労働契約違反の行為だとして警告をした。この種のさらなる出来事が続き労働関係に一定の結論をもたらした。連邦労働裁判所はこれを正当と判断した。しかし，連邦憲法裁判所は，この一見目立たないケースに対して，集団的な団結の自由の範囲に関する従来の判例を変更するものであり，上級裁判所が以前誤った判断をした余地を積極的に認めることにはならないのであるから，弁解がましくも自らこれについて明確にすることにしたのである。基本法9条3項の保障する団 404

結の活動範囲は従来絶対に必要なものに限定されたが，今や基本法の保障の下で各団結固有の活動が規定されており，たしかに，特に労働過程の秩序や企業内の平和を乱したりするようなことは，基本法2条1項により保障されている使用者の経済的活動の自由により制限されるとはいえ，すべての団結に特有な活動は，基本法の保護の下に置かれる。労働組合の基本権と使用者の基本権との綿密な検討は，労働裁判所にゆだねられている。これらの最近の判例は，公知のものではないが，容易に解き明かすことができる。労働の過程や企業内部の平和の侵害は明白ではなかったのであるから，何らの労働契約違反は存しなかった。警告は撤回されるべきであり，人事記録から削除されることになった。

405　しかし，それは，その行為が法的にまったく問題でなかったということを意味しない。問題は，使用者が見たもの，すなわち労働契約にあったのではない。労働契約に限定してしまうことは，ここでは労働契約上の義務を免除された事業所委員会委員が活動してきたことを没却してしまう。それは，労働契約とは関係ない。というのは，労働組合の宣伝のために使用者の財産を利用せず，または労働過程や事業所内の平和を妨害しないかぎり，事業所で労働組合の宣伝活動に従事する他のすべての被用者とは異なり，労働契約による義務を負わないからである。事業所委員会委員は，労働契約上の義務だけではなく，職務上の義務をも負うのであるから，牛に許されることは，神（ジュピター）には許されない（Quod licet bovi, non licet jovi――ジュピターに許されることは，牛には許されないという基本的ルールの反対）ということが当てはまる。

　それとともに生じる問題は，違反の事業所委員会委員の行為が，事業所組織法75条1項から導き出される労働組合政策に対する中立義務に反するか否かの問題である。同法74条3項により事業所内で事業所委員会委員の労働組合活動への従事は制限されてはいないとはいえ，しかし，これを事業所委員会の業務として行使しなくてはならない。2000年12月15日のケルン州労働裁判所の決定（LAG Köln vom 15. 12. 2000, NZA-RR 2001, 371）は，この点について具体的に示している：事業所委員会委員が労働組合活動に対し職務免除された時間を用いる場合には，すでに労働組合の活動と，事業所委

員会委員の職務上の活動とが不当にも融合してしまう。そうすると，いかなる制裁が考慮されるのかというさらなる問題が生じる。事業所委員会の除名処分は，同法23条1項により，重大な職務違反を要件とする。それには，一度の出来事でもよいが，重大なというのでは十分ではない。少なくても警告は考慮されないであろうか？　契約違反ではないのであるから，それはありえない。確かに，そのパラレルとして，職務違反を理由とする，威迫を伴った事業所組織法による警告，反復された場合には除名手続がとられうる。しかし，完全な通説は，それを不当と考えている。それどころか，使用者は，事業所組織法上の警告が事業所委員会活動を妨害したことを理由として，119条1項2号により告発されるという事態が生じうる。では，使用者には何が残っているか？　法律上の指示，例えば本教科書のこのページを添付しての指示である。

f) 事業所総会

　事業所総会は，事業所委員会の議長の指揮の下に少なくとも3ヵ月に1回開催される（43条）。使用者は，単なるゲストとしての役だけを果たす（43条2項参照）。総会は拘束力ある決定を行うことはできないが，事業所諸機関に対する提案だけをなすことができる（すなわち，何ら強制的な委任権はない）。多くの使用者は，この総会でアジテーションやごたごたが生じ，その結果使用者に多くの金がかかる（44条）ことを恐れている。説明を要する案件についての限界は45条が定めている。その案件は「事業所またはその被用者に直接関係する」ものでなければならない。仮にこの限界を超えた場合，使用者は，しかし何らの**干渉権**もない。使用者は，事業所委員会議長に対して，総会の指導者として，議事を中断し，何ら余計なことを説明することがないことを守るように指示することができるだけである。事業所委員会議長はその指導権限の力により，討論者に対して発言を封じ，または総会を終了させることができるし，緊急の場合には一種の議場管理権の力により各参加者を議場から退去させることもできる。議長は，自分がそうすべきであったにもかかわらずしなかった場合，23条の結果重大な義務違反となりうる。討論が許容範囲を超えて多大の時間続く場合には，総会は総会としての性格を失い，使用者はこれに対する報酬支払いを免れる結果となる。

407　事業所総会はどのくらいの時間続けるべきなのか？　これに対する規定は存しない。仮に，「議事引き伸ばし」により多くの時間と日にちにわたって続けられたとすれば？　ノーである。というのは，4つに限られた総会の数が，それをもって回避されてしまうからである。しかしその限界はどこに？　多くの議事中断やとりわけ明白な意図がある場合には，有給の総会の継続によって，使用者への圧力行使になる。

408　**問題：1.　政治家は事業所集会で演説してもよいか？**　これに反するのは：集会の非公開性（42条1項，例外は上部団体の代表，46条1項），政党の活動の集会での禁止（74条2項との関連で45条）。連邦労働裁判所（13. 9. 1977, DB 1977, 2452 = EzA §74 BetrVG 1972 Nr. 2）は，非公開性の基本原則を限定的に解釈してきた。すなわち，部外者はその集会の目的の範囲内にあるかぎり，事業所委員会により参加と講演をも含む招待を受けることができる。それに反して，政党活動の禁止は，連邦労働裁判所によると，維持されている：政治家の選挙のための参加も，それゆえなしえない。

409　**2.　その労働関係が停止されている労働争議期間中の事業所集会も有給で認められるか？**　その通りである（BAG 5. 5. 1987, EzA §44 BetrVG Nr. 5, 6）。44条1項2文は，事業所総会への参加に対して特別の報酬請求権を認めている，すなわち，支払われない報酬の補填請求権を認めているだけではない。争議期間中の事業所総会の延期は，使用者に過大な負担をかけるのではない。すなわちその他の事業所総会の費用を節約することになるからである。

8.　労働組合と事業所組織

a）事業所委員会は労働組合の機関ではない。

410　その構成員がしばしば労働組合に属しているとしても，事業所委員会は労働組合の機関ではない。これは事業所の被用者により選ばれ，労働組合に属しているか否かとは無関係に彼らの利益を代表すべきものである（75条）。にもかかわらず，事業所委員会は労組に，より強力かつ事業所を超えた組織としての援助を期待し，労組はこれを，団結の自由に対する抵触であり，そ

の設置によりあらゆる事業所活動から排除されるとみなすことがある。他方では，事業所委員会が労働組合の争議組織に組み込まれていない場合には，使用者は，事業所委員会と信頼に満ちた協働をし（2条1項），財政援助をする義務を負わされる。この政治的に論議を呼ぶ一連の問題の解決は，最後まで争われたし，これからも激しく争われるであろうが，事業所組織法に基づき，一連の妥協には達している。

b）労働組合との協力

使用者と事業所委員会は，事業所を代表する（事業所における組合代表の意味と証明については，Rn. 370 参照）労働組合や使用者団体と協力しなくてはならない（2条1項）。従って，事業所委員会は，労働組合に助言を求める資格がある。使用者がそれを妨害しようとするならば，それは事業所組織法上の義務違反となる。事業所委員会の職務は，争議の間も継続する。原則として，すべての共同決定権や協働を含む。争議にとって重要な共同決定権，例えば操業短縮や時間外労働に関するものは，しかし情報提供権に帰着する。

411

c）事業所組織法に基づく労働組合の任務と権限

事業所委員会の設立のための**発議権**（「設立補助」）：16条，14条5項，17条2項，3項。

出席権：31条（事業所委員会の会議），46条（事業所総会）経済委員会への出席権すらも：(BAG 18. 11. 1980, EzA §108 BetrVG Nr. 4 = DB 1981, 1240) および31条の類推により，その他の委員会への出席も。

監督権：19条2項（選挙に対する異議の申立て），23条1項（事業所委員会の解散またはその構成員の除名），23条3項（使用者の重大な違反に対する申立て）。

事業所総会の招集を要請する権利：43条4項

だが決定手続きにおける一般申立権，例えば事業所協定の審査権：BAG 30. 10. 1986, EzA §47 BetrVG Nr. 4.

事業所組織法には，労働組合の，事業所委員会選挙における立候補の権利が規定されていないが，これは基本法9条3項から生じる。

412

d）事業所委員会への立入権

413　労働組合の代表は，特別の事情がない限り使用者に通告後……当該事業所に立ち入ることが認められる（2条2項）。これは事業所組織法で挙げられている労働組合の任務と権限の達成に関連するものである。労働組合の事業所委員会代表が自らの職務の範囲内で求めるならば，立入請求権が認められる。その場合，労働組合が誰を派遣するかは，権利の濫用の差し迫った危険がない限り，労働組合の問題であり，使用者はこれをコントロールできない。組合員の勧誘だけの目的では，事業所外からの労働組合代表の立入り請求権は存しない。

9．特別の代表

414　事業所委員会以外の法律の予定する代表：
(1) 義務的なもの：同一企業に二つ以上の事業所がある場合の中央事業所委員会（47～53条）。複数の企業が合同で一つの事業所の事業所委員会をなす場合，すべての参加企業で中央事業所委員会を設けるには，その事業所委員会は独自の事業所の事業所委員会と同様に扱われる（47条9項）。注目すべき結論としては，これらの事業所の二つの中央事業所委員会も法的資格を有することができる。
(2) 任意なもの：コンツェルン事業所委員会（54条～59条）
(3) 義務的なもの：年少者—職業訓練生代表（60条～71条）
(4) 義務的なもの：中央年少者—職業訓練生代表（72条，73条）
(5) 任意なもの：コンツェルン年少者—職業訓練生代表（73条a，b）
(6) 任意なもの：1988年12月20日法により管理職職員に対する代弁者委員会
(7) 義務的なもの：重度心身障害者代表，中央ないしコンツェルン重度障害者代表（社会法典第9編95条～97条；事業所組織法32条）
(8) 義務的なもの：連邦職員代表法および16の州職員代表法に規制される公勤務の職員代表，ならびに教会法において規制される教会施設での協働者代表。

これほど多くてよいのか？

気の毒な事例：企業が七つの事業所を持ち、そのうち四つには事業所委員会を設置し、これらは中央事業所委員会をも有していた。事業所委員会のない三つの事業所の一つは、被用者24人の配送センターであり、解散された。解雇された被用者は、中央事業所委員会が利益調整に関する交渉に乗り出すように要請されるはずなので、事業所組織法113条に基づく補償金請求権があると考えている。ノー！である！　中央事業所委員会は、個別事業所のための権限を持たない。しかし、複数の事業所に関連する場合には異なる（事業所組織法50条1項）。

Ⅱ．使用者と事業所委員会との協働——事業所協定と事業所内合意

1．協働の原則

a) 信頼に満ちた協力

「使用者と事業所委員会は、……相互信頼の精神をもって……協力するものとする」（2条1項）。1952年の事業所組織法から受け継いだこの表現が明らかにしているのは、1972年の新法の立法者も、事業所のパートナーを協働するように融合させ（「**統合理論**」、批判的に「**融和モデル**」とも言われる）、彼らを対決を余儀なくさせて、克服し難い対立を生じさせること（「**紛争理論**」）のないように努めていることである。

2条は、まず第一に**プログラム項目**、立法者の目的の開示であり、そして本法のすべての規定にとっての**解釈基準**であり（BAG 2. 11. 1983, EzA §102 BetrVG Nr. 53）、最後に事業所のパートナーの諸権利や義務が生じるところの**直接適用できる規範**である。決定的なのは、**協働的姿勢への義務と妨害の禁止**である（74条2項2文参照）。例えば将来のケースでの共同決定を圧力手段とすることはない。しかし、実務で耳にするのは、例えばクリスマス手当がアップされる場合にのみ、時間外労働が認められるという「連結する行為」が普通に行われていることである。これは法の主旨とすることではない！　それゆえ、事業所委員会の同意は、その場合なされたものとみなされる（Rn. 442を見よ）。

418 　企業の収益性は，法律では，事業所委員会の活動の限界としてどこにも挙げられていない。連邦労働裁判所は、それについて適切にも：「事業所委員会の共同決定権は，それによって企業の決定の自由への干渉がされてはならないといった一般的な制限下にはない」と指摘している（31. 8. 1982, EzA §87 BetrVG 1972 Arbeitszeit Nr. 13. デパートという企業の事業所委員会は，法律による店舗の閉店時間が適用になる労働時間の規律に努めることができる）。しかし，それぞれの企業がよっているところの収益性という要件を無視する事業所委員会は，もはや協働しておらず，事業所の繁栄と被用者の幸福を軽視するものである。前掲の連邦労働裁判所は，実務から離れて「最悪の場合に……4から6％までの」売上高の減少を些細なことと考えている。しかし，それは，連邦憲法裁判所（18. 12. 1985, DB 1986, 486）も認めている。

b）一般的情報提供請求権

419 　一般的情報提供請求権（80条2項）は，たとえ協約を越える報酬に関してでも，賃金や俸給表，人事記録や情報（ただしその都度の被用者の同意をもってしてのみ）の閲覧の権利を包含する（83条）。他の会社からの被用者の就業の場合は，事業所委員会は，対応する契約や補充計画の提示を求めることができる。閲覧を認められた者は，書き写すこともできる（＝今では、コピーする）。他の見解：些細であるが，BAG 3. 12. 1981, EzA 80 BetrVG 1972 Nr. 20。使用者は，見て見ぬふりをしてはならず，法規定の実施を自ら保証するべく事業所を組織しなければならない。

c）衝　突

420 　事業所委員会の情報提供は，80条1項1号によって使用者に対する監視に役立つ（一種の法の監視）。しかし，事業所委員会は，どのようにして法を熟知するのであろうか？　使用者によって資金提供される研修（Rn. 392）や使用者が支払う専門家（Rn. 396）によってである。使用者は，自己の監視を自分で支払わねばならない。一般平等取扱法は，事業所組織法75条の改正規定を通して事業所委員会に対して，不利益取扱い禁止の維持に注意すべく配慮するように要請している。

II. 使用者と事業所委員会との協働――事業所協定と事業所内合意

監督権からは，使用者に法に反する行動を止めるように訴求する事業所の権利は生じない。事業所委員会は，使用者の法監督官庁ではない。2002年5月28日の連邦労働裁判所の判決（EzA §87 BetrVG Betrieblich Ordnung Nr. 29）は，確かに事業所組織法75条から差別的行動の不作為を使用者に対して求める事業所委員会の請求権を引き出す考えをもっている。一般平等取扱法（17条2項）は，今では，この点を明らかにしてきた。事業所委員会は，使用者が不利益取扱いの禁止に違反する場合に，事業所組織法の義務に対する使用者の重大な違反について，事業所委員会または事業所において代表する労働組合が，使用者に行為をしないか，行為の着手を受忍するかまたは行為を行うことを義務づける申立を労働裁判所にすることができるという23条3項による権利を主張できる。それは，その規定が事業所委員会に対する使用者の逆の請求権を無視し，事業所委員会の請求権を弱めてしまうので，効力の弱い規定である。なぜならば，その請求権の前提にあるのは：使用者の重大な違反，法的確定力のある裁判所の裁判およびその後の不服の行為である。せいぜいのところ，10,000ユーロの制裁である。法的な展開は，この枠を揺るがしてきた。まず最初に，両当事者には，事業所委員会による平和義務または使用者の情報提供または支払義務の違反といった特別な事業所組織法上の義務違反がある場合に，重大な責任に限定されない申立権が容認されるであろう。今日まで特に争われているのは，より広範な権利が，使用者による共同決定権の違反がある場合，事業所委員会にあるかどうかである。それについては，個々の共同決定権における下記 Rn. 436, 445 注50, 456, 481.

2. 事業所協定

使用者と事業所委員会との間の合意は，通常文書で事業所協定として実現される。これは，労働協約の妹である。協約と同様，事業所協定は，二重の効力を有する：77条4項により，労働関係に対して，直接かつ強行的に，「規範的に」である。それに加えて，77条1項により，事業所のパートナーの間に債務的効力が生じる。事業所協定は，それが77条3項によって協約の下位にあるので，協約の妹なのである。それから生じるのは：

D. 事業所内および企業内の共同決定

事業所協定において考慮されるべきこと（検討シェーマ）

(1) **いかなる事業所委員会が権限をもつか？** （個別，または中央もしくはコンツェルン事業所委員会）

423　中央事業所委員会の管轄は，50条から，コンツェルン事業所委員会は，58条から生じる。

(2) **文書の形式（77条2項）**

424　民法126条よりも広範囲に，両当事者は，同一の書面で署名しなければならない。

(3) **事業所協定によって規律できる事項（87, 88, 112条以下）**

425　さらに，77条4項は，労働関係が事業所協定によって直接かつ強行的に規定されうると指摘しているが，何が規律されるべきかは触れていない。それに対して，労働協約法では6つの素材が明示的に列挙されている：労働関係の締結，内容と終了，事業上および事業所組織法上の諸問題そして共同の施設である。事業所組織法では，事業所協定の法的根拠が努力して集積されねばならないが，同じ結果になる。112条から明らかなのは，社会計画が事業所協定として規定されるということである。87条は，広く労働関係の内容を通常事業所協定によって行使される，事業所委員会の共同決定下に置かれている。88条は，すべての社会的項目における任意の事業所協定を許容し，協約によって規定されうる項目が綿密に理解されている。ただし，協約パートナーの共同施設に関しては，それに代わって事業所のパートナーが介入する。例えば事業所の共済金庫についてがそれである。

(4) **事業所委員会によって把握されうる人的範囲**

426　管理職職員や年金受給者には規範の適用がない。しかし，労働契約の中に，明示または結論の明確な関連づけ条項またはその都度の条項があれば可能である（BAG 29. 7. 2003, EzA §1 BetrAVG Ablösung Nr. 42)。

(5) **基本権の優位はない。事業所協定は，これらの基本権に拘束されないからである**（BVerfG 23. 4. 1986, BVerfGE 73, 261)。

(6) **強行法の優位**

427　事業所協定は，従来から規範の序列において労働契約と同列に置かれている結果，協約によって変更可能ではあるが，協約合意や事業所協定では変更できない権利がある（例えば，賃金継続支払法4条4項，連邦休暇法13条1項）。ただ異なるのは，民法310条4項：協約と同様事業所協定の普通契約約款規制

Ⅱ. 使用者と事業所委員会との協働――事業所協定と事業所内合意

からの解放である。

(7) 事業所組織法77条3項による協約―たとえ，不利益なものであっても―の優位

前提は，使用者が協約に拘束されることではなく，開放条項あるいは参入条項のない少なくとも余後効があるかまたは通常の協約の適用領域での状態であるにすぎない。使用者が協約に拘束されないか，または協約がなお単に余後効をもつだけならば，協約の遮断効は，（特に87条によって）共同決定された事業所協定には適用されない（確立された連邦労働裁判所の判例である。最近では，21. 1. 2001, EzA §77 BetrVG 2001 Nr. 3)。これは，87条1項本文が，一般的な見解に従って，単に協約の余後効だけではなく，使用者の拘束や完全な適用を前提とした協約の優位に関する独自の規定を含んでいることをもって理由づけられる。それゆえ，87条の局限された遮断効は，さらに77条2項に対する優位を得たので，優位理論とも呼ばれる（時代遅れの2―制限理論の反対)。社会政策的な背景は，被用者が，被用者に全く適用されない（Rn. 757も見よ）協約ゆえに共同決定の保護を失うということである。

77条3項は，事業所委員会が出資義務のない代替する労働組合として活動することから労働組合を守るべきことにある。それゆえ，その規定は，利益を含む事業所協定も遮断する。実際の適用では，使用者に有利な規定が係わっている。というのは，協約が何ら開放条項をもたない限り，協約を越える給付に関する任意の事業所協定が無効となってしまうからである。民法140条によって無効な事業所協定を労働契約による約束へ転換することは，使用者がその給付を事業所協定が無効である場合にも与えるつもりであったということに特別な根拠が存在しているときにのみ可能である。

センセーショナルなブルダの事例：大規模なブルダ出版社の印刷業の被用者等は，自分の職場を維持するために，協約を越える労働時間と協約を下回る賃金に対する同意を表明している。事業所委員会は，彼らにそれを強く勧めた。管轄する労働組合には，協約がより重要なので，それを勧めなかった。労働組合は，ブルダに不作為を訴求する。会社は，協約を締結した使用者団体の会員であることを争う。会社は，ただ今までは協約を労働契約を基礎にして適用するだけで，それゆえこれを被用者と了解して変更できなければならないと主張する。連邦労働裁判所（Beschluss vom 20. 4. 1999, EzA Art. 9 GG Nr. 65）は，まず請求権の基礎を探す。事業所組織法23条3項が考慮されるが，それには事業所組織法上の使用者の義務が前提となる。77条3項が侵害されたとすれば，それは認められるであろう。しかし，ブルダではそうではない。というのは，法律家の助言を受けた会社ブルダは，事業所協定ではなく，労働契約を拠り所

とし，事業所委員会を応援することだけを考えてきたからである。23条3項は，結論を明らかにしていないが，しかし連邦労働裁判所は，その2文によっていかなる者にも，従って会社ブルダに対しても効力のある基本法9条3項の中に根拠を見出している。これは，事実，会社が個々のケースで協約違反の労働契約を結ぶようにさせただけではないときに，基本法によって保護される組合の活動の自由を侵害したことになるであろう。会社は，それをしたのか？　会社が全く使用者団体の構成員ではないならば確かに否定される。その場合，会社は，労働協約法3条，4条によって直接かつ強行的に協約に拘束されないからである。それとは反対に，会社が使用者団体に属していたならば，会社は，自己の行動を，協約を締結した労働組合に所属していない被用者に限定しなければならなかった。それゆえ，連邦労働裁判所は，それが団体の会員資格と係わるかを確認するために事件を州労働裁判所へ差し戻した。この資格は，ないことが分かったので，組合は，確かにブルダ事件で成功しなかった。しかし，幸いであった。連邦労働裁判所は，協約に反する使用者の行動の差止請求権を明らかにしたからである[(1)]。Rn. 17, 228, 756以下も見よ。

(1) これは，確かに不利な点である。というのは，これは，原則として協約を締結した組合に制限されるからで，その結果組合は，使用者が興味をもって知るであろう事業所の構成員のリストを提出しなければならない。第一部のブルダ裁判は，それが構成員リストの提出を執行官のところで始めて要求することにより秘密保持に配慮しようとしたが，第4部は，今や，リストが訴えと同時に添付されることを求めている。さもないと，このリストが確定されないからである（19.3.2003, WzA §253 ZPO 2002 Nr. 1, ）。反対するのは，*Dieterich* FS Wiedemann, 2002, S. 229（彼が共同執筆したブルダ裁判に効果を得させるために）。

　労働組合がこれを見せしめにしたければ，組合は，使用者のみに向かうのではなく，事業所組織法による行動を理由として事業所委員会の解散（23条1項）を申し立てることになる。事業所委員会は，80条1項によって協約の遵守を監督しなければならず，それゆえ協約に反する行動を支援すべきではないからである。しかし，会社ブルダが使用者団体の中にいなかったならば，協約に反する行動はなかった。

(8)　より高次の後の事業所協定の優位

430　中央事業所協定とコンツェルン事業所協定は，50条1項と58条の範囲内で同一のテーマに関する個別の協定に優先する。中央事業所委員会は，50条1項2文によって個々の事業所委員会の上位に置かれなければ，個々の事業所委員会に対して指図を行ってはならないのである。

431　同順位の事業所委員会の間では，優先原則ではなく，引継原則が適用になる

（Rn. 52 を見よ）。しかし，事業所の高齢者扶助の期待権保護（BAG 16. 7. 1996, EzA§1 BetrAVG AbLösung Nr. 13）。その他に，どの程度，以前のより有利な規定へ介入できるかという解釈問題がある。

(9) **事業所協定で開放されていないより有利な労働契約の優位**
　77条4項の文言に従って，事業所協定の直接かつ強行的効力は，労働契約を被用者の不利益にも変更することができよう。それは，有利性の原則が協約と労働契約との関係で明文をもって確立されている労働協約法4条3項とは異なる。連邦労働裁判所の大法廷は，この違いをなくし，1986年9月16日の決定（EzA§77 BetrVG Nr. 17）でもって有利性原則を事業所協定へ導入した。規範的効力は，こうして一方通行路となっている。それは，原則として労働契約による約束をかさ上げすることこそあれ，たとえそれが職場の確保に必要であるとしても，引き下げてはならない。事業所委員会は，常に「より以上、より以上、より以上」請求するのが当然であるが，従前の給付の必要な制限について共同の責任と構築を引き受けるべきではない。一見して，大法廷は，何がすでにその当時経済的に時代を覆っていたかに気がつかなかった。とにかく，大法廷は，適応するのに必要な二つのことを未解決にしたのである。
●集団的な社会給付では，**集団的な有利性**が重要である。事業所の社会給付のための，労働契約によるすべての約束事または事業所の慣行に基づく費用は，後の事業所協定によってすべて削減させることはできないが，異なる基準で（例えば，給付の観点をより多く考慮して）配分することはできる。まだ明らかにされていないのは，再配分が今まで与えられていた被用者の範囲内で常になされねばならないのか，あるいは給付のために必要な資金の獲得のために共に働いていたにもかかわらず，その給付から今まで除外されていた事業所，企業またはコンツェルンでの他の被用者も取り込めるかどうかである。明らかにされていないのは，（おそらくはうっかりした）総費用の減額が常に事業所協定の全体の有効性の問題になるかどうか，または再配分が許容される総量に縮小されるかどうかである。それについては，*Hanau* FS Kemper, 2005, S. 165.
●労働契約の規定が事業所協定を開放していれば，すなわちそれがより不利な事業所協定によって変更されることを明示もしくは推定的に認識させうる場合に，事業所協定は，従前の労働契約上の規定に広く不利益に介入することができる。それは，多くの労働法の定式契約が事業所の規定の引用を含んでいるのでまれではない。さらに，連邦労働裁判所は，労働契約の規定または事業所慣行が事業所委員会との協議によって成立したことで十分であるとしている。事業所委員会の関与が広く及んで，従前の規定が事業所協定として締結されたならば，何ら問題はない。というのは，後の事業所協定が被用者にとって有利であった場合にも，後の事業所協定は，古いものに替わりうるからである。その

185

D. 事業所内および企業内の共同決定

限りで，後法は，前法を廃止することになる（Rn. 52, 431 を見よ）。

⑽ **規定は，いかなる事業所または事業所の一部に適用されるか？**

433　場合によっては後に生じた事業所の一部，事業所および企業にもか？　それは，事業所協定（中央事業所協定，コンツェルン事業所協定）で規定できる。

⑾ **適用期間，解約告知期間，余後効**

434　事業所協定は，事業所組織法77条5項によって，より短いまたは長い期間が合意されていなければ，3ヵ月の期間でもって解約告知できる。解約告知に対する保護は，ここでは存在しない。使用者は，理由を示す必要はない。それによって明らかになるのは，事業所協定が労働関係を規定するための最もフレキシブルで使用者に都合のよい道具であることである。事業所協定は，特に協約外の給付をコントロールや代償なしに除くことができるものである(2)。労働協約法4条4項による労働協約とは異なり，期間が過ぎた事業所協定は，常に余後効を有さず，77条6項に従って共同決定の領域でのみもしくは余後効が合意されたときにのみ効力を有する(3)。

435　**事例：裏切られた有利な書面**　使用者Aでは，かなり前からクリスマス賞与として半月分の給与が支払われている。後の2004年6月に再度解約告知されることになる事業所協定は，2001年6月1ヵ月分の給与に増額している。被用者は，2004年のクリスマスで何を望むことができるか？　事業所協定は，実際解約告知後3ヵ月が過ぎたので，確かに1ヵ月の給与はまったく得られない。（被用者がそれ以前に辞めている場合に特別の合意に基づいて比例的に支払われている労働給付に関する事業所協定の場合は異なる（BAG 29. 10. 2002, EzA §77 BetrVG Nr. 72））。その場合には，このケースでは，事業所協定が有効であった期間について割合的に義務が生じる。疑問なのは，長く存在してきて，それゆえ拘束力があった古い事業上の慣行が再び復活するかどうかである。そうしないと，事業所協定が全く有利にならないという理由だけからも，それは，肯定されねばならないであろう（BAG 28. 3. 2000, EzA §77 BetrVG Ablösung Nr. 1）。

(2)　事業所の高齢者扶助に対するすでに獲得した期待権は，存続する。不断の判例であり，最近のものとしては，BAG 18. 9. 2001, EzA §1 BetrVG Ablösung Nr. 29.

(3)　合意された余後効およびそれがどのように調整委員会の決定によって終了するかは，BAG 28. 4. 1998, EzA §77 Nachwirkung Nr. 1.

436　**事業所協定は，どのようにして実現されるか？**

77条1項に基づく事業所協定の実行に対する事業所委員会の請求権で，調整委員会の決定手続きで主張できるもの，例えば事業所委員会で除外され

II. 使用者と事業所委員会との協働——事業所協定と事業所内合意

たコントロール措置や労働時間の変更不作為を求める請求権（BAG 29. 4. 2000, EzA §77 BetrVG 2001 Nr. 8 を見よ。フレックスタイム制の維持に関する），しかし個々の被用者への給付の申請ではなく，ましてやケルンのカーニバルのための事業所協定の中で規定された労働免除に関するものでもないこと（LAG Köln 17. 2. 2006, Ta 76/06. S. また Rz. 482）。

まだ解明が決着していないのは，77条1項からの事業所委員会の請求権と23条3項からの不作為請求権との関係である。連邦労働裁判所（BAG 29. 4. 2004 a.a.O.）は，77条1項の要件を独立したもの（すなわち23条3項のように重過失を必要とせずに）と考えているが，しかしその制裁を23条3項によって制限している。

事業所協定に由来する被用者の請求権を主張できるのは，判決手続きである。

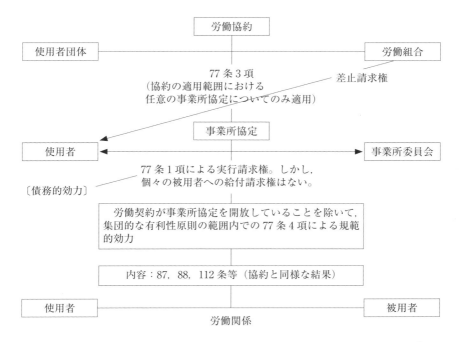

総括の概観：法体系の中での事業所協定

D. 事業所内および企業内の共同決定

3. 規定の取り決め

437　概念：労働関係への規範的効力がない使用者と事業所委員会との合意（*Adomeit* FS Hanau, 1997, S. 347 を見よ。その発見の歴史と現状について）

438　法的根拠：事業所協定に制限されない77条1項，事業所協定と関係する77条5，6項の類推適用。しかし2，3項ではない。77条3項による協約の遮断効は、規定の取り決めではなく，事業所協定だけに及ぶ！　その限定については，BAG 21.1.2003, EzA §77 BetrVG 2001 Nr. 3.

439　規範的効力を欠く可能性：
● 文書の形式が欠けているため，
● その規定が，個別労働関係へ及ぶことができず，または及ぶべきではないため。例えば産業立地の契約（ErfK §77 Rn. 33 を見よ。）
● 77条3項に矛盾するため。協約に拘束されない使用者が労働契約の中ですべての規定の取り決めの引用を事業所委員会と合意することによって77条3項の遮断効を回避することができるか否かという新たな問題がある。
● 87条の範囲に従って，使用者の措置に対する事業所委員会の同意が必要であり，または望まれるが，その措置の実施が被用者の同意にかかっているため。例：事業所委員会が事業所組織法87条1項3号による操短に同意しているが，単独の責任を引き受けたくなく，それゆえ使用者に被用者の同意を求めるように指示する。87条の範囲で，両サイドは，とにかく事業所協定の締結請求権を有している（BAG 8.8.1989, §87 BetrVG beriebliche Ordnung Nr. 13）。

第三者のための規定の取り決めは，表向き許されない（BAG 9.12.2002, EzA §77 BetrVG Nr. 61）。

4. 社会的事項における共同決定（87条1項1号〜13号による）

a）共同決定されるものは，

440　1号：秩序面での行動の規律や集団的承認　労使関係上での規律や承認ではない。

II. 使用者と事業所委員会との協働——事業所協定と事業所内合意

数多くの領域が必ずしも容易に確定されない結果，連邦労働裁判所は，バス運転手の名札の着用を秩序面での行動として（BAG11. 6. 2002, EzA §87 BetrVG Betriebliche Ordnung Nr. 28)，業務上の手紙にファーストネームの表示をすることを労使関係上の行動としている（BAG 8. 6. 1999, EzA a. a. . Nr. 25)。

2号：労働時間の態様（通常の時間の長さではない）　それは，交替制時間の数や交替者の割り当てにも係わるが，誰が割り当てられるかとは関係しない（BAG 28. 5. 2002, EzA §87 BetrVG Arbeitszeit Nr. 65)。

3号：労働時間の一時的な短縮と延長

4号：賃金支払いの種類，場所および時期　かつて重要だったのは，現物支給であり，今では労働時間口座についてである（BAG 15. 1. 2002, EzA §614 BGB Nr. 1)。

5号：研修休暇も含む、有給休暇時間の態様であり，長さではない（BAG 28. 5. 2002, EzA §87 BetrVG Bildungsurlaub Nr. 1)。

6号：技術的な監視設備であり、今日では特に自動化された個人情報システムである。

7号：特別規定の範囲での健康保護　それは，契約で定められた法律上の行為義務がない場合に生じる[(3)]。

8号：福利厚生施設の形，構成および管理（施設，閉鎖や資金提供ではない）

9号：住宅

10号：コストの公平な負担

賃金の構成

（賃金税のように）広い解釈　　　　　　　狭い解釈

協約を超えるか協約外の使用者の給付では，共同決定に係わらない四つの使用者—決断がある：

給付するか否か。すなわち，*導入と廃止*

どのくらいの額か。すなわち，資金の総額

何のために。すなわち，給付の主たる目的

誰のために。すなわち，優遇される人的範囲の抽象的限定

共同決定には，配分の基準がある。ある措置が，共同決定される領域

と共同決定されない領域とに該当するならば，それは，全体として共同決定される。例：使用者は，賃金継続支払法4条aによって賞与を日給の4分の1減額するために，異議を留保した賞与規則に異議を唱えている。事業所委員会が異議を呈した場合，有効か？ その措置は，共同決定に馴染まない賃金支払総額の限度額と，（疾病日の賃金減額の軽減）配分率，すなわち病気の被用者と健常被用者への給付の関係に当てはまる。それゆえ，その措置は，全体として共同決定の義務がある。87条1項冒頭における法律の留保は，障碍とならない。それゆえ，異議は，共同決定に反し無効である。

11号：出来高制

時給または出来高給で働くかどうかの決定は，10号の共同決定に従う。その出来高率の確定は，11号による。給付総額や個々の給付額に関しても，さらにそれ自体11号による。

プレミア賃金やそれに匹敵する仕事給：

被用者の給付が，これがどこで構成されているかにかかわらず，計算され，協約上の平均的賃金と比較され，報酬額が継続して被用者の給付と協約上の平均的賃金との関係に応じて算定される報酬形態である。それゆえ，歩合制ではない（BAG 26. 7. 1988, EzA §87 BetrVG Leistungslohn Nr. 16）。

12号：事業に係わる提案制度（費用とは無関係）

13号：グループ労働の実施 §28aも見よ。

(3) BAG 11. 6. 2002, EzA §256 ZPO Nr. 66；BAG 8. 6. 2004, EzA §87 BetrVG 2001 Gesundheitsschutz Nr1，危険な判断に関する（5条），被用者の指示の下における（12条）労働保護法の規定に関するもの。

b) 何によって共同決定は制限されたり，拡張されうるか：

aa) 制 限

441　完全に有効で（余後効だけではなく）使用者が拘束される法律規定および協約規定の優位

被用者と関係する個々のケースには，共同決定はない。Nr. 5, 8. 9の反対の帰結。

人または著しく価値ある物への危険を伴う非常事態で，その他の急を要するケースではない場合の共同決定の除外

要件事実を規律する事業所協定または規定の取り決めが有効である間の共同決定の除外(4)

労働争議にとって重要な共同決定の除外、例えば争議を条件とする超過勤務。しかし，事業所委員会の情報提供請求権は，除外されない（BAG 10. 12. 2001, EzA §80 BetrVG 2001 Nr. 1）。

(4) BAG 29. 1. 2002, EzA §76 BetrVG Nr. 70b, 事業所協定の有効性が争われている場合には，制限される。LAG Köln 9. 2005, LAGE §98 ArbGG 1979 Nr. 44a, それは，事業所協定を不安定にするため危険である。

bb) 連結規定や付属規定による拡張？

連結する行為が存在するのは，事業所委員会がそれ自体全く反対していない共同決定された処置に対する同意を，共同決定されていない事項での使用者の譲歩に結びつける場合である。この場合には，その同意は，なされたものとみなされる（BAG 10. 2. 1988, EzA §87 BetrVG Beriebliche Lohngestaltung Nr. 18）：事業所委員会が87条1項10号に従って分配基準の共同決定による変更には賛成していた使用者の給付の削減で，共同決定に馴染まない削減に異議を述べていたときにである。問題は，これが，個々の共同決定の要件に結びつけられる付属規定にも当てはまるかどうか，それとも共同決定は，それにも拡張されるかどうかである。付属規定の取込みは，今まで振込手数料についての87条4号の範囲内だけで承認されてきた。BAG 10. 8. 1993, EzA §87 BetrVG Lohn und Arbeitsentgelt Nr. 16.

c) いかに共同決定は実施されるか？

両当事者の提案権や拒否権の導入

提案権の制限は，共同決定権の要件から明らかである。例えば，監視処置の導入について事業所委員会の提案権はないが（BAG 28. 11. 1989, EzA §87 BetrVG Kontrolleinrichtung Nr. 18），操業短縮または超過勤務の導入についての提案権はある（BAG 4. 3. 1986, EzA §87 BetrVG Arbeitszzeit Nr. 17）。争われているのは，業績給の導入について提案権があるかどうかであり，肯定し

ているのは，LAG Niedersachsen 30. 11. 1995, LAGE §87 BetrVG Initiativrecht Nr. 4（批判する *Rüthers* の評釈付き。やはりそれに反対するのは，ErfK §87 Rn. 100）。

一致がない場合の 76 条 1 項から 5 項までの調整委員会の成立。それについて合意がない場合でも，労働裁判所法 98 条による調整委員会開催の申請。申請および裁定は，3 種類になっている。一定の係争問題についての調整委員会の設置，委員数の確定（通常 2 名），委員長の指名。

76 条 5 号による調整委員会の裁定。共同決定権があるにもかかわらず，手続きまたは内容の瑕疵を理由として決定が破棄された場合，その手続きが同一の調整委員会で継続されるかどうかには争いがある（ErfK §76 Rn. 22）。委員長の予断には，民事訴訟法 1037 条が準用される。それに対しては，連邦労働裁判所元裁判長が反対している（*Leinemann* FS Schwerdtner, 2004, S. 330 で，これについての裁判例は，その手続きを妨害し，阻止するために両当事者からよく利用されているとしている）。

d）共同決定は，法律に反する使用者の行動に対してどのように実施されるべきか：

aa） 被用者により，有効性前提理論に基づき

444　共同決定に反し，被用者に不利益となる処置または合意は，無効である。それは，法律にはないが，共同決定の概念と目的から明らかである。それは，BAG 21. 1. 2003, EzA §3 BetrAVG Nr. 9 によって，さらに事業所委員会の同意がなかったならば，1981 年の扶養規則の改悪がやはり現在でもなお無効とみなされるという結果を導く。さらに，その理論は，請求権の根拠を補うべきものとなる：経営組織法 87 条 1 項 10 号による事業所委員会の共同決定権の侵害は，事業所で適用されている報酬規則の変更がある場合に，その報酬規則が変更前にあった構造でもって継続して適用されるべきであるという結果をもたらす。それは，新規採用の場合もより高額の報酬が契約によって合意されたものとして生じることになる[5]。

87 条 1 項 10 号によって共同決定された変更解約告知は，共同決定手続きの終了まで不確定無効となる[6]。それは，変更の撤回や評価について準用されねばならない。

II. 使用者と事業所委員会との協働——事業所協定と事業所内合意

(5) BAG 11. 6. 2002, EzA §87 BetrVG betriebliche Lohngestaltung Nr. 76 ; 2. 3. 2004, EzA §87 BetrVG betriebliche Lohngestaltung Nr. 4。批判しているのは，*Reichold* FS Konzen, 2006, S. 763。擁護するのは，*Wolter* RdA 2006, 137。連邦労働裁判所は，協約の期間満了後協約を下回る労働条件が事業所委員会の協働なしに合意しようとする法的アドバイスをせめてもの慰みに与えている。それは，協約の賃金を一定のパーセント減額してもよいが，共同決定が係わる配分基準を変更してはならない。同様に協約を越える給付を協約賃金の増額へ加算する場合については，BAG 13. 6. 2005, EzA §4 TVG Tariflohnerhöhungen Nr. 47.

(6) BAG 17. 6. 1998, EzA §2 KSchG Nr. 30. 賃金における分配率の変更のための変更解約告知に関するもの。

bb) 事業所委員会からの差止請求によって

連邦労働裁判所のある有名な裁判によると[7]，23条3項（それについて，Rn. 421を見よ）は，共同決定に反する使用者の行動で，労働裁判所法85条によって仮の権利保護の方法でも主張できる，共同決定に反する行動に対しての2条と関連する87条に基づく一般の不作為請求権で補充するにはあまりに弱いので，適用されない。それは，単なる諮問権には転用されない（LAG Nürunberg 4. 2. 2003 zu §90 BetrVG, LAGE §87 BetrVG Gesundheitsschutz Nr. 1）。事例：共同決定のケースにはならない包括的提案は，判例によって縮減されずに，請求棄却される。個人的および経済的事項における不作為請求権については，Rn. 456, 481.

445

(7) BAG 3. 5. 1994, EzA BetrVG 1972 §23 Nr. 36. 77条1項の請求権（Rn. 436）の場合と同様に，23条3項との関係は，未だ完全に明らかにされていない。77条1項について新た出された裁判に準じて，共同決定に反する行動の差止め請求権も重大な違反を前提としないが，23条3項の制裁を伴ってのみ実行されることを基点としなければならない。いずれにせよ，労働組合にとっては，23条3項の請求権だけが残るのである。

共同決定に反する行動がすでに生じていたならば，差止請求権は，排除請求権へと変わる（BAG 16. 6. 1998, EzA §87 BetrVG Arbeitssicherung Nr. 3. 特に，証拠使用の禁止についても BAG 27. 3. 2003, EzA §611 BGB 2000 Persönlichkeitsrecht Nr. 1）。

446

D. 事業所内および企業内の共同決定

事業所協定と事業所組織法 87 条に関するケース

447　（1）　被用者 A は，64歳で，次の誕生日の到来を楽しみにしている。というのは，その後も引き続き働き，同時に 65 歳以後労働収入が差し引かれることなく（社会法典 7 編 34 条）老齢年金を受給するつもりだからである。彼は，この喜ばしい期待を使用者にも伝えたが，使用者は，全く喜ばず，同じく喜ばなかった事業所委員会との間で直ちに定年を 65 歳と定める事業所協定を結んだ。有効か？

448　事業所協定の有効性が上記（Rn. 423ff.）の検討シェーマによって吟味されるならば，明らかに事業所委員会の管轄に対する疑問はない。文書の形式が守られているかということから始めることができる。さらに，事業所協定によって規律できる事項でなければならない。それは，すべて事業所協定によって規律できる事項であり，労働協約法 1 条によって労働関係の終了に関する規範もそれに含まれる。事業所協定が年金受給者には適用にならないということは，それに反しない。というのは，A はなお被用者であり，年金受給者になるだけだからである。例えばここでは 12 条のような基本権の優位すらも，事業所協定はこれに拘束されないので，考慮されない。それに対して，強行法規，すなわち労働関係の期間を設けることが正当な理由のみから許されるとするパートタイム労働・有期労働関係法の優位は関連する。定年は，連邦労働裁判所によって期間の設定とみなされ，しかも新たな裁判によって（BAG 19. 11. 2003, EzA §620 BGB 2002 Altersgrenze Nr. 4），定年者にとって通常法定の年金保険開始時に正当理由がある場合にのみ許される（Rn. 897）。結局有利な労働契約の優先が，検討されねばならない。A の労働契約が 66 歳定年制を定めていたとすれば，労働契約が事業所協定を開放していない場合には，事業所協定は，実際に不利であり，無効であろう。しかし，それは触れられていない。もっとも，労働関係は，事業所協定なしには 65 歳で終了することはないであろう。というのは，法定の定年制はないからである（「しかも，死亡しなければ，なお今も働いている」）。しかし，それは，有利性の原理の適用にとって十分ではない。この原理は，ある規定と規定されていないものとの間ではなくて，2 つの規定相互間の関係でのみ適用になるからである。

II. 使用者と事業所委員会との協働——事業所協定と事業所内合意

(2) 事業所協定は，操業短縮を導入し，労働時間や労働報酬を6ヵ月間半分に削減している。被用者は，そのまま認めねばならないのであろうか？その通りである。操業短縮は，事業所協定によって規定できるテーマである（内容規範）。労働協約や労働契約における通常の労働時間の確定は，これが非常時の操業短縮というケースについての規定ではないので，有利なものとして障害にはならない。

449

(3) ある事業所協定が，2005年に各第2土曜日に特別なシフトを導入すると規定している。使用者は，補足的な特別シフトを12月に導入したいと思っている。事業所委員会は，それに対して何ができるか質問している。事業所委員会は，決定手続きでその差止めを申し立てることができる。使用者は，77条1項から2つの特別シフトを定める事業所協定を実施する義務を負うからである。急いでいる使用者は，それでも11月に被用者に対する特別シフトへの同意を求めれば，事業所委員会は，労働裁判所法85条によって差止めの仮処分を得ることができる。どの仮処分にもある二つの基本的要件である仮処分の請求権と理由は，前者については事業所組織法77条1項からまた後者は使用者の性急さから生じている。

450

それでもなお，使用者は，11月に調整委員会の助けをかりて事業所協定の変更を達成できるか質問している。事業所組織法87条1項，76条に従って，使用者は，それが87条1項により共同決定される案件であれば，調整委員会の結成を求めることができる。ここで考慮されるのは，特別シフトでは一時的な超過勤務に係わるので87条1項3号である。しかし，使用者は，翌年になってはじめて調整委員会の結成を行うことができる。2005年の共同決定は，すでに行使されたからである（Rn. 441を見よ）。事業所組織法77条5項による事業所協定の解約告知は，通常の有期の事業所協定の解約が有期の労働契約と同様（パートタイム労働・有期労働関係法15条3項），これが特別に合意されているときにのみ許されるから，排除される。

使用者は，不平を言いつつ2005年の過ぎるのを待ち，結局2006年1月になって特別シフトを定めることになる。事業所委員会は，まだそれを阻止できるか質問している。差止請求権は，再び77条1項から生じるであろう。

D. 事業所内および企業内の共同決定

それが前提としているのは、事業所協定が2005年の特別シフトのみを規定しているにもかかわらず、なおその事業所協定が2006年でも効力をもつことであろう。そのような余後効は、超過勤務の指示については共同決定される案件に係わるので、77条6号から生じうるであろう。2005年への事業所協定の期間設定は、しかし余後効が排除されていることを意味しているのであろう。

差止請求権は、しかし事業所組織法2条と関連する87条から生じる。1994年5月3日の連邦労働裁判所の裁判（Rn. 445）は、使用者の共同決定に反する行動に対して差止請求権を承認した。2006年の特別シフトの指示は、事業所委員会の同意がなければ、87条1項3号によって共同決定違反である。しかし、使用者は、今度はその特別シフトを獲得するために調整委員会の結成を求めることができる。調整委員会がそれに応じて決定すれば、被用者は、特別シフトを行わねばならない。調整委員会の決定は、87条2項によって使用者と事業所委員会との間の合意に代わり、それゆえ通常事業所協定のように効力を有するからである。

5. 人事案件における共同決定

a) 採　用

451　人事上の個々の措置における共同決定（採用のほかに、格付け、格付け変更、配転、99条）は、社会的案件の場合と全く違って整備されている。事業所委員会は狭義での共同決定権をもたない。そうではなくて、任意に行使できず、特定の根拠に拘束された**異議申立権**を有する。事業所委員会がその同意を拒めば、使用者は、その同意に代わる申立てを行うことができる（そして、原則としてせねばならない）。裁判所は、その異議の根拠が存在するかどうか再審査しなければならない。事業所委員会の異議申立権は、通常20人以上の選挙権ある被用者を擁する企業でのみ成り立つ。99条1項（共同事業所については、Rn. 360）。使用者は採用を行おうとすることを、すべての応募者の応募書類と一緒に通知しなければならないが、ただし予定される賃金高（BAG 3. 10. 1988, EzA §99 BetrVG Nr. 77）、またこれ以外の労働契約の内容（BAG 18. 10. 1988, a.a.O. Nr. 69）は含まれない。事業所委員会は、面接に参加する権利をもたないが、しかし連邦労働裁判所の裁判は、直接それに参加さ

II. 使用者と事業所委員会との協働——事業所協定と事業所内合意

せている。BAG 28. 6. 2005, EzA §99 BetrVG 2001 Nr. 8：複数の志願者の1人の選考決定は，その前に行われた面接に決定的にかかっているので，使用者は，事業所委員会に対してその決定にとって意味のある面接内容を知らせることが，事業所組織法99条1項1号による参加者の人柄に関する情報に含まれる。

連邦労働裁判所は，採用の概念が最初の労働契約の締結の中にあるはずだとする文言の意味を拡張している。連邦労働裁判所は，採用を最初のまたは反復された組み込みに替えている。それでもって，派遣被用者[8]の就業は，名誉職の労働力と同じように取り込まれている（BAG 12. 11. 2002, EzA §99 BetrVG 2001 Nr. 2）。有期労働関係の延長や定年後の継続就業も，採用ととらえられ（BAG 7. 8. 1990, EzA §99 BetrVG Nr. 91），さらにすでに就業している被用者の契約による労働時間の延長すら，その職場が前もって通知されていたならば採用ととらえられている（BAG 25. 1. 2005, EzA §99 BetrVG 2001 Einstellung Nr. 3）。従って，採用の概念は，識別不能なところまで及んでいる。 452

1週間という**異議提出期間**は，法律による通知と共に開始する。通知を怠れば，同意したものとみなされる（99条3項）。異議の理由：99条2項。事例は，Rn. 456ff。その理由は，文書による（ファックスやEメールで十分）拒絶の意思表示で提示され，具体的な申立てによって確証されねばならない（しかし，決定的である必要はない）。その拒絶は，採用と結びついた労働条件が規範的な準則を侵害して始めて99条2項1号により正当化されるものではない。むしろ必要なのは，侵害された規範の目的が，採用が全体で行われない，すなわち採用そのものが行われねばならないことによってのみ達成されうることである。事業所委員会は，80条1項1号によって協約以下の条件での採用を責めることはできるが，99条によって阻止することはできない。賃金に関する協約規定は，採用そのものを対象とするものではないからである（BAG 28. 3. 2000, EzA §99 BetrVG Einstellung Nr. 6）。 453

1週間の期間後の理由の重なる追加はない（BAG 18. 9. 2002, EzA §99 Be- 454

D. 事業所内および企業内の共同決定

trVG Nr. 140)。99条2項の理由によってカバーされない事業所委員会の異議は，使用者に人的措置を講じることを許すことはなく，使用者は，99条4項によって労働裁判所による事業所委員会の同意に代わる法的確定力のある代替をまず第一に待たねばならない。それまでは，**暫定的な採用**は可能であるが，困難な正当かつ形式的な前提の下で可能である（100条，101条）。これが守られなければ，労働裁判所は，事業所委員会の申立てによりその措置を止めるように義務づけることができる（強制罰を科すことはできる）。有効性の理論（上記Rn. 444）は，それが被用者に不利益である共同決定に反する措置のみに該当するので，当てはまらない。

455　同意の拒否が**明らかに無効**であれば，使用者は，それを無視することができるが，99条4項、100条で開示されている手続きを踏まねばならない（BAG 26. 1. 1988, EzA §99 BetrVG Nr. 58）。

456　**事例1**：外部者のAと事業所に属するBは，運送ポストに志願している。使用者はAに決定する。事業所委員会は，Bのほうが適任であり，Aの採用により99条の2項4号所定の不当な不利益を被るとして異議を申し立てる。それに対して，BAG 18. 9. 2002, EzA §99 BetrVG Nr. 140：条文の意味する不利益は，利益を単に逃してしまうことではない。事業所委員会は，運送や同時に事業所の人事政策の核心への広範囲な影響を95条1項2号の選抜基準によって達成することができる。99条2項2号のかかる基準に反する人事政策のいかなる違反も，事業所委員会の異議申立権を根拠づけるからである。

事例2：使用者は，事業所委員会に断ることなく常備の被用者を採用する。事業所委員会は，その参加なしに採用を行わないよう使用者を義務づける仮処分が得られるかどうか質問している。そのような申立ての根拠は，101条であろう。しかし，この規定は，特定の人事措置の実施を前提としており，将来の処置に向けられた差止請求権を理由づけるものではない。さらに，その規定は，法的確定力のある裁判所の裁判を前提としているため，仮処分の認容では疑わしいし，若干の審級裁判所によって，「極端な」ケースでのみ

II. 使用者と事業所委員会との協働——事業所協定と事業所内合意

認められているだけである（LAG Frankfurt 15. 12. 1987, NZA 1988, 232；LAG Niedersachsen 25. 7. 1995 NZA-RR 1996, 217, DKK §101 Rn. 26 のさらなる証明）。従って，100条，101条の特別規定の他に，共同決定に反する将来の行動の不作為を求める権利を肯定できるかどうかという問題が生じる。連邦労働裁判所は，社会的案件でかかる請求権を肯定している（上記 Rn. 445）。99条による共同決定については，明らかではない[9]。事業所組織法23条3項（Rn. 420を見よ）を超える差止請求権に対して今日障害となるのは，一般平等取扱法が不利益取扱い禁止違反の場合に事業所委員会に対して23条3項だけに制限しているということである（Rn. 420）。これは，99条で重点的に同じく違法な使用者の行動に対する事業所委員会の法的救助が問題になる限りで，99条にとっても意味がある。まとめていうと，事業所組織法100条，101条，23条3項，一般平等取扱法17条2項の特別規定は，事業所組織法99条のケースで同法23条3項を超える予防的な差止請求権を認めないことを表している。

(9) BAG 6. 12. 1994, EzA §23 BetrVG Nr. 37. 肯定するのは，LAG Köln 13. 8. 2002 NZA-RR 2003, 249. 否定するのは，ErfK §101 Rn. 9. BAG 26. 7. 2005, EzA §95 BetrVG 2001 Nr. 1は，その問題をさらに未解決にしている。それを95条で肯定するが，特定の人事の個別の措置での共同決定と関連してまたは経済的案件で場合によって否定することと矛盾はないとする。

事例3：企業Aは，既に以前一度自分のところで働いていた学生Sを，勉学の継続が見込まれるために1年間の有期パートタイムで，採用している。Sは，より長い契約を望んでいたであろうが，Aは，まず最初に勉学の終了を待つべきだと考えている。事業所委員会は，その期間の定めが許されないと考え，採用に異議を提起している。使用者は，そこで何ができるか質問している。その異議の根拠としては，99条2項1号が考えられる。その労働契約の期間の設定は，パートタイム労働・有期労働関係法14条に違反するであろう。しかし，それは，未確定のままでありうるし，またそうでなければならない（下記 Rn. 940ff を見よ）。なぜならば，期間を定めるという態様に反するだけではなく，採用そのものに反する法律が考えられるからである。それは，判例（上記 Rn. 453）が長きにわたってそれを明らかにしてきたので，

b）解約告知

457　ここにあるのは，102条によって——被用者の数とは関係なく——**聴取権と異議申立権**との組合せである。使用者が事情聴取の義務を怠った場合，解約告知は**無効**である（102条1項）。以上は，2004年以来解約告知制限法4条による3週間の範囲内で主張されねばならない。事業所委員会の考慮期間：3週間。特別な解約告知では3日。**注意すべき事例**：どのような新しい解約告知の前でも，たとえその解約告知が同一の事実関係により，ただ形式的な理由から繰り返されている場合でも，事業所委員会もしくは職員団体の改めての聴取が必要である（BAG 10. 11. 2005, EzA §623 BGB Nr. 11）。

458　期間終了前の解約告知は，事業所委員会が完了したと表明している場合を除いて無効である。合法な聴取後の解約告知とその期間の経過は，たとえ事業所委員会が異議を申し立てていたとしても有効である。事業所委員会の異議は，被用者にとっては，102条5項の**就業義務**が係属する手続きの間存続するという利益のみを有する。詳しくは，解約告知制限法：下記 Rn. 957ff.

459　それでも，聴取義務は，過小評価されるべきではない。有効な聴取とそれを伴う有効な解約告知に対する要求は，判例によって高く評価されてきたからである（批判するのは，*Isenhardt* FS 50 Jahre BAG, 2004, S. 943）。確かに，判例は，調整手続きが**主観的に決定され**，すなわち使用者が事業所委員会に解約告知について自分の目からとらえた諸事情を伝えねばならないということを始点としている（BAG 21. 9. 2000, EzA §1 Betriebsbedingte Kündigung Nr. 107；27. 9. 2001 EzA §2 KSchG Nr. 44）。しかし，それは，一貫して徹底されていない。**個人特に疾病を原因とする解約告知**において，使用者は，解約告知を理由づけるですべての諸事情を証明しなければならない。それに含まれるのは，疾病を条件とする解約告知では，個々の欠勤期間および事業上（Vgl. BAG 8. 9. 1988, EzA §102 BetrVG 1972 Nr. 73）もしくは経済的な諸利益

Ⅱ. 使用者と事業所委員会との協働——事業所協定と事業所内合意

の著しい侵害（例えば賃金継続支払いの費用）といった事実である（Vgl. BAG 7. 11. 2002, EzA §1 KSchG Krankheit Nr. 50）。被用者の**行動に原因がある解約告知**では，使用者は，解約告知事由のみならず，利益衡量の範囲内で重要な諸事情も通知しなければならない。それに属するのは，先行する警告の有無やこれに対する被用者の反応（BAG 31. 8. 1989, EzA §102 BetrVG 1972 Nr. 75），加えて被用者の負担を軽減するその他の事実である（BAG 6. 2. 1997, EzA §102 BetrVG 1972 Nr. 100）。それに数えられのは，少なくとも年齢，勤務年数および特別な解約告知保護である（BAG 10. 11. 2005, EzA §623 BGB 2002 Nr. 11）。

使用者が，解約告知を罪に問えるないし契約に反する被用者の行動を疑って行おうとすれば（いわゆる嫌疑による解雇），これを聴取手続きで明らかにしなければならない。というのは，かかる嫌疑は，被用者がその責を問える行為ないし契約違反の行動を実際に犯したという非難とは別に，その非難事実に含まれない独自の解約告知事由になるからである（BAG 29. 1. 1997, EzA §611 BGB Aufhebungsvertrag；BAG 20. 8. 1997, EzA §626 BBG Verdacht strafbarer Handlung Nr. 7）。法律家は，好んで洞察力の鋭い区別を行うが，普通の使用者は，全くそれを理解しようとはしない。 460

さらに使用者は，解約告知が**事業に原因**があることを引き出せる事実を伝えなければならない。使用者の目からみて，解約告知する被用者のために他の職場で継続を就業させる可能性がなければ（解約告知制限法1条2項，1条b と 2条b），使用者の聴取義務には，事業所組織法102条に従って通常は継続就業の可能性がないことを指摘するだけで十分である（BAG 17. 2. 2000, EzA §102 BetrVG 1972 Nr. 103）。ただし，使用者に対して，すでに解約告知の前段階で可能な継続就業のための職場があげられていたならば，なぜ継続就業がそこではできないのかという通知が必要である（BAG 11. 10. 1989, EzA §1 KSchG Betriebsbedingte Kündigung Nr. 64）。 461

その他に，使用者は，自らすなわち事業所委員会の対応する要求なしに，解約告知制限法1条3項による社会的選択の範囲内で解約告知をする被用者 462

の選択に至った理由を伝えねばならない（BAG 2. 3. 1989, EzA §626 BGB n. F. Nr. 118；22. 1. 1998, EzA §613a BGB Nr. 161）。ただし，使用者は，彼が実際に行った選択における検討のみを伝えねばならない（BAG 22. 1. 1998, EzA §174 HGB Nr. 13；BAG 22. 1. 1998, a.a.O.）。通常これに含まれるのは，解約告知の候補者の社会的データばかりでなく，社会的選択に含められている被用者の社会的データや被用者が社会的選択で優先された観点である（BAG 20. 5. 1999, EzA §102 BetrVG Nr. 102）。使用者が社会的選択の際によく用いるのは，勤務年数，年齢や扶養義務といった社会的基準を，一定の，後付け可能な関係へ持ち込むためのシェーマの項目である。2005 年 7 月 26 日の連邦労働裁判所の決定（EzA §95 BetrVG 2001 Nr. 1）は，その中にたとえ使用者がそのシェーマを具体的に間近な解約告知のみに適用しようとするときでも，事業所組織法 95 条 1 項の意味する共同決定義務のある選択要項を認めている（Rn. 456 を見よ）。それは，事業所組織法 102 条 1 項が事業所委員会に解約告知に関する聴取権と解約告知の基礎にある社会的選択の聴取権のみを与えたこと，および瑕疵のある社会的選択を理由とする広範囲の共同決定を事業所組織法 102 条 5 項の要件の下でのみ規定していることと整合させるのが難しい。

463　使用者の考えに従って，社会的選択が何ら行われなければ，使用者は，事業所委員会に選択の観点を伝える必要はない（BAG 24. 2. 2000, EzA §102 BetrVG 1972 Nr. 104；21. 9. 2000, EzA §1 KschG Betriebsbedingte Kündigung Nr. 107；13. 5. 2004, EzA §102 BetrVG 2001 Nr. 7）。解約告知は，使用者の主観的な考慮に瑕疵があり，すなわち客観的な考察で社会的選択が行われねばならないときであろうとも，事業所組織法 102 条 1 項によって無効とはならない（BAG 16. 1. 1987, EzA §1 KSchG Betriebsbedingte Kündigung Nr. 48；BAG 21. 9. 2000, a.a.O.）。

464　**変更解約告知**では，使用者は，事業所委員会に対して変更の申出でと労働条件の意図した変更の理由を解約告知制限法 2 条 1 文によって通知しなければならない（BAG 27. 9. 2001, EzA §2 KSchG Nr. 44）。同時に，使用者は，解消的解約告知を留保し，加えて新たな聴取を省こうとするときには，被用者

が変更の申出を断った場合に使用者が解消的解約告知を意図していることを明らかにしなければならない（BAG 30. 11. 1989, EzA §102 BetrVG 1972 Nr. 77）。

解約告知事由の追加反復については下記 Rn. 1022, **大量解雇における事業所委員会または職員団体の協議**については下記 Rn. 917a. 465

c）配置転換

95 条 3 項での**法律による定義**。該当する被用者の了解は，共同決定を何ら変えるものではない。ただし，被用者がその配転を望んでいた場合だけは異なる（BAG 20. 9. 1990, EzA §99 BetrVG Nr. 95）。他方で，事業所委員会の同意は，万一の場合個人法的に必要な被用者の承諾に代えることはできない（LAG Düsseldorf, DB 1978, 2494）。 466

共同決定に反する使用者の行動の**法的効果**：使用者と被用者の関係においては，ここでも有効要件の理論が適用になる。もちろん共同決定に反する配転は無効ではなく，共同決定手続きの終結まで不確定無効である[10]。100 条の要件の下では，配転は，不確定的に有効である。事業所委員会の—制約された—差止請求権については，Rn. 456 Nr. 2. 467

(10) BAG 17. 6. 1998, EzA §2 KSchG Nr. 3, 変更解約告知に関して。それは，共同決定の終了前に解約告知を表明することを使用者に可能にする。

事例：A は，ベルリンから使用者がより必要とするミュンヘンへ配転されることになっている。A と事業所委員会は，A がベルリン人としてミュンヘンでは快適に感じないし，彼の就学義務のある子供たちが難しいバイエルンの学校では一学年を失うことになるというので，異議を唱えている。ミュンヘンの事業所委員会も，ベルリン人をミュンヘンへ連れてくるよりもバイエルン人を採用するほうが好ましいとして同様に異議を呈している。 468

配転に対する疑念は，労働契約や共同決定権から生じうる。労働契約は，労働義務が従前の就労場所とのみ関係するというように普通は解釈されうる。 469

確かに指揮命令権は，労働契約によって拡張されうる（下記 Rn. 653）。それが A に当てはまらなければ，その配転は，変更解約告知を前提とするであろう（下記 Rn. 1026ff.）。

470　配転の有効性には，両事業所委員会の異議が障害になろう。それは，まず最初に 99 条から明らかな共同決定の要件事実を前提条件として必要とする。ベルリンの事業所委員会からみれば，A には 95 条 3 項の意味で異なる労働分野があてがわれるべきなので，配転が問題になる。その労働分野が他の事業所にあるということは，何ら意味をなさない（BAG 19. 2. 1991, EzA §95 BetrVG Nr. 23）。それゆえ検討されるべきは，99 条 2 項に規定されている異議の事由の一つが存在するかどうかである。考慮されるのは，99 条 2 項 4 号である。子供たちの学校時代の延長は，父親にとっては不利益とみられるかも知れない。もっとも，彼らの学校教育は結局より良くなるであろうから，わずかな不利益である。A は，ベルリンにいるよりもミュンヘンではより必要とされるので，事業上の事由は，この不利益を課すことを正当化するというべきである。出身地を変えるという，農夫が持つような憤懣は，取るに足らない。学校問題ゆえに事業所委員会の異議を明らかに無効だと考えることができないとすれば，使用者は，配転が 100 条によって暫定的に実施されるほど急を要しないならば，その結果 99 条 4 項の道を歩まねばならないことになる。

471　A がミュンヘンの事業所へ組み込まれるので，その事業所にとっては採用が関係する。それゆえ，そこの事業所委員会の異議も事業所組織法 99 条によって正当化されるかも知れない。しかし，99 条 2 項の異議事由が認められない結果，この異議は，明らかに理由づけられないし，無視できる。ミュンヘンの事業所委員会は，さらによそ者に対して敵意のある行動は，それとの戦いが 80 条 1 項 7 号，99 条 2 項 6 号によってその事業所委員会の課題に含まれるので，非難されねばならない。

d) 格付けと格付けの変更

472　**概念**：成績と関連する報酬システムではなく，職場と関連する報酬グルー

プへの最初または後の格付け（BAG 6. 8. 2002, EzA §99 BetrVG Umgruppierung Nr. 2）。

共同決定に反する使用者の行動の**法的効果**：必要な事業所委員会の参加がないことは，使用者と被用者との関係にとって重要ではない。有効性要件の理論は，ここでは適用にならない。格付けや格付け変更の有効性にとっては，客観的な法的状態だけが重要だからである。事業所委員会も，例えば101条によってその参加なしになされた格付けや格付け変更の差止めを求めることはできない。事業所委員会は，ただ使用者が99条4項によってその同意に代わる決定の申立てを行うことを裁判所によってのみ（決定手続きで）実行することができる。従って，ここでは訴えられることを求める訴えが関係する（決定手続きにおいて訴えではなく申立てと呼ばれることは別にしてである）。

e）管理職職員

管理職の人事案件では（5条3項），事業所委員会の協働はない。通知義務があるだけである（事業所組織法105条）。そのすきまに入ってくるのは，代表委員会法31条によって，管理職職員の計画された採用もしくは人事の変更が通知されるべき管理職職員の代表委員会である。それは，異議申立権をもたない。代表委員会法31条2項によれば，代表委員会は，管理職職員のそれぞれの解約告知の前に，事業所委員会が他の被用者の解約告知前にそうであるように参加することができる。代表委員会への聴取なしに宣告された解約告知は，無効である。たまたま今まで管理職として格付けられていた職員が，解約告知後に解約告知制限法5条3項の意味でまったく指導的ではなかったことを「知り」，事業所委員会ではなく，代表委員会が聴取されたので，その解約告知に反論している。それは，期待できない。というのは，被用者が最初は指導的な地位に立っていたので，まさに矛盾した行動であったということを除いて，以前の合意による格付けではなく，客観的な法的状態が重要だからである。注意深い使用者は，それゆえその格付けが疑わしいならば，事業所委員会と代表委員会へ聴取することになる。

事例：今まで管理職職員とみられていたAは，解約告知の到達後4週間して始めて，自分がおそらく管理職として十分ではなく，それゆえ，解約告

D. 事業所内および企業内の共同決定

知がことによると事業所委員会への聴取がないために無効ではないかと気づいた。彼は，何をすることができるか？ 3週間の出訴期間が経過したので何もできない。解約告知制限法5条による再度の取り組みは考えられない（それについては，Rz. 909）。

f) 事業所を攪乱する被用者の排除

475　例外的に，使用者の意思に反する被用者を解雇または配転することを実施するために，事業所委員会もイニシアチブを持つことができる（104条）。要件は，法律に違反するかまたは侮辱的な，繰り返された重大な妨害行動である。104条による結果：最高1日250ユーロの強制金。その規定は，あまり意味がない。それは，独立した解約告知事由とはならないからである。

476　**人事に関する個別の処置（解約告知を除く）における共同決定概観**

対象	概念	実施	事業所委員会の権利 共同決定に反する使用者の行動に対して	被用者の権利
採用	事業所への最初または更新された組み込み（労働関係がない場合も）	使用者は，適時に事業所委員会へ知らせ，同意を求めねばならない。事業所委員会は，99条2項の事由からのみ1週間以内に文書で（ファックスやE-mailでも）同意を拒絶することができる。使用者は，その場合拒絶が明らかに理由づけられなかった場合を除いて99条4項によって措置しなければならない。使用者は，同意に代わる決定が法的に確定する前に100条のケー	阻止：100条，101条による申立て。仮の権利保護は？予防：23条3項。仮の権利保護は？仮の権利保護をもった一般的な差止請求権は？	共同決定に反する労働契約は有効。実行は，事業所委員会が有効に異議を唱えている場合，法的に不可能となる。

		スでのみ行為すべきである。		
格付けと格付け変更	プレミアまたは賞与のシステムではなく，報酬グループへの最初のまたは後の格付け	採用を見よ。	使用者敗訴を求める申立て，99条4項による申立てを行う。	共同決定に反するので，処置は無効ではない。
配置転換	他の労働分野への（他の事業所へも）配置換え。95条3項。	採用を見よ。	採用を見よ。	共同決定に反する配転は，共同決定手続きの完了までは不確定無効である。

6. 経済的共同決定

経済委員会は，100名を越える被用者を有する企業でのみ存在する（106〜110条）。それは，決定機関ではなく，諸情報を受け取り，議論する委員会である。では，何について？ 参照106条3項。管理職職員も経済委員会の一員となりうる。最も速く価値のある情報をもっているからである。連邦労働裁判所によれば，労働組合の代表者も招くことができるが，それは個々の会議ごとであって，一般的ではない（25. 6. 1987, EzA §108 BetrVG 1972 Nr. 7）。　477

より重要な点は，事業所組織法111〜113条で，まさに純粋な共同決定権があることである。**事業所の変更**に際して，これが従業員に本質的な不利益をもたらしうる場合（事業の閉鎖と縮小，移動または分割，他の事業所との合同，組織や生産方法，経営目標の変更），常時20人を越える被用者を有する企業の事業所委員会では**共同決定**を要する。　478

文献：*Willemsen/Hohenstatt/Schweibert* Unterstrukturierung und Übertragung von Unternehmen, 2. Auf. 2003；Kommentar zum BetrVG（Rn. 342を見よ。）　479

D. 事業所内および企業内の共同決定

480　使用者は，まず一度は，広範囲な報告・交渉義務を負う（事業所組織法111条）。121条で刑事制裁（1万ユーロ以下の過料）を伴う。さらに，それは，事業所委員会と利害関係の調整を行い，社会計画を得るよう使用者に義務づけている。利害関係の調整は，事業所の変更に直接関係し（いつ，いかなる時期，いかなる範囲か，場合によっては連続的なものもある），社会計画は，被用者に対し生ずる経済的不利益の調整または緩和（補償金，資産条項，配転に際しての移転補助，社宅の居住権，高齢者扶助の問題，再訓練の方法その他）に関するものである。双方合意に至るためには，112条の仲裁手続きによることができる。

481　**利害調整（経済的側面での）に関する合意は，強制できない**。重要なのは，事業主がこの調整を最低限試みねばならないことだけである（制裁：被用者の補償金請求権。113条1項と関連する3項（**不利益調整**））。同じような制裁は，もし利害調整が——文書によって——なされており，使用者がやむをえない理由によらずにそれに違反した場合に存在する（113条1項）。合意を模索するためには，連邦労働裁判所の見解によれば，調整委員会を招集する必要がある（18. 12. 1984 und 9. 7. 1985, EzA §113 BetrVG Nr. 12, 13）。社会計画の補償金が加算されうるので，113条1項の制裁は弱い（BAG 20. 11. 2001, EzA §113 BetrVG Nr. 29）。そこから事業所組織法でのおそらくは最も重要な争われている問題，すなわち，113条1項の個人法的制裁の他に，利害の調整を実行することの事業所委員会の請求権と，特に調整委員会まで促すところの利害調整の試みの終了前に事業所の変更差止めを求める請求権があるかどうかという問題が展開されている。それに反対するのは，113条3項でも引用される同条1項が特別な制裁を含むだけではなく，使用者がここでは共同決定に反する行動を妨げられない結果，被用者が補償金を受け取るようにさせられることから出発する考えである。これを，マールブルク労働裁判所がもう一度明確に定型化している：「間近に迫っている人員削減による事業所の変更においてすら，裁判所の解約告知禁止によって解約告知の宣告を阻止する事業所委員会の請求権はない。事業所の変更の範囲内で使用者の法律違反があれば，立法者は，その協働者の保護を最後に事業所組織法113条で規定した。

II. 使用者と事業所委員会との協働——事業所協定と事業所内合意

事業所委員会の報告・協議の権利が企画された事業所の変更の過程で侵害された場合，立法者は，事業所組織法23条3項を超える事業所委員会の差止請求権を規範化しなかった。これは，経済的案件の領域での事業所委員会の共同決定権の侵害全般に当てはまる。事業所組織法111条以下の範囲内で共同決定権が侵害されたために，事業所委員会から求められた解約告知の差止めは，その権利や権能を逸脱する。法律を超える制裁を宣告することは，裁判所の任務ではない」(ArbG Marburg, 29. 12. 2003 DB 2004, 1565)。1991年8月28日の連邦労働裁判所の決定 (EzA §113 BetrVG Nr. 21) は，利害の調整を訴求不能な自然債務として明らかに戯れや賭事（民法762条）と同等に置いている。一定期間に事業に原因のある解約告知を宣告しないという，利害の調整の中に含まれる使用者の義務は，そこで次のように読める：私は，この期間解約告知の宣告を行わないことに賭けます。そこから出発すると，まだ実現されていない利害の調整は，ますますもって事業所委員会の差止請求権を理由づけるものではない。州労働裁判所の一部にとっては，多くを語り，わずかしか行動しない法律に従うことは，確かに気が重いのである[11]。その問題は，開かれたものとして考えねばならない。

(11) 証明：*Schultze* Die Zulässigkeit einstweiliger Verfügungen gegen Betriebsänderungen, 1998；*Bruns* AuR 2003, 15；ErfK §111 BetrVG Nr. 24. 最近では，LAG Hamm 28. 8. 2003, LAGE §111 BetrVG 2001 Nr. 2 がそれぞれの得失をもって多くの証明をしている：利害調整の実現または失敗までの事業所変更の差止請求権は，事業所委員会に帰属する。この請求権は，処分理由がある場合に（優先する事業所の変更），仮処分によって実行される。同様，LAG Thüringen 18. 8. 2003, a.a.O. 異なるのは，再び LAG Düsseldorf 14. 12. 2005, LAGE a.a.O. Nr. 4：差止請求権は認められない。連邦労働裁判所は，Rn. 456で取り上げた 26. 7. 2005 の裁判が示しているように，火中の栗を拾うものとして躊躇している。

社会計画では全く異なる。社会計画の実現は，112条4項によって強制できない。77条，77条1項による社会計画の履行は，事業所委員会の実施請求権を理由づけるが，しかしその請求権は，個々の被用者への給付には及ばない (BAG 17. 10. 1989, EzA §112 BetrVG Nr. 154. Rn. 436も見よ)。その限界づけは，難しい。個々の被用者への給付，特に補償金は，社会計画の内容と

なっているからである。その結果，事業所委員会は，社会計画の有効性や内容に関して確認の申立てに制限される。その反対に，被用者は，社会計画の中で予定された給付に対して直接の請求権を有する。この社会計画は，77条4項と関連する112条1項3文によって事業所協定のように直接かつ強行的に効力をもつからである。社会計画の内容について，112条5項は，その不遵守が事業所組織法76条5項4文によって使用者もしくは事業所委員会から2週間の期間内で主張されうる裁量規定を含んでいる。注意すべきは，112条5項が112条4項によって争いのある場合に決定する調整委員会についてのみ適用になり，任意の社会計画には適用にならないことである。

483　**利害調整による，そして社会計画を必要としない解雇の行動**。計画された事業所の変更が被用者の解雇だけにあり，すなわち広く111条1項3文の意味での構造変革にならないならば，社会計画は，事業所の規模によって段階づけられた被用者の最低人数が解雇され，または合意解除の原因とされるべき場合にのみ，112条a1項によって強制される。従って，実現された人数ではなく，計画された人数が重要なのである。これは，常に最少人数にとどまるために解雇の行動を広げることを使用者に助長させる。それは，確かに全くそう簡単なことではない。一体としての事業主による決断に基づくすべての解雇が合算されるからである。利害の調整は，社会計画よりもわずかな効果しかもたないので，それには少数の最低人数が適用になる。112条a1項は，社会計画のみを規制する112条4項，5項と関わるので，ここでは適用できない。利害の調整について，より厳密にいうと：それを試みるという義務については，事業所組織法には規定がないので，その結果判例は，解約告知制限法17条の修正された類推適用で間に合わせている。その修正は，常に被用者の5％に最低限該当しなければならず，その人数は，月ごとではなく，一体的な事業主の決断による（BAG 22. 1. 2004, EzA §1 KSchG Interessenausgleich Nr. 11；28. 3. 2006, EzA §111 BetrVG 2002 Nr. 4)。

484　**社会選択による補償金の確定した最高限度**は，倒産法123条にあるだけであり，それは，社会計画の総量を解雇に見舞われた被用者の2倍半の月収の総額と破産財団の3分の1に制限している。社会計画は，その調整のために

優先的に満足させるべき財団債務を設けている。見積もりできない最高限度額は，調整委員会のためで，任意の社会計画のために生じるのではない（使用者と被用者の財政状態に基づく事業所組織法112条5項による）。社会計画は，企業の存続と事業所の変更実施後残っている職場を危険にさらしてはならず，見舞われた被用者の経済的不利益を超えてはならない。

連邦労働裁判所は，2004年8月24日の決定（24.8.2004, EzA §112 BetrVG 2001 Nr. 12）によって見積もりできない最低限度額を確立してきた。社会計画が経済的不利益の「実質的な軽減」を定めている場合にのみ，調整委員会による社会計画の続行には裁量上の瑕疵がない。しかしながら，この限度を下まわることは，社会計画の総額が企業にとってそうしないと経済的に負担できないであろうという場合に，許されるし，要請される。連邦労働裁判所は，それが当てはまるケースで90人の解雇される被用者につき250万マルクで十分であるとしている（従って，平均では2万7,777マルク）。

利害調整の試みや社会計画を立てる義務は，破産手続き開示のみならず，さらに事業所の低落にも及ぶ。事業所組織法21条bによって，事業所委員会には，その場合残務委任，特に利害の調整や社会計画のための残務委任が残されている。閉鎖目的のための事業所の譲渡は，譲渡人による閉鎖として（も）みなされる（BAG 17.3.1987, EzA §111 BetrVG Nr. 19）。

事業所の変更における共同決定概観

対象	概念	実施	事業所委員会の権利	被用者の権利
計画された事業所の変更 (12)	解約告知制限法17条と事業所組織法112条a1項と関連する111条2文で定義されている。			
利害の調整	事業所の変更の有	使用者は，イニシア	利害調整の	利害の調整

	無,時期,程度,および態様に関する合意	チブをとり,事業所委員会との交渉が失敗した場合には,必要ならば使用者は,調整委員会を招集しなければならない。すなわち,始めに事業所組織法76条,労働裁判所法98条によって設置せねばならない。事業所委員会との合意の前または利害の調整の試みが失敗したという調整委員会の確認の前には,処置が実施されてはならない。	試みの権利は？ 差止請求によって実施されるかどうかは大変争われている。利害調整の権利は？いずれにせよ,異論がある（Rn. 481を見よ）。	の瑕疵ある実施または試みにおける補償金（113条1項,3項）。それに社会計画の補償金へ加算できる。
社会計画	事業所の変更の結果による経済的不利益の調整または軽減	112条1項から5項までを見よ。76条5項による調整委員会から確定された社会計画の取消し。その際に,112条の裁量限度の超過は,76条5項4文の期間の中でのみ可能である。	社会計画への請求権（112条4項）。被用者への給付に対する社会計画からの請求権はない。	社会計画からの請求権（77条4項と関連する112条1項3文）。

(12) 万一に備えての社会計画については，BAG 19. 1. 1999, EzA §113 BetrVG 1972 Nr. 28.

7. 傾向経営

概念:「傾向」とは，この場合過小に評価されない。立法者は，傾向経営所有者を次の者としている。直接かつ専ら，

(1) 政治的，団結政策上，宗教的，慈善的，教育的，学術的または芸術上の使命を帯び，

(2) 報道や意見表明の目的を追求する場合，

他の事業所所有者よりも自由な立場にある (118条)。

法的効果：106条〜110条は適用されず，111条〜113条は，社会計画に制限されている。従って，経済委員会や利害調整の試み (118条1項) はない。その他に，傾向経営の特色に反する限り，共同決定は，後退しなければならない。これが特に意味するのは，傾向を担う者では，聴取権に対する異議権 (例えば，99条，103条) が弱められるということである (BAG 28. 8. 2003, EzA §118 BetrVG 2001 Nr. 3)。監査役会への被用者代表の参加は行われない (3分の1参加法1条，1976年共同決定法1条4項)。法的形態に関わりなく (関わりなく＝考慮することなく)，宗教団体，慈善，教育施設には，事業所組織法は，決して適用されない (118条2項)。その間隙に入り込むのがプロテスタントおよびカトリックの教会の協働労働者の法律である。

Ⅲ. 企業の機関への参加

法的根拠：下記の1. については，石炭鉄鋼共同決定法 (1951)，株式会社法 (1956)，2. については，1976年5月4日の共同決定法，3. については，今までは1952年の事業所組織法76，77a，81，85条および87条。2004年からは，3分の1参加法 (BGBl, 2004, 974)，事業所委員会委員選出令 (BGBl, 2004, 1393) と共に。

文献：*Ulmer/Habersack/Henssler* Kommentar zum Mitbestimmungsrecht, 2006.

今まで取り扱った事業所の共同決定は，日常の事業所の経過と関係し，いわば下からの共同決定である。それは，上からの共同決定，すなわち監査役会，間接的には理事会や業務執行機関での共同決定によって補完される。被用者の参加は，ここでは中心部の事業主の決定と関係するので，基本法14条からの持分所有者，同法12条の企業および9条3項からの使用者団体といった者の基本権に係わる。それに関して争われている大きな法的争いについて，1979年3月1日の連邦憲法裁判所 (EzA §7 MitbestG Nr. 1 = BVerfGE 50, 290) は，監査役会での被用者の代表が，それが無制限の対等性の下にとどまり，持分所有者を監査役会で最終決定の場にとどめておく限り，この基本権と調和すると確認してきた。しかし，それは微妙な案件に係わるので，

D. 事業所内および企業内の共同決定

その共同決定は，会社形態，被用者数およびあるケースでは産業部門に従って，特に伝統（客観的な事由からではない）から区別されてきた（それについては，石炭鉄鋼産業についても同様）。

492　**事例：勇敢な監査役員**　労働組合委員長のGは，航空会社Lの監査役会の代表取締役である。彼の指揮の下で，労働組合は，ある空港に対してLに甚大な損害を被らせる適法なストライキを行っている。

493　Gは，その行動により，株式法93条と関連する116条に従って監査役が負う忠実義務に反することになるであろう。すべての監査役は，石炭鉱業法4条その他にあるのと同じ権利義務を有する。ドイツの会社法は，しかし監査役が委員会以外の活動で専ら企業の利益に適応しなければならないという規定をもたない。であるから，競業企業の機関に同時に属することが許される（最近の OLG Schleswig 26. 4. 2004, ZIP 2004, 1143 がそれである）。それゆえ，Gの行動を厳しく評価できないであろう[13]。

> (13) この論争について詳しいのは，*Hanau/Wackerbarth*, Unternehmensmitbestimmung und Koalitinsfreiheit, 2004. それに対して，かなり争われているのは，労働組合代表には，その監査役会にとどまっている企業に対する適法なストライキが許されているかどうかである。それについては，特に *Fitting/Wlotzke/Wißmann* MitbestG §25 Rn. 118ff；*Raiser* MitbestG §25 Rn. 125ff.；Münch ArbR/*Wißmann* §380 Rn. 23；*Gaumann/Schafft* DB 2000, 1514；*Möllers* NZG 2003, 697；否定しているのは，*Edenfeld/Neufang* Aktiengesellschaft 1999, 49；*Hopt* ZGR 2004, 1, 30f.

1. 石炭鉄鋼企業

494　鉱山と鉄鋼製造業（加工業ではない）で常時 1,000 人を越える被用者を有する産業では，1951 年以来ほぼ**対等な共同決定**が支配している：すなわち，監査役会は，資本側の代表と被用者の代表から同等部分の構成なり，加えて一名の中立構成員からなる。この中立構成員はその他の監査役会メンバーからの選出による（石炭鉄鋼共同決定法4条〜8条）。これらの者が中立的に意見が一致しなければ，最後に持分所有者が決定する。従って，完全な対等性はない！　さらに，石炭鉄鋼共同決定法 13 条により労務担当部長が取締

役会に同一の権限を有するメンバーとして送られる。その労務担当部長は，監査役会中の被用者代表の多数の意思に反しては任命されず，またその場合には解任される。監査役会のこの被用者代表には，企業の事業所で働く2人の被用者がいなければならない。それらは，株主総会――選出機関として――に対して，労働組合との協議を経て，当該企業の事業所の事業所委員会により提案される。

石炭鉄鋼業に属する企業を支配するコンツェルン企業については，1956年，67年および88年の「**持株会社法**」（より厳密にいえば，共同決定補充法）が適用される。石炭鉄鋼業の分野とそれと共に石炭鉄鋼業の共同決定は，減少しているので，立法者は，できる限り経過規定によってこれを維持しようとしている。それについては，BVerfG 2. 3. 1999, EzA §3 MitbestErgG Nr. 1 = VerfGE 99, 367 は：共同決定補充法に従って，コンツェルンの上級会社を石炭鉄鋼業の共同決定の特別形態へと取り込むことは，それが十分な石炭鉄鋼業との関連を示すならば，基本法3条1項と矛盾しないとしている。

495

2. 大 企 業

1976年共同決定法は，労働組合が長期にわたり要求してきた，すべての大企業における監査役会への対等な参加をもたらしたが，実際にはわずかであった。法律は監査役会において**資本の側の最終決定権**を定めている。同数のために投票が繰り返され，もう一度手詰まりの状態が生じれば，監査役会会長が第2の投票権を有するのである。同法29条2項（記名投票は，支障がある場合許される）。この監査役会会長は，3分の2の多数決が成立しない場合においては，持分所有者の代表者だけにより選出される（27条2項）。

496

適用範囲：石炭鉄鋼業を除くドイツ法の資本会社（特に，株式会社と有限会社）で，傾向経営企業を除き2,000人を越える被用者を雇用している会社。コンツェルンでは，その子会社の被用者が2001人という最少人数に関して，および監査役会の選挙権に関しては，上級会社の被用者として（も）取り扱われることになる（共同決定法5条）。すなわち，彼らは，加算されて投票する。ドイツの資本会社の法形態に限ることは，欧州裁判所の判例によって，

497

D. 事業所内および企業内の共同決定

特に「ユーバーシーリング（Überseering）」と「インスパイア・アート（Inspire Art)」のケース（EuGH 5. 11. 2002, NJW 2002, 3614；30. 9. 2003, BB 2003, 2195. それについて，*Horn* NJW 2004, 893；*Kamp* DB 2004, 1496）で，外国の法形態の会社が設立された国では全く営業しなくとも，それ自体ドイツで活動することが許されることになって以来問題となってきた。しかし，それによってドイツでドイツの会社のように扱われるという権利は，典型的な設立者の意思からは監査役会での被用者の共同決定に馴染まないはずである。このドイツ法との同列化は，支店設立の自由に対する報いとしてではなく，刑罰と受け取られるであろう。圧倒的な通説は，共同決定法がドイツの会社形態とのみ関係するということに単純に依拠している（さらなる証明のある *Horn* と *Kamp* を見よ。反対説：*Franzen* RdA 2004, 257）。事業所の共同決定にとっては，それがドイツの企業形態を引き継いだものではなく，ドイツにおける事業所の事実的状態を引き継いだものであるから問題はない。中央事業所委員会やコンツェルン事業所委員会は，その企業が法的所在地を外国に有する場合，使用者側のパートナーを見いだすことが確かに困難である（*Röder/Powietzka* DB 2004, 542）。

498　**監査役会の構成**：10,000人以下の被用者がいる企業，20,000人までの被用者ないしそれ以上の企業では，それぞれ対等に6：6，8：8，10：10である（7条）。被用者側代表のうち，2人，20人の監査役会では3人が労働組合代表である。被用者のその他のポストは，従業員に属する者で占められねばならないし，管理職職員には，一つのポストが保証されている。

499　**被用者代表の選挙**：企業に属する被用者代表と労働組合の代表は，選挙すなわち予備選挙（8,000人以下の被用者がいる企業で通常）か間接的に代議員選挙（大企業で通常）のいずれかによって決められる。組合代表は，全被用者の共同選挙によって選ばれる。提案権をもつのは，その企業で代表する労働組合だけである（詳細は，10条以下）。

500　**監査役会会長**：会長とその代行者は，3分の2の多数決で監査役会によって選任される。両者の一方または双方が，この多数に達しなければ，資本側

代表者が会長を，被用者代表が代行者を選ぶことになる。取締役会（ないし有限会社では業務執行者）：その構成員は，3分の2の多数決で監査役会によって選任される。この多数が達成されなければ，対等に占められた委員会が調整しなければならない。最後は，再び監査役会会長の第2の投票が決定する（31条）。取締役会で同じ権利をもった構成員として，**労務担当取締役**が選任されるが，石炭鉄鋼業の共同決定とは異なり，場合によっては被用者代表の投票に反しても選任される（33条）[14]。労務担当取締役は，主要な人事および社会的案件に対する権限をもつ。

(14) 共同決定法には，石炭鉄鋼共同決定法13条1項2文という特別な選任規定はない。

3. その他の資本会社

株式会社や有限会社では，500人以上の被用者から，有限会社においては奇妙なことに501人以上から，2000人までは（1994年8月10日以前に設立された同族会社を除く株式会社では，最低人数はない），**監査役会は，被用者代表が3分の1**からなる。この代表は，企業の事業所における選挙権のある全被用者によって選ばれるが，少なくとも，彼らのうち2人は，その企業の被用者でなければならない。組合の特別な提案権はない。コンツェルン企業の被用者は，支配契約が存在する範囲内でのみ参入される。したがって多数の獲得では十分ではなく，共同決定での小さな抜け穴である。いずれにせよ，上級会社では，その被用者と契約によって支配された企業の被用者によって十分被用者が計算される限り，彼らは共同して選挙する。

注意：3分の1の共同決定は，2004年までは旧事業所組織法で規定されていた。それ以後は3分の1参加法である。

Ⅳ. 職 員 代 表

法的根拠：1974年3月15日の職員代表法。各州の職員代表法

連邦，州，自治体やその他の公法上の社団法人，営造物・財団法人には，

事業所組織法は適用にならない。むしろ，職員代表法による特別規定が存在する。特に公勤務の特殊性は，収益目的のためではなく（社会計画はあるが，経済的案件はない），例えば行政の構築について政府の議会に対する責任など他の方法によるコントロール部門がすでに存在する。要するに，基本法（33条5項）が強調する**官吏**の特性がある。連邦の職員代表法は，州法がどのような方向をとるかの枠組みを定めるもので，労働組合の職場への介入権を事業所組織法に近い形で拡大し（2条2項），職員代表会議のために労働・訓練可能性を改善し，その構成員の解約告知制限を強化し，そして就業者の人格権を一般的に拡大している。連邦憲法裁判所は，1995年5月24日（BVerfGE 95, 37ff.= EzA Art. 28 GG Nr. 1）の決定でもって，シュレースヴィヒ・ホルシュタインの共同決定法の一部を違憲であると表明した。十分な民主的な資格要件によって，立法者は制約される。共同決定は，職務内の行動にのみ及び，テーマは公勤務で働く者の利益に制限されねばならない。委託された職務を果たすための意義を決定する際には，議会に責任をもつ行政担当者の最終決定が確保されねばならないというのである。州の立法者は，これを常に注意してきたわけではない。連邦行政裁判所は，彼らに手を貸している。2002年6月18日（AP §72 LPVG NW）の決定がそれである。すなわち，それは，調整委員会が公勤務の被用者の人事案件において官吏の場合と同様に，たとえ法律が拘束力ある決定を定めていても，勧告だけは行いうるということである。

文献：*Ilbertz/Widmaier* の Kommentar zum BPersVG 10. Aufl. 2004, *Germelmann* in MünchArbR, 2. Auf. 2000, Bd. 3 §§368ff.

V. 欧州の共同決定法

503a 共同決定は，徐々に多く EU 法の影響を受けている。一部は，加盟国の全企業のための指針によって，また一部は境界外の企業や企業グループのための特別規定によってである。共同体における全企業で，最低50人の被用者を有するか，または20人の被用者を有する事業所を有するものには，EG 指針 2002/14 が，被用者の情報提供や聴取のための一般的な枠組みを確定するために適用になる。その指針は，ドイツにはまだ何らの意味をもっていな

V. 欧州の共同決定法

い。それは，共同決定ではなく，事業所組織法ですでに広く保証されている，事業所での被用者代表の情報提供や聴取のみを求めているからである。それに対して，ドイツ法にある間隙は，大量解雇に関する EG 指針 98/59 によって露呈されてきた（Rn. 918）。

共同体規模で行動する企業や企業グループにおける被用者の協働に関する EG 指針 94/45 は，ドイツでは 1996 年 10 月 28 日の欧州事業所委員会に関する法律によって入れ替えられた。この法律は，加盟国の最低限 1000 人の被用者と，そのうち少なくとも二つの加盟国においてそれぞれ 150 人の被用者を就業させる企業や企業グループに適用される。事業所委員会の構成や権限は，企業の経営者と被用者側の交渉委員会との間の合意によってまずは確定されるべきである。その合意が成立しなければ，二次的に欧州の事業所委員会における情報提供や聴取（しかし，共同決定ではない）を規定する法律規定が効果を生じる。今までは，すべてのケースで合意が成立しているようである。

第一次的な交渉解決や第二次的な法律規定と類似する体系は，2004 年 12 月 22 日の欧州の会社における被用者の参加に関する法律（SE：Societas Europaea）で，被用者の参加に関する欧州社会規約を補完するために置き換えられた法律に従って適用される。二次的に置かれた規制は，国内の被用者の一定の参加割合において監査役会での共同決定の維持を要求している。そうしてドイツの共同決定がドイツに定着した欧州の会社へ影響しているのに対して，2006 年 9 月のドイツ法曹大会は，ドイツの共同決定が欧州法からの刺激を受けたかどうかという逆の問題と取り組んだ。なによりも重要なのは，交渉による解決の可能性である（NjW 2006, Heft 22, 10ff. 別冊における *Raiser* の報告要約を見よ）。

E. 使用者と被用者：労働関係

Ⅰ．区別の意義

賃金の請求その他の労働法上の請求を行おうとする者は，自分が被用者として働いている（いた）ことを主張し，証明しなければならない。労働裁判所の管轄だけでも，すでにそれに左右されている。労働裁判所は，労働裁判所法21条3号によって，被用者と使用者間の次のような民事の法的争訟について（従って刑事告発に対してでない）専属管轄を有する。すなわち，それは，(a) 労働関係からの，(b) 労働関係の存続に関する，(c) 労働関係の中での交渉からの，(d) その事後の効力からの，そして (e) 不法行為（労働関係と関連する範囲内での）などからの，民事の法的争訟である。それらが，最もよくある労働法の訴えの5類型と呼ばれる。

504

労働法のすべてが適用できるかは，労働関係の存在と係わる。労働関係，すなわち，

505

　　　　使用者 ―― 被用者

という法的関係が存在するかどうかは，被用者の概念から明確にされる。自然人のみが被用者でありうる。私―株式会社というものは，被用者にはない。

Ⅱ．被 用 者

被用者とは，自ら進んで，他人のために，主にその他人によって決められた労働を提供する者（すなわち非独立者として）のことである。独立した者（医師，建築家，弁護士，税理士等―それらが職員関係にない限りで）の職務遂

506

E. 使用者と被用者：労働関係

行は，民法 611 条以下に従うことがあっても，労働法にはよらない（民法 611 条以下は，同時に二つの異なる契約形態を定めている。民法 627 条の文言の「労働関係ではない雇用関係…」の表現を参照されたい）。独立した者とは，商法 84 条 1 項 2 文が代理商につき示している基準による。すなわち，その者が，主として自己の行動を自由に形成でき，自分の労働時間（や場所）を決めうる者であるかどうかによる[1]。これが欠ければ，労働法を適用するための基本要件である**人的従属性**がある。社会保険法では，社会法典第 4 編 7 条 1 項に従って，主として同じ定義が当てはまる。すなわち，社会保険の義務があるのは，「特に労働関係にある従属労働である。手がかりは，指示に従った仕事と，指示する者による労働組織への組込みである。」これは，労働法の場でも登場する。個々の指揮命令権については，Rn. 653.

(1) 連邦労働裁判所の不変の判例である。EzA §611 BGB Arbeitnehmerbegriff の中で掲載されている。信頼できる解説は，*Reinecke* FS Dieterich, 1999, 463.

507 　その区別は大変重要なので，契約締結の際だけではなく，その実行の際にも二度にわたって注意されねばならない。契約の中で後のものと実際に異なるものがあれば，その事実関係が基準であって，契約は紙の上のことであるにすぎない。石橋をたたいて渡る者は，その都度意図した契約類型に触れることにプラスし，実際の履行と契約との一致に留意したコントロールを契約に含んだ強力で変更可能なメルクマールとして既にその契約の中にインストールしている。

1. 従属性の強力なメルクマール[2]

508 　判例は，従属した就業関係を認めるために次のようなメルクマールを重視している。それらのメルクマールは，独立性の核心的内容へ立ち入る制約に通じるものである：

　委任者のすべての指揮命令に対して結果をもたらすべき無制限の義務，および委任者に規則通りに短い間隔で詳しい報告を伝える義務，

　委任者の領域で働く義務，

　委任者による特別な監督の可能性と結びつく限りでの，特定のコンピュー

II. 被用者

タ情報処理，ハード・ソフトウエアを利用する義務。

最低限のノルマを高い水準で達成する義務。拘束されない成果プランが何らその規準を含んでいなくとも，それが，制裁規程と結びつけられている場合。

自分自身の被用者を雇用することの禁止，ないし委任者の許可の留保。

これらの制約は，受任者の業務範囲に制限を設けるものである。しかし，独立した者は，特定の最大限もしくは最小限の業務範囲を義務づけられるものではない。独立した者には，わずかな事業上の成果に甘んじる権限が残されていなければならない。しかし，まさにそれとまったく同じように事業の拡大のための法的可能性も開かれていなければならない。

従属した就業関係を肯定するのにほぼ避けられないのは，次のメルクマールである。

一定の計画プランに従って働く義務，

顧客リストを調製する義務，

特にそれぞれ自分のイニシアチブからの顧客獲得禁止。

(2) 以下の概観は，*Hanau/Strick* DB 1988, Beilage 14 によって，労働および社会裁判所の判例に基づく保険外務勤務の例について作成され，社会保険保険者によって 採用されたものである。社会保険契約者の共通回覧状添付 2 (Anlage 2 zum gemeinsamen Rundschreiben der Sozialversicherungtrager) を見よ。NZA 2001, 97. それは，全般的に従属・独立した活動を限定するのに適用できる。

2. 独立性の明白なメルクマール

複数の委任者のための仕事。

自分の被用者の就業。

3. 可変的なメルクマール

これらのメルクマールでは，指揮命令権の範囲ないし個々の指揮命令によって制限される範囲が問題となる。これらのメルクマールが全体の比較検討の中へ入っていく比重は，個々のケースでの現れ方次第による。これらすべての制限は，必然的に非独立性を承認させるものではない。しかしながら，異なったメルクマールの累積は，独立性を否定する結果となりうる。

E. 使用者と被用者：労働関係

これらのメルクマールに入るのは：
最小限のノルマを低い水準で達成する義務,
仕事に関して報告する義務,
委任者の点検に耐える義務,
外見的なイメージ（事務所等）に関する指示に従う義務,
特定の催し（研修等）へ参加する義務,
定期的に決められた仕事を行う義務である。

4. 比重がない，または比重の軽いメルクマール

511　比較検討の際に，次のようなメルクマールには，全くかほんのわずかな比重しかない。概念の限定のためには，これらの基準だけによることはできない。それらは，せいぜい傾向を示し，確認させうるだけである。それに含まれるのは：
一般的に受任者の利益を守るという契約上の義務,
受任者にとって義務づけのない業務指示の委託,
受任者が顧客のいる時間以後に自分の労働時間を調整しなければならないという事実,
受任者にとって義務づけのない成果プランの作成,
一定の地区での契約の取決め,
仲介された製品ないし製品パレットを作成する権限の欠落,
競業禁止の合意,
他の企業での仕事の禁止,
受任者の競業に違反する行動を阻止するのに適した禁止,
商慣習上の補償費用の支払い,
営業の申請，商業登記簿への登記，給与所得税に代わる営業税・売上税・所得税の支払い,
社会保険料の不払い，相応な職業名の使用，委任者による人事記録の不登載，該当者の事業所委員会選挙への不参加などのような形式的メルクマール。

被用者概念の新たな調整は？

512　*Wank*（Arbeitnehmer und Selbstständige, 1988；DB 1992, 90；Forschungsbericht 262a des Bundesministeriums für Arbeit und Sozialordnung, 1977. それに追随して，LAG Niedersachsen 7. 9. 1990, LAGE §611 BGB Arbeitnehmerbegriff Nr. 24；LAG Köln 30. 6. 1995, LAGE a.a.O. Nr. 29）は，被用者の概念を新しく定めようとし，指揮命令への拘束や組入れを経済面での全体的な状態よりも少なく考慮している。連邦労働裁判所は，それに従ってはおらず，基本となる裁判（30. 9. 1998, EzA §611 BGB Arbeitnehmerbegriff Nr. 74）の中で次のように強調してきた。すなわち，被用者の地位にとって，特に使用者の指揮命令権が重要であり，それは，仕事の内容，遂行，時間，長さや場所と係わるもので，請負人や自由な就業者に帰する指揮命令権を凌駕していなければならないという。社会保険法も，既に述べたように，社会法典第4編7条1項において伝統的な定義づけを強めてきた。

5. 法形態の強制

重要：雇用契約の文言上の名称は**重要ではない**。**法形態の強制**が支配的だ [513] からである。事実上独立せずに働かされているならば，どのような法律関係が合意されていたにしても労働関係が存在する。契約によって独立してはいても，従属して働く者は，**表見的に独立している**のである（表見的な独立者と並んで，それほど頻繁ではなくまた注意されていないが、表見的な被用者と表見的な使用者も存在する。それについては，Rn. 515, 551）。さもないと，労働関係と結びついた，広範囲に強行的な労働法が簡単にまた広く回避されることになろう。当事者は，自分達が就業に事実上従属するかまたは独立して形成するかを自由に決めることができる。前者のように決めるならば，労働関係が存在する。その際，労働の独立性は，ある程度指揮命令への拘束を排除するものではない。独立した者，特に請負人ですら，自分の思うままにすることが許されないからである。それらの者が指揮命令に拘束されることは，しかし二重の点で被用者の拘束とは区別される。すなわち，被用者に対する指揮命令への拘束は，個々に契約で定められ，典型的にはその履行の場所と時間を含めて労働の成果と係わる（その準備の場所と時間ではない）からである。

法形態の強制は，最初に自由な雇用関係が合意され，事実上実行されたが， [514] しかし被用者が後になって事実上指揮命令に拘束され，組み入れられたなら

ば，やはり労働関係となる。しかし，指揮命令への拘束や組込みが再びなくなるとどうなるであろうか？　そのときは，法形態の強制は，再び自由な雇用関係が存在するという結果をもって終わるのであろうか？　連邦労働裁判所（BAG 12. 9. 1996, EzA §611 BGB Arbeitnehmerbegriff Nr. 58）は，ある同様な別のケースで否定している。このケースでは，最初に労働関係が合意されたが，それは後になって指揮命令への拘束や組入れなしに事実上実行された。その連邦労働裁判所は，合意された労働関係が新しい合意によってのみ自由な雇用関係へと転換されうると正しくも述べている。民法623条によって，そのためには文書による形式が必要である。私は，合意されずに，事実上の実行に基づく労働関係へは移行しないと考える。その結果，その労働関係は，事実上の実行をもって終了し，自由な就業関係へ再度転換されねばならない。

515
516
（詩・略）
　表見的に独立している者の反対は，**表見的な従属者**もしくは表見的被用者である。それは，客観的に自由な雇用関係が契約によって労働関係として位置づけられる場合に生じる。法形態の強制は，それとは矛盾しない。なぜなら，法形態の強制は，労働法の保護規定の回避を阻止すべきであり，独立した活動への契約上の拡張を防ぐものではないからである。しかし，この契約による規制は，契約当事者のみを拘束し，労働裁判所の管轄や民法613条aによる事業所所有者の交替における雇用関係の移行を理由づけることはできない。

Ⅲ．有償の労働

517　被用者は，労働を提供する義務を負っていた者でなければならない。労働とは，肉体的な性質のものであれ，精神的なものであれ，他人（契約相手方）にとって何らかしら有用な一切の活動である。単純な不作為には，労働はありえない（参考：競業禁止）が，ポーズをとること（写真のモデル，BSG NZA 1991, 907），セックス・ビデオテックス（BSG EzA §7 SGB Ⅳ Nr. 2）や売春（それについては2001年12月20日の法律（BGBl. 3983），批判しているのは，*Palandt/Heinrichs*, BGB, 65. Aufl. 2006, Anh. zu §138 Rn. 2）は，労働である。そ

III. 有償の労働

の法律は，指揮命令権が性的行為との関連で排除されるにもかかわらず，おそらくは売春宿の経営者との就業関係の可能性に由来している。いずれにせよ，就業関係は独特である。

労働時間と自由時間との間には，その労働法への組込みを今日まで困難にしている多くの中間段階をともなった**連続系列**がある。それについて詳しいのは，*Buschmann* FS Hanau, 1999, S. 197；MunchArbR, 2. Aufl. 2000, Bd. 1, §48（*Blomeyer*), Bd. 2, §218（*Anzinger*). 518

一つの特に困難な事例は，連邦労働裁判所（3. 9. 1997, EzA §612 BGB Nr. 20）の次のような原則が示すように，**旅行時間**である（さらに同様に，BAG 11. 7. 2006, 9 AZR 519/05）。 519

「1. 使用者は，それが合意されまたは報酬が諸事情から期待されうるならば，被用者が通常の労働時間を超えて使用者の利益に使う旅行時間に対して，労働時間として報酬を支払わなければならない。

2. 規則がなければ，個々のケースの諸事情が基準である。そのような旅行時間に対して常にまたは通常，報酬が支払われるべきであるという法原則は存在しない。

3. その諸事情を吟味する際に，事実審では，判断における裁量の余地がある。旅行時間の一部に対する報酬も考慮される。」

すべて分かりましたか？ いずれにせよ明らかなのは，通勤途上は，私的事柄であるということである。原則として職場でもってまずは終了する結果，洗濯や着替えの時間，そして事業所の用地を通って職場へ行く過程は，個別契約または集団的契約もしくは事業所の慣行によって異なったことが定められていない限り，私的事柄である（BAG 22. 3. 1995, EzA §611 BGB Arbeitszeit Nr. 1；28. 7. 1994, AP Nr. 32 zu §15 BAT）。 520

救急業務の今日的な問題領域については，下記 Rn. 664. 521

E. 使用者と被用者：労働関係

522　労働契約は，雇用契約の下位事例として労働報酬を前提とする。無報酬の労務提供は，民法の体系では委任（662条）である。無報酬の合意が妥当でなければ，307条と関連する612条，または民法138条から報酬請求権が生じうる（ErfK/*Preis* §611 Rn. 28；Rn. 790 も見よ）。労働関係もしくは形式的な職業訓練と関係することなしに，職業上の知識，熟練または経験を取得するために雇い入れられた人には，職業訓練法17条と関連する26条によって，適切な報酬が与えられる。それは，研修生の報酬についての法的根拠である。確かに，これは，既に訓練のなされた熟練者が一定の特別な任務のために継続して教育を受けるケースには当てはまらない（BAG 18. 11. 1999, EzA §1 KSchG Nr. 52）。国によって規定された職業訓練制度の枠内での実習にも適用にならない（BAG 19. 6. 1974 und 25. 3. 1981, EzA §19 BBiG Nr. 1, 3）。仕事をする義務がないか，その仕事がさらに使用者にとって何らの価値もなければ，報酬請求権はありえない。すなわち，その場合には，報酬は，適切ではないのである。反対に，使用者のために価値の高い仕事をするという義務があるならば，訓練生の関係から労働関係が生じる。Rn. 569 も見よ。

Ⅳ. 被用者と区別されるべきグループ

1. 官吏，裁判官と軍人

523　官吏，裁判官そして軍人は，公法上の勤務関係に基づいて働く者である。それらには，特別な法律（官吏法，裁判官法）が適用される。確かに，労働法との対比が存在し，この際立った公勤務者のグループを存続させることが議論され，特に最近は，官吏をも労働者（worker）ととらえる，ヨーロッパ法の均等化の傾向の下で議論されている（EuGH 15. 5. 1986, EAS Art. 2 Richtlinie 76/207 Nr. 3 ―北アイルランドでの警察勤務のための女性登用の許容性に関して―；EuGH 11. 1. 2000, NJW 2000, 497 = EzA Art. 119 EWG-Vertrag Nr. 59―ドイツ連邦国防軍の戦闘勤務のための女性登用の許容性に関して―）。EG 条約39条（旧48条）4項の明示規定によって，共同体での被用者の移転の自由は，公共の行政機関での就業とは関係しない。しかし，これは，高権的行政にのみ適用になり，その他ではその規則を承認する例外がある。ドイツ法では，基本法33条4項は，高権的活動が通常の官吏へ転用されることを定めてい

る。

　それに対して，公職務の職員は，被用者である。それらの者には労働法が他のすべての被用者と同様わずかな特殊性をもって適用される。すなわち，それは，解約告知制限における事業所関連規定ではなく，官庁に関連する規定（解約告知制限法1条2項），事業所組織に替わる官吏との職員代表であるが，それはグループ原理の確保に従う。Rn. 555 も見よ。

2. 家族員

　家族員とは，家族法による結束（民法1353条，1360条，1619条）に基づいて労働を行う者である。この家族法による協働義務の枠内で，その職務は，原則として無償でもたらされる。生産力のある仕事をしている息子が怪我をしたときには，その両親は，加害者に対する損害賠償請求権を有する。誠実な粉屋職人に関する BGH NJW 1978, 159 の事件。妻が負傷したときには，その妻だけが権利を有する（BGHZ 50, 304）。

524

　両親または配偶者の事業所で協働して働く義務は，同時に例えば年金請求権を理由づけるために，それら家族員らの間に労働契約上の関係が存在することを排除するものではない。労働関係が存在するかどうかは，合意の解釈を通して確認される。事業所への組込み，指揮命令への拘束および文書による労働契約の締結は，配偶者間ないし婚姻によらない生活パートナーとの間の従属的な就業関係の証拠とみなされる(3)。配偶者との労働関係は，所得税法上も認められる。その税法上の承認は，報酬が配偶者の共通の口座へ振り込まれることで挫折するものではない（BVerfG 7. 11. 1995, EzA §611 BGB Ehegattenarbeitsverhältnis Nr. 3）。配偶者による協働での債権者保護に関しては，民事訴訟法850条h 2項，相続法による調整については，民法2057条a 参照。

525

(3) BSG 23. 6. 1994, AP Nr. 4 zu §611 BGB Ehegatten-Arbeitsverhältnis；LAG Rheinland-Pfalz 28. 1. 2002, DB 2002, 2050：週40時間をはるかに超える労務給付は，家族法上の活動の範囲を超える。

　事例：期待が裏切られる（夫婦が離婚し，婚約が解消され，子供が相続から

526

廃除される）と，争いが生じる。潜在的な労働関係の遡及効のある推定なのか？　組合関係の推定なのか？　あるいは，不当利得の原則による清算（民法812条）なのか？

連邦労働裁判所は，無に帰した報酬を受け取れる期待をめぐる法制度に関して，後払いの請求権を認めるに至っている。すなわち，BAG 15. 3. 1960, AP Nr. 13 zu §612 BGB は，「完全な職業としての労働については，それが婚約者の側からその婚約相手方の父の事業のために，無償の約束で提供され，しかも若い夫婦が婚姻後父の事業を引き継ぐことを理由にして提供された場合，目標である婚姻が成立しなかったときには，民法612条1項によって報酬が合意されているものとみなされる。」（A. Hueck の肯定する評釈）というのである。

527　　**文献**：H. Fenn Die Mitarbeit in den Diensten Familienangehöriger, 1970；M. Lieb Die Ehegattenmitarbeit, 1970.

3. 法人の社員と機関構成員

528　　同様に被用者ではないのは，人的会社の社員や法人の機関構成員である。彼らは，特別な組合関係ないし自由な雇用契約に基づいて働いているからである（BAG 6. 5. 1999, EzA §5 ArbGG Nr. 33）。それらの者には，わずかな労働法の規定が準用される（BGHZ 91, 217：過半数で資本参加していない有限会社社員には622条1項（2項ではない！）の解約告知期間を準用する。BGHZ 95, 190：事実上の労働関係の原則の適用。事業所内高齢者扶助法17条の事業所内高齢者扶助の平等化）。ある被用者が機関構成員へ「昇進させられる」と，解約告知制限法が被用者のみに適用になるので，彼は，解約告知の保護を失う。例外として，特にその任用契約が内容的に変えられていなかったならば，以前の労働関係が機関構成員の自由な雇用契約によって終了するのではなく，ただ休止されるべきであると認められる[4]。確かに，文書による機関関係の発生が，原則として同時に623条に従って必要な労働関係の文書による解消と解釈されうるかどうかという問題は残る[5]。Rn. 895 も見よ。

(4)　BAG 7. 10. 1993, 21. 2. 1994, 28. 9. 1995, 8. 6. 2002, EzA §5 ArbGG Nr9；EzA §2 ArbGG Nr. 28；EzA §5 ArbGG Nr. 12, 35；14. 6. 2006, 5 AZR

592/05.
(5) それについては，*Krause* ZIP 2000, 2284, 2291：623条の要求には，既に十分なことがなされている。機関構成員の雇用契約において，継続する労働契約と矛盾する就業条件が文書によって置かれている場合にである。同じく，LAG Berlin 15. 2. 2006, LAGE §623 BGB Nr. 5.

人的会社の社員の協働が，労働法ではなく，会社法に基づいてなされることは，会社への出資が労務提供という形でもありうるとする（その協働がそれがために通常労働契約に基づいてなされる合資会社の場合とは異なり）民法706条2項から明らかである。ますます多数の弁護士組合の組合員から明らかなように，これを基礎にして，より多数の組合員の共同作業がさらに等級づけられた参加および収益関係をもって組織化されている。パートナーの組合とともに，自由な職業のために一つの組合形態が作られてきたのであり，そこでは出資が資本ではなく，労働から専ら成り立っているのである。どれほど広くこれが自由な職業人のために労働関係の二者択一へと発展するか，そして表見的組合員との限界がどこにあるのかという問題の解決が待たれるのである（*Bauer/Baeck/Schuster* NZA 2000, 863を見よ）。

529

4. 意思に反した労働

国家の強制または圧力によって働かされる人々は，「自由な労務提供の意思」（前記，Rn. 508）という要件によって労働法から遠ざけられ，公法に割り振られる。それは，**囚人**について行刑法43条，200条に規定されている。それによって，労働裁判所の裁判管轄権はなくなる[6]。

530

(6) 囚人については，BAG 24. 4. 1969, AP Nr. 18 zu §5 ArbGG；ナチ時代の強制労働者については，BAG 16. 2. 2000, EzA §2 ArbGG 1979 Nr. 49.

亡命保護の申請者は，亡命保護申請者給付法5条によって，収容施設での公益に奉仕する労働があてがわれる。当該規定5項は，それによって何らの労働関係も設定されないと明確に規定している。**稼働能力のある要保護者**であるが，仕事を見つけることのできない者は，社会法典第2編16条3項によって労働の機会が創出されなくてはならない。公共の利益である補足的労

531

働の機会が，労働の機会創出措置として促進されなければ，就業能力のある要保護者には，失業手当金 II を加算して超過費用についての相応な補償金が支払われる。この労働は，労働法の意味する労働関係を生じさせることはない。労働保護や連邦休暇法に関する規定は，準用される。仕事をする際の損害については，就業能力のある要保護者は，単に被用者のように責任を負う。これは，いわゆる 1 または 2 のユーロジョブである。

V. 被用者類似の人々

532　彼らは，今まで労働法の光のささない影の中にいたが，徐々に注目が寄せられている[7]。彼らは，人的な従属性（企業の組織や指示への従属性）が欠落しているために被用者ではないが，**経済的従属性**（企業の支給への従属性）があるために被用者に類似している。その類似性は，労働法が原則として適用されるほどにははっきりしていない。法律的には独立した者だからである。労働法に近接した第 1 の就業の種類は，現在は家内労働法に規定されている**家内労働**であった（Kommentar von *Schmidt/Koberski/Tiemann/Wascher*, 1998）。その法律は，広範囲に及ぶ保護，特に賃金保護を含んでいるが，解約告知制限はない。現代の形態は，それが拡大された指揮命令へ拘束されるために，特にオンラインの領域で労働関係を設定するものでない限り，コンピュータに頼った在宅勤務である（*Wedde* Entwicklung der Telearbeit, Forschungsberichte des Bundesministeriums für Arbeit und Sozialordnung, Nr. 269, 269a, 1997）。

　　[7]　*Neuvians* Die arbeitnehmerähnliche Person, 2002. それについて，*Preis* RdA 2004, 191 の批評；*Li-Soon-Park* Arbeitnehmer und arbeitnehmerähnliche Personen, 2004.

533　（ほとんど）すべての経済的な従属者には，休暇権（連邦休暇法 2 条）[8]，協約当事者（労働協約法 12 条 a）（個々については，BAG 15. 11. 2005, EzA §2 BUrlG Nr. 5）と労働裁判所の管轄（労働裁判所法 5 条，1,000 ユーロ以下の月給の代理商について），新たに労働裁判所法（6 条）が適用になる。事業所の組織については，上記 Rn. 350. さらに，その社会的保護は，普通契約約款法に

基づいている（それについては，*Rombach* Allgemeine Geschaftsbedingungen bei freien Dienstverträgen, 1979）。

(8)　BAG 15. 2. 2005, EzA §12a TVG Nr. 3 ―放送料金徴収の代理人に関して；15. 11. 2005, EzA §2 BUrlG Nr. 5 ―自由な共同スタッフに関して。

Ⅵ.　検討シェーマと演習事例

1.　検討への歩み

労働関係を確認するためには，次の検討の道が歩まれねばならない。　　534

(1)　私法上の関係か？

ここでは，公法上の就業関係とは，区別されねばならない。それは，典型的な事例では官吏や裁判官に容易にみられるが，多かれ少なかれ自由でない労働の限界事例（上記，Rn. 530 以下を見よ）や，大学の講座代表者[9]，学長といった周辺領域では難しい。　　535

(9)　BAG 25. 2. 2004, AP §36 HRG Nr. 1 は，講座代表者の教授を固有な性格の公法上の雇用関係の範囲へ移行させることを承認している。同様に，BVerwG 29. 8. 1997, BVerwGE 49, 137.

(2)　雇用契約か？

ここでは，あらゆる他の私法上の就業関係が区別されねばならない。特に請負契約，社団や組合の構成員および家族法上の関係の範囲である。　　536

(3)　人的に従属した職務であるか？

ここでは，独立した仕事に関する雇用契約が区別されねばならない。特に，株式会社の取締役，有限会社の業務執行社員および自由専属の共同スタッフである。区別されるべきでないのは，表見的な独立者である。　　537

2.　事　　例

(1)　被用者かまたは独立しているか？

当事者間には，「アイスマンーフランチャイズシステムに関するパート　　538

ナー契約」が存在し，それによって被告は，アイスマン会社（原告）の冷凍食品を車で配送し，自らの名前で販売してきた。この仕事には，彼の全労働時間をかけねばならなかった。「アイスマン—パートナー」の全員との間で結ばれていた契約によって，被告は，原告に対して，保護された販売地域，高い知名度をもった商品名，講習会や職業訓練，ノウハウの伝達そして初期設備の提供準備のために，一括して 15,000 マルクを支払わなくてはならなかった。この金額が土地管轄のある州裁判所に訴求された。いかなる結果になったか？

539　裁判所構成法 13 条によると，すべての民事の争訟は，連邦法による特別裁判所には担当されない通常裁判所の管轄に属する。特別な担当としては，本件では労働裁判所法 2 条，5 条が考えられる。その際には，被告は，被用者かどうかが未解決のままでよい。というのは，労働裁判所法 5 条は，被用者に類似する者を同等に扱っているからである（BGH 4. 11. 1998, EzA §5 ArbGG 1979 Nr. 29 ; BAG 16. 7. 1997, EzA §5 ArbGG 1979 Nr. 24）。被告は，専ら原告のために働いていたので，経済的に従属していた。それは，労働裁判所法 5 条 1 項 2 文の文言から労働裁判所へ訴訟を提起するのに十分なものである。もっとも，判例（前掲 BGH と BAG）は，労働協約法 12 条 a から被用者に類似する者が被用者のように保護を必要とされねばならないという補足的基準を引き出している。しかも，本件では，被用者と比較が可能な仕事が行われているので，その基準も当てはまる。

540　その結果，通常裁判所への訴提起はなされないであろうし，裁判所構成法 17 条 a 2 項により，その争訟は，土地管轄権のある労働裁判所へ移送されるべきであろう。いずれにせよ，連邦労働裁判所は，訴えが専ら労働法の規定に依拠しているので，その裁判や実体的な請求権を理由づける事実が同一であるならば，被告が被用者であるという原告の単なる主張が労働裁判所への訴訟提起を許すのに十分であると述べている（BAG a.a.O.—さらなる証明あり。*Reinecke* ZIP 1997, 1525 の信頼できる解説）。そこで，連邦労働裁判所は，裁判所構成法 17 条 a を限定的に解釈して，原告が労働法のみを拠り所としているために，通常の裁判籍の移送が役に立たない場合には，その移送を止

めようとする（反対なのは，*Ganser-Hillgruber* RdA 1997, 355. BAG 6. 5. 1999, EzA §5 ArbGG 1979 Nr. 33. も解釈を狭めている。すなわち，有限会社の業務執行社員については，自分等が被用者であると主張しても，労働裁判所には管轄が属しないとしている）。それに応じて，原告が労働関係に専ら適用されない私法規範に依拠するときには，通常裁判所は，労働裁判所への移送を止めなければならないであろう。しかし，本件はそれに当たらない。その訴えは，労働契約の要素でもありうる契約規定に依拠しているからである。

従って，本件の法的争訟は，裁判所構成法17条a2項に従って土地管轄のある労働裁判所へ移送される。労働裁判所は，裁判所構成法17条a2項3文により，労働関係か被用者類似の関係かまたは全く独立した関係が存在するかどうかという実体法的問題ではなく，訴訟提起の許容性のみと関係する移送の問題に拘束される。労働裁判所は，これが問題になるときにのみ，その分類に取り組もうとしている。それゆえ，最初に検討されるべきことは，訴えが依拠している契約条項の有効性が就業関係の法的性質によって決まるかどうかである。出発点は，個別に交渉して決められた契約とは関係しないであろうから，民法307条である。この規定の意味する不当な不利益取扱いは，このような規定に特有なフランチャイズ契約と関係するのでみられない。むしろ反対に，職場や労働の機会の自由使用の対価として被用者に支払わせることは，労働関係の法規制と矛盾する。むしろこれは，一方で労働コストを担い，他方で労働を組織し，利潤を得る使用者の解決すべき問題である。それゆえ，労働関係と係わるときには，その条項は無効であり，訴えは理由づけられないであろう。その問題は，裁判所からそのように裁判されねばならないであろう。一般的な基準によって，被告が，時間的かつ場所的観点から指揮命令に拘束されていたがどうかが重要である。前掲連邦通常裁判所や連邦労働裁判所（a.a.O.）は，肯定する傾向にある（この問題に詳しいのは，*Horn/Hennsler* ZIP 1998, 589)。

(2) 被用者で**かつ独立**しているか？

原告Aは，1週間に2日決まった勤務時間と決まった報酬で，ある保険企業の内勤で働いてきた。3日は，Aは，企業の独立した代理商のように手数

料をもらって外勤で働いてきた。その企業が理由なしに勤務関係を解約してきた後、Aは、その労働関係が解約告知制限法1条により解約告知に必要な事由を欠いていたために、労働関係が存続するという確認の訴えを労働裁判所に起こした。

543　裁判所構成法17条aと関連する労働裁判所法48条によって、労働裁判所は、始めに訴えによる訴訟提起の許容性を吟味しなければならない。これは、原告が3日は代理商のように、すなわち商法84条によって独立し、まさに被用者として働いていたのではないから、疑わしい。原告は、その限りで被用者類似でありうるかもしれない。内勤の仕事は、それとは反対に人的従属性の状態でなされていた。しかし、これらいずれも、Rn. 562で再現される連邦労働裁判所の判例によって、その訴訟提起の適法性については、訴えが専ら労働法の規定に依拠している場合、検討される必要はない。ここでは、原告が専ら解約告知制限法1条を取り上げているのでそうである。訴えは、従って許される。

544　訴えは、原告が被用者であり、それゆえ解約告知制限法が適用になれば、そしてその限りで理由づけられる。被告は、解約告知の事由を申し述べなかったからである。原告は、2日間人的に従属しており、3日間独立して働いてきたので、まず最初に問題となるのは、ここでは、労働関係と自由な雇用契約とが同時に併存していたかどうかである。実際に、被用者は、その仕事が明らかに分別されるならば、同時にその使用者との関係で独立した勤務関係に立つことができる（BAG 22. 2. 1995, Archiv für Presserecht, 1995, 693；*Rumpenhorst* NZA 1993, 1067, 同じく BFH 8. 7. 1954, BStBl. Ⅲ, 1955, 17；10. 3. 1966, BStBl. 1966, 557；BSG 29. 8. 1963, BSGE 20, 7。それ以後変更はない。最近のものでは、3. 2. 1994, SozR 3-2400 §14 SGB Ⅳ Nr. 8。異なる見解は、BAG 25. 10. 1967, VersR 1968, 166）。それは、本件では認められる。確かに、疑われるのは、仕事の事実上の限定が十分であるかどうかまたは契約による合意での限定も必要でないかどうかである。しかし、労働時間や賃金が両方の仕事の領域について独立して規定されているので、この必要条件が充たされている。そこから生じるのは、内勤での労働関係の継続が確認され、他方でその訴え

は，それ以外の点では棄却されるべきである。

ヒント：両者の仕事の領域が十分に分けられないとしたならば，一体的な労働関係に係わるのかまたは一体的な独立した仕事に係わるのかどうかという問題が提起されるであろう。しばしば，このようなケースで照準とされることは，いかなる仕事がその関係を特徴づけているか，すなわち優位を占めているかということである。しかしそれに反するのは，そうすると，ある従属した仕事が，独立した仕事と結びつけられることにより，労働法から取り去られてしまうことである。それゆえ，全く意味がないという場合に，労働法の要素が優位を与えられねばならない。

Ⅶ. 使 用 者

使用者とは，少なくとも一人の被用者を就業させる者である。使用者は，労務受領権限のある者のことである。特に会社法上の多重複合構造では，場合によっては誰がもともと使用者であるかが不明瞭なことがある。それゆえ，証明書法は（それについては下記 Rn. 620），まず第一に契約当事者の名称と署名を文書によって表示することを要求している。

質問：「使用者」と「被用者」の概念は適切か？ Fr. Engels の『資本論』第3版の序文に「多義不明な言葉，例えば労働を与える者（Arbeitgeber）と呼ばれる，現金払いと引換えに他人からその労働を与えられる者と，労働を奪い取る者（Arbeitnehmer）というその他人から賃金と引換えに労働を奪い取られる者……」(1883)を参照。ちなみに，フリードリヒ・エンゲルスは，少なくとも家庭をもつ点で使用者であった。

使用者は，─被用者とは異なり─法人でありうるが，ずっと以前から個人責任を負う社員のいる合名会社や合資会社（BAG 28. 2. 2006, EzA §36 ZPO Nr. 4）が，そして新しく民法上の組合が法人と同列に置かれてきた（BAG 1. 12. 2004, EzA §50 ZPO 2002 Nr. 3）。コンツェルンでは，個々のコンツェルン企業が使用者であるが，横の連結が注意されねばならない（基本的なものと

して，*Windbichler*, Arbeitsrecht im Konzern, 1989；*Wackerbarth* in Holding-Handbuch, 4. Aufl. 2004. 340）。これが生じうるのは：

―契約コンツェルンにおける上位会社の法定責任（株式法303, 322条）から。場合によっては，事実上のコンツェルン（株式法317条）でも，

―権利濫用の法人格否認による個人責任から。その根拠について，1998年9月8日の連邦労働裁判所の判決（EzA §303 AktG Nr. 8）が要約している：責任を負う企業からの財産の移動，包括的な，利己的でかつ企業にとって不利な外部からの遠隔操作，明白な過少資本，

―コンツェルン規模の解約告知保護も生じるコンツェルン規模の契約による労働義務から。

549　使用者の地位は，他のケースでも**分裂が起きている**（*Konzen* ZfA 1982, 259; MünchArbR/*Marschall* 2. Aufl. 2000, §172; *Weber* Das aufgespaltene Arbeitsverhältnis, 1992）。それは，派遣先における労働関係の事実上の履行と派遣元との法的紐帯とを分離する**被用者派遣**（被用者貸出し）である。それは，また派遣される被用者が派遣先の事業所へ組み込まれ，その指揮命令に従わせることによって請負契約の範囲内で別の企業へ被用者を送ることである。被用者派遣法は，それを大変危険と考えたので，営利事業の派遣では連邦雇用庁の許可を求め（*Boemke*, *Schüren* und *Ulber* の注釈書），建設業の派遣をまったく除外しているのである。平等取扱いの危険と保護については，Rn. 771. 許可のない派遣は，被用者派遣法10条によって派遣先との労働関係を形成する。請負契約を基礎に異なる企業へ送られているが，遅かれ早かれその職場組織へ組み込まれる被用者は，それを主張する。

550　**事例：ベンツのほうがよい**　シュトゥットガルトの自動車製作所は，突然生じる配線・修理の仕事のために恒常的に第三者の企業であるX有限会社を使っていた。原告は，1980年からこのX有限会社の組立機械工であり，これにより長年来専ら被告自動車製作所で就業してきた。その組立工は，自分の賃金をその有限会社から受け取り，自分の仕事を行うのに必要な器材は，被告製作所から受け取っていた。原告は，自分と被告との間に期間の定めのない労働関係が存続することの確認を望んでいる。原告は，被告とは何らの

労働契約もなかった。原告は，会社が締結した請負契約の範囲内で，自分の会社のために履行補助者として製作所で働いていただけならば，原告は，この契約の保護範囲に含まれている（民法 328 条）が，しかし被告の被用者ではない。原告が，その反対に完全に被告の組織の範囲に含まれ，その指揮命令を受けていたときには，営利事業の被用者派遣（貸借労働）が存在し，その結果ここでは国家の許可がないので当事者間の労働関係が擬制される。被用者派遣法 10 条（BAG 30. 1. 1991, EzA §10 AÜG Nr. 3 参照）。

ルフトハンザ株式会社は，そこから，禁止に反する子会社への派遣が，被用者と別れる単純な手段であるという結論を引き出した。連邦労働裁判所（BAG 3. 12. 1997, EzA §1 AÜG Nr. 9）は，使用者が許可なくこのような方法で被用者派遣の禁止を利用することができるかどうかを未解決にした。というのは，ルフトハンザを介した子会社が固有の事業所組織をもたない**表見的使用者**であったために，異なる他の使用者への被用者派遣が全くなかったからである。 551

分属した労働関係の初期の形態は，**間接的労働関係**である（それについては，MünchArb/*Marshall* §172）。それは，被用者が自分の職務の遂行のために自身で別の被用者を雇ったときに存在する。従って，主たる使用者の補充的責任が考慮される（BAG 20. 7. 1982, EzA §611 BGB Mittelbares Arbeitsverhältnis Nr. 1）。間接的労働関係は，確かに珍しい。というのは，被用者が他の被用者を雇用することが稀であり，しかもそうすると，多くがそうであるように，他の被用者は，主たる使用者の事業主内へ組み込まれる結果，被用者派遣が問題となるからである。これが許可なく生じると，表見的には間接的な被用者が被用者派遣法 10 条によって主たる使用者との関係で直接の労働関係へ入ることになる。 552

（それによって同時に部分的な使用者になる）複数の使用者に，労働関係が内容的に分属するという状況とともに，単一の労働関係がその場合両者とも完全な使用者である二人の使用者について存在しうるという考え方がある（BAG 27. 3. 1981, EzA §611 BGB Nr. 25. 批判的なのは，*Schwerdtner* ZIP 1982, 553

900；*Schulin* SAE 1982, 294。疑問を呈するのは，BAG 21. 1. 1991, EzA §1 KSchG Nr. 51)。

Ⅷ. 現業労働者と職員

554 　何と古くからの区別であることか！　この区別は，最初はっきりと示されていたし（肉体労働―頭脳労働），現業労働者を差別することになった異なる労働条件（疾病の場合の賃金継続支払いの欠落，より短い解約告知期間）と連動していた。その区別は，技術や社会の進歩に伴いますます不明確になっている。すなわち，工業の現業労働者への増大する知的要求，管理部門と同様な製造部門のコンピュータ化。そこから，連邦憲法裁判所は，1990年5月30日の基本となる決定（BVerGE 82, 126 = EzA §622 BGB Nr. 27）の中で，次のような結論を導いた：

555 　職員に対して現業労働者を差別するのは，恣意的であり，従って特別な正当事由がなければ，基本法3条1項に違反する。**一方が現業労働者で他方が職員であるということは，区別の理由としては十分ではない**。その点に関して，過去の異なった解約告知期間は，民法622条の改正法によって，また傷病賃金の過去の異なった規則は，賃金継続支払法によって統一化された。公勤務では，2005年10月1日までは，職員には連邦職員給与表（BAT）が，現業労働者には連邦現業労働者一般労働協約（MTB）や州現業労働者一般労働協約（MTL）が適用されていたが，やがて連邦および地方自治体の公勤務の被用者すべてに公勤務労働協約（TVöD）が適用されている。その他の協約上および労働契約上の規則については，同様なことが労働法による平等取扱原則から生じている（すでに BAG 25. 1. 1984, EzA §242 BGB Gleichbehandlung Nr. 40)。それは，ひょっとして，現業労働者に対して職員を不利益に扱うものといえるかも知れないが，それは，まだ現れていないようである。

556 　現業労働者と職員のグループの法律上または契約による区別は，そこで，次の場合だけに許されている：

(1) 不利益取扱いに正当な事由があるとき，例えばより低額の賞与の根拠であるグループの欠格期間（BAG 19. 4. 1995, EzA §611 BGB Gratifikation, Prämie Nr. 123）がある場合で，その欠格期間がこのグループの不利な事業上の労働条件に基づかない場合（BVerfG 1. 9. 1997, EzA §611 BGB, Gratifikation, Prämie Nr. 123a），より短い解約告知期間の根拠としてしばしば生じる就業の不安定（BAG 10. 3. 1994, EzA §622 BGB Nr. 50 ; 29. 10. 1998, EzA Art. 3 GG Nr. 80）。

(2) グループが区別されているが，不平等に扱われていない場合である（"separate but equal"）。それは，2001年までグループに従って分けられた被用者の事業所委員会や監査役会選挙（批判的なのは，*Kehrmann* FS Hanau, 1995, 441），2005年までにあった年金保険保険者（現在は統一ドイツ年金保険へと統合された）の場合である。

IX. 管理職職員

管理職職員は，被用者ではない法人の機関構成員と非管理職職員との間に位置している。管理職職員は，その身分は被用者である。それゆえ，労働法が原則として適用できる。しかし，その機能によれば，管理職職員は，使用者であり，従っていくつかの労働法規定は適用できない。事業所組織法5条3項が，一定範囲の管理職職員を事業所組織から外しているのがそれである（上記 Rn. 351）。また，同じ範囲の者を労働時間法からも除外している。従って，途切れることなく働かなくてはならず，通常すべての労働協約からも外されている。狭い範囲の，被用者を独自に採用または解雇する権限が与えられざるをえない管理職職員については，解約告知制限法は，14条2項で，使用者が十分な事由の証明がなくても，解約告知制限法10条の基準による補償金を支払うことによって管理職職員と別られるという規定に変更している。

こうして，**労働法の適用可能性の連続系列**が明らかになる。原則として，労働法は，民法上の組合員や機関構成員にはわずかな例外をもってしか（上

記 Rn. 528）適用にならないし，原則として被用者類似の人たちには多くの例外をもって（上記532以下）適用にならない。また原則として管理職職員にはわずかな例外もって適用になり，非管理職職員には無制限に適用になる。

X．グループ労働関係，ジョブ・シェアリング

563　二つの重要な事例：楽団員，寮長の夫婦。結果：それぞれの解約告知は，疑わしければ除外される。グループを構成する者が解約告知の事由を与えれば，グループ全体が解約告知されうる。反対に，あるグループ構成員が特別な解約告知の保護を受ければ，これはグループ全員にも及ぶ[10]。

　　(10)　BAG 21. 10. 1971, EzA §1 KschG Nr. 23. それとは反対に搾乳者（*Melker*）事件，BAG 17. 5. 1962, EzA §9 MuSchG，旧法2号参照。この事件では，妻が補助的に働いていただけで，その労働関係は，夫に法的に依存していた。母性保護法9条は助けにならなかった。その全体については，*Rüthers* ZfA 1997, 1.

564　二つ以上の労働関係の数少ない法的およびより事実的な結合は，パートタイム労働・有期労働関係法13条によって，法律では職場の配分と呼ばれるジョブ・シェアリングで存在する。それによって，使用者と被用者は，幾人かの被用者が労働時間をある職場で配分することを合意することができる。しかし，それらの労働関係は，独立したままなので，13条2項によって，ある被用者が辞めることは他の被用者の解約告知を正当化するものではない。職場の配分を阻止する際の相互の代理義務は，これが個々に合意されまたは少なくとも個々に期待できる場合にのみ存在する。13条における複雑な細目は，その制度が全く利用されないという結果を生じさせざるをえないと思われる。

XI．職業訓練関係

1．法 的 根 拠

a)　年少者労働保護法

XI. 職業訓練関係

年少者の就業は，労働法上の問題点をもっており，そのために 1960/76 年の年少者労働保護法が存在する。その規定のルーツは，はるか以前に遡る。すなわち，1839 年の年少労働者保護に関するプロシアの規則は，最古の労働法の一つである。年少者労働保護法は，児童の労働を禁止し[11]（5 条），より短い労働時間（8 条）を定め，より長い休憩（11 条）と週5日制（15 条）を定めている。年少者の休暇は，連邦休暇法のものより長い（19 条）。一定の労働は禁止されている（22，23 条）。使用者には，年少者の健康を守らねばならないという特別な義務がある（32 条以下）。それについて，後の改正を伴う 1961 年 10 月 2 日の年少者労働保護法による医師の診察に関する命令もある。年少者労働保護法については，MünchArbR, 2. Aufl. Bd. 2, 2000, §§230ff.

(11) 児童とは，1997 年 2 月 24 日の年少者労働保護法第 2 改正法以来もはや 14 歳未満ではなく，15 歳未満の者である。

b) 州の就学義務に関する法律と職業訓練法

まだ終わっていない。働いている年少者には，訓練が必要である。ドイツには，二元的な制度がある。すなわち，国家と事業所による職業学校である。国家によるのは，職業学校制度であり，州の就学義務に関する諸法律の中に規定されている（例えば，ノルトライン・ヴェストファーレン就学義務法 9 条以下）。普通の義務教育の後 3 年間継続する職業学校の就学義務，特に見習い，養成，実習またはその他の職業訓練関係にある年少者のためのものと，また非熟練労務者の地位に甘んじようとする（甘んじざるをえない）者のためのものとがある。年少者労働保護法 9 条によって，使用者は，通学時間に年少者を解放しなければならず，授業時間は労働時間に算入され，報酬の不支給があってはならない。

ただし，**賃金不支給の原理**の範囲内でである！　従業員は，カーニバルのバラの月曜日のために仕事をさぼっているが，職業学校はそうではない。その場合報酬はない（BAG 17. 11. 1972, EzA §13 Jugendarbeitschutzgesetz Nr. 63）。

568 　**事業所**で：職業訓練法（2005年3月23日の新公布条文）は，手工業法によって補充されている。その規定は，職業訓練生の不利益に適用を排除されてはならない（職業訓練法25条）。

569 　職業訓練生は，職業訓練法17条によって相応な報酬の請求権を有する。その相当額は，協約上の報酬が20％以上下まわるとき，通常否定されるべきである（BAG 10. 4. 1991, EzA §10 BBiG Nr. 2）。しかし，例外は，国による職業訓練の促進の場合である（BAG 11. 10. 1995, EzA §10 BBiG Nr. 3）。特に重要なことは，職業訓練法12条が一定の合意，例えば競業禁止とか違約罰とかに関する一定の合意の無効を定めていることである（BAG 23. 6. 1982, DB 1983, 291）。試用期間後に訓練関係を通常解約告知できるということは，合意されてはならない。職業訓練法22条2項（BAG 22. 6. 1972, AP Nr. 1 zu §611 BGB Ausbildungsverhältnis = NJW 1973, 166）。訓練料は，徴収されてはならない（12条2項1号）。ボランティアや研修生への職業訓練法の適用については，Rn. 522を見よ。

570 　**事例：典型的な訓練損害**　ある少女が製造業での営業職になるために教育されたが，「商業計算」と「簿記」の科目で不合格の成績を取ったために最終試験に落ちてしまった。その少女は，事業所で簿記の仕事にも（6ヵ月間）組み入れられたが，使い走りや業務上の書類の整理等に就業させられてきた。その少女は訓練を延長しなければならず，試験は半年後にある。少女は，訓練補助金と商人としての職員の給与との差額を事業主に請求した。正しいか？　正しい（BAG 10. 6. 1976, EzA §6 BBiG Nr. 2; さらに続けているのは，BAG 11. 8. 1987, EzA §16 BBiG Nr. 1）。

571 　職業訓練法には，一連の大変に詳しい職業訓練令が追加され，さらに1999年2月16日の調整令（BGBl. I S. 157, 700）が補足されている。2003年8月1日から2008年7月31日の間に存在し設定されている職業訓練関係については，この調整令によって，知識の証明義務が適用されない。これは，前代未聞なこととみられようが，しかしどこが前代未聞であるかはっきりしない。不十分にしか訓練しなかった養成者が翌年その職業訓練生にけしかけ

XI. 職業訓練関係

るようにさせられるのか，あるいはその規定が必要でない点なのか？　それは，主として，その発案者自身がさしあたり余計なことだと考えた法令が発布された点にある。

c）事務所組織法

60～71条：最低限5人の年少被用者がいる場合の年少者代表会（この代表会は，法律によってかなりそっけなく扱われている）。年少者および職業訓練生の代表会委員による通常の労働関係への継続請求権については，事業所組織法78条a。96条から98条は，職業訓練を措置する場合の事業所委員会の共同決定，特に98条は，事業所の訓練方法の実施を定めている。

572

d）社会法典

社会法典第3編59条以下は，教育訓練補助金の助成による職業訓練の個別的促進の要件を規定している。一種の訓練生―連邦奨学金法である。

573

e）一般労働法

最後は，一般労働法である。職業訓練法3条2項は，訓練関係の特殊性から異なることが生じない限り，個別的労働法が適用できることを確保している。従って，特に被用者保護法（解約告知制限法，母性保護法，責任制限）が適用される。訓練期間は，解約告知制限法1条以下，賃金継続支払法3条，連邦休暇法4条，民法622条によって，原則として直接継続する労働関係の待機期間に参入される(12)。

574

(12)　BAG 20. 8. 2003, EzA §3 EFZG Nr. 11. それは，パートタイム労働・有期労働関係法14条2項における就業前の時間への算入を明らかにしていない。当面の通説は：算入なしである。HWK/*Schmalenberg* 2. Aufl. 2006, §14 TzBfG Rn. 111. BAG 18. 11. 1999, EzA §1 KSchG Nr. 52 は，労働関係でも，職業訓練法19条，3条によって労働関係とも扱われなかった実習生についての算入を認めていない。Rn. 997 も見よ。

例外：
―徒弟のストライキ，前記 Rn. 333.
―民法113条は適用できない。職業訓練契約締結のための年少者への一般的

575

な権限付与はできない（LAG Düsseldorf/Köln, DB 1980, 1135）。後見人（親ではない）は，さらに後見裁判所の認可を必要とする（民法 1822 条 6 号）。そのほかに，113 条は，組合加入へも適用される（LG Essen, NJW 1965, 2302）。

576　使用者は，職業訓練生にいかなる義務を負わせてよいか？　ある旅行会社が徒弟に 1 年目の徒弟期間に 5,000DM 以上を銀行へもたせたのは軽率であった（LAG Düsseldorf, DB 1973, 974）。事業所内での窃盗は，訓練関係にあっても即時の解約告知を正当化する事由となる（LAG Düsseldorf, DB 1974, 928 ―「高くついた 1 マルク」―）。しかし，職業学校を怠けることは違う（異なるのは LAG Hamm, DB 1979, 606）。

577　**事例**（LAG Frankfurt/M, AuR 1970, 124）：**徒弟は契約を守らない。**
　使用者は，その職場を「有能な職員でもって」新たに占めねばならなかったことを理由に損害賠償を請求した。認められない！「訓練関係は，知識と熟練を伝えるために編成されており，生産的な労働提供のためではない。」類似するものに，LAG Düsseldorf, DB 1985, 180. とにかく，徒弟がいつか役に立ち始めることが，実際の「訓練報酬」の経済的な意味である。

578　職業訓練が終了した後本来の労働関係へと受け入れる法定の請求権は，事業所組織法 78 条 a 以外には存在しないが，協約または個別の契約で合意されることはできる（BAG 14. 5. 1997, EzA §4 TVG Beschäftigungssicherung Nr. 1）。使用者が協約上の義務にもかかわらず訓練生を受け入れなければ，使用者は，損害を賠償しなければならない（BAG 14. 10. 1997, EzA §611 BGB Einstellungsanspuruch Nr. 10）。

2．法　政　策

579　主要な問題は，十分な職業訓練の場を見つけることであったし，現在でもそうである。すでに 1976 年に，すべての使用者に，それでもって追加の職業訓練の場が創出されるべき特別税を義務づける訓練場所促進法があった。それは，連邦憲法裁判所によって承認されているが，裁判所は，行政手続きの規制について連邦参議院の同意がないためにその法律を無効だと判断した

(10. 12. 1980, BVerfGE 55, 274)。2004年に，新たに法律草案ができたが，それはしかし，税負担義務を訓練の割合よりも下回わせることを意図した草案であった。その法律は，「訓練協定」の中での，新たな訓練場所を創出するための経済の自己負担義務のために可決に至らなかった(13)。

(13) 職業訓練確保法 BT-Drucks. 15/2820, 3064, 3302 を見よ。両院協議会での廃案については，BR-Drucks. 534/05 を見よ。

XII. 労働関係とは，本来何なのか？

単なる交換関係なのか？ 民法の立法者は，労働関係を他の双務債権契約の範疇に従って起草した。611条は，320条以下が適用される433条，535条，631条と同様に構築された。しかし，その際，最も重要なことが見落とされた。すなわち，それは，継続的な関係のもつ特殊性，事業所や企業への被用者の組込みの特殊性であり，それは，他の被用者や使用者とも協力してのみもたらされる，すべての典型的な労務給付の集団的性質，および働くことが許されていることについての被用者の典型的な固有の利益（BAG GS, 27. 2. 1985, EzA §611 BGB Beschaftigungspflicht Nr. 9），企業に帰属し続けることの典型的な被用者の利益（解約告知制限に対応する）等である。民法の父達（母達はいない。男性だけがドイツ帝国議会の選挙権者だったからである）は，それを見逃すことはなかったし，特にそのことを批判者達から強力に指摘されていた（とりわけ，*Otto von Gierke* Der Entwurf eines bürgerlichen Gesetzbuchs und das deutsche Recht, 1989；Die soziale Aufgabe des Zivilrechts, 1889；*Anton Menger* Das Bürgerliche Recht und die besitzlosen Volksklassen. , 1890；加えて，*Martin Becker* Arbeitsvertrag und Arbeitsverhältnis in Deutschland, von dem Beginn der Industrialisierung bis zum Ende des Kaiserreichs, 1995）。しかし，彼らは，今日までこの領域での最も重要な法的根拠である民法618条による被用者の健康保護（後記 Rn. 680）を顧慮することで満足していた。その他に，彼らは，1896年12月11日，次のような決議をした。すなわち，期待されることは，「人は，合意された賃金と引き替えに，家族共同体，または経済的もしくは営利的な企業のために精神的または肉体的な労働力の一部を用いることを義務づけられる契約が，ドイツ帝国のためにできる限り早く統一的

に規定される」ことである（速記録1巻3846）。それが明らかにしていることは，民法が労働関係を全く完全に規定しようとはせず，後の法の不備充足を判例法の形成によって正当化しようとしたことである。ただ問題だったのは，この法の形成がなお民法の体系の中で行いうるのかどうか，特に労働契約が雇用契約の純然たる下位事例として分類されうるのかどうかであった。個人法的共同体関係の理論（それについて最近のものとして，*Herbert Wiedemann* Das Arbeitsvehältnis als Austausch- und Gemeischaftsverhältnis, 1966。それに対して，*Ernst Wolf* Das Arbeitsverhältnis, Personenrechtliches Gemeischaftsverhältnis oder Schuldverhältnis?, 1970）や，*Nikisch*（Arbeitsrecht Ⅰ, 3. Auf. 1961, §19）が展開した組込み理論，すなわち労働関係が，労働契約ではなく，事業所への事実上の組込みによるという理論は，もう既にその体系を粉砕するものであった。両説は，現在克服されているが，完全にではない。労働関係は，たとえ民法のテキストの中の小さな部分であっても，雇用契約の下位事例として，すなわち指揮命令に拘束された労働（上記 Rn. 534）に関する雇用契約として民法体系におけるその決定的な場所を見いだした。被用者が通常それ自体で共同体へ組み込まれるという観察は，すべての債権関係に内在する保護義務や配慮義務の徹底の中に現れている（誠実義務や保護義務。後記 Rn. 593）。事業所への事実上の組込みは，労働関係の基礎としてはもはや全く認められないが，しかし特別な事例における権利義務の根拠としては認められる（*Zeuner* Zur arbeitsrechtlichen Bedeutung des Phänomens der Eingliederung, FS Kissel, 1994, S. 1305。事実上の労働関係については，後記 Rn. 637）。全体を総括するものとして，*Boemke* Schuldvertrag und Arbeitsverhältnis, 1999.

ⅩⅢ．債務法の現代化から労働法の現代化へ

581　2002年1月1日施行された債務法の現代化のための法律によって，労働法におけるいくつかの規律が民法の中へ取り入れられた（よくできた概観として，*Löwisch* FS Wiedemann, 2002, 34）。労働法の現代性が今までリベラルで保守的な民法から距離を置くことにあった一方，いまや債務法の現代化への一部の取込みが，労働法の現代化かまたは単にうわべだけの適応なのかど

XIII. 債務法の現代化から労働法の現代化へ

うかという問題が提起されている。

　各論を見てみよう。民法旧法 196 条 1 項 8 号ないし 11 号による労働法上の請求権の短期**消滅時効期間**は，すべての他の短期時効期間と同様削除された。30 年の一般の消滅時効期間が 3 年に短縮されたからである。その限りで，一般的な民事法は，労働法の特別規定に対する優位性を取り戻したにすぎない。 582

　改正法民法 275 条 3 項によって，債務者は，個人的に提供すべき給付がその給付と矛盾する障害と債権者の給付の利益とを比較衡量して，債務者に期待できない場合，その**個人的に提供すべき給付を拒むことができる**。これによって，労働法ではなく，一般の債務法が現代化された。これは，労働法では既に常に承認されていたからである（それについては，Rn. 854 以下）。 583

　最も重要なのは，民法 305 条以下にある**普通契約約款**規制への労働契約の取込みである (14)（労働契約は，旧普通約款法 23 条によって普通約款法の適用領域から外された結果，民法 134，138，242，315 条の一般条項や普通契約約款法からの借用のために，労働法による契約規制の見極めのつかない体系が生じてきた (*Preis* Grundfragen der Vertragsgestaltung im Arbeitsrecht, 1992 を見よ))。その際には，労働法で妥当する特殊性が考慮されねばならない（民法 310 条 4 項 2 文）(*Hanau* FS Konzen, 2006, 249；後記 Rn. 699f. を見よ）。この領域では，労働法は，実際時代遅れであったし，どうしても必要な現代化を経験してきた（ErfK/*Preis* 6. Aufl. 2006 の注釈；HWK/*Gotthardt* 2. Aufl. 2006；*Däubler/Dorndorf* AGB-Kontrolle im Arbeitsrecht, 2004）。その重要な結果は： 584

　(14)　普通労働条件約款は，決して実際に普通である必要はない。民法 310 条 3 項 2 号に従って 1 回の使用で十分である。それゆえ，どのような労働契約も，被用者がそれを予め定式化するためにその内容に何ら影響を与えることができなかった限りで普通契約約款とみなされうる。

　透明性のコントロール　（民法 307 条 1 項 2 文）であり，疑わしいときは，普通契約約款の使用者に反する解釈がとられた（305 条 c 2 項）(15)。民法 305 585

249

条2項の取り込みのコントロールは，普通労働条件約款には適用されない。立法者は，証明書法を十分価値のある代用とみなしたのである。しかし，不意打ち条項は，組み入れられない（305c 条1項）。

(15) 透明でないものが，決して常に透明でないとは限らない。ある給付が任意にまたいつでも可能な撤回を留保してなされるという広く普及した条項は，LAG Brandenburg, 13. 10. 2005, LAGE §611 BGB Gratifikation Nr. 5 では不透明で無効だと考えられている。なぜならば，人は，請求権が完全に排除されているか，また撤回の留保の下であっても，根拠づけられるべきかどうか分からないからである（それについては，Rn. 778 も）。LAG Düsseldorf, 30. 11. 2005, LAGE §305c BGB 2002 Nr. 3 は，撤回の留保を認めている。同じく LAG 11. 1. 2006, LAGE §611 BGB Gratifikation Nr. 6 は，任意性の留保を承認している。連邦労働裁判所（BAG 9. 11. 2005, EzA §305c BGB 2002 Nr. 3）にとってはっきりしないのは，協約による報酬グループの表示と結びついて「被用者は，次の報酬を受け取る」という労働契約の表現が，協約による報酬に対する動的または静的な指示を意味するのかどうかである（その区別については，Rn. 745）。「疑わしいときは，使用者に反して」という解釈規則に基づいて，連邦労働裁判所は，動的な指示を認めている。

586　**相当性のコントロール**（特に民法307, 308条4号）で，そこから引き出されるのは：
—25ないし30％までの労働時間や労働報酬の弾力化（Rn. 672, 778），
—労働法上の請求権を契約によって排除するための3ヵ月の最低期間（Rn. 879），
—民法306条2項による補充適用制限の原則禁止（*Ohlendorf/Salomon* RdA 2006, 281）である。

586a　**透明性や相当性のコントロールがないのは，**
—個別に交渉して取り決められた契約条件（民法305条1項3文），
—協約と事業所協定（民法310条4項3文）である。
というのは，立法者は，この場合に契約当事者の同じ交渉力に立脚しているからである。

　しかし，判例は，事業所委員会が強くはなく，それゆえ事業所協定が事業所組織法75条によって内容のコントロールを受けるのではないかという疑

XIII. 債務法の現代化から労働法の現代化へ

間を常にもっていた。連邦労働裁判所 2006 年 2 月 1 日の新しい裁判 (EzA §310 BGB 2002 Nr. 3) は, 民法 310 条が事業所協定を内容の相当性のコントロールから免除していることを認めてはいるが, それにもかかわらず, 事業所組織法 75 条による内容のコントロールを留保し, 事業所協定が損害を生じさせることがないようにその協定を注意深く扱っている。また協約でさえも, それが弾力的な労働時間または労働報酬を定めていた限り, コントロールを好む判例は, 協約を野放しにしなかった(16)。コントロールの基準としてここで用いられるのは, 解約告知制限法, パートタイム労働・有期労働関係法および基本法 12 条であった。連邦労働裁判所は, 事業所協定の場合と異なり, 約款規制のための古いコントロール基準を捨て去ったのであり, それは, 協約の柔軟な規則を完全に解放することになった。残っている問題は, 今までのコントロールの基準が不当であり, そのコントロールがただこじつけだけだったのか, あるいはその基準が, 労働時間や労働報酬の約 75％ の中核領域では正当であったか (または正当であるのか) どうかであり, その結果協約や事業所協定の自由も相変わらず制限しているのである。

(16) BAG 15. 11. 1995, EzA §315 BGB Nr. 45 ; 25. 10. 2000, EzA §1 TVG Arbeitszeit Nr. 1 ; 23. 9. 2004, §611 BGB 2002 Direktionsrecht Nr. 1 und §611 BGB 2002 Kirchliche Arbeitnehmer Nr. 4.

透明性のコントロールはあるが, 相当性のコントロールがないのは, 主たる給付義務に関する合意でである。それは, 相当性のコントロールが, 法規定とは異なるかまたはこれを補充する規定が合意されているところの普通契約約款 (ここでは従って, 労働条件) についてのみ適用される 307 条 3 項から明らかになる。これは, 特に労働時間や賃金といった主たる給付義務の規定では普通は当てはまらない。普通契約約款法にあるように, これは, 労働法においても限定して解釈されるべきものである。価格ないしここでは労働時間や賃金の付随的取決め, とりわけ柔軟にする規則に適用されるものではないからである。

普通契約約款による規制は, 全労働契約法を貫通している結果, 今後の叙述では, それとの関連づけがなされねばならない (Rn. 656, 672, 698ff, 706, 723, 745, 772, 778, 786, 820, 868, 869, 872, 879, 1004)。

受領遅滞や，被用者の責任の証明責任に関する現代化された規定については，下記 Rn. 817 以下, 706。

XIV．消費者契約としての労働契約

588　消費者とは，民法13条によれば，営業活動にも独立した職業活動にも分類されることのできない目的のために法律行為を行うすべての自然人のことである。この文言は，被用者が労働契約に基づいて何を消費するかが明らかでないにもかかわらず，被用者をもとらえるものである。そこから生じた争いのある問題は，その法律を文言通りとらえられるべきか，あるいはそれに従うのを拒否すべきかという問題である(17)。連邦労働裁判所は，それを現在まで肯定してきた（25. 5. 2005, EzA §307 BGB 2002 Nr. 3）。その結果は，少ない。それどころか，民法288条の場合には，その結果は被用者には不利である。というのは，一般の遅延利息では基準利率に5％を上乗せした額にとどまり，民法288条2項によって，基準利率に上乗せして8％に増額されないからである。これは，特に未払いの賃金請求権に利息を付すことにとって重要である。被用者にとって典型的に有利なのは，消費者契約のために適用される民法310条3項の条文であり，それは一回の利用のための予めの定式化で十分とされ，不相当な不利益を判断する場合には，契約締結へと導いた諸事情の検討が求められるのである。後者は，被用者による締結に圧力があった合意解除に特に意味があるであろう。しかし，まさにここで連邦労働裁判所(18)は，316条3項3号の適用を認めていない。主たる給付に関するコントロール不能な合意だからである（それについては，Rn. 895 も見よ）。

　　(17)　13条を労働契約へ適用すること等については，ErfK/*Müller-Göge* §620 BGB Rn. 13；*Boemke* DB 2002, 96, 97；*Gotthardt* Arbeitsrecht nach der Schuldrechtsreform, 2. Augl. 2004 Rn. 173；*Preis* Sonderbeilage NZA Heft 16/2003, 1923f.；*Reinecke* DB 2002, 583, 587. 異なる説：*Bauer/Kock* DB 2002, 42, 44；*Henssler* RdA 2002, 129, 133f.；*Hromadka* NJW 2002, 2523, 2524；*Lieb* FS Ulmer, S. 1231, 1236；*Löwisch* NZA 2001, 465, 466；*Reichhold* ZTR 2002, 202, 203,；*Rieble/Klumpp* ZIP 2002, 2153, 2155.

　　(18)　BAG 27. 11. 2003, EzA §312 BGB 2002 Nr. 1；同じく BAG 22. 4. 2004, EzA a.a.O. Nrf. 2)

連邦労働裁判所（前掲注18）は，訪問販売の撤回権に関する民法312条，355条を職場で締結される合意解除へ適用することも認めていない。これらの規定は，確かに消費者契約へ適用されるが，しかし合意解除とは関係のない「特別の販売形態」という下位のタイトル下にあるからである。被用者が合意解除によって労働関係から追い出されることでは，十分ではない。

事例：弁護士なしでは駄目である。 Aは，使用者からその人事部門へ呼ばれ，自分が合意解除されることを恐れている。彼は，そのため弁護士なしで行きたくない。正しいか？

事業所組織法は，いつ被用者が使用者との協議について事業所委員会構成員に助言を求める権利を有するかを規定している（82条2項）。そこから，使用者との協議が原則として職場委員なしで行われねばならないという結論が出される。

触れられていないのは，被用者の独立した助言者であり，すべての法律問題での代理人である弁護士（連邦弁護士法3条1項）の役割である。労働関係の個人的な存続に係わる限り，事業所組織内での弁護士による代理は，決して排除されるものではない（*Lubitz*, Der Rechtsanwalt in der Betriebsverfassung, 1997）。

XV．誠実と保護

労働関係の中では，主たる給付義務（被用者の労務提供義務—使用者の就業させ，報酬を支払う義務）だけが存在するのではない。当事者は，期待可能な範囲内で他方当事者の利益を配慮する義務をも負う。民法241条2項に従って，いずれの債権関係も，他の当事者の権利，法益および利益を配慮するように義務づけることが可能である。この付随義務は，使用者と被用者との間の狭い社会的結合のために，他の交換関係よりも広範にわたる。これは，被用者の「誠実義務」と使用者の「保護義務」として労働関係での付随義務

E. 使用者と被用者：労働関係

という伝統的な呼称に反映されている。使用者は，被用者に対して，何かしら他の債権者がその債務者に対してするよりも，たいてい厳しい要求をする[19]。使用者は，継続して，その労働力を提供させ，被用者には最初馴染みのない領域へ行って，作業組織へ適合するように義務づけている。他方で被用者には，職場と事業所での職階組織での地位が与えられる。被用者には，しばしば高価な機械，若い部下が任され，事業所の秘密への入口を手に入れ，競争に興味をもつようになる。その限りで，使用者は，自分にとって重要な価値と見込みをもって部分的に被用者の支配領域へ入ってきたし，被用者が使用者の利益に留意するよう期待することができる。

[19] 連邦労働裁判所は，3. 7. 2003, EzA §1 KSchG Verdachtskündigung Nr. 2の判決の中で，民法242条2項の文言を借用し，配慮義務だけを取り上げ，保護義務には言及していない。この用語法は，しかし配慮義務が労働関係の中で特別な力をもっているという事情に対応しない。619条の新たな（2001年以来）公的見出しは，明確に保護義務の言葉を使っている。

594 **使用者の保護義務**は，先ず最初に職場での被用者の**生命や健康**と係わる。使用者は，工場の建物，スペースや機械を事故のないように整備し保持しなければならず，全被用者に保護原理の確保を肝に銘じさせねばならず，人間らしい化粧室やトイレを提供しなければならない。この義務の主要な部分は，公法上形成された労働保護法の展開とともに特別法上の根拠を得たし（例えば，労働保護法，職場規則，危険物規則），あるいは事故防止規定の中に存在している。しかし，それは最低の要求に係わるだけである。民法618条1項は，個々のケースでさらなる保護措置を請求できる被用者の権利を根拠づけることができる（Rn. 687以下を見よ）。

595 保護義務は，被用者の人格権に基づく利益に関しても存在する。**人格権**は，使用者がある被用者との会話を被用者が知らずに第三者に聞かせることから，被用者を通常守るものである（BAG 29. 10. 1997, EzA §611 BGB Personlichkeitsrecht Nr. 12）。ビデオによる監視は，Rn. 736.

596 これと関係するのが，**いじめ**である[20]。法律の規定は，現在，一般平等

XV. 誠実と保護

取扱法3条3項，4項にみられる。それによると，望ましくない行動様式（嫌がらせ）は，それが一般平等取扱法1条で保護されているメルクマールと関係し，見舞われた人間の尊厳が損なわれ，威嚇，敵視，蔑み，屈辱または侮辱によって特徴づけられる環境が作られることを意図し，またはそう作用しているときには，法律の意味での不利益取扱いとみなされうる。性的嫌がらせは，ある望まれていない性的に一定した行動であって，そのためには，望まれていない行為や誘い，性的な一定の肉体的接触，性的な内容の発言および望まれていない表現やポルノ描写の目に見える呈示などが含まれるところの望ましくない一定の性的行動が，同じことを目的としまたは同じに作用している場合に存在する。そのようないじめ行為を不利益取扱いと同置すると，不利益取扱いと結びついた制裁が適用されることになる。それは，使用者に特に予防のための報告を求め（一般平等取扱法12条），見舞われた被用者に一般平等取扱法13条による異議の権利を与え，そして使用者に財産的および非財産的損害の賠償を義務づけている（一般平等取扱法14条）。使用者は，同僚の誤った行動について，上司の場合と同様，それが労務給付のたまたまの機会においてだけではなく，履行においてなされる限り，278条の範囲内で責任を負う。被用者が他の被用者によるいじめを直ちに申し出ていないならば，その被用者に共同の過失が生じる。恥ずかしさは，ここでは場違いである。見舞われた被用者の最強の武器は，使用者が，職場での嫌がらせを阻止するために何らの措置もとらずまたは明らかに適切でない措置をとり，労務給付の拒否が嫌がらせからの保護のために必要であり，つまり緩やかな選択なしに必要である場合での，労働報酬の喪失なしでの給付拒絶権（一般平等取扱法14条）である。

(20) 2001年2月15日のテューリンゲン州労働裁判所の裁判は，情熱的にそれと戦っている（NZA-RR 2001, 577 = LAGE §626 BGB Nr. 33）。この裁判の熱意は，同じ州労働裁判所の別の部（10. 6. 2004, LAGE Art. 2 GG Persönlichkeitsrecht Nr. 80）をはるかに凌駕している。次のように述べている：裁判所は，それを以前の裁判が表現してきたように，いじめに対して明確なストップシグナルを揚げなければならないという印象が与えられるだけならば，役に立たない。裁判官の間のいじめか？

　この規定は，他のいじめのケースへ類推適用できるか？　肯定できる。そ 597

のいじめが一般平等取扱法によってパラフレーズされる明確さがある場合にのみ法的に重要になるという結果をもってである。いじめが耐えられなくて，被用者が即時の解約告知によって身を引くほどならば，その被用者は，民法628条2項に従ってそれによって生じる損害の賠償を要求できる。解約告知制限法が適用できれば，民法628条2項による損害賠償請求権は，通例解約告知制限法9条，10条（BAG 20. 11. 2003, EzA §628 BGB 2002, Nr. 3）に準ずる補償金を含んでいる。これは，一般平等取扱法の範囲内，範囲外を問わずいじめに適用される。

598 **被用者の配慮義務**，伝統的に誠実義務と呼ばれているものであるが，まずは事業所での行動や秩序に関して存在する規則の遵守と係わる。

599 それに含まれるのは，被用者が使用者の財産を守るだけではなく，同僚との配慮に満ちた付き合いもである。さらに，商法60条で商業使用人のために特別に規定されていた**競業禁止**（MünchArbR/*Blomeyer* 2. Auf. 2000, §52；BAG 17. 10. 1969, AP Nr. 7 zu §611 BGB Treuepflicht）もある。賄賂の受領は，処罰できる（不正競争禁止法12条2項）。受領した賄賂金は，民法687条2項に従って使用者へ支払われねばならない（MünchArbR/*Blomeyer* 2. Auf. 2000, §53 Rn. 113）。同様に使用者の費用で何回も飛行機に乗る者の**ボーナスマイル**も670条に準ずる。

600 **両者の守秘義務**。被用者は，その開示が使用者にとって不利益でありうるすべてについて沈黙しなければならない。これは，以前は違法な使用者の行動へ拡張されていた（LAG Baden-Württemberg 20. 10. 1976, EzA §1 KSchG Verhaltensbedingte Kündigung Nr. 8. 批判者は，恥ずべき判決と指摘している）。これは，ずっと長く批判され（MünchArbR/*Blomeyer* 2. Aufl., §53 Rn. 69），2001年7月2日の連邦憲法裁判所の判決[21]以来異なって考えられている。それによれば，使用者または上司に対する刑事告発は，それが意図的に軽率な誤った申立を含んでいるときにのみ，解約告知を正当化できるのである。2003年7月3日の連邦労働裁判所の判決（EzA §1 KSchG Verhaltensbedingte Kündigung Nr. 61）によれば，刑事告発を行う際の，解約告知にとって重要

XV. 誠実と保護

な労働契約上の付随義務違反は，他の諸事情からも生じうる。「告発は，使用者またはその代表者の行動に対する行き過ぎではない反応でなくてはならない。それについての状況証拠は，敵意のある動機づけや事業所内部の指摘の欠如である。被用者が，その告発をしないことによって自ら刑事訴追にさらされるところの犯罪行為であるという認識をもつ場合には，事前の事業所内部の報告や解明は，被用者に要求できない。同様なことは，重大な犯罪行為または使用者自身が侵した犯罪行為にもあてはまる。ここでは，使用者の利益に配慮するという被用者の義務は，常に後退する。さらに，告発をした被用者には，対策が期待できない場合，事業所内部の解明についての義務は生じない。その被用者にこのような状況の中で事業所内部の是正を指摘するのは，不相当であり，彼の自由権への干渉であって許されない。」被用者が使用者に企業内での法律違反の業務を指摘したが，しかし使用者が対策を顧みなければ，それ以上の配慮義務もない。

(21) EzA §626 BGB Nr. 188；LAG Niedersachsen 13. 6. 2005, LAGE §1 KSchG Verhaltensbedingte Kündigung Nr. 90. アメリカ合衆国の多くの州では，事業所の中での違法な事件についての内部告発を保護する特別な法律がある。アメリカの企業が期待しているのは，それらの法律が匿名の内部告発の可能性をもたらし，被用者に報復措置からの保護を確かにすることである。それは，モラル原則の主要部分である。

人は，この原則を一般的に違法な行動の暴露へ転用させることができる。それは，危険物命令21条6項（Rn. 688）の中で確認されている。使用者の守秘義務については，Rn. 731, 738. 601

両者の情報提供義務。これに数えられるのは，使用者の側では，被用者の求めに応じて彼の人事記録を閲覧させる義務（事業所組織法83条1項），被用者の側では，特に疾病の場合の申告・証明義務（賃金継続支払法51条）である。合意解約については Rn. 895. その他に，被用者は，自分自身の労働領域から生じる事業所内のあらゆる切迫した損害あるいは発生した損害を遅滞なく申告しなければならない。問題は，その障害や損害が同僚によって引き起こされている場合の申告義務である。申告義務が直ちにその任務に含まれない限り，被用者は，著しい人的または物的損害が迫っている場合，同じ地 602

位にある同僚を「誹謗する」だけでなければならない（BAG 18. 6. 1970, EzA §611 BGB Arbeitnehmerhaftung Nr. 1）。

603　使用者や被用者の**事後的な効果を持つ誠実・保護義務**で，労働関係終了後継続する義務がある。特に人格保護や秘密保持の領域でである。例えば，事業上および経営上の秘密についての黙秘である（BAG 15. 12. 1987, EzA §611 BGB Btriebsgeheimnis Nr. 1）。それゆえ，退職する化学者との間で秘密保持が有効に合意されることができる（BAG 16. 3. 1982, EzA §242 BGB Nachvertragliche Treupflicht Nr. 1）。しかし，契約後の誠実義務からだけでは，使用者の競業行為の差止請求権は，結果として生じはしない（BAG 19. 5. 1998, EzA §242 BGB Nachvertragliche Treupflicht Nr. 2）。それについては，下記 Rn. 728.

604
（詩・略）

F. 被用者の採用

I. 人事計画

事業所の人事政策の始めに，**量的な人事計画**，すなわち将来必要となる被用者の数の調査と確定がある。これは使用者の任務である。共同決定がここでは最初にドアを叩く。なぜならば事業所組織法92条1項は事業所委員会に情報提供権のみを，92条2項は人事計画の導入とその実施のための提案権を与えるだけであるが。しかしながら**採用中止**の重大な計画決定に関する共同決定権は，事業所組織法99条2項3号に含まれている。この規定は，さらなる新規採用が，注文の減もしくは他の理由から，遅かれ早かれ現在事業所で働いている被用者に対する解約告知が増え，またはその他の不利益へとつながることが明白であれば，実際に適用される可能性が出てくる。

605

この量的人事計画は，必要となる被用者の資格を確定するという**質的な人事計画**によって補完されねばならない。ここで事業所組織法95条は，事業所委員会をより大きな規模で介入させている。使用者が採用の際に，配転，組織の編成替えまたは解約告知等に関する人事選考に関する方針を設けるならば，一般的に事業所委員会は拒否権を有する。500人を超える被用者を擁する事業所では，事業所委員会はそのうえさらに提案権を有する。事業所委員会は，採用の際，上記の人事選考に関して，留意すべき専門的，個人的前提条件と社会的観点に関する方針の設定を要求することができる。使用者と事業所委員会が一致できない場合には，調整委員会が決定を下すが，事業所委員会が当該方針に抵触することを理由に，使用者の人事措置に異議を唱える場合には，労働裁判所の所管となる（事業所組織法95条，99条2項2号；

606

類似の規定は，連邦職員法76条2項8号）。

607 　　従来から，解約告知に関する方針に関して実務上重要だったのは，点数制度がある場合である（これに関しては，さらに Rn. 935 参照）。1992年10月27日の連邦労働裁判所判決（EzA §95 BetrVG Nr. 26）は，配転の基準も，点数制（例えば勤続年数，勤務成績の良好さ，良好な証明書などの点数）によって許されるが，もちろん使用者の裁量の余地も残されている。採用に際しての基準に関しては，特に使用者の裁量の余地が広くとられているが，それは，基本法2条1項で保護されるところの契約の自由の核心に関わるところであり，事業所において獲得された社会的資産の状況を考慮するものではない。

Ⅱ．人 事 選 考

1．就業禁止と就業促進

608 　　人事計画が新規採用を必要とするならば，特に，すべての考慮対象となる人の選考が必要である。その際には，法律上の就業禁止と就業促進の範囲が考えられなくてはならない。もちろん，義務教育年限の児童の就労は禁止されている（年少者労働保護法7条）。かつては，婦人の就労禁止が多数あったが，1994年の労働時間法の規定により，その多くは廃止され，今日では，鉱山，部分的に船員の一部だけが，相変わらず実際に男性でなければならない。

609 　　外国人の就労は，外国人滞在法により新たに規制され，それは，2004年の移民法（BGBl. S. 1950）の1条として施行された。その18条は規定している：「(1)外国人就業者の許可は，労働市場と，失業と効果的に戦う必要性との関係を考慮して，経済上のドイツの産業立地の必要性に従う。国際条約からは，影響を受けない。(2)連邦雇用エージェンシーが同法39条の同意をするか，同法42条の法規命令または二国間協定により，就業を行うことが連邦雇用エージェンシーの同意なしに許されると定められている場合には，就労のための滞在資格が外国人に与えられる。連邦雇用エージェンシーの同意

II. 人事選考

付与の際の制限は，滞在資格へ引き継がれうるのである。

　それに対応して手つかずのままの条約で最も重要なものは，移住の自由の基本権を有する EU 条約である。この結果は，2004 年 7 月 30 日の EU 国民の一般的な移住の自由に関する法律に規定されている。この法律により，EU 国民は，仕事を探すためにも，また仕事を有し，有していた場合にも，すべて，移住と滞在の自由を有する。この規定は，その家族にも及ぶ。 610

　東ヨーロッパの新規 EU 加盟国の国民については，いまだ完全な移動の自由は与えられていない（詳細は社会法典第 3 編 284 条）。 611
　訳者注：2012 年 5 月 1 日から新規加盟国民にも完全な移動の自由が与えられた。

2. 募　　集

　事業所委員会は，使用者に対し，事業所内での空きポストの募集を請求できる（事業所組織法 93 条）が，その募集の仕方に関しては要求できない：募集の形式や内容に関しては使用者が決めることで，これらに関しての共同決定はありえない（BAG 27. 10. 1992, EzA §95 BetrVG Nr. 26）。事業所委員会は，内部からの募集がうまくいかなかった場合に，外部での募集をおこない，採用できるとする旨の要求をすることはできない。この一種のクローズド・ショップの変形は，職場の選択の自由（基本法 12 条）と，両立しえないであろう。 612

　職場は，一般平等取扱法の不利益取扱禁止に違反して募集することはできない。その違反は，間接証拠で示され，また使用者が重大な違反をしている場合には，労働組合ないしは事業所委員会は，一般平等取扱法 17 条 2 項に基づき不作為請求ができる。使用者は，パートタイム労働・有期労働関係法 7 条 1 項により，公募で，あるいは事業所内で募集するポストを，そのポストがふさわしい場合には，パートタイム労働の職場として募集することができる。それに対しての違反は，パートタイム労働に興味をもった応募者に何らの権利を設定するものではないが，しかし通説によると，事業所委員会がその募集を要求していたならば，事業所組織法 99 条 2 項 2 号によって事業 613

3. 人事調査用紙

614 応募者がいる以上，彼らの的確性が調査されなくてはならない。これについては，事業所組織法94条の定めるところにより，人事調査用紙，労働契約書類における個人的記載の欄と一般的な評価基準については，事業所委員会の同意を要する（連邦職員代表法75条3項8号も同様）。この場合に，人事調査用紙が公表されているか，以後公表されるかいなかに関しては，何らの問題はない（BAG 21. 9. 1993, EzA §118 BetrVG Nr. 62）。心理テストは，非口頭アンケートと同様である。

4. 採用に際しての共同決定

615 使用者がある特定の応募者に採用決定した場合，常時20人を超えた選挙権のある被用者を雇用する企業においては，事業所委員会の同意を取りつけねばならない（事業所組織法99～101条）。予定された採用に対する異議は，99条に最終的に列挙された根拠を有する場合にのみ，可能である。係争事例については労働裁判所が判断を下す（詳細は前記 Rn. 451ff.）。同様な権限は職員代表に帰属する（例えば連邦職員代表法77条2項）。

Ⅲ．労働契約の締結

1. 正規の契約成立

616 人事選考が終了すると，選考された求職者との労働契約が締結される。労働契約の締結に対し，意思表示と契約締結に関する民法の規定が原則として適用される。従って契約成立には――被用者の間で流布している見解に反し――原則的には何らの形式を要しない。仕事の開始に関する口頭の合意で十分である。

617 しかしながら，労働契約は，契約の変更や補充でしばしば書式が必要であると定めている。確かにそれは，口頭での約束が書式の必要性をなくしてしまうことが多いとみなされるので，効力が生じない（BAG 24. 6. 2003, EzA

III. 労働契約の締結

§125 BGB 2002 Nr. 2 —第9部—，それについては，*Roloff* NZA 2004, 1191)。それに対して，契約の破棄に関しては書面によることが必要だとするいわゆる書式の二重ないし制限的必要条項によって効力をなくそうとしている。連邦労働裁判所は，2003年6月24日の判決でこのような条項の効力を認めているのだが，一方で契約条項を口頭で破棄できるとすること（BAG 25.6.1985, EzA §74c HGB Nr. 23 —第3部—）をさしあたり認めている。

定式の労働契約の**不意打ち，不透明な条項**は，契約の構成要素ではない（民法305e条）（Rn. 585を見よ）。

618
(詩・略)
619

1995年7月20日のEG指針91/533に基づく1995年7月20日の証明書法（この注釈は，ErfKにおける*Preis*，HWKにおける*Kliemt*）は，「主要な労働条件」が文書による労働契約で決められていない限り，使用者自らが（ないし同法の公布時に採用されていた被用者の求めにより），被用者にそれを通知することを使用者に義務づけている。これには，単に労働契約のみならず，法律に定められた契約条件も含まれ，使用者は，ここでは，法律の教師のように行動しなくてはならない。その法律は，**少なくとも提示されなくてはならない契約条件**を個々に列挙している。その他には，主要でありうるものが明確でないものとして，除斥期間がある。証明義務はなんら民法125条のような方式を要しない結果，証明されていない契約条件でも有効である。しかし，使用者がこの点に関して，証明につき遅滞すると，損害賠償の義務を負う。これは，使用者が協約上の除斥期間を主張できないことになる（BAG 17.4.2002, EzA §2 NachwG Nr. 5；5.11.2003, Eza §3 NachweisG Nr. 1)。証明書がなければ，被用者の証明責任も軽減される。

620

すべての双務的契約と同様，労働契約も行為能力ある人間によってのみ自主的に締結されうる。18歳以下の年少者が彼の法定代理人の同意なしに労働契約もしくは職業訓練契約を結んだ場合，当該契約はまず不確定であり，追認が拒否されて，最終的に無効となる（民法108条）。職業と職場の自由選択に関する基本権の行使における代理は，年少者の法定代理人の重要な任務に属する。むろん民法113条には限定された労働上の成年擬制が許可されて

621

いるが，それは，常に――そのうえ，撤回可能で制限可能な――法定代理人の同意を前提としている。

2. 採用における不利益取扱いの禁止

621a 　一般平等取扱法2条によって，法律が保護するメルクマールを理由とする不利益取扱いは，従属的な（また）独立した就業活動を始めるための諸条件――活動領域や職業上の地位とは無関係に――および職業上の昇進のための諸条件では，その不利益取扱いは，違法である（制裁に関しては，Rn. 630ff.）。宗教ないし世界観に関する共同体に関しては，たとえ，自己決定権に関して，あるいは行為のあり方により，正当な職業上の要請があろうとも，同じ主旨に賛同する応募者を求めることが許されている。従来，広くとられてきた実務で，定年（一般平等取扱法10条2号，3号）の前に特別の職場に関しての特別の職業訓練を求められている場合を除き，採用の際の最高年齢を定めることに対して，これを違法としてきたが，年齢または職歴に関しての最小限の要求は許される。一定の保護されているメルクマールによる不利益を避けるために，採用に際して一定の優遇措置をとることは，正当である。法律で定められている一つの例としては，最低20人を採用し得る使用者に対して，職場の少なくとも5％で重度身体障害者を採用すべきことを定める補償措置としての義務が規定されている（社会法典第9編71条以下）。

621b 　例外としては，応募者が，保護されているメルクマールのゆえに，優遇される場合ではなく，不利益に取り扱われる場合である。問題となる**事例**：応募者に完全な履行能力が備わっていない者は，採用されるべきではない。イスラム教のスカーフを着用している者は，採用されるべきではない。なぜならば，その採用によって，顧客や同僚の不快感を事業所内の雰囲気で与えかねず，その結果企業に金銭的な不利益を与えるからである。保護されるメルクマールによる異なった取扱いが，行われる職務の性質の種類やまたは行使の条件ゆえに**重要で決定的な職業上の要請**になっている場合に，その目的が合法で，要求が正当である限り，その異なった取扱いは許容される（一般平等取扱法8条）。一般平等取扱法により削除された社会法典第9編81条3項1号の規定は，この基準を，障害者を採用しないことの正当化のためにも援

III. 労働契約の締結

用してきた。同法8条の文言は，それが，異なった取扱いを，保護されるメルクマールが本質的で決定的な職業上の要請になっている場合にのみ許すので，確かに狭いが，他方で一定のメルクマール（障害，宗教）のないことが，職業上の要求となるか否かがここでは問題となる。いずれにせよ，この規定は，このようなケースへ準用されねばならないだろう。イスラムのスカーフに関しては，Rn. 946.

一般平等取扱法3条2項の**間接差別**に関しては，中立的な規定，基準や手続による外観から，人が他の者に対して特別に不利益に扱われる場合に，これが存在する。例えば，その基準が，合法的な目的を達成するために正当で必要である場合に（のみ），表面上中立，典型的であるが，応募者の大きさや身体的な能力への性別特有の要求は，正当となる。しかし，この場合には，本質的で決定的な要求は必要ではない（Rn. 769を見よ）。 621c

一般平等取扱法以外で採用に際してのさらなる不利益取扱い禁止は存するのか？ 基本法9条3項は，採用そのものが関係しない限りで，労働組合ないし使用者団体に属するか，属しないかによる不利益取扱いを禁止している。 621d

疑問なのは，不利益取扱い禁止が一般平等取扱法の中に取り込まれていない限り，基本法3条3項の不利益取扱い禁止が採用に関して直接的，間接的に効力を有するかどうかである。これに該当するのは，言語，政治信条に関する基準である。出自，故郷や出身などは，本質的に一般平等取扱法の定める人種的な出身と同じものと考えられている。同法は，EU指針2000/78の定める不利益取扱い禁止のみをカバーし，基本法3条3項の拡大により受け入れられたものではないが，いずれにせよ言語や政治的信条による差別には同法の適用がないとされるのである。EU領域内のどの国に属するかによる差別禁止は，EU憲章上の移動の自由に関するEU基本権（欧州共同体規則39条）から生ずるのだが，この点は使用者から尊重されるべきものである（欧州裁判所2000年6月6日判決，EzA Art. 39 EGV Nr. 1; *Roloff* Das Beschränkungsverbot des Art. 39 EG（Freizügigkeit) und seine Auswirkung auf das nationale Arbeitsrecht, 2003, 188ff.）。

特別な状況が公勤務について存することに関しては，Rn. 628.

3. 質問権の制約（「嘘についての権利」）

622 労働契約の締結に対し，強迫，詐欺，錯誤による意思表示の取消しに関する民法の規定がさらに適用される（123条，119条）。

623 **重要**：使用者により採用交渉の間になされた質問に対する間違った回答のすべてが詐欺とみなされるわけではない。なぜならば使用者は被用者に，その人格権保護のため，埋めるべき職場に関連し，使用者が正当な利益を有する質問のみを，例えば契約の履行を損う訓練，職歴，疾病についての質問をしてもよい。

624 質問権に関するもっとも重要な制限は，今日では一般平等取扱法から生ずる。同法は，不利益取扱禁止を補うものとして，何ら明文では質問禁止を含んではいない。判決では，従来差別禁止から，質問の禁止を導いてきた。その結果，性別による差別禁止の手段であるとして，妊娠に関する質問を違法だと判断してきた[1]。一般平等取扱法がその他の直接，間接に異なった取扱いを認めていない限りで，その他の不利益取扱い禁止へ転用できる（ErfK/Preis §611 BGB, Nr. 347）。必要最低限の個人の識別のメルクマールに相当するがゆえに，通常，年齢，性別に関する質問禁止は認められない。一般平等取扱法は厳格な質問禁止を規定しているわけではない。

(1) BAG 6. 2. 2003, EzA §123 BGB 2002 Nr. 2, 加えるに有期の主たる部分の間，就業不可能な場合に関して，欧州裁判所判決2001年10月4日（EzA §611a BGB Nr. 16）はそう判断する。エネルギッシュな反対は，*Elke Herrmann* SAE 2003, 125.

625 宗教に関する質問は，キリスト教の教会施設の中でのみ許される。労働組合所属に関しては，組合の管理部門でのみ，傾向支持は使用者団体でである（労働組合に対する質問が許されないとされた事例は，BAG 26. 9. 2001 EzA §3 Bezugnahme auf Tarifvertrag Nr. 19）。**前科**についても聞くことは許されるが，連邦中央登録簿法53条に基づき，前科なしと称し，有罪宣告が無犯罪証明書に記入されていなければ，有罪宣告の根拠となっている事実関係を公表す

る必要はない。これは逆に言えば，そのつど無犯罪証明書に記入されるべきすべての有罪判決は，採用前に質問に応じて打ち明けられねばならない[2]。以前の使用者の下での**給与**については，応募者の適性に関して何かを述べ，あるいは応募者自身から何か要求される場合にのみ問われてよいが，給料の格付けのために問われてはならない。**あまりにも過剰な質問**（例えば，すべての前科，あらゆる重度身体障害に関して）では，判例は，使用者に対し許されていない質問の制限により対抗しうる。質問が許されている場合には，被用者は誠実に答えなくてはならない[3]。

(2) 判例上，各職場にとって重大な場合にのみ，登録義務のある前科を問いうることは確定している（BAG 5. 12. 1957, EzA §123 BGB Nr. 1 ; 15. 1. 1970, EzA §1 KSchG Nr. 16.）。しかしなぜ使用者が無犯罪証明書によりその中に示される前科について問うことが許されないかについては理解できない。

(3) BAG 13. 6. 2002, EzA §1 KSchG Verhaltensbedinge Kündigung Nr. 11.

その制限は，労働契約の締結により被用者を対象としている場合の質問に限られる。論理的には，使用者が労働組合員かどうかを，もし組合員でない場合には協約賃金に沿って賃金支払いをする必要がないのであるから，問いうる。しかし実務上はほとんど問題にならない。

たまたま**使用者**も，採用の面接で，詐欺による取消し（民法123条）や契約締結上の過失責任の一般原則によって判断されうる誤った指摘をする。連邦労働裁判所は，判決（BAG 25. 1. 2000 EzA§133 BGB NR. 22）で，求人広告の内容が，採用の面接の際に繰り返されない限り，広告への信頼は保護の対象たり得ないとしている。しかし，被用者が労働契約に存在することを信じていたような場合には，異なってくる。解約告知されていない労働関係に基づき，採用された被用者が，その採用の際の理由から解約されないことを信頼してもよい。

4. 採用請求権

公勤務での採用は，基本法33条2項によって，応募者の適性，才能や専門的能力に向けられねばならない。その他の理由から不採用とされた応募者

は，公勤務の雇用主に適正な決定を求めることができる（いわゆるライバルの訴え）。適正な決定が応募者の採用に対してだけなされ，他の応募者がまだ計画ポストを決められていなければ，その雇用主は，それに応じて厳しく非難される。これは，連邦労働裁判所が連邦憲法裁判所にならって，自由・民主主義の憲法秩序の反対者（いわゆる過激な）のケースで展開させたが，他の応募者は，わずかな権利保護も受けられない。証明責任は分配された：原則として，応募者は，自分の適性についての証明責任を負うが，官庁は，「根拠のある疑い」を明らかにしなければならない（それについて包括的には，*Seitz* Die arbeitsrechtliche Konkurrentenklage, 1994；*Zimmerling* Arbeitsrechtliche Konkurrenten- und Eingruppierungsklage im öffentlichen Dienst, 1999）。

629 　同程度の適正や才能の場合には，公勤務での選抜決定は，例えば自由裁量によってではなく，補完的に客観的な基準に従ってなされねばならない。このような基準として，特にブレーメン，ヘッセンやノルトライン・ヴェストファーレンの州法は，女性がそれぞれの履歴書で劣ると評価されている限り，特性を女性にあるとみなしている（例えば，1999年11月9日のノルトライン・ヴェストファーレン州均等待遇法，GVBl. NRW 1999, 590）。不利益取扱いの調整のためにこれを優遇することは，それが硬直しておらず，総合的検討の範囲内で扱われる限り許される。

630 　**私的経済でも採用請求権はあるか？**　たしかに，民間使用者に対する採用請求権は，使用者の予約または募集から生じうる。一般平等取扱法の不利益取扱い禁止に対する使用者の違反は，就業関係，職業訓練関係もしくは職能向上を理由とする請求権を理由づけない。ただし，これらが他の法的原因から生じる場合を除く（一般平等取扱法15条6項）。このような法的原因は，組合の帰属または非加入のために採用しない場合に，民法823条，249条と関連する基本法9条3項から生じる。基本法9条3項2文は，不利益取扱禁止の第三者効を特に強調して私的関係に対して定めているからである。これに対し，EU内での移動の自由（本章2参照）からはなんら採用請求権は認められないが，損害賠償請求権ないし補償請求権が，一般平等取扱法法15条の類推により認められる。この場合移動の自由は差別禁止としては，さほど

高く評価をされていない。

　法定の差別禁止違反の場合に，採用請求権が私的経済上完全には保障されないのに対して，連邦労働裁判所は，期限付きで採用された被用者が事業所組織法75条の定めるところにより禁じられているような根拠に基づき継続雇用されない場合には**再雇用請求**が可能であるとしている（BAG 25. 3. 1984, NJW 1985, 342 ; 29. 1. 1987, EZA §620 BGB Nr. 87 ; 16. 3. 1989, EzA §1 BeschfG Nr. 7 ; ArbG Bochum 17. 7. 1991, EzA §611a BGB Nr. 8）。同様に連邦労働裁判所は，職業訓練生が暴力に及んでいるデモへのジャーナリスト的な連帯を表明したゆえに採用されなかった場合に，許容される政治的行為を超えたとして，ただそれだけの理由で採用拒否された場合の再雇用請求権を認めなかった（BAG 5. 4. 1984, EzA §17 BBiG Nr. 1）。これに対する訓練生からの上告による連邦憲法裁判所は，連邦労働裁判所判決の検討なしに，合法的な言論の自由のゆえに採用されなかったことに対して再雇用請求権を認め，言論の自由の限界はいまだ保障の範囲内だとして連邦労働裁判所の判決を破棄した。訓練生のジャーナリスティックな第一歩は，そう真剣に受け取られなくてもよいというのである。私は，採用請求権を除外すれば，この種の再雇用請求権も同様に除外しなければならないと思う。既に労働関係が先行したことは，決定的ではありえない。一般平等取扱法5条6項は，存続する労働関係において差別的に昇進させない場合，昇進請求権を除外するからである。

5. 金銭による補償

　不利益取扱禁止に違反する場合に，使用者は，一般平等取扱法5条によって差別から生じた損害を賠償しなくてはならない。しかし，義務違反のない場合は，この限りではない。非財産的損害が生じたときは，就業者または複数の就業者は，妥当な損害の補償を金銭で請求できる。その補償は，就業者または複数の就業者が不利益取扱いに反しない選抜の際でも，不採用の場合三ヵ月の月収を超えてはならない。使用者は，集団法的な協定等が適用される場合には，故意もしくは重大な過失がある場合にのみ補償義務を負う。協定の当事者が，他の定めを置いていなければ，この請求は2ヵ月以内に書面でなされることを要する。ただし，協約当事者が別のことを合意している

場を除く。この期間は、募集開始時ないしは昇進手続きについてはその拒否された時点、その他の場合には就業者が当該不利益取扱いの事実を知りえた時点からとする。EU法に基づく請求行使の短期の期間設定の問題に関しては、*Kamanabrou* NZA 2004, 950 参照。

633 これらの規定は、すべての不利益取扱いに適用されるが、その重点は、採用の際にある。不採用から生じる不利益は、とりわけ免れた報酬の点にある。すなわち、それは、一般平等取扱法15条1項により賠償されるべき物質的損害である。この場合、免れた報酬または報酬の差額は、終身ないし少なくとも年金受給年齢までの報酬ないし差額として賠償されるのではなく、解約告知制限法の範囲外における直近の解約告知期間までの総額として補償される（同様に、BAG 25. 11. 2003, EzA §628 BGB 2002 Nr. 3. 使用者によって誘発された被用者の解約告知について）。最良の適性があるにもかかわらず、不採用が特別に人格権を侵害した特殊のケースでのみ、さらに高額な、3ヵ月を超える、不採用を理由とする非物質的損害が考えられる。

634 実務上、これについての証明責任が多分に重要となる。外部の存在である応募者は、通常ほとんどこのように、差別が存することや、それがなければ採用されたであろうことについて往々全く何も知らないからである。一般平等取扱法22条は中間の立場をとる。まず、応募者が、不当な差別的取扱いが存したとの間接事実を証明すると、証明責任は使用者に移る。これに対して使用者は、他の理由からこのような取扱いをしたことや、一般平等取扱法1条に基づく理由から異なる取扱いが認められていることを証明しなくてはならない。応募者は、この応募が真摯なものであることや、一般に客観的にみて考慮に値することを証明しなければならない。見せかけの応募ではなんらの補償も認められない（BAG 12. 11. 1993, EzA §611a BGB Nr. 9）。不利益取扱いの理由は、連邦憲法裁判所の1993年11月16日判決（BVerfG 16. 11. 1993, EzA §611a BGB Nr. 9）では何度も繰り返されなかった。繰り返された理由は、しばしば口実にすぎないからである。応募者が不利益取扱いがなければ採用されたであろうということの証明責任は、物質的損害については、一般平等取扱法15条1項により応募者が負い、非物質的損害の賠償につい

Ⅲ. 労働契約の締結

ては，使用者が負う。一般平等取扱法15条2項2文は，例外的な要件を示しているからである。

事例：女性を選ぶか男性を選ぶかの苦慮　男性A氏と女性B氏がノルトライン・ヴェストファーレン州の公務員のポストに応募した。両氏とも，同様な資格と能力の持ち主であったが，そのポストには女性の上司がいた。A氏は既婚であり職についていない妻と5歳の子供がいた。B氏は未婚であり子供はいなかった。A氏とB氏は，それぞれ相手方が採用されている場合，いかなる請求権を有するか？

妻と子供がいるがゆえに，A氏が採用されたとすれば，その婚姻と子供とが，彼にとっての圧倒的に有利な根拠とみなされなければ，ノルトライン・ヴェストファーレン州均等待遇法と関連する基本法33条2項によりB氏は採用請求をなしうる。B氏が，この場合に，性別にかかわらず採用されなかったのであれば，民法611条aによる補償請求をできない。逆にB氏が採用されたとすれば，A氏は基本法33条2項により採用請求をなしうる，けだし，当人の妻と子供がいることが圧倒的な理由とみなされるからである。このほか，A氏は，性別により採用されなかったとするがゆえに，民法611条aにより損害賠償請求権を有するであろう。

この場合は，A氏の利益が圧倒的に有利となる。それは，基本法6条により保護される婚姻と家族があるからである。

6. 事実上の労働関係

契約成立に関する民法の一般規定は，限定的にのみ適用されることが今まですでに明らかになっている。これは以下の非常に重要な判例の内容によって裏づけられている：労働契約の無効もしくは取消しは，労働がすでに開始されている場合，原則的には将来に対してのみ効力を有する（現在からで，遡及しない）。なぜならば不当利得法上の清算は，すでになされた労働契約を正当化する結果とならないからである。

例：両親の承諾によっても，また民法113条によってもカバーされないか，

あるいは年少者労働保護法5条の児童労働禁止に違反する未成年者との労働契約。詐欺または錯誤を理由として取り消された労働契約。必要な許可のない外国人との労働契約。

639　かような事例ではそれ以上の雇用はいつでも中止されうる。解約告知は必要ないので，多様な解約告知制限規定も顧慮されなくてよい。しかしながら労働が提供された期間に対しては，あらゆる権利と義務を伴う労働関係が成立していたのである。通常それは「事実上の労働関係」と呼ばれるが，事実上の労働に法的効力を授けることがまさに問題となっているのであるから，不正確である。問題のある解約告知による事実上の就業継続については，下記 Rn. 875.

640　事実上の労働関係において一時的に働いていないというのは何なのか？ その労働がそれ以後全くもはや受容されない場合に，連邦労働裁判所（BAG 29. 8. 1984, EzA §123 BGB Nr. 25）は，事実上の労働関係の終了を事実上の就業の終了時とした結果，例えばその後の疾病期間については，賃金の支払いができないこととなった。それは，その後にもまだ就業している時期が続く非就業の時期へ移行させられるのであろうか？　そうでないと，事実上の労働関係の理論をもってしては避けられないはずの不当利得法の返還請求権との接近が生じるので，おそらくそうではない。

641　「事実上の労働関係」は，労働契約と労働関係との区別の典型的な例である。労働契約は，労働と関係する使用者と被用者との合意から成り立つ。労働関係は，契約であれ法律に基づくものであれ，使用者と被用者間のすべての法律関係のことである。従って，「事実上の」労働関係は，瑕疵のある労働契約であるが，法律上有効な，いずれにせよいつでも終了させるのが可能な労働関係を設定するものである。

642　**事例：過去のある運転手**　Aは運転手としてB社に応募した。質問されたにもかかわらず，彼は勤務中アルコールを業務命令に反して摂取したため，これまでの職場を失ったことを黙っていた。そのうえ彼は事実に反し，以前

の使用者の下で100マルクの協約外の特別手当を支給されていたと主張した。これを聞いてB社も彼にこの手当を約束した。彼がその価値があったことを示した2年後，ごまかしであったことが明らかとなった。B社は彼を即時解約告知でき，支払った手当の返還を要求することができるか否か問う。

　a）B社がAを「即時解約告知」できるかどうかをB社は問うているが，直ちに解約告知権に方向を向けてはならない。なぜならばかような事例においては，労働関係が取消しにより終了されうるか否かあらかじめ検討されねばならないからである。当該被用者が許された質問に事実を曲げて答えたため，申し出がそのまま認められた場合，使用者はこの労働契約を，より正確には労働契約の締結のための彼の応募の申し出を詐欺のかどで取消しできる。原則的に使用者は，これまでの労働関係の終了の理由を聞く権利がある。応募者はこの理由が新たな使用者にとって利益がある限り，真実どおりに答えなければならない。Aは運転手として採用されているのであるから，以前の勤務中のアルコール飲用はB社における仕事に対しても重大であった。であるからB社はまず取消しの権利がある。しかしAが2年間それだけの働きをした後では，取消しは容認できない権利行使になるかも知れない。勤務中の節制もしくは誠実が交通制度上求められる特性であるならば，B社は引き続き民法119条2項に基づき，労働契約の取消しの権利を有するであろう。実際信頼できることと確実性は，119条2項所定の人物の不可欠な資格に数えられている。Aの行動からは，彼が一般的に信頼できないということは必ずしも出てこない：そのうえ彼はその間それだけの働きをしたので，錯誤による取消しも権利の濫用であろう。

　取消しが容認されないのであるから，次に解約告知に入ろう。民法626条によれば即時解約告知は重大な事由を前提とする。労働契約の締結の前になされた被用者の詐欺またはその他の過誤も，それらが労働関係を著しく損ない，契約締結時にまだ解約告知する側に知られていなかった場合，解約告知の理由となりうる（626条2項をも参照）。以前の過誤を黙っていることそれ自体は無論重大な事由とはもはやなりえない。なぜならばAの能力の実証により無意味となったからである。だが次に給与に関する第二の詐欺を取り

上げるならば，両方の詐欺の発覚後労働関係を継続することは，使用者にとって過大な要求となったことがよく考慮されねばならない。だが他方ではAの能力の実証を考えねばならない。さらに運転手は何ら特別枢要な地位を占めているわけではない。従って即時解約告知も正当化できない。

645　b）手当の返還請求は，812条1項1文1選号から根拠づけられる。これは手当が法的根拠なしに支払われたことを前提にする。手当の法的根拠は，Aの詐欺に基づいて生じたBの承諾であった。この承諾は民法123条に鑑み取り消しうる。ここで事実上の労働関係の原則が介入するとしても，むろん，取消しはすでに支払われた保険料に対する法的根拠を遡及的に取り消すことにはならない。しかしこの原則は労働関係全体を遡及的に無効と宣言することだけは禁止している。遡及的無効が残りの契約の意義のみならず，無効の事由の意義にも沿う場合，それに反し特別の申合せにより，遡及的に無効となりえ，あるいは取り消しうる。であるからBが取消しを宣告した場合，Aは，利得の中止（818条3項）を引合いに出すことはできない。なぜならば彼は取消しの可能性を知っていたからである（142条2項と関連して819条）。なお契約締結の際の過失に対する償還請求と刑法263条と関連した民法823条2項による償還請求は保護される。

646　**事例：過去のある婦人**（BAG 21. 2. 1991, EzA §123 BGB Nr. 35）（性転換・ホモセクシャルによる解約告知は正当か？）

　　被用者Mは両性的体質の持主であった。性転換法（BGB l 1980, 1645）に基づいてこの間名前をミヒャエルからミヒャエラに変えた。Mは女性であることに対する照会を受けずに医療補助者として外科医から採用された。採用後2ヵ月半後使用者に性転換が明らかになったので，使用者は1990年1月23日にその月末限りで解約告知した。さらに1990年1月30日付文書で使用者側は，悪意による欺罔のゆえをもって労働契約を取り消した。法的にみた状況やいかに？

　　後に意思表示されたのではあるが，取消しについてまず検討されねばならない。彼女は，性転換につき採用前に何ら問いもなかったし，性転換につい

て伝えることが義務であったとしても，民法123条により彼女の主張が支持されるものである。このような場合の開示義務は，基本的には，秘匿された事情が被用者に労働契約の履行義務を満たすことを不可能にさせるか，ないしは職場に決定的な意味を持つ場合に限り認められる。この場合に開示義務を連邦労働裁判所は否定した。しかし，Mがこのような質問に真実を答えるべきであったかについては，明らかではない。

　さらに，民法119条2項の性質の錯誤による取消しも考えられる。連邦労働裁判所は，まず既になされた解約告知により取消権が排除されているかについて検討する。判決はさらに指摘する。取消権は，特別な解約告知権により排除されることはない。むしろ，使用者には選択権がある。しかし，先行する解約告知によって取消可能な法律行為が存在する。これは，取消権者が取消理由となる事実について認識し，これが法律行為の効力に対してかなりの比率を占めるものであるとの認識とつながっていたことがその前提となる。解約告知の際，取消権を放棄したとみるのは疑問なしとしない。解約告知は，労働関係の終了を求めるものだからである。

　ある性に属することは，一般平等取扱法1条により労働契約上基本的に取るに足りないことだとしても，医療補助者では重要である。医者と患者の関係をみると，患者（男女の）が陰部を女性か男性かいずれかの医療補助者の面前で開放することは重要な意味を有する。労働契約の締結にとって性転換についての錯誤が因果関係のあることは，認めることができる。民法121条の告知期間を守るかどうかは事実問題である。

　次に，民法121条の取消しについての主張がうまくいかない場合，解約告知の有効性が検討されなければならない。これについては民法626条による特別の解約告知みなければならない。期間付きの解約告知についても論じられているが，これについては明らかに職員についての四半期終了期より通常の4週間の告知期間（民法622条1項）があるから，期間を守った解約告知であるという意思を前提にすることはできない。取消しが，遅滞なく表示されなかったことで失敗すれば，使用者は，民法622条2項の解約告知期間を逃してしまうと，多くは指摘する。しかし，これは説得力がない。というのは，民法121条の範囲内での期間の経過は，判例（BAG 14. 12. 1979, EzA

§119 BGB Nr. 11) によると確かに取消しにとって決定的な事実を認識した後遅くとも2週間以内でなされるが、それ以前でも生じうるからである。解約告知期間が守られれば、性転換法（BGBl. 1980, 1654）の評価を合わせ考え、重要な解約告知事由が存するかが検討されねばならない。その後、Mが直接患者とのコンタクトなしで動員された場合に、通常の解約告知期間の終了までに労働関係の維持が期待できる。同性愛を理由とする解約告知は、民法242条によって権利濫用である。それは、性転換を理由とする解約告知に原則として準用されねばならず、医師の業務で、性別の区別についてのはっきりした利益は存在しない。

647　**事例：公勤務における稼働不能な被用者**は、稼働不能年金を受給した結果、その労働関係は、連邦職員協約59条によって終了した。しかし、彼の稼働不能は、勤務では目立たず、さらに1年間続けて働いた（あるいはそうでないかもしれないが）。その官庁は、この年の報酬の返還を求めた。適法か？その継続した労働によって事実的労働関係が成立していたとしてもである。連邦労働裁判所は、これを否定した（BAG 10. 11. 2004, EzA §17 BetrVG 2001 Nr. 1）。「事実的労働関係に関する原則は、後の時点で無効または取消しが明らかとなった、意思の合致により実行された労働契約の法的効果を克服するのに寄与するところが大である。それを特徴づけるのは、まずは両当事者が望んだ被用者の就業である。この原則は、労務給付が労働関係の終了後両当事者の意思に支えられておらず、法的根拠が欠落していることを知らないだけで受け入れられているために、ここでは既に適用されないのである。これに代わって、不当利得法による清算（民法812条1項1文1選号）がなされねばならない。その際に、法的原因なしに支払われた報酬は、被用者の労働価値の賠償に対する被用者の請求権と清算されねばならない。これは月ごとの報酬について適用される（稼得不能者の労働は、きわめてわずかの価値しかないが、連邦労働裁判所はこの点に言及しない、公務に関して、それは十分なものと考えられる）。これに対して、年休が労働の反対給付ではないのであるから、被用者は、休暇中の賃金の返還義務を負う。これは、何らの相当な労務の提供が存在していないクリスマス手当や疾病の際の報酬の継続支払いにも当てはまる。」民法625条、現在はパートタイム労働・有期労働関係法15条5項

III. 労働契約の締結

（継続労働による労働契約の延長）は，支配的見解によれば（KR-*Friedrich* §625 Rn. 28 を見よ），使用者が労働関係の終了を必要としていないにもかかわらず，当該条文について触れていない。その限りで，連邦労働裁判所は，表向きの稼働不能者の期待に添おうとしていない。

7. 不 法 労 働

不法労働をあえて行う者とは，税法上，労務または請負給付をもたらし，あるいは実現させ，それと結びついた社会保険・税法上の届出義務に違反した者のことである（不法労働と，これに関連する脱税防止のための撲滅強化に関する 2004 年 7 月 23 日付法律）。従属的不法労働だけが労働法の領域に入れられるべきである。これに当てはまるのは：「不法」労働契約が有効であるということである。なぜならば税制上，社会保険上の届出義務は雇用を妨げるものではなく，財政的負担をかけるだけのものであるからである（BAG 26. 2. 2003, EzA §134 BGB 2002 Nr. 1）。不法な被用者派遣に対して，被用者派遣法 10 条は，違法な被用者派遣が派遣先に対し有効な労働関係を存立させることを明文で規定している。外国人被用者が必要な労働許可を欠いていることすら労働契約の無効性へと導くものではない（前記注 2）。それに反し不法就労を克服するための法律に抵触する契約は，原則的には無効である（BGH 31. 5. 1990. EzA §138 BGB Nr. 13）。だが本法はなかでも非従属的な不法労働，その他に，失業手当と失業扶助金の受給者のうち従属的不法労働だけに該当する。それらの労働契約は，本法の目的に照らし有効なものにとどまらねばならない。

問題：脱法の不法労働だということによる損害賠償は？　違法な外国での就業を含み，あらゆる種類の不法労働の場合には，労働者が，第三者の有責行為により就労できず，それにより不法労働が妨げられた場合に，不法就労の所得の賠償を請求できるのかという問題が提起されている。カールスルーエ州上級裁判所は，違法な所得に関しては，賠償されないという一般的な原則からこれを認めなかった（6. 4. 1993, DB 1993, 841）。

G. 労働に関する権利義務

Ⅰ. 労務提供義務の法的基礎

事例：X株式会社は，連邦全域に45の小規模な，中央で統括された支店を経営しており，時計を販売している。事業所委員会は存在しない。販売員Vは，A（従業員3人の支店）で7年間勤務していたが，新しい支店が増設されたBへ配転されることになった。Vは，配転が労働契約で定められていたにもかかわらず，彼の3人の子供には，転校は無理なので，これを拒否している。彼は，未婚の同僚をBへ送るべきだといっている。法的状態は？

決定的なのは，VがBにおける労務提供の義務を負うか否かである。すなわち，それは，被用者の主たる義務である労務提供義務に係わるかどうかである。この義務については，それぞれの争われるケースで労働法全体の段階的構造が熟慮されるべき決定要素が存在する。すべての労働関係に適用になる営業法106条が，まさにこれを教科書的に表している。

使用者は，労務給付の内容，場所および時間が労働契約によって，また事業所協定，適用できる労働協約もしくは法律の諸規定によって定められていない限り，これらの労働条件を公平な裁量によって決めることができる。それは，また事業所での被用者の秩序や行動にも当てはまる。裁量する場合には，使用者は，被用者の障害にも配慮しなければならない。

1. 労働契約と指揮命令権[(1)]

労務提供に対する使用者の請求権の基礎は，民法611条である。すなわち，

G. 労働に関する権利義務

雇用契約に基づき，当該雇用を約した者は，約束された労務の提供を義務づけられる。労働契約については，それは，以下のように定式化されねばならない：労働契約に基づき，指示に拘束された労働を約した者は，その約束し指示された労務を提供する義務を負う。ここから生じるのは：(a) 労働義務の内容は，まず第一に「約束」すなわち労働契約上の合意に従う。(b) 労働契約が労務提供義務を確定していない場合は（多いが），被用者は，使用者の指示に従うことを約しているのである。それゆえ使用者は，労働契約の範囲内で，それが事業目的にとって必要である限り，労働の時間，場所，態様および事業所内の労働者の行動を一方的に決定する権利（労務指揮権＝指揮命令権）を有するのである。

(1) 古典としては，*Söllner* Einseitige Leistungsbestimmung im Arbeitsverhältnis, 1996；MünchArbR/*Blomeyer* Band. 1, 2. Aufl. 2000, §48. それについて，Rn. 68 も見よ。

654 　要するに，指揮命令権は，原則として副次的なものである。労務提供義務が事業所の慣行や平等取扱原則にも基づくことのできる契約規定によってすでに具体化されていなかった場合に限り，指揮命令権が係わるのである。もちろんやむを得ない場合には，被用者は，労働契約上の任務とは異なる労務の一時的な遂行を義務づけられる（BAG 27. 2. 1980, EzA §611 BGB Direktionsrecht Nr. 2)。

655 　一般的には，指揮命令権は，被用者を他の場所に配転させる権利を使用者に与えるものではない。労働契約は，疑わしい場合には，被用者が最初に使用者に指定された場所でのみ勤務するつもりであり，勤務すべきだというように解釈されるからである。しかし冒頭の例では，労働契約が一方的な配転を明瞭に許している。もっともこの条項が根拠薄弱であるとすることもありうる。というのは，彼は7年間にわたって配転されなかったからである。実際に，労働契約当事者で確立した慣行は，指揮命令権に対する黙示の制限として解釈される。例えばある被用者が，特定の職務を任され，しかもこれが一時的なものとされていなければ，使用者は，たとえ従来の報酬が継続して支払われるとしても，もはや一方的により低額な報酬でもって彼を配転させ

ることはできない⑵。一度達成した格付けへの被用者の信頼は，特に保護される。しかしそれは，ここでは問題にならない。さらに，配転は，当然により長い時間的間隔でもなされるのであるから，7年間の特定地での勤続は，契約上合意された使用者の権限を放棄したものとはみなされない。それゆえ，Vの配転は，その労働契約によってカバーされる。

(2) BAG 17. 12. 1997, EzA §611 BGB Direktionsrecht Nr. 20 ; MünchArbR/*Blomeyer* Band 1, 2. Aufl. 2000, §48 Rn. 29. 新たな裁判は，確立された慣行の具体化や狭小化に慎重に反対している。そう述べているのは，BAG 7. 12. 2000, EzA §611 BGB Direktinosrecht Nr. 22, 23 の判決の説明文である：「使用者が，労働契約締結の際に日々の仕事の開始や終了の時間・場所に関して被用者の労働領域に適用される事業所の規定を被用者に対して指示していれば，その時点で存在する事業所の規定は，労働契約の内容とはならない。労務給付の場所や時間の設定に関する使用者の指揮命令権は，それによって制限されない。これは，契約締結の際にあった事業所の規定が長い期間にわたって維持され，使用者が自分の指揮命令権をその限りで用いない場合にも当てはまる。それだけでは，労務提供義務の具体化も生じないし，それに準じる事業所の慣行も成立しない。」しかし，Rn. 667 も見よ。

労働契約の普通契約約款規制への取込み（前記 Rn. 584）は，今までは労働契約上の配転条項を制限するまでには至らなかった。使用者が例外として事業所規模の配転条項を民法 305 条以下によって援用することができるかどうか，連邦労働裁判所は今まで未解決にしている（BAG 15. 12. 2005, EzA §1 KSchG Soziale Auswahl Nr. 66）。そのような配転条項は，営業法 106 条によってカバーされるので，相当性のコントロールは，民法 307 条 3 項によって考慮されない。それに対して問題なのは，より低額に支払われる職場への配転を定める条項である。民法 307 条，308 条は，確かにあらゆる一方的な契約変更を禁止してはいない。それゆえ，それが契約によって留保され，ある報酬段階へ制限されかつ事業上の必要性と係わるならば，低く査定される職場への配転が許されねばならないであろう。それどころか，問題となるのは，それが期間限定である場合により高く評価される業務への異動である。連邦労働裁判所は，ここでは期間の設定を民法 307 条ではなく，公平な裁量による同法 315 条によってコントロールしている（原則として，BAG 17. 4. 2002, NZA 2003, S. 159）。

656

G. 労働に関する権利義務

2. 法律と労働協約

657　労働義務と指揮命令権が労働契約によってどこまで及ぶか確認されれば，法律または協約の規定があるかどうかが検討されねばならない。労働法の保護機能に対応して，法律と労働協約は，通常労働義務の制限，とりわけ時間的観点での制限を導いている。しかし，法律と労働協約は，労務提供義務と指揮命令権を拡張することできる。例えば，使用者への労働協約による授権により，所定外労働を命じ，あるいは，低く査定され支払われる業務をあてがうことである(3)。

(3)　BAG 22. 5. 1985, AP TVG §1 Tarifverträge：Bundesbahn, Nr. 6, 7；23. 9. 2004, EzA §611 BGB 2002 Direktionsrecht Nr. 1. 制限しているのは，*Rost*, Die Erweiterung des Direktionsrechts durch Tarifvertrg, FS für Dietrich, 1999, 505。報酬グループの変更を伴わない他の勤務場所への配転に関する権限は，公勤務では普通であり，一義的な取決めによってのみ排除される（BAG 21. 1. 2004, DB 2004, 1044）。

658　法律または協約による配転に関する規定は，冒頭の事例では明らかではない。

3. 共同決定

659　（参照前記 Rn. 440ff.）労務提供義務への特別に大きな影響力を，事業所委員会は獲得してきた。これは，労働時間（事業所組織法 87 条 1 項 2 号，3 号），労働の場所（同法 99 条，配転に際しての共同決定）(4)，労働の種類（同法 87 条 1 項 10 号，11 号，同法 91 条）および事業所内の被用者の行動（同法 87 条 1 項 1 号）に当てはまる。職員代表委員会については，同様な規定（例えば，連邦職員代表法 75 条）が適用になる。共同決定権は，それゆえ指揮命令権により掌握されたすべての領域において考慮されなければならない。本件事例でも事業所委員会は，事業所組織法 99 条 2 項 4 号によって使用者の指示に対して異議を提起することができるであろう。というのは，V は，これが事業上のまたは個人による事由から正当化されずに配転によって不利益を被るからである。しかし，X 株式会社には事業所委員会がないので，この可能性はない。

(4)　BAG 15. 9. 1987, EzA §99 BetrVG Nr. 56 は，事業所組織法 99 条 2 項 3

I. 労務提供義務の法的基礎

号による共同決定を労働組織へ拡大している：配転によって，後に残る被用者の負担が少なからず増大する場合に，事業所委員会は，被用者の配転に異議を唱えることができると。それに反するのは，事業所組織法90条，91条における労働組織や負担に関する共同決定が特別な規定を経験したことである。さらにまた，他の被用者を配転することによる負担を解約告知またはその他の処置による負担よりも強く保護することも何ら意味をもたない。

4. 正当性のコントロール

使用者の指示がすべての障害を乗り越えたならば，最後になお正当性のコントロールにパスしなければならない，すなわち，それは，営業法106条が明定しているように妥当な裁量に適応しなければならない。これは，民法315条の一般的法思考に適合する。冒頭の事例は，まさに正当な裁量に適合しない使用者の指示についての典型例となる。というのは，使用者の指示が，配転が事業上の必要性なしにVに特別に負担をかけることを考慮していないからである[5]。それゆえ，配転命令は無効である。Vは，Aで継続就業する権利を有し，X株式会社がそれを拒否すれば，受領遅滞に陥り，民法615条によって賃金の継続支払義務を負う。

被用者になされた指示が違法であると考える被用者は，何をすることができるか？（MünchArbR/*Blomeyer* 2. Aufl. 2000, §48 Rn. 46fを見よ。）彼は，事業所委員会に，権限のある事業所のポストでの支援を受けて異議を唱えることができる（事業所組織法84条）。組合員は，労働組合に権利保護を求めることができる。そのうえ違法な指示に従うことも原則として拒否できる。被用者が指示を違法と考えていたために適法な指示に従うことを拒否した場合，その被用者は，いかなる危険を冒すことになるのか？　被用者の立脚点が是認できたならば，その就労拒否のために解雇されまたは損害賠償義務を負わされることはない[6]。他方で，被用者は，違法だと考えた指示が緊急の事業上の必要性に応じ，彼に要求できるかまた使用者が裁判上または他の解決に取りかかる場合に，その指示を実行する義務を負う[7]。

(5) BAG 23. 9. 2004, EzA §106 GewO Nr. 1；LAG Rheinland − Pfalz 19. 1. 2005, DB 2005, 1522：使用者は，保護に値する家族の利害を配慮しなければならない。

(6) BAG 14. 10. 1960, EzA §123 GewO Nr. 2. 被用者は，（一般的な就労請求

権の他に）使用者が契約上債務を負わない労働に対する指示または契約によらない就業をやめさせるよう請求する権利（民法194条1項の意味での）をもたずに，債務を負わない労働を拒否する権利を有するにすぎない。被用者に対して契約上債務を負わない労働を指示するかまたは契約外の労働をさせることを使用者に禁じる仮処分については，それゆえ仮処分の請求権も処分の理由もない（LAG München 1. 12. 2004, 5 Sa 913/04）。

(7)　ArbG Wuppertal. DB 1980, 1220. さらにアメリカでは，法律違反，非道徳的，または危険な指示の場合以外には，obey now, grieve later（最初は服従し，後で文句を言え）といわれる。

II．労 働 時 間

661　**文献**：MünchArbR/*Anzinger* Band 2, 2. Aufl. §§ 217ff.；Kommentare zum ArbeitszeitG von *Buschmann/Ulber*；*Neumann/Biebl*；*Zmarzlik/Anzinger*；ErfK/Wank；HWK/*Gäntgen*.

662　労働義務を確定する際に，すべての労働法の段階構造をチェックする必要性は，特に労働時間のところで明らかになる。これについて特に注意すべきは：
—最長労働時間および日曜や祝日に関する規定（労働時間法），操業短縮に関する社会法典第3編の規定（169条以下），
—労働協約の規定，特に平均週労働時間，所定外労働時間，労働時間の始業（工場敷地への入場か職場への到着か？）の規定，
—事業所委員会の共同決定権で，休憩を含む日々の労働時間の始業・終業，各週日への労働時間の配分，事業所で通常の労働時間の一時的な短縮または延長（事業所組織法87条1項2号，3号）ないしそれに準ずる職員代表委員会の共同決定権。

663　通常の労働日の労働時間は，8時間を超えてはならない（労働時間法3条）。それは，6ヵ月もしくは24週を平均して労働日に8時間を越えなければ，10時間まで延長することができる。土曜日は，法的にはなお労働日とみなされるので，6ヵ月間約1,250時間働くことが許される。その結果，法律に

よって（協約ではない！）一時的に許されるのは，40時間の週労働時間の場合に週4日である[8]。休憩なしにどのくらい長く働けるか：**6時間**である（労働時間法4条）。

(8)　さらなる例は，MünchArbR/*Anziger* Band2, 2. Aufl. 2000 §218 Rn. 53：4月から9月までの労働は，すべての6労働日につきそれぞれ10時間である。調整は，1月から3月までと10月から12月までになされうる。

問題領域は，**待機業務**である。すなわち，病院でまた救急業務で通常の，職場でいついかなる呼出しにも準備しておかなければならない義務である。労働時間法は，待機業務の時間を呼出待機時間（そこでは，被用者は，自分で選んだ場所で労働のために待機している）と同様完全に同じ労働時間とは扱ってこなかった。当惑した医師の批判は，欧州裁判所が次のように宣告するまで届かなかった。すなわち，労働時間の構成の一定見地に関するEG指針93/104は，待機業務と完全な労働との平等取扱いへ至らざるを得ないと[9]。労働時間法7条1項1号aは，今やかなりの範囲で手待時間または待機業務が発生する場合，協約による労働日の労働時間が10時間を越えてもよいことを許している。それとバランスをとるために，全労働時間が平均して12ヵ月で48時間を越えてはならないことが保証されねばならないとしている（BAG 24. 1. 2006, DB 2006, 1161）

(9)　3. 10. 2000, EzA §7 ArbZG Nr. 1. 同じく，EuGH 9. 9. 2003, NZA 2003, 1019. これらの裁判は，待機業務を法定労働時間へ加えることにのみ関係し，連邦労働裁判所が待機業務で働く者の負担で通常の区別を維持する賃金とは関係がない。BAG 28. 1. 2004, EzA §611 BGB 2002 Arbeitsbereitschaft Nr. 2.

使用者が被用者に非合法の労働を促すと，使用者には，労働時間法11条，23条によって過料または刑罰が科せられ，被用者は，労働を拒否することができるが，被用者がその仕事を法律に反して行えば，賃金請求権はない。被用者が，二つ以上の労働関係で，合計してのみ労働時間の上限を超えて働けば，その超過が生じた使用者に対して過料，刑罰や給付拒絶権が生じる。すなわち，日に二番目の労働にである（v. *Stebut* NZA 1987, 275；LAG Nürnberg NZA 1996, 882. Rn. 725も見よ）。

G. 労働に関する権利義務

666　労働時間法が特定の労働時間を許していることは，確かに被用者が対応する労働を行うことまでも義務づけてはいない。被用者の労務提供義務の時間的な範囲は，労働時間法から明らかになるのではなく，労働契約からだけである。もちろんそれは，14条に規定されている緊急業務やそれに類する労働を行うという，労働契約からの不文の義務であってもよいであろう。

667　**事例：週50時間への回帰？**　被用者は，今まで週40時間働いてきた（5労働日で8時間）。使用者は今や3ヵ月間週50時間（5日につき10時間）働くように求めているが，他方その労働時間は，それに続く3ヵ月間週30時間（5労働日につき6時間）へ戻されなくてはならない。許されるか？　労働時間法3条は，反対していない。8時間の週の平均が労働日において暦日による6ヵ月間の範囲内で維持されていればよいからである。疑問となるのは，使用者がその労働時間を彼の指揮命令権に基づいて被用者の意思に反してもそのように区分することができるかどうかである。指揮命令権は，存続する合意の範囲内で一方的に労働時間の状態を定める使用者の権限（営業法106条）をも包含するかどうかである。しかし，今まで40時間労働が取り上げられていただけならば，その従来の労働時間が契約によって固定される[10]。しかし，使用者は，労働協約や事業所協定に反しない限り，対応する契約条項に基づいて，その行使が営業法106条によって正当性のコントロールに従う労働時間の適した構成を留保することができる。

> [10]　BAG 12. 2. 1992. EzA §611 BGB Direktionsrecht Nr. 11 を見よ：労働契約での労働時間の状態が画定されていれば，使用者は，その指揮命令権に基づいて一方的に変更をさせることはできない。

668　**一時的な操業短縮**は，事業所委員会の同意をもってのみ導入できる（事業所組織法87条1項3号）。事業所委員会が存在しないところでも，使用者は，操業短縮を一方的にではなく，労働協約または労働契約による授権に基づいてのみ導入することになる。指揮命令権には，操業短縮と結びついた賃金引下げをする権限はないからである。営業法106条は，それが労務給付の時間をさらに詳しく決めることを使用者に委ねている場合，労働時間の*状態のみ*

II. 労働時間

を念頭に置いている。しかし，操業短縮の単なる導入については，理解が一致していない。有利性原則は，労働契約にそれについて何らの規定がなければ協約や事業所協定による操業短縮の導入に反するものではない。というのは，有利性原則は，集団的契約と労働契約の規定相互の間でのみ適用されるからである。通常の労働時間を労働契約によって確定する場合，それは，操業短縮の規定を含んではいない。事業所組織には，**操業短縮についての（主導的）権利**も存在する：事業所委員会は，事業所組織法87条1項3号および2項によって解約告知を回避するためにこの操業短縮を導入するように調整委員会に求めることができる（BAG 4. 3. 1986, EzA §87 BetrVG Arbeitszeit Nr. 17）。所定外労働についての（主導的）権利はここからは生じない。

賃金不払いは，手取賃金の約3分の2という，労働局により支払われる操短手当によって調整される（社会法典3編169条以下）。 669

パートタイム労働は，契約によって合意された週労働時間が，比較できるフルタイムで働く事業所の被用者の通常の週労働時間よりも短い場合に存在する（その他の個々の事柄はパートタイム労働・有期労働関係法2条2項）。 670

原則としてパートタイム労働者にも適用できる労働法の規定は，パートタイム労働・有期労働関係法6～13条の特別規定によって補足されている。パートタイム労働者は，比較できるフルタイム就業者よりもパートタイムを理由として悪く扱われてはならない。ただし，客観的な理由が異なった取扱いを正当化する場合を除く。**比例的取扱いの原則**[11]。 671

   (11) 比較可能なフルタイム就業者が見いだせないパートタイム就業者の異なったグループを比例的に扱う義務は，4条からではなく，一般的な労働法の平等取扱原則から明らかになる。

許されない不利益取扱いは，協約がパートタイム就業者を客観的な理由なしにその適用領域から外す場合にもありうる。

パートタイム労働・有期労働関係法12条は，**呼出し労働**を規定し，被用 672

者がその労働給付を仕事の発生に応じてもたらさねばならないと合意することができる。パートタイム労働・有期労働関係法2条1項2文によれば，その合意は，週や1日の特定の労働時間の長さを定めなければならない（補充的には，10時間の労働時間が合意されたものとみなされる）。BAG 7. 12. 2005（EzA §12 TzBfG Nr. 2）の判決は，それを最低時間と解釈し，その結果呼び出せる労働の弾力的な程度も合意できるとしている（ただし，民法307条によって合意された最低労働時間の25％を越えることはできない）。明示的に最低を定めた規定は，1日の労働時間に関するパートタイム労働・有期労働関係法12条の中にある：それが合意されていなければ，少なくとも連続する3時間である。予告期間は，その都度ごとに4日前である（同法12条2項）。ただし，労働契約法によって許容される労働時間の長さや状態の弾力化は，呼出し労働の導入や構成が事業所組織法87条1項2号，3号によって共同決定義務に従うので，事業所組織法によって制限される（BAG 28. 9. 1988, AP BetrVG 1972 §87 Arbeitszeit Nr. 29）。

673　**僅少就業**（「ミニジョブ」）：労働法は，パートタイム労働で僅少なものと僅少でないものとを区別していない。常に，比例待遇，特に支払いの面での原則が適用される。僅少就業の特別な位置づけは，社会保険法，すなわち僅少就業者を（使用者をではない）社会保険の保険料から免除し，その給与所得税を2％に制限する社会保険法に由来する。その限定は，社会法典第4編8条1項1号にある：平均して月400ユーロまでの賃金（社会保険者の僅少就業要綱の個々の項目）。それと並んで行われた僅少ではない就業は，合算とならないが，僅少活動は合算される。

674　**事例：もっと収入を—少ない被用者の分担金で**。Aは，二つの400ユーロジョブをしている。両方とも合算される結果，社会保険保険料（約20％）や所得税について，満額の被用者分担金が支払われねばならない。ある一つの収入が400ユーロを超えると，残る400ユーロジョブは，社会保険の被用者保険料が免除され，所得税の2％まで免除される。僅少労働とそうでない労働は，合算されないからである。410ユーロジョブでは，それが401と800ユーロの間のいわゆる移行段階（社会法典第4編20条を見よ）にあるので，

II. 労働時間

減額された社会保険の被用者保険料が発生する。

使用者は、ミニジョブで社会保険の平均を超える高い保険料、しかも2006年7月1日から社会保険では15％と法定の疾病保険では13％を、それが私的な家計での就業者（その場合相変わらず5％）や法定の疾病保険のない就業者でないかぎり負担する。使用者の分担金の負担が一般に約20％の額になると、ミニジョブでは28％に昇る。使用者は、平均を超える負担を被用者に押しつける傾向がある。明らかな押しつけは、社会法典第1編によって許されない。考えられるのは、パートタイム労働・有期労働関係法4条によって要求されるフルタイム被用者の手取り賃金（額面ではない）とのミニジョブ労働者の比例的平等取扱いに注意を向けることによる隠された押しつけであろう。確かに、これが許されるかどうかには、争いがある（それについては、*Thüsing* ZTR 2005, 118. 反対なのは、*Hanau* DB 2005, 946）。

使用者も、やはり就業が1年の範囲内で3ヵ月間または50労働日に限られる場合、社会保険の保険料（労災保険を除く）を免除される。本職ではない職業では、賃金は、その場合さらに400ユーロを越えることができる（社会法典4編8条1項2号）。

現在のところ特に注意されるのは、パートタイム労働・有期労働関係法8条であり、それは、被用者（フルタイムかパートタイム）が契約によって合意された労働時間が6ヵ月過ぎた後**減少されたり、異なって配分されること**を要求できる（事業上の理由に反しない限り）という規定である。事業上の理由は、特にパートタイム労働・有期労働関係法8条4項によって、「3号 … 労働時間の減少が、事業所における組織、労働の進行もしくは事業所における安全を著しく阻害し、不相当な費用の原因となるときに」認められる。事業上の理由をめぐって展開された裁判のために、EzA §8 TzBfG で掲載された裁判が参考になるとされる。重要なのは、この規定によって労働時間の一時的ではなく、継続的な減少のみが要求できるということであり、さらに使用者が減少に同意するかまたはそれを正当に拒否した後に、同法8条4項によって労働時間の新たな減少が2年経過した後であっても、要求できること

である。その請求権は，常時15人を超える被用者が就業している使用者でのみ存在する。

678 たとえ法律上の要件が存在しても，被用者は，労働時間を自分だけで減少させることはできず，使用者の同意または労働裁判所による法的確定力のある同意に替わる裁判が必要である（民事訴訟法894条）。労働時間切下げのための仮処分は，それが使用者の著しい不利益を回避するために急を要し，また事業上の拒否の理由が高い蓋然性をもって排除されるときに例外的に許される（LAG Köln, 23. 12. 2005, LAGE §8 TzBfG Nr. 16）。

679 それとともに，連邦育児手当法15条，将来はおそらく連邦両親手当・両親休暇法で，それぞれの両親（育児手当法15条1項の広義で）は，**両親休暇**（Rn. 852を見よ）の全期間中2回労働時間の減少を請求することができるという規定が適用される。これは，事後でも行うことができる結果，法律によって前提とされる労働時間の「減少」は，開始された両親休暇との関係で労働時間の部分的な再度の増加を招くことになる（BAG 19. 4. 2005, EzA §15 BerzGG Nr. 15）。パートタイム労働・有期労働関係法8条と比較して，被用者のための規定は，それが，長くて両親休暇の終了までに労働時間の一時的な減少を許し，妨げとなる事業上の理由が緊急を要する場合にだけ認められるので，部分的により有利になる。そのために，減少された労働時間の一定の状態への請求権は，これがはるかに必要であるにもかかわらず定められていない。それゆえ，両親休暇の取得者には，連邦育児手当法15条に基づく請求権に代わってパートタイム労働・有期労働関係法8条の請求権を主張する権利が与えられねばならない。自ら休暇を取ることは，連邦育児手当法の範囲内でも許されないが，ここでは著しく急を要する仮処分がむしろ許される。緊急手段としては，営業法106条による労働時間の状態の確定が正当性に対応しなければならないということに戻ることができる（Rn. 660を見よ）。

680 多様な状態ないし大混乱をまとめるために，社会法典第9編81条5項が，より短い労働時間が障害の種類や重さのために必要である場合，重度障害者にパートタイム就業の請求権を与えている。ここでは，パートタムの請求権

の行使だけで使用者の同意を必要することなく直接労働時間の減少の効果を生む（BAG 14. 10. 2003, EzA §81 SGB IX Nr. 3）。

681　同じ方向へ向く一般条項を含んでいるのは，民法275条3項であり，それは，給付が債務者にとって，その給付の妨げとなる障害と使用者の給付による利益とを慎重に考慮して期待できないときにその給付を拒否できるという規定である。それは，パートタイム労働・有期労働関係法8条が継続的な引下げの請求権を与えているだけなので，その条文の範囲内では考慮されることのない短期間の給付障害にとって特に重要である[12]。

(12) それについては，*Greiner* Ideelle Unzumutbarkeit, 2004. 特に，家庭や健康面の理由から給付提供を期待できない場合について。

682　労働時間短縮への途は，**一方通行路**ではない。むしろ，使用者は，契約によって合意された労働時間の延長希望を伝えたパートタイム就業の被用者を同じ能力がある場合に余剰の適した職場の配置で，パートタイム労働・有期労働関係法9条によって当該被用者を優先して考慮しなければならない。ただし，緊急の事業上の理由または他のパートタイム就業被用者の労働希望に反する場合を除く。この請求権も，労働時間の永続的な延長にのみ向けられる。能力を判断する場合に，使用者には判断の余地が残されていなければならない。

Ⅲ．労働のテンポ

683
（詩・略）

684　被用者は，一定の結果を約束するのではなく労働を約束するのであるが，その集約度とテンポは事前に確定されるものではない。それが，労働義務に特有な不明確さを与え，事業所内での多くの紛争のもととなっている。原則として，労働義務は，判例によると抽象的な標準能率によってではなく，被用者の個別の能力によって定まるものである[13]。しかし，被用者が自分にとって主観的にできることをするとしても，個人に原因のある少ない給付を理由とする解約告知は，その労務給付が「変更のない労働契約のままにすることが被用者に期待できないという程度に，使用者の正当な同価値への期待

G. 労働に関する権利義務

を下回る場合に考慮される。」(BAG 11. 12. 2003, a.a.O. Rn. 703 も見よ。) それに対して考えられるべきは，被用者の契約による給付の約束が問題とならざるをえないことである[14]。これは，何か異なることが合意されていなければ，平均的な被用者の能力に係わることである。ただし，人というものは，不断の給付が期待されるような機械ではない。ノーマルなぶれが甘受されるべきである。

(13) BAG 20. 3. 1969, EzA §123 GewO Nr. 11：21. 5. 1992 und 11. 12. 2003, NJW 2004, 5245 ＝ EzA §1 KSchG Verhaltensbedingte Kündigung Nr. 42, 62. 使用者が，被用者の給付が長い期間平均を明らかに3分の1下回ったことを伝えたならば，被用者がなぜその明らかに平均を下回る給付をもって彼の個人的な給付能力を使い果たしたかを証明するのは，被用者の問題である。

(14) *Gamillscheg* Arbeitsrecht Ⅰ, §8. 前掲連邦労働裁判所は，労働契約が雇用契約として何ら結果責任ではないということに異議を唱えている。雇用の義務を負う者は，仕事の結果ではなくて，働くことに債務を負う。しかし，いかに働くか（量，質）の債務を負うかは問題である。

Ⅳ. 労 働 環 境

685　労働義務は，無理のない労働環境，特に，騒音，高温，空気汚染といった期待できる影響の下でのみ存する。これは，1996年8月7日の労働保護法の一般条項がわずかしか補足しなかった民法618条に既に規定されている。個々の基準をもたらしているのは，特に「**職場に関する命令**」や「**危険物に関する命令**」である。事業所委員会も，その一般的な監視権（事業所組織法80条1項1号）やその特別な関与権（同法87条1項7号，90条，91条）の行使でこれらの規定にならうことができる（BAG 2. 4. 1996, EzA §87 BetrVG Bildschirmarbeit Nr. 1；*Fabricius*, BB 1997, 1254.）。「猛暑休み」について，*Busse* NJW 2004, 1982 と *Grimm* DB 2004, 1666：室温26度が常に義務となる基準ではない（*N. Fabricius* Einstellung der Arbeitsleistung bei gefählichen und normwidrigen Tätigkeiten, 1997）。

686　これらの多くの新しい規定にもかかわらず，判例は，信頼できる古い民法616条を最も好んで守っている。判例は，この規定から**危険な環境影響物の**

除去請求権や，また—民法273，615条と関連して—その除去が放置されているかぎり，**賃金継続支払いの下での労働拒絶の権利**を引き出している。

除去請求権の例：被用者は，民法618条1項によってそれが彼らにとって健康上の理由から必要な場合，喫煙のない職場を求める労働契約上の請求権を有する(15)。その際に，使用者には，喫煙者と非喫煙者とを分けるかまたは喫煙禁止を命じる(16)かどうかが任されている。

(15) BAG 17. 2. 1998, EzA §618 BGB Nr. 14. これは，理由を説明したように，一定の有毒物質に対する健康上の素因に基づいて特別に罹りやすい被用者のみに関係する。

(16) BAG 19. 1. 1999, EzA §87 BetrVG 1972 Betriebliche Ordnung Nr. 24 は，事業所協定での喫煙禁止が許されるとしている。ただ単に健康被害からだけではなく，迷惑からも守るためにである。

労働を拒絶する権利の例：アスベストで汚染された場所で労働を拒否できる被用者の権利は，生命または健康を危うくするのに一般的に特有なので，アスベスト指針や民法273条と関連する同法618条から生じうる（BAG 19. 2. 1997, EzA §273 BGB Nr. 7）。連邦労働裁判所は，ここでは，給付拒絶権を生命や健康についての危険においてのみ認めている危険物に関する命令21条6項を明確に拠り所としていない。この規定は，働いている間に手にする物質ではなく，労働手段としての物質にのみ適用されるからである。同様に，連邦労働裁判所は，職場から遠ざかるにはさらに直接の著しい危険を要求する（類似するものとして，1989年6月12日のEG指針89/391：深刻な直接の危険）1996年8月7日の労働保護法をほんのわずかしか考えに入れていない。つまり民法618条は，その限りで余計だと判明したすべての新しい労働保護法を排除するものである。

V. 労務提供義務の不履行

文献：MünchArbR/*Blomeyer* Band 1, 2. Aufl. 2000, §57；*Stoffels* Der Vertragsbruch des Arbeitnehmers, 1994.

G. 労働に関する権利義務

690 **事例：引き抜かれた技術者** Ｋの設計事務所に技術者Ｉが勤めているが，その労働契約では，労働関係は，年末でのみ解約告知されることができる。それにもかかわらず，Ｉは，7月1日に彼に20％多く給与を支払うと申し出た，他部門のＡ株式会社へ突然転職している。ＫはＩに対しいかなる処置をとれるか？

1. 労務の履行の訴え

691 Ｉは，年末までＫの下で働く義務を負う。つまり，よりよいポストの提供は，Ｉに即時解約告知権を与えるものではない。Ｋは，それゆえＩに対し労働裁判所に継続就労を訴求することができるが，これに対する判決は，罰金によっても，留置によっても執行されることはできない（民事訴訟法888条3項と関連する労働裁判所法62条2項）。その点では，労働場所の選択の自由は，契約上の誠実義務より高次である。許容されるのは，間接強制だけである：労働裁判所の判決が，ある行為（例えば，労務の提供）の着手への義務づけを命じたならば，被告は，原告の申立てによって，その行為が一定の期間内には行われないという場合に，労働裁判所が自由裁量に従って定める間接強制金の支払いを命じられる（労働裁判所法61条2項）。それでも，この間接強制金は，使用者が労働契約の違反によって被った損害額を超えることは許されない（*Germelmann/Matthes/Prütting/Müller-Glöge* ArbGG, 4. Aufl. 2003, §61 Rn. 36.）。それゆえ，労働裁判所法61条2項という方法はＫにとっては当を得たものではない。Ｋは，Ｉの早期の退職により損害を被ったとして，直接損害賠償を訴求することになる。

強制執行の排除は，労務提供に対する仮処分についても適用される。

2. 他の場所での労働の不作為の訴え

692 ＫがＩに対する労務提供を求める訴えをさらに進めることができないので，Ｋは，Ｉに対して，Ａ株式会社，あるいはおよそ他の場所での労働の不作為を求めて訴えることができるであろう。しかし，こうした訴えは，民事訴訟法888条2項の適用回避になるであろうから，理由づけられないであろう。

693 **重要な例外**：被用者が既存の労働契約においてまたは合意された事後の競

V. 労務提供義務の不履行

業禁止（これについては，下記 Rn. 728）の存続期間中に使用者の競争相手のところで働いた場合には，この不作為を求め，訴え，仮処分および強制執行によって実行することができる。民事訴訟法888条3項は，その限りで適用されない（BAG 17. 10. 1969, EzA §60 HGB Nr. 2；*Stoffels* Der Vertragsbruch 1994, 91ff.）。しかし，これはここでは合わない。Ｉは，競争相手ではなく，異なる部門で働いているからである。

3. 債務不履行による損害賠償

今まで相談された訴えがうまくいかないからといって，被用者が有責的に労働を拒絶した場合に，使用者には何らの制裁も使えないということを意味しない。というのは，使用者は，履行されなかった労働に対する賃金支払を留保したり，返還を求めかつ契約違反の被用者を即時解雇できる。この二つの処置はいずれにせよ，Ｉのような被用者が職場から早期に退職し，他のより以上支払われる仕事に就く場合には，徒労に終わる。こういう場合に，違約罰が定められていなかったとすると，損害賠償義務が労働契約違反に対する唯一の制裁となる。

被用者の債務不履行による損害賠償義務は，原則として，一般の規定に従う（それについては，MünchhArbR/*Blomyer* Band 1, 2. Aufl. 1999, §57 Rn. 4ff.；*Stoffels* a.a.O., S. 106ff.）。その場合確かでないのは，責めを負う労務の不履行が不能（その場合には，民法283条）かまたは履行遅滞（民法286条と関連する280条2項）なのかどうかである。後者は，常に給付が追完され，被用者が後の労働を義務づけられることを前提とする。これに対し，不能は，労務提供義務が「絶対的に確定的な責任」である場合で，それが一定期間内にだけなされうるものである場合に存在する。事実上，欠落した労働を追完することは，しばしば可能ではある。しかし，決定的なのは，事後の労働についての法的義務が承認されるかどうかである。これは，本件ケースでは，欠落した労働を補完するために契約終了後でもＫのところで続けて働くということになるであろうし，全く耐えがたい結果になろう。それゆえ，労働の欠落は，少なくとも原則として遅滞ではなく，**不能のケース**とみなされるべきである。その結果，損害賠償義務にとっては，民法281条ではなく，283条が基準となる。

694

695　民法283条の適用のためのその他の要件は，労務給付の欠落が被用者の過失によることである。ほぼ通説によれば，被用者は，使用者に対して，被用者が自分自身の過失の結果労働できなくなったという理由だけで損害賠償義務を負うのではない。というのは，被用者は，労働能力を維持するように使用者に対して義務づけられることは普通ありえないからである（LAG Hamm, BB 1971, 478；LAG Niedersachsen, ARStW 1968, Nr. 1150.）。むしろ，被用者にその限りであてはまる義務は：被用者が重大な自己の過失のために労働不能になれば，被用者は賃金継続支払請求権を失うという義務だけである（参照　後記 Rn. 788）。故意による契約違反は，もちろん有責である。

696　損害賠償の尺度は，民法249条による：すなわち，使用者は，義務に従った労務給付があればどのような立場にあったかである。そこで，使用者は，契約不履行の被用者の後任者を探した広告の費用相当額の賠償を，労働が解約告知期間の終了まで継続した場合でも広告が明らかに必要であったという場合を除いて，求めることができる（BAG 23. 3. 1984, EzA §249 BGB Nr. 16）。欠落した労働が使用者自身または同僚によって引き継がれた場合には，使用者は，その自分の労働に対する適切な報酬ないし代わりを務めた同僚の給与割合分を損害として主張することができる。この「損害」からは，もちろん契約不履行の被用者が稼いだであろう賃金は控除されねばならない（BAG 24. 4. 1970, EzA §60 HGB Nr. 3；*Stoffels* Der Vertragsbruch, 1994, 149ff.）。

697　以上から，Kは，Iの労務給付の欠落によって財産的損害が生じたかまたはその労働がより高額で支払われた同僚によって引き継がれざるを得なかった場合，Iに損害賠償を求めることができる。

4. 違　約　罰

698　被用者の契約違反の場合に，法律による制裁が弱いために，実務では違約罰が定着してきた。その有効性は，普通契約約款の規制が民法改正法310条4項によって労働契約へ拡張された後疑われてきた。連邦労働裁判所の4. 3. 2004, EzA §309 BGB Nr. 1の判決は，この疑念を晴らしてきた。確かに，違

V. 労務提供義務の不履行

約罰は，定式契約では民法 309 条 6 号によって許されない。しかし，定式の性質の労働契約では，労働法に妥当する特殊性，すなわち労務給付の強制可能性がないことを適切に考慮して，民法 310 条 4 項 2 文前段によって原則として違約罰の取決めが許されるという結果が生じる。しかし，無効であることは，不当な不利益取扱いから（民法 307 条 1 項），特に違約罰の金額から生じるとされている。それによって機能を失うことになる民法 343 条とは反対に，違約罰の額は，その行使の基準のためではなく，既にその前の合意の基準にされる。違約罰がその額で月額給与に及ぶことは，2 週間の解約告知期間では不当であるとする。連邦労働裁判所は，それでもって違約罰が解約告知期間について支払われるべき給与を越えてはならないという原則に従っている。それを越える違約罰は，せいぜいのところ使用者の制裁の利益が特別な事情によって労務給付の価値を超える場合に正当化されるというのである。

民法 310 条 4 項によって労働法で適用される特殊性の概念に関する判決の詳論は，一般的な意味をもっている。必要なのは，ある規範が専ら労働関係へ適用できることではない。ある規範の適用が特別に労働法の領域で作用することで十分である。それは，民事訴訟法 888 条 3 項で（それについては，前記 Rn. 691），働く権限のある者を保護から広く外した結果，違約罰による調整が相当であるというケースである。

連邦労働裁判所は，労働法で適用される特殊性がある場合に，それは純粋に法的な特殊性が問題にならねばならないのか，あるいは事実にも根ざしている特殊性も考慮されねばならないのかというさらなる問題へ立ち入る傾向がなかった。その判決は，それでも「労働関係の特別な需要が考慮されねばならない」とする，立法手続きでの連邦政府の表明（BT-Drucks, 14/6857 S. 54）を指摘している。これは，労働関係の事実上の特殊性も考慮されるべきであることに賛成するものである。

2005 年 4 月 21 日の連邦労働裁判所のさらなる判決（EzA §309 BGB 2002 Nr. 3）は，**両者相互性の要請**を挙げている：違約罰の規制は，一方的に被用

者の義務違反だけに限るべきではない。確かに疑問なのは，いかなる使用者の義務違反がここで考慮されるかである。すなわち，その裁判は，刑罰の脅威がある義務違反の明確化を求め，「有責的な契約違反の行動」では十分としていない。

VI. 労働義務の不完全履行

702　**文献**：MünchArbR/*Blomeyer* Band1, 2. Aufl. 2000, §58；*Otto/Schwarze* Die Haftung des Arbeitnehmers, 1998；*Sandmann* Die Haftung von Arbeitnehmern, Geschäftsführern und leitenden Angestellten. 2001.

1. 瑕疵担保責任はない

703　債務不履行の議論は，労務給付を請求する権利で二つの特徴的な脆弱点を示してきた。すなわち，その請求権は，国家の直接強制によって実現されず，また損害賠償義務を留保しつつも，有責的に拒否された労働ですら通常後に追完されないので，債務不履行では後退するのである。それは，不完全履行（被用者が働いてはいるが，不完全である）の場合には，継続することになる。被用者は，労務給付の義務を負うだけで，一定の結果を達成する義務は負わないのであるから，賃金請求権は，被用者が不良品またはその他の瑕疵ある労働生産物を作り出す場合には，原則として存続する。売買契約（民法434条以下）や請負契約（民法633条以下）にあるような瑕疵担保法は，雇用・労働契約法にはない。通説によると，瑕疵ある労働は，使用者に賃金を減額する権利を与えることはなく，せいぜいのところ損害賠償請求権に関する相殺権を与えるにすぎない（粗末な仕事に対する結構な金銭）[17]。欠落した労働の追完請求権がないのと同様，瑕疵ある労働についての修補請求権もない。労働の成果における瑕疵が後に除去できるならば，使用者は，被用者にそれを求めることはできる。しかし，それは，一般的な労働義務や賃金支払い継続義務の範囲内だけで，従前の誤りに対する制裁としてはできない（*Hueck/Nipperdey* Lehrbuch des Arbeitsrechts, 1, 7. Aufl. 1963, 227；Lieb AP Nr. 44 zu §4 TVG Ausschlussfrist)。これは，原則として，業績給特に出来高払い賃金での労働にも当てはまる。ただし，労働協約，事業所協定または個別労働契

VI. 労働義務の不完全履行

約は，業績給が問題のない労働成果に対してのみ支払われると定めることができる。しかし，その場合にも，その瑕疵が被用者に原因があるのではなく，使用者の危険領域の下での諸事情に原因が帰せられることの証明が，被用者には留保されていなければならない。

(17)　それについては，*Blomeyer* a.a.O., Rn. 18, 23；*Otto/Schwarze* a.a.O., Rn. 104ff. それに対する異論は，被用者が確かに成果に対して責めを負うことはないが，しかしながら注意を尽くした労働について責めを負う結果，とにかく賃金請求権の差押え可能な部分は，故意または重大な過失による不完全な労働のために，民法320条，323条，325条によってなくなることである（そのように述べるのは，特に*Motzer*, Die positive Vertragsverletzung des Arbeitnehmers, 1982, S. 125ff.；*Zöllner/Loritz*　Arbeitsrecht, 5. Aufl. 1998, §18 Ⅲである）。判例（BAG 17. 7. 1970, EzA §11 MuSchG Nr. 2；26. 1. 1983, EzA §4 TVG Metallindustrie Nr. 15）は，意識的な緩慢なまたは不完全な労働の場合，権利の濫用によって賃金請求権を否定する限りで，それを考慮している。重大な過失による不完全履行時の賃金請求権を拒否することは，労働関係の交換的性質や労働法における危険分配（それについてはすぐ後で）に適合するであろう。雇用契約法における瑕疵担保責任の規定の欠如は，賃金請求権が，明らかに努力が足りないために（成果がないためだけではない）なくなるべきときの妨げにはならない。Rn. 684を見よ。

2. 使用者に対する被用者の有限責任

　労働義務は，被用者が諸般の事情に応じて要求され，期待可能な注意義務を用いて労働を行うように被用者を義務づけるものである。そのほかに，被用者には，労働の際，使用者の法益や財産的利益を侵害しないよう注意すべき配慮義務（民法241条2項）がある。この義務違反がその責めによってなされれば，被用者は，使用者に対して民法280条の契約侵害により損害賠償義務を負う。同時に，被用者は，民法823条以下に応じた不法行為を理由に使用者に対して責任を負う[18]。しかしながら，労働関係で特に明らかになるのは，軽過失の場合ですら加害者に全損害についての責任を負わせるという民法の過失責任が，現代の情勢をもはや正しく評価してはいないことである。その過失責任は，常に高額の財産的価値と係わらねばならない被用者には，軽過失のときでさえ破滅的な損害賠償請求権にさらされるのであるから，あまりにも苛酷すぎるであろう。それは，また通常経済的弱者である被用者

G. 労働に関する権利義務

の賠償給付では，使用者の賠償利益を補塡するのが難しいだけに，使用者にとって不十分である。使用者は，損害発生事故に対する十分な保護を準備金や特に保険によってのみ達成させることができる。使用者は，せいぜいが保険のかけられない危険の場合に被用者の責任に頼らざるをえない。しかし，なおさらこの危険について，被用者に責任を負わせることは全くできない。

(18) 民法619条aによれば，被用者は，証明の結果明らかに義務違反について責めを負う場合にのみ，その義務違反により労働関係から生じた損害を賠償しなければならない。これは，中間的もしくは重大な過失や故意がある場合に当てはまる。それは，BAG 17. 9. 1998, EzA §611 BGB Arbeitnehmerhaftung Nr. 64 によっている。欠損の事例でも，使用者が実際不足している欠損（その欠落が損害賠償とみなされない）について，ここで保険料に転嫁できることから，被用者は，自分にはその欠損について責任がないという証明責任が分配される。

705　確かに，使用者に対する被用者の責任をすべて除くことはできない。劣悪かつ不注意な方法での作業を誘発することになろう。判例は，そこで以前からのいわゆる危険な傾向のある労働だけについて中間的解決を発展させてきたが，1994年以来（BAG GS 27. 9. 1994, EzA §611 BGB Arbeitnehmerhaftung Nr. 59 = NJW 1995, 210），すべての事業に原因のある従属労働について：故意による損害惹起（義務違反だけではない）では，全責任，使用者の増大した事業上の危険の場合には，原則として重過失について緩和された責任[19]，中間的過失では，被用者の過失と使用者の事業上の危険を衡量して分配された責任，最軽過失では，責任なし（過失の4種類の段階ゆえに，**責任クォータ**と呼ばれる）。連邦労働裁判所は，損害の分配を両者の過失の程度によって定める民法254条の準用に依拠している。それにもかかわらず，裁判所は，その要件でも，その効果でもこの規定から逸脱している。要件にあっては，使用者の側では過失の代わりに，事業上の危険で十分だとしている[20]。法律効果では，責任クォータが事実だけではなく，加害者も絡めて決められているからである。すなわち，事業上の危険や過失といった事実と関係づけられた諸事情だけではなく，事業所における被用者の地位，労働報酬の額，事業所の所属期間，年齢，家族関係，従前の行動などのような加害者に関係した諸事情が重要なのである。このような，純然たる衡平性の観点に従った損

VI. 労働義務の不完全履行

害分配は，民法254条をはるかに逸脱している（Münch-Komm/*Oetker* 4. Aufl. 2001, §254 Rn. 116）し，労働関係とは何ら関係のない諸事情が考慮される限り，労働法での準用の限界を超えるものである。

(19) 重過失は，客観的および主観的に高められた過失を前提にする。BAG 12. 11. 1998, EzA §611 BGB Arbeitnehmerhaftung Nr. 66を見よ。すなわち，被用者のための責任の軽減は，重過失でも除外されないのである。その裁判は，個々の事例での諸般の事情を考慮してなされ，その際に被用者の収入が業務の損害リスクとの明らかな不均衡の中で生じることが決定的に重要となりうる。例は，LAG Köln 9. 11. 2005, LAGE §611 BGB Arbeitnehmerhaftung Nr. 2である。赤信号の見過ごしは，普通は重過失であり，165ユーロという平均的な月収の臨時雇いのタクシー運転手の場合，2,000ユーロまでの責任制限が妥当であろう。BAG 25. 9. 1997, EzA §611 BGB Arbeitnehmerhaftung Nr. 63は，さらなる細分化を示唆している。すなわち，特別に重大な（最も重大な）過失では，常に完全な責任をである。

(20) 使用者の側で共同関与した事業上の危険や共同の過失が関与した限り，民法254条の直接適用や準用が重なる。これは，一体的な検討の課程で評価されうる。しかし，事業上のリスクや共同の過失が累積して決定的に重要な場合にである。

結果：重過失または中間的な過失によって生じた損害について，使用者に対する被用者の責任範囲が，個々のケースの諸事情によるのは，大変正しいが，しかし大変不正確である。それゆえ，契約のさらなる明確化が有用であろう。しかし，連邦労働裁判所は，事業に原因がある業務において被用者の責任を制限する原則が，個別の契約や集団的な契約によっても被用者の負担で逸脱してはならない片面的強行法である被用者保護法の原則によると考えている（BAG 5. 2. 2004, NZA 2004, 649 = EzA §611 BGB 2002 Arbeitnehmerhaftung Nr. 1）。しかし，それは，普通契約約款の規制を労働契約へ拡張して以来（上記，Rn. 584），責任に関する合意にも係わる選択的な保護システムがそれによって提供されてきたので，もはや当てはまらないであろう。加えて，使用者の強行的な責任の例外にあたる，民法619条aの証明責任の規定は，民法619条へ取り入れられていない。さらに，民法276条は，故意による責任の排除のみを除いている。

G. 労働に関する権利義務

Ⅶ. 労働関係における責任のその他の特殊性

1. 被用者の労働災害に対する使用者の責任

707　使用者に対する被用者の責任ばかりでなく，被用者に対する使用者の責任という反対の責任も制限される（社会法典7編104条）。労働災害を原因とする人的損害（すなわち死亡や負傷に基づく全損害）については，**故意**[21]および業務上の通行には含まれない通勤途上での事故の場合にのみ，使用者は，被用者，その家族および遺族に対して責任を負う。この広範囲に及ぶ責任制限の理由：使用者が，労働災害の犠牲者を扶助する法定の労災保険に出費している。

(21)　その責任は，故意が事故そのものと関係するだけではなく，損害発生という結果とも関係するときにのみ生じる。BAG 10. 10. 2002, EzA §105 BGB Ⅶ Nr. 2；BGH 11. 2. 2003, NJW 2003, 2655.

708　社会保険の保険者は，非財産的損害について賠償をしないが，また社会法典第7編104条もやはり慰謝料請求権を排除している[22]。その免責は，使用者を労働災害の防止に十分配慮させなくしてしまうであろう。それゆえ，社会法典第7編110条は，労働災害に基づいて給付をなす社会保険保険者に，使用者がその労働災害を故意または重過失によって生じさせた場合，その使用者に対する私法上の求償権を与えている（*Otto/Schwarze* a.a.O. Rn. 519ff.）。しかし，この請求は，故意の場合を除いて，使用者による自動車または事業所の責任保険から補填されるので，結局，威嚇としての損害賠償請求権が，使用者に事故防止への刺激を与えることはほとんどない。

(22)　BAG 8. 12. 1970, EzA §611 BGB Gefahrgeneigte Arbeit Nr. 6. これは，基本法3条と矛盾しない。BVerfG 7. 11. 1972, BVerGE 34, 118 = EzA §636 RVO Nr. 4.

2. 被用者のその他の損害に対する使用者の責任（費用賠償）

709　社会法典第7編104条は，人的損害についての使用者の責任を制限するだけで，被用者が労働の際に被むる物的損害については制限していない。ここでは，再び，契約侵害や不法行為による一般的な過失責任が適用される。

使用者のために被用者が支弁した費用は，民法670条に従って使用者によって賠償される。例えば，事業目的のために自分専用の部屋を利用することである（BAG 14. 10. 2003, EzA §670 BGB Nr. 1）。さらに，労働の際に生じた被用者の物についての損害で，それが被用者が生活していく上での通常の危険に含まれる場合（例えば，被用者が自分の時計を落として壊してしまう）や，賃金によって支払われる場合を除いては，使用者は，その損害を民法670条に準じて過失がなくとも賠償しなければならない。したがって，**賠償されるのは，職務上特有な，賃金では支払われない被用者の物的損害**である。連邦労働裁判所は，公用出張中の被用者個人の自動車について生じた損害を，被用者がその自分の自動車を個人的な負担軽減のために使った場合，被用者の個人的な生活領域に含めている。その反対に，使用者は，被用者個人の自動車を使わせずに，使用者自身の自動車を提供し，それでもってその事故の危険を負わねばならないような場合，損害を賠償しなければならない。被用者の共働過失は，一般的な労働法上の原則と関連する民法254条によって考慮されねばならない（上記，Rn. 705）。責任のクォータは，ここでは共同責任のクォータになる。

710

3. 使用者の人的損害についての被用者の責任

社会法典第7編105条1項によれば，使用者がたとえ法定の労災保険の組合員でなくても，その使用者の労働災害について責任を負う被用者には，同じ責任制限があてはまる。使用者に対する被用者の労働法上の責任軽減は（Rn. 705：責任クォータを見よ），この広範囲にわたる社会法上の責任軽減によっている。しかし，事業主が，法定の労災保険の組合員ではなく，また労働法上の諸原則に従って被用者にする賠償請求権を有していた限りで，その事業主は，通常の被保険者と同様に法定の労災保険からの給付を受けることになろう（社会法典7編105条）。それについては，*Kock* Arbeitsunfälle von Unternehmern 2002.

711

4. 同僚間の責任

社会法典第7編105条2項によって，104条は同一事業所[(7)]に所属する

712

者どうしの間での責任に準用される。すなわち，事業所での仕事の際に同僚の労働災害について責めのある被用者は，故意による場合，および通勤途上での事故や物的損害についてのみその同僚に対して責任を負う[23]。被用者は，その補償について，重過失の場合でも社会保険の保険者による求償を受けるが，保険者は，それが被用者に不当に負担が及ぶような場合，求償権を放棄することができる（そして放棄せねばならない）（社会法典7編110条2項）。104条に該当しない物的損害や人的損害については，同僚は，不法行為の一般規定によって責任を負う。しかし，事情によっては，その同僚は，使用者に対する免責請求権を有する。それについては，Rn. 5.

[23] 「事業所」とは，ここでは「企業」を意味する，*Otto/Schwarze* a.a.O., Rn. 573（争いあり）。それゆえ，106条3項は，責任制限を一時的に「共同の事業場」で働く種々の「企業」の被保険者へ拡張している。空間的な共同では十分ではない。必要なのは，たとえ黙示的にすぎないとしても，意識的かつ意図的に個々の措置において嚙み合い，相互に結合され，補われ，または支え合ういくつかの企業の被保険者の事業上の活動が存在することである（BAG 12. 12. 2002, EzA §106 SGB Ⅶ Nr. 1）。このような事業場は，サッカー競技場であろう。そこでは，二つのブンデスリーグの団体選手（二つの企業）が集まっている。これは，企業のために，それが共同の事業場で個人的に活動したときにのみ作用する（BGH 3. 7. 2001, NZA 2001, 1143）。

5. 第三者に対する被用者の責任

713　自分の使用者でもなく，また同一事業所（企業または同一の事業場）の従業員でもない第三者に対してだけは，被用者は，不法行為に関する一般規定に従って責任を負う[24]。確かに，ここでも，特殊性がある。すなわち，第三者の損害は，使用者と被用者の内部関係において，使用者の損害とは異なって扱われるわけではない。その結果は，被用者が，事業に起因する労働で軽過失で生じさせた損害の賠償義務を第三者に対して負うならば，使用者は，損害賠償義務や，法的手段にとって必要な費用を，最軽過失では全額，中間的過失では部分的に被用者に対して免除する義務を負う。被用者の責任は，それによって使用者の責任に類似するのである。被用者が第三者の損害賠償請求に対してすでに履行していたならば，使用者に賠償を求めることができる[25]。従って，民法840条2項の評価は，ここでは反対になる。

(24) BGH 21. 12. 1993, EzA §611 BGB Gefahrgeneigte Arbeit Nr. 27. その際注意されるべきことは，被用者がその使用者と同じ交通安全義務を負うということである。BGH 16. 6. 1987, NJW 1987, 2510 を見よ：窃盗に対する不注意な警備員には責任がないとする。これが例外なのが原則なのかどうか，まだ明らかではない。*Otto/Schwarze* a.a.O., Rn. 459ff.；*Sandmann* a.a.O. を見よ。

(25) これは，使用者が支払不能な場合に役立たない。その場合は，第三者がリース者として物を任意に事業所の危険な区域へ提供していたとしても，被用者がその第三者に単独で責任を負うのである（BGH 19. 9. 1989, EzA §611 BGB Gefahrgeneigte Arbeit Nr. 24）。異なるのは，リース業者に対する，リース利用者である被用者の責任が労働法原則から制限されるべきものとみられる場合である。同じく BGH 21. 12. 1993, a.a.O., 運送取扱契約について。

6. 総　　括

従属労働の遂行から生じた損害についての責任

被用者の責任

—使用者に対して，労働災害を原因とする人的損害について：社会法典第7編 104 — 106 条により制限される。

—使用者に対して，その他の損害について：最軽過失では責任なし，中間的過失では部分的責任，重過失では多くが完全な責任そして故意では常に完全な責任

—同じ事業所（企業または同じ事業場）に所属する者に対して，労働災害を原因とする人的損害について：社会法典第7編 105 条による責任制限

—同僚（労働災害における場合を除く）や第三者に対しては：不法行為の規定による無限責任

—社会保険の保険者に対して：社会法典第7編 110 条

使用者の責任

—自己の被用者に対して，労働災害を原因とする人的損害について：社会法典第 104 条によって制限される。

—自己の被用者に対して，その他の損害について：契約や不法行為に基づく過失責任で，職務上典型的な，賃金でカバーされない損害については無過

G. 労働に関する権利義務

失責任
—自己の被用者に対して，責任損害，すなわち第三者の請求について：最軽過失では免責請求権，中間的な場合では一部，重過失では例外である。
—第三者に対しては：一般規定特に民法831条による責任
—社会保険の保険者に対して：社会法典第7編110条

演習事例：災難も数々

715　建設事業所に雇われた自動車運転手Fは，その使用者，同僚および建設資材供給者Bを使用者の自動車で会社から建設現場へ運んだ。その交替時間終了直前に数秒間のFの不注意のために，3人のすべての同乗者が重傷を負う事故が生じた。3人全員は，Fに慰謝料を請求した。使用者は，そのほかにFに自動車の破損による損害賠償を求めた。

716　**使用者の請求権**：使用者の**慰謝料請求権**は，民法280条（契約侵害）と関連する民法253条と民法823条1項から生じるが，社会法典第7編105条による責任制限が介在するであろう。これが前提とするのは，使用者が事業上の仕事によって，仕事場の前後の直接の道路で生じたのではない労働災害を被ったことである。会社から建設現場への走行は，この例外に入らない。使用者は，その補塡のために社会法典第7編105条によって，法定の労災保険にかかっている。**物的損害**については，労働法の諸原則に従って，Fの責められる過失の程度が問題となる。不注意は，自動車運転手では重い過失である。他方で，それが交替時間の終わりであったことは理解できる。最終的な判決は，全事情について知り得たことから下される。事実関係が伝えることによれば，中間的過失が認められざるをえないであろう。すなわち，損害は，使用者によって一部負担されるべきである。

717　**同僚の請求権**：同僚も，それ自身で民法823条に基づく請求権を有するが，この請求権は，社会法典第7編104条と関連する105条によって排除される。

718　Fは，**建設資材供給者**に対して，民法253条2項と関連する823条によって，相当な慰謝料に限定されずに責任を負うが，この請求は，自動車責任保

険からカバーされる。

VIII. 労務給付についての権利

1. 契約に従った労働の権利（就労させる義務）

　事例：ドイツサッカー連盟の選手は，そのトレーナーをビルト新聞で批判したからという理由で編成に加えられなかった。それでも，その選手は，自分がチーム編制に加えられるように要求することができるか？

　その選手の要求は，労働契約が契約に従った労働を行う義務ばかりではなく，契約に従った労働を行える権利をも設定するならば，すなわち使用者に**就業させる義務**があるならば，正当である。それは，実際に判例によって認められている(26)。というのは，労働は，被用者からは，単に負担としてばかりでなく，気晴らし，コンタクトできる可能性，昇進の機会または自分自身の証明と感じられるからである。それでも，就労させる義務は，使用者が，就労させないことに著しい利益があることを証明して示した場合，消滅せざるをえない。それは，ここでは認められないであろう。確かに，サッカー連盟は，その対立が外部へ広がらない点に利害をもっている。しかし，永続的な試合からの排除は，不当である。就労させる義務は，原則として，代償なしに職場がなくなることによっても消滅する（BAG 27. 2. 2002, EzA §4 TVG Rundfunk Nr. 23；LAG Hamm 18. 9. 2003, NZA-RR 2004, 244）。

　(26)　基本判例として，BAG GS 27. 2. 1985, EzA §611 BGB Beschäftigungspflicht Nr. 9 = NJW 1985, 2968. 仮の権利保護については，LAG München 19. 8. 1992, DB 1993, 2292.

　就業をいつでも中止できるという労働契約の条項は，民法307条によって無効である（*Ulrich Fischer* NZA 2004, 233）。しかし，これは，そのような条項が特別なケースに限られ，特に解約告知後に移行した労働関係の場合には適用されないであろう(27)。使用者は，被用者に賃金を継続的に支払うことが免除される適切な事業上の理由を有する場合にのみ，使用者は移行した労働関係における継続就業を放棄するであろう。

(27) ArbG Düsseldorf 3. 6. 1993；異なる見解，LAG München 19. 8. 1992, LAGE §611 BGB Beschäftigungspflicht Nr. 32；ErfK/Preis §611 Rn. 709；詳細には，LAG München 7. 5. 2003, LAGE §307 BGB 2002 Nr. 2 und §611 BGB 2002 Beschäftigungspflicht Nr. 1.

724　解約告知制限訴訟の間の，解約告知期間経過後に就業させる義務については，後記 Rn. 957.

2. 別の労働を行う権利（副業，競業禁止）

a) 労働関係の継続中

725　契約に従った労働を提供する権利は，他の使用者のところで副業をなしうる権利によって補足される。「汝は，私のほかに別の主人に仕えてはならぬ」とは，何ら労働法上の原理ではない。むしろ，基本法12条は，複数の職場を同時に選択する自由をも保護している。確かに，重要な**制約**はあるが。

—すなわち，副業は，第一の労働関係から生じる義務が履行されないか，おろそかにされるようであってはならない。

—複数の使用者における全労働時間は，労働時間法の上限を超えてはならない。すなわち，原則として1日8時間を超過してはならない(28)。

—休暇中は，被用者は，その休暇の目的に反する収益活動を行ってはならない（連邦休暇法8条）。使用者の市場範囲内で他の企業で同時に働くことは，使用者の同意がなければ許されない。商事使用人が「営業主の商業部門で営業を行うこと」を禁止している商法60条1項は，一般原則の単なる確認に過ぎない(29)。同様に，**独立した副業**は，それが法律規定に反するか，労働義務の履行を阻害するかまたは使用者と競業する場合には，許されない。商業使用人について，専ら固有の商行為を一律禁止する商法40条1項は，限定解釈されねばならない（BAG 25. 5. 1970, AP Nr. 4 zu §HGB）。

726　すべての副業を労働契約によって排除することは，許されない。しかし許されるのは，副業には使用者の同意を要するという条項である。被用者は，副業の開始が事業上の利益を損なわないならば，使用者の同意を求める請求権を有する。労働時間の限度を超えることがなければ，使用者は，被用者に

対して職業上の副業の有無と範囲に関する情報を求める請求権を有する。それゆえ不法な副業を理由とする警告は，副業の時間的範囲が労働時間法で守られるべき労働時間の上限をしばしば超えるような場合には，許される（BAG 11. 12. 2001, EzA §611 BGB Nebentätigkeit Nr. 6)。

(28) 違反の法的効果については，*v. Stebut* NZA 1987, 257；*Hunold* NZA 1995, 558；ErfK/*Preis* §611 BGB Rn. 889. Rn. 665 も見よ。

(29) BAG 16. 8. 1990, EzA §4 KSchG Nr. 38；25. 4. 1991, EzA §626 BGB Nr. 140（競業禁止は，被用者によって攻撃され，結局無効である解約告知にもなる。）

b）労働関係の終了後

労働関係の終了後，被用者が自分の労働力を活用する場合，もはや制限を受けない。特に，彼が従前の使用者の競争相手のところで働き，あるいは自ら使用者と競業することは許される。**契約終了後の競業禁止**は，使用者と被用者との間の特別な文書による合意を基礎にしてのみ成り立つ。そのような契約による競業禁止を制限する規定を含んでいるのは，商法74条以下で，その規定は，それ自体商業使用人にのみ適用されるが，しかし営業法110条によってすべての労働関係に準用される。もっとも重要な結果は，商法74条2項の一般適用である。すなわち，使用者は，禁止期間中，毎年その商業使用人が最終的に契約上受け取る給付の半額に及ぶ**待機期間の補償金**を支払う義務を負う場合にのみ，その競業禁止が拘束力を有するのである(30)。職業訓練関係の契約では，競業禁止は合意されてはならない（職業訓練法5条）。

(30) 待機期間の補償金の支払義務は，被用者が労働不能である場合にはなくなることはない（BAG 23. 11. 2004, EzA §74 HGB Nr. 65。その他でも，競業禁止については，しばしば適用になる：より高くつくが，必要ない。

3. 職場について無条件に保護される権利はあるか？

事例：X労働組合は，連邦議会におけるY党の行動に対する抗議から1日間ストを行うよう被用者に指令した。Y党に所属する被用者Zは，働こうとするが，その職場の同僚がスト指令に従うため，働けない。使用者は，賃金支払いを拒否したので，Zは，X労働組合に賃金を請求した。正しいか？

G. 労働に関する権利義務

730 　　ここでも労働する権利が問題となるが，しかし使用者との関係ではなく，第三者との関係でである。すなわち，その問題とは，職場についての権利が，その違反が第三者に民法823条1項の規定によって損害賠償義務を負わせるような絶対的に保護される権利なのだろうか，というものである。実際に，学説は，特に違法なロックアウトがかけられそうな職場について，このような権利を認めている（*Hueck/Nipperdey* Lehrbuch, 11/2, 7. Aufl., 1995 ; *Ebert Das* ≫Recht am Arbeitsplatz≪, 1990）。BAG 30. 9. 1970, AP Nr. 2 zu §70 BAT= NJW 1971, 480 によれば，この権利の論拠は，「せいぜいのところほんのわずか」でしかない。しかし，これに対していえるのは，職場での被用者の権利は，第三者がまさにその当事者ではない労働契約から生じるにすぎないということである[31]。それゆえ，職場の権利が否定されれば，労働組合の責任は，民法826条のみから生じる。連邦議会に対するストの圧力は，良俗違反であろうが，しかし良俗の保護範囲は議会だけであり，被用者の二次的損害ではない。しかし，これは，何ら収穫なしではない。被用者は，違法な政治ストが被用者の争議の危険に帰することはないので（Rn. 821），民法613条3文によって報酬請求権をもつのである。これは，使用者が823条1項（準備され，営まれている営業への侵害）に従って労働組合に損害賠償を求めることができる使用者の損害から理由づけられるものである。

[31] 反発するのは，BAG 4. 6. 1998, EzA §823 BGB Nr9；それに賛成するのは，MüKo/*Wagner* 4. Aufl. 2003, §823 Rn. 169.

IX. 被用者の監督と評定

1. 個 人 情 報

731 　　公勤務では常に，また私的経済ではしばしば被用者が閲覧してもよい人事記録がつけられている。これは，事業所組織法83条以下，公勤務労働協約3条Vによってのみ有効と認められる使用者の保護義務を根拠とする。さらに，閲覧権は，人事記録がなお残っておりかつ存続する利益がある場合には，その労働関係が過ぎても残る[32]。人事記録が自動化された手続きに整理し直され，利用されることができ，あるいは情報収集（データーファイル）へ

IX. 被用者の監督と評定

まとめられる限り，1990年の**連邦情報保護法**（特に *Gola/Schomerus* 7. Aufl. 2002 の注釈書；*Simitis* 5. Aufl. 2003）が適用される。（補充的にだけではあるが）。その結果，事業所協定ですら優先する（BAG 30. 8. 1995, EzA §87 BetrVG Kontrolleinrichtung Nr. 21）。批判するのは，*Wohlgemuth* FS Hanau, 340。この法律は，制約された適用領域を有するにもかかわらず，しばしば一般的な労働法および人格権法での原則を表明したものとみなされている。

(32) 使用者は，契約違反の行動をとがめ，繰り返えされた場合に労働関係の存続に結果が及ぶと脅す内容を人事記録へ書き留める。その警告が適当でないか（使用者が証明責任を負う），内容が乏しければ，被用者は除去を求めることができる。争いのある場合は，状況によって解約告知制限訴訟の前段階としての警告制限訴訟に至る。一部許容されない警告も，完全に除去される。使用者は，それを適切なものへと入れ替えることができる（BAG 13. 3. 1991, EzA §611 BGB Abmahnung Nr. 20）。LAGE Baden-Württemberg, 17. 10. 1990, a.a.O., Nr. 25 は，これを部分的に一括した警告へと転用している。いかなる場合でも，被用者は，事業所組織法83条2項に従って警告へのコメントを人事記録の中へ入れることができる（*Pflaum* Die Abmahnung im Arbeitsrecht als Vorstufe der Kündigung, 1992；KR/*Fischermeier* §626 BGB Rn. 253f.）。警告の中には，義務違反もとがめはするが，何らの帰結も予告せず，従って解約告知を準備していない注意がある。それも，人事記録に記録されうる。

連邦情報保護法28条によって，「個人関連情報」（＝特定のまたは特定できる自然人の人的あるいは物的諸関係に関する個別項目，3条）の**記憶**は，労働関係の目的の範囲内で許される。これは，先に指摘した（Rn. 622以下）質問権の限界と一致するであろう。さらに補足すると，その記憶化は，使用者が質問についてのみならず，回答の永続的記憶化についても正当な利益を有することを必要とする(33)。 732

(33) 基本的には，BAG 22. 10. 1986, EzA §23 BDSG Nr. 4：許されずに，例えば質問権または事業所組織法94条の限界に違反して，取得されたデータは，記憶されてはならない。最低限許容されるのは，性，婚姻関係，職業訓練や外国語の知識である。

G. 労働に関する権利義務

733　（許容された方法で記憶された）**情報の伝達**は，該当者との間の契約関係または契約類似の信頼関係によって設定された目的の範囲内で，あるいは伝達者もしくは第三者の正当な利益を確保するために許される限り，また該当者の保護に値する利益が阻害されない限り，許される（連邦情報保護法15条以下，28条）(34)。

　情報が自動的に加工されれば，該当者は，彼の情報が通常伝達される人や地位に関しても開示を求めることができる（連邦情報保護法34 1条3号）。

　(34)　許容される情報の伝達の定義づけのために，判例が証明書の内容に関して援用されうる。後記 Rn. 738 参照。

734　連邦情報保護法35条1項によれば，個人関連情報は，それが明らかに誤っているならば，**訂正**されるべきである。これは，人事記録についての判例に対応する（BAG 28. 3. 1979, EzA §611 Fürsorgepflicht Nr. 24）。連邦情報保護法35条4項によれば，個人関連情報は，その正誤が確認されなければ，閉じられねばならない。ただし，閉じられた情報は，その利用等が現在の証明の必要性を除くため，あるいはその他の，記憶している地位または第三者の利害に含まれている理由から不可欠であり，または該当者がその利用を承認している場合は別である（35条7項）。この規定の曖昧さは，その適用を困難にするが，しかしすべての人事記録への拡張を──今まではいずれにせよ認められていなかった──容易にしている。それと並んで，人事記録について説明するという被用者の権利が存在する（事業所組織法83条）。

735　個人関連情報は，その記憶化が許されなかったか，あるいは（該当者の要求によって）それを知ることが記憶化の目的を果たすのにもはや必要でなくなれば，連邦情報保護法35条2項によって**消去**されねばならない。これは，すべての人事記録に準用されるであろうが，しかし恐らく，人事記録が，労働関係の終了後破棄されるべきであるとはいえないであろう。健康状態，処罰可能な行為，秩序違反および宗教上または政治上の見解は，その正当性が記憶化する機関によって証明できなければ，消去されねばならない。これは，その法律の範囲内に属さない人事記録についてはまだ承認されていないが，一般的に適用されるべきであろう。

2. ビデオでの監視

一般的人格権は，秘密のビデオ撮影による完全な職場の技術的な監視から被用者を守るものである。それに対して，被用者の秘密のビデオ監視が許されるのは，処罰可能な行為または他の重大な過ちの具体的な疑念が使用者の負担になり，その疑念の解明のためのより少ない徹底的な手段が利用尽くされ，隠されたビデオ監視が実際に唯一残された手段であり，そして総じて過度ではない場合である（BAG 27. 3. 2003, EzA §611 BGB 2002 Persönlichkeitsrecht Nr. 1；14. 12. 2004, EzA §87 BetrVG 2001 Überwachung Nr. 1）。公開された出入りできる空間でのビデオ監視は，それが公共の場での任務の遂行，住居不可侵権または具体的な目的のための正当な利益の擁護にとって必要な限りでのみ許される。観察の状況や責任の伴う場所は，適切な措置によって認識できるようにされていなければならない（連邦情報保護法6条b）(35)。許容されないビデオでの監視の成果は，民事や刑事裁判で利用されてはならない（BAG a.a.O.）。さらに，使用者は，被用者につきこれによって故意による義務違反を立証する場合に，許容されるビデオ監視によって生じた必要な費用の賠償を求めることができる(36)。

(35) その観察は，それが泥棒の立証に役立つべき場合でも認識させられるべきなのか？
(36) ArbG Düsseldorf 5. 11. 2003, NZA-RR 2004, 345 は，賠償義務にとっては，監視の始めに，既に特定の被用者に対して具体的な嫌疑が存在していたが，しかし彼の行動が監視の原因であった場合に，既に必要な因果関係が存在することを前提としている。

3. 一般的な評価原則

使用者が被用者を評価するための一般原則は，事業所委員会の同意を必要とする（事業所組織法94条2項）。その内容に関する一致が成立しなければ，調整委員会が拘束力をもって決定する。被用者は，自分と仕事の評価や事業所における職業上の進歩の可能性が自分との間で議論され，使用者がその評価を理由づけることを求めることができる。彼は，事業所委員会委員の助言を求めることができる（事業所組織法821条1項）。

G. 労働に関する権利義務

4. 証 明 書

738　被用者は，労働関係の終了の際に，その種類と期間に関する文書による証明書を要求することができる。その証明書は，申請に応じて，被用者の成績や職務の執行に及ぶことができる。いわゆる能力証明書である（今までは民法630条，現在は被用者については営業法109条）。それは，好意的に作成されるべきであるが，連邦情報保護法が第三者への伝達を禁止していない限り，全体評価にとって重要である主要な事実を含んでいなければならない。さもなければ，他の使用者がその被用者を誤った証明書を信頼して雇い入れ，その被用者によって損害を受けた場合，民法826条による責任が迫ってくる。さらに，連邦通常裁判所は[37]，証明書の発行者と利用者との間での契約類似の信頼関係を認める結果，その発行者は，あらゆる過失およびすべての履行補助者の行為について責任を負う。

>   (37)　BGH 15.5.1979, EzA §630 BGB Nr.10= BGHZ 74, 281. 従って，有利すぎる証明書では，被用者の採用を理由とする第三者の損害賠償請求権が生じる。余りにも不利な証明書の場合には，それと反対に第三者の所での非採用を理由とする被用者の損害賠償請求権が生じる。いずれにせよ，これらが主として証明書に基づく場合にだけである（BAG 16.11.1995, EzA §630 BGB Nr.20）。

739　証明書の通常の評定段階は，1：我々が常に完璧に満足するものである。2：我々が常に完全に満足するものである。3：我々が完全に満足するものである。あるいは：常に我々の満足するものである。4：我々が満足するものである。5：我々がほぼ満足するものである，となっている。

740　出発点は，平均的な評価3である。より良い評価のためには被用者が，より悪い評価については使用者が証明義務を負う（BAG 14.10.2003, EzA §109 GewO Nr.1）。使用者は，被用者にその良質な共同作業に感謝し，将来にとって幸運を望むというフォームで労働証明書を締めくくる義務を負わない（BAG 29.2.2001, EzA §630 BGB Nr.23）。

741　上司の交代または間近に迫った職場の変更の際に，中間証明書，すなわち

IX. 被用者の監督と評定

　後になって知るに至った諸事情がより悪い評価を正当化するものでない限り，使用者が終了証明書の際に証明期間として拘束される中間の証明書が求められうる。その証明書は，表面上異議のないもので，認識できる上長の従業員によって署名されていなければならない。常に争われるのは，両親休暇，長期の疾病および事業所委員会での活動による労働の中断が証明書の中で言及されてもよいかどうかである。それについて BAG 10. 5. 2005 §109 GewO Nr. 3 は，両親休暇に関係しているが，一般化が可能なもので，次のように指摘している。すなわち，中断は，状態や期間に応じて重要でなければならず，それに触れないと誤った印象が生じるかも知れず，被用者の評価が労働関係の継続に応じた事実上の労務給付に基づくものであると。そのために，ある料理人にとって，50ヵ月の労働関係のうち，33ヵ月が両親休暇であったならば，証明可能な停止期間となる。疑わしいのは，刑法上の捜査手続に触れることである。LAG Düsseldorf 3. 5. 2005, LAGE §109 GewO 2003 Nr. 2 は，捜査手続は，何ら事実ではなく，単なる嫌疑である。検察官は，違った見方をするであろう。使用者が被用者の情報を提供するときには，使用者は，証明内容の限定が空まわりしないよう注意しなければならない。

　Weuster BB 1992, 58 は，証明書の中で暗号化されたメッセージをありありと描写している。連邦労働裁判所の 1977 年 3 月 24 日の裁判（EzA §630 BGB Nr. 9）が一つを解読している。「彼は，任された任務を大変な勤勉さと興味をもって実行した」というのは，被用者が努力したが，結果において何も成し遂げていなかったことを意味する（表面は賞賛だが，実際は叱責である！）。なぜならば，結果も生じず，はっきり示されないならば，努力が十分ではないからである。特に不信感をもって，LAG Hamm 17. 12. 1988, BB 2000, 1090 は：「被用者は，自分自身の意見を主張することを心得ていた」＝不満もちである。「被用者は，よく売れる道を心得ている」＝もったいぶる人。「健康的な自信家」＝美辞麗句を並べる者。州労働裁判所は，このような表現を禁止したいのである。しかし，その代わりに何が生じるべきか？恐らくは，明示的なヒント：すなわち，それは，真剣に考えられたが，証明言語ではないことである。

742

H. 賃金支払義務

Ⅰ. 民法611条1項と関連する請求権の根拠

使用者は，民法611条1項によって，合意された報酬を支払う義務を負う。743 それゆえ，賃金請求権の根拠は，集団的契約または労働契約上の合意と関連した民法611条である。まず最初に必ず問われるべきは，賃金請求権が協約に支えられているかどうかである。なぜなら，賃金政策は，協約当事者の固有の専権領域だからである。協約の適用は，全く様々な法的根拠によることが可能である。

1. 協　　約

a) 双方の協約への拘束

労働協約法4条によって，協約という法規範は，団体の構成員資格もしく 744 は一般的拘束力宣言によって同一の協約に拘束される使用者と被用者との間でのみ直接かつ強行的に適用される（前記 Rn. 212 を見よ。古い協約の拘束力の継続についても）。しかし，使用者が時に，また被用者が常に頻繁に協約を締結する団体に属しておらず，一般的拘束力宣言も稀であるところから，双方の協約への拘束力がしばしば欠けてしまう。

b) 協約の明示の引用

労働協約法4条の意味する協約への双方の拘束力がたとえなくても，労働 745 契約は，しばしば明示的に全部又は一部で協約，特に協約上の賃金規程を引用している。その際，**静的な引用**と**ダイナミックなもの**が，および**均等化条項**と**協約転換条項**とが区別される。ダイナミックな指示は，労働契約がただ

そのまま静的に既に存在する一定の協約を指示するだけではなく、その将来のフレームも指示している場合に存在する。疑わしい場合は、協約の変更や新たな制定にも応じる（訳者注）動的な指示が認められる。均等化条項というのは、その引用が、労働組合の組合員資格を通して協約に拘束されない被用者らを、あたかも協約に拘束されるかのように扱うことだけを目的としている場合にみられる。労働契約による引用は、その場合、協約と運命を共にする結果、例えば使用者が団体を脱退した後はその動的な効力を失うのである（それについては、既に前記 Rn. 218）。判例は、今まで一定の協約の指示のすべてをそのような均等化条項としてみなしてきたが（例えば、BAG 20. 2. 2002, EzA Nr. 20 §3 TVG Bezugnahme auf Tarifvertrag）、2005年12月14日の連邦労働裁判所の判決（EzA a.a.O. Nr. 32）は、2002年1月1日以後—すなわち、労働関係への普通契約約款規制の適用以来—合意された引用条項をさらに明確にするよう要求している。それ以来、均等化条項は、その文言が協約に拘束されない被用者を拘束される被用者と均等に取り扱うことだけを明示している場合にのみ承認されている。単なる団体協約の引用は、それ以来逐語的に解され、それゆえ使用者が団体を脱退した後も動的な効力を有しているのである。しかし、考えられるのは、そのダイナミックな効力が、労働契約の当事者が事業所または事業所の一部とともに引用された協約の部門別適用領域を去ったときにはなくなるということである（*Bepler* FS Arbeitsgemeinschaft Arbeitsrecht, 2006, 791, 805 を見よ）。その新しい解釈によるそのような条項は、新たな名称をまだ獲得してこなかった。おそらくは**協約継続条項**と呼ぶことができる。

746　**協約転換条項**が語られるのは、労働契約が特定の協約を指示せずに、事業所または事業所の一部にその折々に適用されまたは標準となる協約を指示している場合である。これは、団体の構成員資格に基づき使用者にとって標準的なすべての協約について、被用者が拘束される結果になる（BAG 16. 10. 2002, EzA a.a.O. Nr. 22）。問題は、これが他の上部団体を有する組合に対して使用者の交替をもカバーするかどうかである。

747　**事例：二重に協約を定めることは良くないことである。**一般的拘束力や引

I. 民法611条1項と関連する請求権の根拠

用条項によって企業横断的協約に拘束されている使用者が，同じ労働組合と，いわゆる労働のための同盟（職場の保証と引替えの賃金減額）を有する企業協約を結んでいる。幾人かの被用者には，他の職場も見つけることができるので，職場よりも賃金が好ましい。そこで彼らは，賃金減額を甘受しなければならないか質問している。

　従来の賃金についての請求権の根拠としては，まず最初に，一般的拘束力のある協約が考慮される。これは，労働協約法5条によって組合に所属しているかどうかを問わずすべての被用者に適用されるが，しかしこれは，企業協約によって排除されよう。協約が競合する場合，より特別な協約が優先する（上記，Rn. 209）。企業協約は，たとえ団体協約が一般的拘束力があっても，それよりも特別である。それゆえ，一般的拘束力のある企業横断的協約は，ここでは企業協約によって排除されてきた。 748

　次の請求権の根拠として，労働契約による団体協約の引用が考えられる。明示的にその都度事業所にとって標準となる協約と関係する協約転換条項があるとするならば，その引用は，自動的に団体協約から企業協約へ転換されるであろう。しかし，事実関係によると，企業横断的協約の純然たる引用が問題となっている。それゆえ，問題は，同じ労働組合との間の企業協約による企業横断的協約の変更と関わる協約転換条項として解釈できるかどうかである。2005年5月23日の連邦労働裁判所判決（EzA§4 TVG Tarifkonkurrenz Nr. 18. それについて，*Bepler* a.a.O. S. 806ff.）は，これを実際に肯定し，この方法で職場を維持しようとした。優れた考えは，リスクを伴う根拠によって説明づけられる。このような条項をもって，部門別かつ事業上関係している協約が引用されることになろう。これは，さらに均等化条項もしくは継続条項の文言を超えて，協約転換条項との違いまでぼかしてしまう。しかし，正しいのは，団体協約への指示が，これを修正する企業協約も引用されるべきであると理解されることである。 749

　しかし，それでもって，職場の維持がいつもなお確保されたのではなかった。企業協約の適用は，組合に所属しない被用者では，労働契約による引用 750

条項のみによっていたからである。そこで生じた問題は、このような条項が、一般的拘束力のある協約賃金を減額するにもかかわらず、労働協約法4条3項の有利性原則と調和するかどうかである。職場の保証による減額補整は、連邦労働裁判所の今までの判例によれば、可能ではない（それについては、Rn. 17, 193, 229）。裁判は、これを問題にしたくはなかったのであるが、労働のための同盟を救済するために他の道を見い出したのである。すなわち、一般的拘束力は、すべての被用者の均等化を目的とし、それゆえアウトサイダーの優遇化にはならないというのである。

751　協約の個別の規定を労働契約によって指示することは、協約に拘束されない使用者でのみ通常生じる。それは、例えば休暇のように、通常その都度の複合した規定と関係するが、協約全体、特に協約上の除斥期間に関係することはない（BAG 17. 11. 1998, 19. 1. 1999, EzA a.a.O. Nr. 11, 10）。その限りで、それは、疑わしいときは動的に、すなわち将来の協約にも適用される(1)。

> (1)　「俸給は、連邦職員協約（地方自治体のための）に依拠して報酬グループプラン（Verg. Gr.）4編aで自由に合意され、月々額面でドイツマルク（金額）で表示される」という協約に拘束されない使用者との労働契約上の表現は、その被用者にとって、この報酬グループに従った賃金請求権を動的に理由づける。BAG 13. 11. 2002, EzA §3 Bezugnahme auf TV Nr. 23；9. 11. 2005 EzA §305c BGB 2002　Nr. 3.

c）平等取扱い原則

752　協約の適用には、平等取扱原則が要求されるか？　この原則は、確かに使用者に対して、協約に拘束されない被用者を拘束される者のように扱うことを義務づけるものではない（BAG 20. 4. 1999, DB 1999, 1555 = EzA Art. 9 GG Nr. 65）。しかし、使用者は、拘束されない被用者に対して任意に協約上の労働条件を承認すれば、個々の条件を恣意的に除外してはならない。恣意的ではなく、客観的だと理由づけられるのは、余剰の職場に係わるか、または研修期間が限られる場合に、協約に拘束されない失業者に協約を下回って支払うことであろう（慎重なのは、*Zachert* FS Däubler, 1999, 991）。

d）事業所内の慣行

I. 民法611条1項と関連する請求権の根拠

契約による協約の規定の引用は，形式にとらわれずに，事業所内の慣行（この概念については，Rn. 776以下を見よ）からも生じる（BAG 19. 1. 1999, a. a. O.）。連邦労働裁判所のある判決（BAG 16. 1. 2002, EzA §4 TVG Tariflohnerhöhung Nr. 37）が強調しているのは，協約の展開に応じて賃金を恒常的に調整することが，協約に拘束されない使用者では何ら事業所内の慣行になっていない，なぜならば*協約に拘束されない使用者*は，原則として将来にわたって団体の規則制定力に服するつもりはないからであるという。賃金の展開の予見できないダイナミズムは，協約の展開に応じた継続した賃金の上昇に対して，原則として協約に拘束されない使用者の意思に反している。事業所内の慣行の効力は，その限りにおいて，実際疑わしい場合には動的に作用する協約の明示の引用に劣後するのである（Rn. 745を見よ。特に，BAG 14. 12. 2005, EzA §3 TVG Bezugnahme auf TV Nr. 32）。**協約に拘束される使用者**を通して協約を絶えず適用することは，そのまま事業所内の慣行を理由づけるものではない。それは，明らかに協約規範を実行するだけである（Rn. 779を見よ）が，使用者の団体脱退後に締結される協約も標準になるべきであることへの信頼を覚醒させることはできないからである。

e）民法612条2項

協約の適用が該当する地域や部門で一般的に慣行であれば，その適用は，民法612条2項によって，異なることが決められていなかったならば，合意されたものとみなされる。

2. 民法611条1項と関連する事業所協定

請求権が労働協約に根拠をもちえなければ，事業所協定に注目せざるをえない。事業所協定は，ここでは確かに，ある限られた余地を有するにすぎない。というのは，賃金やその他の労働条件は，労働協約に定められてきたか，または通常定められるものであるが，労働協約が補充的な事業所協定の締結を明示的に許している場合を除いて（事業所組織法77条3項），事業所協定の対象になりえないからである（被用者に有利な事業所協定ですら）。ここでは，前面に展開された協約自治の確保と係わる。というのは，事業所が協約の適用領域にあるならば（Rn. 428を見よ），協約自治は，協約の拘束を受けない

321

H. 賃金支払義務

756　**事例：事業所協定への逃亡**（BAG 22. 6. 1993, EzA §23 BetrVG Nr. 23による）

ある使用者は，その部門で基準となる協約で，団体へ加盟していないために適用されないが，しかし事業所内で実地に適用されている協約に不満をもっている。そのため，その使用者は，協約上の週35時間から40時間へ移行し，協約では認められていない土曜日の労働を許す事業所協定を結んでいる。被用者Aは，協約を結んでいる労働組合の組合員であるが，自分が事業所協定に拘束されるかどうか質問している。労働組合は，使用者や事業所委員会に対して抗議することができるかどうか尋ねている。

757　被用者は，原則として事業所組織法77条4項に従って事業所協定に拘束される。しかし，問題の事業所協定は，同法77条3項によって無効であろう。その規定は，その文言通り適用される。しかし，判例は，この規定をとりあえず任意の事業所協定だけに適用して，同法87条によって共同決定された事業所協定には適用していない。というのは，87条冒頭の協約に対する遮断効は，事業所組織法を特別規定として優先させているからである（いわゆる**二制限説**に対する**優先理論**。BAG 24. 2. 1987, EzA §87 BetrVG Nr. 10 ; 3. 12. 1991, EzA §87 BetrVG Betriebliche Lohngestaltung Nr. 30, Rn. 428 も見よ）。事業所組織法87条1項2号の労働時間に関する共同決定は，その状態に係わるだけで，継続する（一時的ではない）期間に係わるのではないから，35時間から40時間の週労働時間へ移行する点では，事業所協定は事業所組織法77条3項によって無効である。それとは反対に，同法77条3項は，土曜日の労働を許すことには適用されない。なぜなら，労働時間の状態は，87条1項2号によって共同決定に従い，87条1項冒頭から協約によって除外されないからである（この規定は，77条3項とは異なり，本件では構成員資格がないために存在しない使用者の協約への拘束を前提にするからである）。

758　そこで，この事業所協定は，一部無効である。このことは，民法139条へといくのではない。一部無効の規範の宿命が規範設定者の仮定の意思に左右

I. 民法611条1項と関連する請求権の根拠

されるからではなく，有効な部分がそれだけでも意味があるかどうかにかかっているからである。それは，ここでは認められる。

結論：
— Aは，週35時間労働を超える仕事を拒否できるが，土曜日の労働は拒否できない。
— 労働組合は，使用者が協約に拘束されないにもかかわらず，基本法9条3項に違反するために使用者に抗議することができる。これは，連邦労働裁判所が，その裁判の中で基本法9条3項によって守られている組合活動の権利が，協約の事実上の貫徹をも包含することを承認した有名なブルダ裁判（BAG 20. 4. 1999, EzA Art. 9 GG Nr. 65；それについては，Rn. 14, 429）から明らかになる。確かに，この裁判は，使用者の協約への拘束を求めているが，しかし協約に違反する事業所協定の場合は異なる。この協定は，協約に拘束されない使用者にも，事業所組織法77条3項によって禁止されるからである[2]。

(2) BAG a.a.O. Blatt 24 を見よ。「事業所組織法77条3項の適用範囲外では，その時々に該当する協約が両当事者の協約拘束に基づいて規範的に適用される限りでのみ考慮される。協約に反する規定による組合の団結の自由に対する侵害が考慮されるだけである」。

事業所委員会に対しては，事業所組織法23条1項から解任の申立てが考えられる。事業所委員会は，77条3項を尊重しなかった限りで，事業所組織法上の義務に違反した。法的状態の曖昧さという面からは，しかし重大な過失は否定されてよいであろう（類似するものに ArbG Marburg 7. 8. 1996, NZA 1996, 1331 u. 1337，いわゆるヴィースマン事件）。

3. 民法611条と関連する労働契約

a) 合　意

労働報酬の請求権が，直接にも間接にも集団的契約に根拠をもたないならば，その請求権は，労働契約からのみ生じうる。その給付が被用者と約定されていないが，他の被用者には給付されているとか，あるいは過去に与えら

H. 賃金支払義務

れていたというのであれば，再び平等取扱原則と事業上の慣行が登場する。

b) 平等取扱原則

762　平等取扱原則は，ここでは，特に「労働契約上の統一規則」を拠り所とする（上記 Rn. 43 以下を見よ）。それは，報酬規程（賃金規程，賞与規程，老齢年金規程等）であって，使用者が，個々の被用者との合意によってではなく，普通契約約款の方法によって統一的に事業所全体，個々の事業所部門または被用者グループのために作り，かつ適用されるものである。被用者個人または被用者グループは，このような統一規則から正当な事由なしに除外されてはならない（不変の判例：例えば BAG 23. 4. と 3. 12. 1997, EzA §242 BGB Gleichbehandlung Nr. 72, 73）。何が正当事由であるかは，被用者の社会的状況が決めることであるが，しかしまた事業所のための過去もしくは将来の給付が決めることでもある。

763　**事例：労働のない賞与―賞与のない労働**　A は，2006 年に，その被用者等に任意給付として初めてクリスマス賞与を約束している。A は，彼らに 2006 年 12 月 15 日それを支給しているが，3 人の被用者を除外している。X は，一年中疾病であったから。Y は，A が 9 月 30 日に事業上の原因で解雇したから，Z は，A が悪い成績ゆえに年末に解雇したからである。正しいか？

764　請求権の根拠として，ここでは労働契約上の約束や平等取扱原則が考慮される。

765　A は，2006 年の賞与を，有効な任意の留保なしに与えることをはっきりと約束した[3]。

　それゆえ，問われるべきは，一時的に労働不能であるかまたは解約告知された被用者が何ら請求権をもつべきでないという制限的な解釈が可能かどうかである。取引慣行によると，クリスマス賞与の約束は[4]，異なることが定められていなければ，労働関係がクリスマスの時に存続していなければならないことを要求しているが[5]，しかしクリスマスまでにあるいはおよそ

324

I. 民法611条1項と関連する請求権の根拠

その年に事実上労働していたことを要求していない(6)。労働関係の解約告知も，これが明示的に定められていたときにのみ（LAG Düsseldorf 31. 1. 2006, LAGE §611 BGB Gratifikation Nr. 6）不利になる。それゆえXとZだけが，少なくなるけれども，労働契約による賞与請求権を有する。

(3) 任意の給付という名称は，法的請求権を排除するのに十分ではない。「法的義務の承認なしに」がより明確である（BAG 22. 1. 2003, EzA §611 BGB 2002 Gratifikation, Prämie Nr. 1）。ErfK/*Preis* §310 BGB Rn. 70 は，任意性の留保が民法307条1項2文の透明性の要請にとって十分であるというほどに一義的に構成されていなければならないと強調している。

(4) その反対に，13ヵ月目の給与の約束は，疑わしい場合には，その範囲が継続した給与の支払期間に従った残された給与に係わることを意味する（BAG 19. 4. 1995, EzA §611 BGB Gratifikation, Prämie Nr. 126；21. 3. 2001, EzA a. a. O. Nr. 163）。被用者の個人的給付と結びついた年間の給付は，労働関係の継続では決してなく，なされた給付の期間次第によるべきである；MünchArbR/*Hanau* 2. Aufl., §69 Rn. 35.

(5) BAG 30. 3. 1994, EzA §611 BGB Gratifikation, Prämie Nr. 109. しかし，ここでも13ヵ月目の給与と同様単なる弁済期の決定が係わるため，クリスマス金は，労働関係の終了以前に支払われるが，しかしクリスマスになって始めて弁済期となる。合意が報酬規定との直接的な体系上の関連がある場合にそうである（BAG 21. 5. 2003, EzA §611 BGB 2002 Gratifikation, Prämie Nr. 8）。

(6) BAG 10. 5. u. 11. 10. 1995, EzA §611 BGB Gratifikation, Prämie Nr. 125, 133. 制限するのは，BAG 24. 9. 2003, EzA §615 BGB 2002 Nr. 4：「小さい事業所において個別の契約で合意されたクリスマス金の場合には，被用者が暦年全体で労働報酬を受け取らず，法定の疾病保険からの調整によって労働局の給付を受給した場合にも，支払請求権が存在すべきであるということにはならない。」

Yは，労働法上の平等取扱原則から請求権を有するであろう。その労働関係がクリスマスの時にもはや存続していなかったということは，十分な差別理由である。

個々の被用者について平等原理に対する違反があれば，通常，**上に向った平等取扱い**となる。差別された被用者は，より高額の給付請求権を有する。しかし，全部の被用者グループについて，法律による恣意的な差別があれば，

連邦憲法裁判所の判例は，そのような自動的な作用が生じないとしている。むしろ，立法者が平等取扱いを高い水準または中間の水準のいずれで定立するか，あるいはそれどころかゼロで行うかは，立法者に委ねられている（BVerfG 30. 5. 1990, EzA §622 BGB Nr. 27, 解約告知期間に関して）。それに対して，正当な事由なしに優遇されているグループが差別されているグループよりも少ないときですら，使用者が不当な不平等取扱いを遡って上に向かって訂正することが，通常求められる。

768　賃金にとって重要な一般の平等取扱原則は，**普通契約約款の不利益取扱禁止**によって具体化されている。一般平等取扱法によって，性を理由とする不利益禁止を同価値の労働にも拡張してきた民法612条3項が削除された。その削除にもかかわらず，この中に一般的な法思想が認められるために，同一賃金の要請は，常に同一および同価値の労働と係わるのである。

　問題なのは，一般平等取扱法における高齢者の差別禁止が，賃金を年齢とともに増額させる普及した協約上および事業上の規定に対応するかどうかである。一般平等取扱法10条2号は，高齢者への最低の要求を決定すること，すなわち就業と結びつく一定の利益のために年齢，職業経験または勤務年数の決定を許している。年齢による賃金の持続的格付けは，それによってカバーされないが，勤続年数による格付けは許されるであろう。

769　**間接差別**は，外見上，中立的な規定，基準もしくは手続きが第1条にあげられた事由のために，他の人に比べてその人自体に特別に不利益を与えうる場合に存在する。ただし，該当する規定，基準もしくは手続きが合法的な目標によって客観的に正当化され，その手段がこの目標の達成のために相当でかつ必要な場合を除く（一般平等取扱法3条2項）。それと共に長い勤続年数やそれと結びついた事業所への投入に対する報償金の支払いは，合意されてよいであろう。その他の例は，間接的な性差別に関する判例から明らかである。例えば仕事の肉体的負担を考慮し，それでもって男性を優先させる協約による賃金区分があるが，女性と男性を同等に扱う給付や負担の要素が無視されるものである（BAG 29. 7. 1992, EzA §4 TVG Einzelhandel Nr. 19）。異なる協約グループへの組込みさえも，同価値の女性労働への安い賃金支払いと

I. 民法611条1項と関連する請求権の根拠

なってはいけない。しかし，ある職務についてさらに高額の報酬によって獲得しなければならない必要性がある志願者不足は，当該業務の異なった報酬についての客観的な経済的に妥当な正当性を理由づけることができる（EuGH 27. 10. 1993, NZA 1994, 797）。今までに承認されていることは，同一労働について高度の教育を有する被用者に高額の賃金が支払われることである（BAG 24. 3. 1993, EzA §242 BGB Gleichbehandlung Nr. 56; EuGH 11. 5. 1999, BB 1999, 1499）。しかし，仕事が，少なくない事例で教育がなくても行われることができ，その教育が典型的に女性にはないものであるとき，支払いが悪ければ性差別となりうる（EuGH 19. 10. 1989, NZA 1990, 772）。

特有な利益による特有な不利益の正当化？

女性や重度身体障害者について特に存在するように，特別な保護規定を理由とする低額な報酬の合意は，一般平等取扱法18条2項により低額な報酬を何ら正当化するものではない。例外は考えられる。それは，例えば定年前退職，高齢者パートタイムまたはその他に関する過渡的な規定が老齢年金のできるだけ早い支給開始に及ぶという頻繁に起こる状況がそれである。これは，次のような場合，女性（や重度身体障害者）にとって不利益である。すなわち，女性が60歳でもって年金生活へ入り，その結果賃金や年金額の上昇が過渡的規定によって早く終了するときである。2002年8月20日の連邦労働裁判所の判決（EzA Art. 141 EG-Vertrag Nr. 13）は，これを女性差別と評価したが，しかしまもなく，客観的な理由による正当化を考慮した欧州裁判所によって否認された（EuGH 20. 3. 2003, EuGHE 2003, 2271；それについて，*Hanau* ZfA 2003, 756も）。連邦労働裁判所は，再びこのような事例が（今回は重度身体障害者であるが）訴えられたときに，「部は，欧州裁判所が準則化したものにならい」，その規定を今度は妥当なものとして正当化した（BAG 18. 11. 2003, DB 2004, 1106；同様に再度 BAG 18. 5. 2006, 6 AZR 631/05）。しかし，欧州裁判所と連邦労働裁判所との違い，また連邦労働裁判所の部間の違いは，両親休暇期間中の賃金の不支給が他の給付の範囲でも考慮されるかどうかという問題の中に再び現れている。2002年1月12日の第1部の判決（BAG, EzA §112 BetrVG 2001 Nr. 3）は，社会計画がその補償を事実上の就業期間に従って格付け，しかもそれでもって両親休暇期間によるときも減額するこ

とは許されないと宣告した。これは，基本法6条および事業所組織法75条の一般的な平等取扱原則から明らかになる。第6部は，類似するケースで[7]確信をもっていなかったので，その問題を欧州裁判所へ提示した。欧州裁判所は，そこで2004年6月8日の判決（AP EWG-Richtlinie 75/117 Nr. 19）の中で次のような問題に取り組んだ。すなわち，女性が，両親休暇期間ではなく，兵役の期間が補償金の計算の際に差し引かれることによって差別されているかどうかという問題である。欧州裁判所は，これ否定している。というのは，兵役は義務であり，育児期間は任意であるからというのである。ここでは，母国に大きな奉仕をするのは誰かがしっかりと考えられねばならないであろう。

(7) 東ドイツ労働法の両親休暇に匹敵する規定で公勤務での保護期間へ参入することが問題となった。EzA Art. 141 EG-Vertrag 1999 Nr. 10.

771　容認されたのは，**事業所ごとの格差**であった。同一企業の異なった事業所では，今までから異なった労働条件があってよかった（BAG 26. 4. 1996, EzA §242 BGB Nr. 5；5. 3. 1980, EzA §242 BGB Gleichbehandlung Nr. 20；30. 11. 1982, EzA §242 BGB Gleichbehandlung Nr. 33）。しかし，使用者が統一的な秩序を複数の事業所，または複数の事業所における比較可能な被用者（例えば支社長）について定めることによって，使用者自身が自ら橋渡しをするならば，使用者は，——今や事業所を超えた——平等取扱原則に従わなければならなかった[8]。連邦労働裁判所は，さらに進んで平等取扱原則を全体的にその企業へ拡大することを検討している（17. 11. 1998, EzA §242 BGB Gleichbehandlung Nr. 79. 今では，残念ながら完全な通説である，ErfK/*Preis* §611 BGB Rn. 724—多数の証明がある。反対理由 Rn. 783）。その結果，ある企業の異なった事業所で異なった労働条件が常に客観的な事由から正当化されねばならないとしている。連邦労働裁判所は，この裁判で収益性の違いを十分なものとして承認した。それについては，直ちに「ミュンヘンとケルンの違い」のケース（Rn. 781）が思い出される。**同一の事業所における同一労働にもかかわらず不平等な取扱いになるのは，派遣被用者の投入**である（上記Rn. 549を見よ）。確かに，派遣被用者は，派遣先の主要な労働条件，特に派遣先の比較可能な被用者の権利である賃金の供与を求める請求権を派遣元に対して

有する。協約は，しかしそれに反することができるとする。有期労働共同体とドイツ労働総同盟――有期労働協約団体といった大規模な団体間の協約は，次のような最低賃金を定めている。すなわち，2006年7月1日からは，7ユーロないし東部では6.10ユーロ，2007年1月1日からは，7.15ないし6.22ユーロ，2008年1月1日からは，7.31ないし6.36ユーロである。それは，事業所の平等取扱いへの最大の介入である。

(8) BAG 25. 4. 1959, DB 1959, 890. ある事業所が他の事業所と統合すると，両者の事業所の異なる報酬が，(最初は) 維持される (BAG 25. 8. 1976, EzA §242 BGB Gleichbehandlung Nr. 11。2つの企業によって共同に運営されている事業所では，労働条件は，異なってもよい (BAG 19. 11. 1992, EzA §242 BGB Gleichbehandlung Nr. 54)；批判的なのは，*Preis* SAE 1994, 21)。

問題なのは，使用者が（管理職職員では普通である）業績査定の基準を一般規則で定めかつ周知させる代わりに，賃金を「業績に応じて」あるいはさらに**理由もなく格付ける**ことができるかどうかである。この普及した実務は，連邦労働裁判所が違法であるとしてきた (BAG 21 u. 22. 12. 1970, EzA §315 BGB Nr. 3, 4；5. 3. 1980 u. 21. 6. 2000, BAG, EzA §242 BGB Gleichbehandlung Nr. 21, 83)：使用者が，特別な報酬の支給を，被用者が予測すらしなかった要件と結びつけようとするならば，使用者は，その格差がどのような基準によって設けられているのか，何が同一とされ，また何が異なるとされるのか適宜公表しなければならない。現在では，民法307条1項2文の透明性もそれを支持している。

特別な労働に対する特別給付がない？
(1) 「**スト破りのプレミアム**」(Rn. 328 も見よ)

それについては，ケルン州労働裁判所のシャンパン事件 (4. 10. 1990, LAGE Art. 9 GG Arbeitskampf Nr. 39)。使用者が代替要因として雇い入れた被用者全員にフランスの高級ブランドのシャンパン1本を与えたならば，適法にストを行っている被用者への違法な処置となる（民法612条a）。それとは反対に，昼食，コーヒーやケーキは，無償で与えてよいというのである。*Rütehrs* (LAGE a.a.O.) は，シャンパンとコーヒーの間に基本的な違いはな

いとみて，それゆえストを行う者への違法な制裁ではなく，労働争議の適法な手段の問題であると考えている。連邦労働裁判所は区別をしている：労働争議の前や途中で約束されたプレミアムは，その範囲内にとどまっていれば，許容された争議行為であり，その後で約束されたプレミアは，争議権の行使を理由とする許されない不利益取扱いである（BAG 11. 8. 1992, EzA Art. 9 GG Arbeitskampf Nr. 105—*Otto* の評釈付き—：13. 7. 1993, EzA Art. 9 GG Arbeitskampf Nr. 112—*Hergenröder*：協約による処分の禁止は，あらゆる純然たる特別のプレミアを禁止する）。しかし，後者と矛盾するのは，ある者が特別な投入と引換えに特別な報酬を受け取ることが，許されない不利益取扱いとはみなされないということである。民法612条aは，仕事の違いによって条件づけられない不利益取扱いのみに係わることができる。同様に，LAG Schleswig-Holstein, LAGE Art. 9 GG Arbeitskampf Nr. 55；*B. Gaul* NJW 1994, 1025.

(2) 「時間外労働のプレミアム」

774　ここでは，労働争議法の特殊な問題にではなくて，一般的な問題，すなわち任意に契約外の仕事をした被用者は，特別な報酬を受け取ることが許されるかどうかという問題に係わる。2002年6月12日の連邦労働裁判所の判決（EzA §612a BGB Nr. 2）の中で，今まではすべての被用者に与えられていた任意の成果配分を労働契約で合意された週36時間に代わって賃金調整なしに38時間働くことを厭わぬ者に限るとした使用者が問題となった。その判決は，その中で民法612条aの違反を認めた。なぜならば，被用者は，1週36時間を超えて働かなくてもよいという自分の権利を行使できるために不利に扱われたからであるという。しかし，そのように逐語的に民法612条aはとられるべきではない。というのは，被用者が権利を行使したために不利益を受ける事例が多くあるからである。被用者が疾病のために労働を拒む権利を行使するならば，6週間後には自分の賃金請求権を失うというのがそれである。まさに被用者は，その労働関係を解約告知によって終了してはじめて賃金請求権を失うのである。それゆえ，民法612条aでは，それが不当な不利益取扱いに関係するという不文の要件基準がはめこまれてなければならない。従って，問われるべきことは，使用者が，より多く働きたいという被用者にさらに高額の賃金を提供することが不当かどうかである。これは，明

らかに否定されるべきである。ブルダ判決（前記 Rn. 429）からも，有効な契約変更に応じようとする被用者への追加の給付が不当な処置ではないということが読み取れる。なぜならば，その判決は，協約に拘束されない被用者が賃金や労働時間を譲歩する代わりの補償として，就業保証がなされうると強調しているからである（後に必要となる事業に原因がある解約告知が協約に拘束される被用者に限定されうるし，また限定されねばならないという，表明されないが避けられない結果をもった就業保証）[9]。

(9) 異なっていたのは，BAG vom 7. 11. 2002, EzA §612a BGB 2002 Nr. 1 の判決である。ここでは，協約に拘束される被用者は，時間外労働から除外された。彼は，他の多くの同僚とは反対に協約上の請求権を放棄することを拒んできたからである。時間外労働の指示は，特別給付のための賃金ではなく，従って放棄できない協約上の請求権を放棄することの拒否に対する制裁として組み込まれるべきではない。

(3) 「スト参加後の年額特別支給の減額」

これは，1999 年 8 月 3 日の連邦労働裁判所判決（EzA Art. 9 GG Arbeitskampf Nr. 133）の報道の見出し（53/99）である。しかし，これは，賞与があたかもストに対する処罰のために任意に減額されうるというケースではない。その場合だけは，減額は，賞与の規則が停止している労働関係の時間に比例した減額を規定しているために，単に賞与の規則を実施しているのであれば，法律（民法 612 条 a）および労働争議後通常の協約上の処分の禁止には違反しない。

c) 事業所内の慣行

包括的な全体の叙述として，*Bepler* RdA 2004, 226；*Waltermann* RdA 2006, 257；上記 Rn. 64 を見よ。

賃金請求権について，すべての今まで扱われた根拠が役立たないとすると，検討されるべきは，過去になされた給付から請求権が導き出されるかどうかである。

事実承認されるべきは，「事業所内の慣行」がより広い給付の請求権を根

拠づけることができるということである。有名な例：クリスマス賞与の3回支給，社内食堂での食事や交通費のための無条件の継続した手当，そして定年退職後3ヵ月分の月給を長年にわたって支給すること等々である。判例は，使用者の継続した行動を多くより広い給付が約束されているという決定的な意思表示として解釈している。そのため，契約上の形式規定が付随的約束のために注意されねばならないというのである[10]。しかし判例は，義務負担の効力に関する錯誤を理由とする民法119条1項による取消しという，その次に出てくる結論をもちろん採用していない。新たな学説は，法律行為による義務負担ではなく，民法242条に基づく信頼責任を採用している。すなわち，法律行為による給付が約束されたことの信頼ではなく，既になされた給付が事実上継続されることへの信頼が保護されるのである（*Lieb* Arbeitsrecht, 7. Aufl., 21ff.；*Singer* ZfA 1993, 487）。両者の構成は，結果において区別されるのが稀であるので，見解の争いが，関連する事例の解決の中で短く示されることがあるかもしれないが，それが例外的に結果に影響するときにのみ決着がみられることになろう。

(10) BAG 18. 9. 2002, EzA §242 BGB Betriebliche Übung Nr. 48；24. 6. 2003, EzA §125 BGB 2002 Nr. 2. 新しい被用者は，事業所の労働条件の中へ取り込まれることを出発点とすることができ，またそうでなければならないから，そのさらなる請求権を有する。事業所の給付の排除が，採用実施日の後に雇用された被用者すべてと共に合意されているならば別である。それは，平等取扱原則には反しない。今までの労働関係の存続保護が，客観的な区別の根拠になるからである（BAG 14. 11. 2001, 10 AZR 152/01, AiB 2003, 46）。

778 両方の構成で注意すべきことは，被用者がさらなる給付の約束がないか，または事実上の継続を信頼することができないため，法的請求権が排除されることによって，その給付が任意なものと特徴づけられる場合，原則として将来のための拘束力が生じないということである。このような，それが明示の約束でも生じるような**任意性の留保**は，将来のためのあらゆる法的拘束への意思欠落を疑いもなく明らかにするものでなければならない。「任意の社会的給付」と呼ぶのでは十分ではない（BAG 29. 4. 2004, EzA §4 TVG Ausschlussfristen Nr. 172；19. 5. 2005, EzA §1 BetrAVG Betriebliche Übung Nr. 6. Rn. 686a も見よ）。

I. 民法611条1項と関連する請求権の根拠

　任意性の留保と区別されるべきものが，将来への法的請求権を生じさせ，その将来の除外だけが留保されている**撤回の留保**である。2005年1月12日の連邦労働裁判所の重要な裁判（EzA§308 BGB 2002 Nr. 1）によると，2002年1月1日以後に合意された民法308条4号による定式契約での撤回の留保は，撤回部分が報酬全額の25～30％までの額になり，その条項が少なくとも撤回が可能であるべき方向を示している場合（経済的理由，被用者の給付または行動）に有効であるとしている。この裁判は，そのケースでは，撤回の留保があって，任意性の留保がなかったということを明確に確認している。これは，この制限が任意性の留保へ適用されるべきではないことを物語っている（明らかに指摘するのは，LAG Hamm 9. 6. 2005, LAGE §611 BGB 2002 Gratifikation Nr. 4；*Ricken* DB 2006, 1372, 1374；制限するのは，ErfK/*Preis* §§305-310 Rn. 68ff.）。いずれにせよ，考えられることは，解約告知制限法1条によって保障されている労働関係の存続保護がさもないと回避されるので，25～30％の限界を任意性の留保へ拡張することである。

　さらなる制限：正しいと思われた法的請求権であるという認識をもって履行されるべきであるという給付の継続への信頼保護はない（BAG 26. 5. 1993, EzA §242 BGB Betriebliche Übung Nr. 29）。誤って考えられている**規範の実行**に関する事業上の慣行はない。無効な規範は，その適用によって効力は生じない。錯誤の場合による平等取扱いの請求権もない（BAG 30. 1. und 23. 4. 2002, EzA §4 TVG Ablösungsprinzip Nr. 2 §1 BetrAVG betriebliche Übung Nr. 2）。

　意思表示や信頼責任は一般的な原理であるので，給付の継続に対する信頼ばかりではなく，その他の労働条件の維持に対する信頼，例えばバラの月曜日が休みであることの信頼も保護に値する。しかし，LAG Köln 2. 10. 1991, LAGE §242 BGB Betriebliche Übung Nr. 9 は，公勤務の被用者が，長年の慣行があっても，自分たちに協約を超えまたは協約外の請求権が与えられているはずだと，いうことはできない。公勤務は，まさにできるだけ公共的であるべきで，カーニバルだから休みになるというものではない。ケルンの州労働裁判所の裁判は，法律上のローカルカラーなしである。同じく，BAG 12.

H. 賃金支払義務

1. 1994, EzA §242 BGB Betriebliche Übung Nr. 30.

781　**事例：ミュンヘンとケルンでの不均衡**　Vの本部管理部門はケルンに，支部はミュンヘンにある。職員は，ミュンヘンで1993年以来協約賃金の月額10％の追加手当を得ている。ミュンヘンの支部長は，同時に支部の人事部長であり，特別に社会的に雇用されてきたからである。

　a）ケルンで働いている職員は，2001年以来ミュンヘンと同じ追加手当を要求している。適法か？

　b）ケルンでの職員の請求により生じうる費用増加を考慮して，ミュンヘンでの追加手当は，職員が反論することなく，撤回を留保して2001年10月1日以来支払われている。2006年6月1日に，その追加手当は，それをケルンでも支払わなければならないリスクが受け入れられないという理由で，支給が撤回されている。適法か？

　a）10％の特別手当に対するケルンの被用者の請求権は，労働法上の平等取扱原則と関連する民法611条から生じるか？

782　この原則は，使用者に，個々の被用者または被用者グループを正当な理由なしに集団的に有利な措置から外すことを禁止するものである。不当な不平等な取扱いの結果として，不利益を受ける被用者（グループ）の給付請求権が成立する。使用者に平等取扱いを義務づけるこのような集団的な状況は，ここではミュンヘン支部のすべての被用者に与えられる特別手当である。長年の，無条件の支給に基づいて，ミュンヘンの被用者は，事業所内の慣行から請求権を取得してきた。問題は，平等取扱原則がVのケルンの被用者にも及ぶかどうかである。ミュンヘンでは固有の人事部長がいるので，2つの事業所に係わるが，平等取扱原則が企業規模で適用されるべきものとすれば，ケルンにも及ぶであろう。それには，争いがある（証明は，前記 Rn. 771）：

783　事業所に限定する理由はある：事業所組織法75条，事業所共同体に由来する：この組織的単一体の範囲内でのみ，不当なより悪しき地位という感覚が正しく生じうる。事業所組織と事業所との結合（は，個別の労働契約を集団的な事業所協定よりもヨリ強く平等取扱原則と結び付けるものなのか？）。

I. 民法611条1項と関連する請求権の根拠

企業規模での適用を認める根拠は：基本法3条1項からの演繹，すなわち使用者の関係性である。

企業規模の平等取扱原則から出発すれば，問題となるのは，ケルンでの不平等な取扱いについて，正当な理由があるかどうかである。それは，ミュンヘンでの支部長の社会的雇用といったものではない。

b) 撤回の適法性は？

月額での特別手当の撤回は，撤回の留保に基づいて適法となり得るであろう。その場合，この留保は有効に合意され，撤回の行使は民法315条1項によって許容されねばならないであろう。月額の特別手当が1993年から2001年9月までに無条件に支払われたことによって，被用者の労働契約による請求権は，事業所内の慣行から成立してきた。それゆえ，Vは，被用者との合意によってのみ撤回の留保を労働契約の中へ挿入することができたし，契約変更への相応な申し出が，10月1日以来留保した支払いの中に存在する。明示の承諾はない。推定の決め手になる同意：撤回の留保を最初に公表した後の2001年10月手当を無条件に受領した中には見られない。なぜならば，単なる沈黙は，原則として何らの意思表示の意味を持たず，その他に，使用者は，より悪くなる契約変更の申し出に反応しない被用者が提案された不利益を了解したことにはならない（民法133，157条）からである。しかし，同意は，すなわち，2001年10月以来留保して支払われた手当を数回（8回）無条件で受領したというおそらくいわゆる**消極的な事業所内慣行**の方法による。連邦労働裁判所によれば（BAG 26. 3. 1997 u. 4. 5. 1999, EzA 242 BGB Betriebliche Übung Nr. 38 u. 43. 注意すべきは，*Bepler* RdA 2004, 238f.），使用者は，——鏡のように左右逆になる態度を続けたことへの被用者の信頼のために——，被用者が申し出のあった契約変更に対して何度も意見を述べていない場合，使用者としては被用者の同意を信頼しても差し支えないのである。この見解に従えば，撤回の留保は，3回にわたる意思表示の後，すなわち2003年に労働契約の内容となったのである。

新しい判例によれば（BAG 12. 1. 2005, EzA §308 BGB 2002 Nr. 1. Rn. 778を

見よ），撤回の留保は，撤回部分が全報酬の25〜30％を超えず，その条項が撤回を可能とすべき方向を示している場合にのみ，民法308条4号によって有効である。事実関係によれば（Rn. 781），撤回の留保付きで与えられる特別手当は10％だけであり，連邦労働裁判所が決めている最高限度額の範囲内である。問題は，連邦労働裁判所から求められている撤回事由の言明があるかどうかである。撤回の事由が被用者に周知のものである場合，それがその条項自体の中で挙げられていることはおそらく必要ないであろう。これは，事実関係によって認められる。

その条項そのものの規制には，民法315条による条項の適用をコントロールすることが付加される(11)。その際に，先ず検討されるべきは，その条項において示されている撤回事由が存在するかどうかである。それは，ここでは企業規模での均等待遇の広く行き渡っている導入の面で肯定される。その場合，それについて生じるのは，民法315条に掲げられている妥当な裁量の基準が当てはまる（それについて例えば，*Palandt/Heinrichs*, §315 BGB Rn. 10）。**公正さが個々のケースを正当化する**。それが欠落していれば，そもそも出発点がない。一般条項に係わるからである。

787
(詩・略)

 (11) エアフルターの注釈書（ErfK）やヘンスラー注釈書（HWK）も，この労働法にとって重要な規定を注釈していないので，その限り民法の注釈書へ戻らざるを得ない。

4. 法　　律

788　集団的契約もしくは労働契約が労働報酬の請求権を理由づけられなければ，法律の規定へ遡らねばならない。

789　**賃金の限度額**を被用者のために定めた法律はない（1952年1月11日の最低労働基準法は，決して適用されない）。ときに生じる問題は，個人的または政策的な理由から公共または第三者の負担で不適当に過度の報酬が合意されている場合に，**良俗による賃金額の上限**があるかどうかである。意識的に余りにも高い報酬または扶助の約束は，特に事後になされる場合，贈与として評価されうる。その他の点では，賃金の不適切さや，それによって生じる第三者の利益を脅かすリスクが明らかである場合に，民法138条1項による良俗

I. 民法611条1項と関連する請求権の根拠

　被用者が著しく平均より下まわる賃金を支払われるならば，裁判官は，民法138条の原則に基づいて**良俗による最低賃金の下限額**を確定しなければならない。労働裁判所は，通常の報酬の約半額を最低限度額と考えている（BAG 11. 1. 1973, EzA §138 BGB Nr. 10；LAG Hessen, 5 Sa 169/99 は，若い弁護士には，1,300マルクでは安すぎるとしている。LAG Köln 5. 2. 1986, BeschFG Nr. 1；ArbG Hagen 24. 6. 1987, NZA 1987, 610；ArbG Rheine 13. 11. 1991, NZA 1992, 413；ArbG Wesel 3. 5. 1995, AiB 1996, 126）。しかし，これは，大まかな基準にすぎない。特に低額の協約賃金が問題となる場合，協約賃金を40％下まわるのが良俗違反であるというのがすでにそれである（LAG Düsseldorf 23. 8. 1977, EzA §37 BetrVG 1972 Nr. 56）。良俗違反を認めるのに十分とみなされたものには，さらに協約賃金よりも3分の1下まわった報酬であるとするものがすでにあった（BGH 22. 4. 1997, EzA §302a StGB Nr. 1；LAG Berlin 20. 2. 1998, LAGE §138 BGB Nr. 11）。欧州社会憲章4条は，公正で適切な賃金を要求している[12]。報酬の合意は，被用者が一方的に事業上および経済的なリスクを負わされる場合にも良俗に違反する。それゆえ，連邦労働裁判所は，損失への関与の合意を，それについて適切な補償金が支払われない場合には，少なくとも民法138条1項によって無効であるとしている（BAG 10. 10. 1990, EzA §138 BGB Nr. 24）[13]。

(12)　BAG 24. 3. 2004, EzA §138 BGB 2002 Nr. 2によれば，この規定は，個々の被用者に対して直接的効力をもたない。

(13)　結果を左右する報酬については，LAG Hamm 3. 10. 1979, BB 1980, 105；LAG Hamm 16. 10. 1989, ZIP 1990, 880；LAG Berlin 3. 11. 1986, DB 1987, 1899—絶対的な報酬について。

　協約賃金が一般に検討の尺度とし用いられる一方で，協約賃金は，連邦労働裁判所の2004年3月24日の判決（a.a.O.）ではその検討の対象であり，それ自体が良俗違反であると非難された。原告は，公勤務・運輸・交通労組や全国職員労組との企業内協約に基づき支払われる時間給が約12マルクに及ぶ被告パートタイム企業で働く倉庫労働者であった。連邦労働裁判所の見解

によると，この協約賃金は，良俗違反ではなかった。協約法によって決められた賃金や報酬は，正当性の保証ゆえに憲法によって認められるものである。この評価を基礎にして，協約で合意された賃金額は，その協約賃金がすべての諸事情を考慮して，劣悪な低賃金である場合にのみ，裁判所からクレームがつくというのである。パートタイムにおける今日の最低賃金については，Rn. 771（それについては，*Schüren/v. Paar* AuR 2004, 241 も）。

792 　賃金の合意が公序良俗違反のために無効であるならば，使用者は，**民法612条2項**に従って，通常の報酬を支払う義務を負う。612条2項は，賃金の取決めが他の理由からないとか無効である場合に，その空白部分も埋めるものである。そのときどきの部門で，大方そうであるように，賃金が一般に協約によって支払われるならば，協約賃金のそのつどの額が612条2項の意味する通常なものとみなされうる（BAG 26. 9. 1990, EzA §4 TVG Ausschlussfristen Nr. 89，評釈 *Schüren*）。注意すべきことは，612条2項が通常の（＝協約による）報酬の**限度額**だけを示しており，包括的に通常の労働条件を示してはいないということである。そこから，連邦労働裁判所（a.a.O.）は，協約による除斥期間が準用されることはないという結論を引き出した。これは，報酬の合意の無効が就業促進法2条の平等原則から生じた場合である。そこで，平等原則は，それまでに不利益を受けたパートタイム労働者を優遇することとなり，同時に不平等へ導いたのである。

II．労働力の提供のない賃金

793 　労働法における基本的法則は，「労働なければ賃金なし」である。それは，民法326条，さらに614条から明らかになる。欠落した労働は，労務提供が定期金債務の性格をもつために追完不能だからである。しかし，この原則と異なり，賃金請求権を労働がなくても付与する一連の請求権の基礎が存在する。つまり注意すべきことは：民法611条が提供された労働に対する賃金請求権を規定していることである。提供されていない労働に対する賃金は，以下で触れるべき請求権の基礎と関連したとき，民法611条によってのみ要求されることができる。

Ⅱ. 労働力の提供のない賃金

1. 保養休暇

最も重要な理論形成者である連邦労働裁判所長官 *Leinemann* in：Münch-ArbR, Band 1, 2. Aufl. 2000, §§88ff. による，今日の法的状況の詳細な叙述。　794

連邦休暇法1条は，すべての被用者に対して各暦年において，有給の保養休暇の請求権を付与している。定期的な保養の目的は，被用者がその給付能力や健康を長期間維持することができることにある。従って，休暇請求権は，使用者の利益にもなる。それゆえ，連邦休暇法の規定は，原則として強行的であり，労働協約だけが狭い制限の中で被用者の負担で法とは異なる定めをすることができる（連邦休暇法13条）。しかし，連邦休暇法の強行規定は，4週間の法定休暇のみを取り上げているので，協約や労働契約はそれと異なることができるのである。しかし，それらが何らの規定ももたなければ，連邦休暇法が補充的に適用される（BAG 22. 1. 2002, EzA §13 BUrlG Nr. 58）。疑わしいときは，最初の年間4週間の休暇が法定休暇とみなされる。　795

a）休暇期間，部分休暇

完全な休暇は，連邦休暇法3条に従って年間最低24労働日，1週5日で換算すると，20日＝4週間である（BAG 27. 1. 1987, EzA §3 BUrlG Nr. 18）。　796

完全な休暇請求権は，労働関係が6ヵ月間（待機期間）存続してはじめて取得される（4条）。それよりも短い労働関係の場合，被用者は，労働関係が完全に存続する1ヵ月ごとに年間の休暇の12分の1の休暇を請求する権利を有する（5条1項b）。少なくとも半日となる休暇日の一部は，完全な休暇日へ切り上げられ，それより短い部分は切り捨てられずに，時間休暇や分単位の休暇として与えられる（BAG 26. 1. 1989, EzA §5 BUrlG Nr. 14）[14]。部分休暇のさらなるケースは，6条から生じる。それによれば，休暇請求権は，被用者に対して経過した暦年について既に前の使用者から休暇が与えられていた限り生じない。前の使用者がそれに対して休暇をまだ与えていなかったならば，被用者は選択権をもつ。すなわち，その被用者は，新または旧の使用者を相手にすることができる（BAG 17. 2. 1996, EzA §5 BUrlG Nr. 4；28. 2.　797

339

H. 賃金支払義務

1991, EzA §6 BUrlG Nr. 4)。

（14）待機期間の規則は，例外なしに適用されるわけではない：なぜなら，その労働関係が6月30日までに終了するすべての被用者は，5条1項cによって部分休暇の請求権のみを有するからである。もっとも，被用者に既に完全な休暇が認められていたならば，休暇賃金の返還請求権はない（5条3項）。

798 それについての**事例：休暇の不平等**。被用者Aは，2005年1月1日から2006年2月28日まで疾病のために働けなくなり，その後再び労働可能である。被用者Bは，2005年1月1日から2006年2月28日まで働いている。Bは，2005年の保養休暇を個人的な理由から2006年3月に取るつもりであるが，この時期疾病で働けなくなっている。AとBは，自分たちがまだ2005年の保養休暇を請求できるかどうか意見を求めている。これは，AではなくてBが休暇を取れる年に使用者のために働いていたにもかかわらず，Aについては肯定されるべきで，Bについては否定されている。連邦休暇法は，休暇請求権を現実の労働期間ではなくて，労働関係の存続期間とのみ絡めている（BAG 18. 3. 2003, EzA §1 BUrlG Nr. 25. LAG Düsseldorf 27. 3. 2006, 14（9）Sa 1335/05 は，欧州裁判所での是正を求めている）。

b）休暇の付与

799 休暇付与の時間的配置は，使用者が被用者の休暇希望を考慮して定めることができる（7条1項）。被用者は，使用者が自分の希望を不当にも考慮しなかったと考えるならば，その被用者は，原則として自らが選んだ期間休暇に入るべきではなく，裁判所で明確にするように努めなければならない(15)。使用者は，休暇請求権を履行するために，労働免除が休暇目的のためになされることを十分明らかに表明しなければならない。合意解除に含まれていた免除の合意では十分ではないので，被用者は，休暇期間の補償金請求権を有するのである。事業所委員会があれば，休暇の計画は，事業所委員会と合意される（事業所組織法87条1項5号）。休暇の計画が存在しない，それが不完全であるかまたは使用者あるいは被用者が個々のケースでその計画から外れたいならば，事業所委員会は，休暇の内容を個々のケースにおいても共同決定しなければならない（参加した被用者が使用者と合意に至らなければ－事業所

組織法87条1項5号)。いったんなされた休暇の承認は,取り消すことができない (BAG 20. 6. 2000, EzA §1 BurlG Nr. 23 ; 14. 3. 2006, 9 AZR 11/05)。これも,法定休暇のみに強行的に適用される結果,法定外休暇では異なったことを合意することができる。

(15) 従って,休暇は,権利行使されるものではなく,申請されるものである (BAG 20. 1. 1994, EzA §626 BGB n. F. Nr. 153)。独断による休暇開始の制裁としては,即時の解約告知が考えられる。

c) 休暇の利用

被用者は,休暇の間休暇の目的に反する職業活動を行ってはならない(8条)。立法者は,制裁を定めなかった。連邦労働裁判所はそれを訂正しない。しかし,使用者は,それを法律や協約を超えた休暇については行うことができる (BAG 25. 2. 1988, EzA §8 BurlG Nr. 2)。

被用者が休暇中疾病になったならば,医師の証明による稼働能力喪失の日数は,年間の休暇の中に算入されない(9条)。療養や静養のための期間も,賃金の継続支払いを請求できる権利が,疾病の場合における賃金の継続支払いに関する法律規定に従って存在するかぎり,休暇の計算に入れられてはならない。それは,準備作業や時間外労働の自由時間に振り替えられることはない (BAG 15. 5. 1991, EzA §1 LohnFG Nr. 118)。

d) 権利の消滅,損害賠償

保養目的を確かにするため,休暇は,その暦年に付与され,取得されねばならない(連邦休暇法7条3項1号)。そうでなければ,休暇は,12月31日になくなる (BAG 13. 5. 1982, EzA §7 BUrlG Nr. 25)。翌年への繰越しは,連邦休暇法7条3項2号に従って,やむを得ない事由に基づき許され,3月31日までの期間に制限される。遅くとも,この延長された期間の経過をもって,休暇請求権は最終的になくなる。申請された休暇の付与が使用者の過失によって消滅したために法的に不可能になれば,被用者は,民法249条と関連する280条によって損害賠償を請求することができる。これは,原状回復,すなわち同じ限度での代替休暇に向けられる (BAG 1. 10. 1991, EzA §10

BUrlG Nr. 2)。

e) 補償金請求権

803 休暇の保養目的は，被用者が事実上も労働義務から解放されているときにのみ実現される。それゆえ，被用者は，自分の法定休暇を有効に放棄できないし，金銭という対価で支払われることもできない（民法134条，連邦休暇法13条）。補償金請求権は，休暇の付与が労働関係の終了のためにもはや不可能であるというときにのみ生じる（連邦休暇法7条4項）。注意されるべきことは，補償金請求権が連邦労働裁判所の判例に従って，休暇請求権そのものの**代位権**であるということである。それが意味することは，休暇請求権のその他すべての要件が存在しなければならないということである。従って，休暇請求権が時間の経過によってなくなるか，もしくは稼働能力喪失のために充足できなければ，補償金請求権ももはや存在しないのである（BAG 27. 5. 1997, EzA §7 BUrlG Abgeltung Nr. 2；5. 12. 1995, EzA §7 BUrlG Nr. 101）。

f) 休暇中の賃金，休暇金

804 被用者は，休暇を条件とする不就労に対しては，いわゆる休暇中の賃金を受け取る。その額は，連邦休暇法11条によって最後の13週間の平均所得に対応する。その際，時間外労働手当はもはや考慮されない（BAG 9. 11. 1999, EzA §11 BUrlG Nr. 44）。休暇中の賃金と区別されるべきものが休暇金である。それについていわれるのは，使用者が，連邦休暇法11条に規定されているよりも多く休暇期間について任意に支払う場合である。さらに，被用者は，異なることが合意されていなければ，疾病のために休暇を全く取ることができなかった場合に休暇金の請求権を有する（BAG 19. 1. 1999, EzA §4 TVG Einzelhandel Nr. 38；1. 10. 2002, EzA §4 TVG Ausschlussfristen Nr. 157）。

805 **事例：法定外休暇の放棄は？** 使用者Aとその被用者の一部は，年間6週間の保養休暇を定めている労働協約に拘束されている。これは，Aにとってあまりにも費用がかかるので，Aは，次のような合意をすべての被用者に署名させている。すなわち，すべての被用者に6週間の休暇を放棄させ，今後5週間の休暇が付与されるべきであるというのである。もっとも，被用

II. 労働力の提供のない賃金

者が辞める場合には，その年に残されていた勤務時間に比例してのみ，その下半期に付与されるという合意がある。有効か？

それは，次のこと次第である。すなわち，協約に拘束される労働関係にとって，その合意は，すべての範囲で無効であるということである。というのは，その労働協約と異なる合意は，被用者の利益のために作用しない（有利原則）し，その協約は，開放条項も含んでいないからである（労働協約法4条3項）。退職する場合の下半期における休暇の比例付与は，疑わしいときは協約上の休暇に対しても適用される連邦休暇法4，5条1項a-c）の規定に比して不利益となる（BAG 18. 10. 1990, EzA §7 BUrlG Nr. 80。それに対して，有効なのは，協約が労働契約によってのみ適用になる，協約に拘束されないという合意である。連邦休暇法13条1項3文の保護規定は，その合意とは矛盾しない。というのは，その規定は，法定の最低限の休暇を放棄することだけを禁止しているからである。それゆえ，被用者は，5および6週の休暇を自由に使うことができた。補充的な休暇の請求権は，労働法上の平等取扱いの原則からも生じない。協約の拘束性は，客観的な区別のメルクマールになっているからである。

806

2. 研修休暇

保養休暇と並んで，労働報酬が継続して支払われながら，職能向上研修または政治的研修措置に参加する機会を被用者に与える研修休暇が次第に多くなっている。事業所組織法36条7項は，事業所委員会の委員のために，労働報酬が継続して支払われることで，学校・研修施設への参加のために有給による職務の免除を請求する権利を含めている。他の被用者については，州の法律，協約または事業所協定に基づいてこのような請求権が生じる。事業所組織法96条2項は，プログラム規定であるにすぎず，事業所組織法97条2項が，それに対して補充的な法的請求権を根拠づけている。

807

育児休暇（今では両親休暇と呼ばれる）については，Rn. 679, 851f.

808

3. 祝日賃金

809 　法定の休日は,「休日に関する主権作用」に基づき連邦諸州によって日曜日および祝日に関する州法の中で定められている。10月3日だけが, 連邦の祝日である。州法は, どのような仕事が日曜日や祝日に禁止され, また許されるのかということも定めている。さらに, この問題は, 労働時間法や州の閉店法の中で規定されている。祝日の賃金の継続支払いは, 賃金継続支払法2条の中で規定されている。法定の祝日の結果なくなる労働時間について, 使用者は, 被用者がその不就労がなければ得たであろう労働収入をその被用者に支払わなればならない。祝日前の最後の就労日または祝日後の最初の就労日に無断欠勤した被用者は, この祝日についての支払いを受ける権利を有しない。

810 　そこで, 必要なのは因果関係である。祝日の**ために**なくなった労働については, 賃金が支払われねばならず, しかも労働が祝日のために別の日に組まれる場合にもそうである。それは, 加給して補償されねばならない。祝日になされた労働がどのように補償されるべきか, 法律は定めていない。協約は, しばしば祝日労働の特別手当を定めている。

4. 給付障害

811 　**文献**：MünchArbR/*Blomeyer* Band1. 2. Aufl. 2000, §78.

812 　休暇や祝日は, すべての労働関係に当然見られる計画的な労働時間の中断である。しかしまた, 計画的でない中断, すなわち民法の意味における給付障害も稀ではない。特に, それは, 以下のような原因による。a) 使用者が被用者を働かせるつもりがない。b) 使用者が被用者を働かせることができない。c) 被用者が働きたくない。d) 被用者が働くことができない。その中心問題は, 常に, 被用者がその責めによらずに労働の中断を行った場合, 被用者の賃金請求権が存続するかどうかである。

a) 使用者が被用者を働かせたくない（受領遅滞）

II. 労働力の提供のない賃金

使用者が可能であるにもかかわらず、一人または複数の被用者を全く働かせるつもりがない、あるいは法律上または契約上の条件で働かせたくないために、その労働が停止しているならば、民法615条が決め手となる。すなわち、使用者が就業拒否によって受領遅滞に陥ったならば、賃金請求権は存続する。しかし、被用者には、彼が労務給付の停止の結果免れたものまたは自己の労働力が他の方法で利用されたことによって取得したもの、あるいは悪意で(＝故意に)取得をやめたものが差引計算されねばならない(民法615条2文、解約告知制限法11条)。その際に、別収入は、被用者が自分の職務を他の方法で利用した時期の報酬だけではなく、受領遅滞の全期間中における業務に対する報酬が計算に入れられねばならない(BAG 29. 7. 1993, EzA §615 BGB Nr. 79 ; 22. 11. 2005, EzA §615 BGB 2002 Nr. 14)。従前の使用者での労働は、解約告知制限訴訟の間、それが中間利得の取得に向けられている場合にのみ要求できる。被用者は、労働契約の永続的な変更に巻き込まれる必要はない(BAG 11. 1. 2006, EzA §615 BGB 2002 Nr. 11)。

厳密にいえば、労務給付の定期金債務の性質ゆえに、合意された給付時期の経過とともに常に無効が生じる。しかし、それは、労務給付に追完可能性がないため民法615条が全く適用にならないということを意味しないであろう。それゆえ労務給付が単に事実上追完可能であることは、既に無効を認めないことにとって十分である。

使用者がいつ**受領遅滞**に陥ったかは、債権者遅滞の一般規定から読み取ることができる(民法293条以下)。それによると、要件は、(1)労務給付の請求権が履行可能であること[16]、(2)債務者が給付可能であり[17]、履行の準備ができていること(民法297条)および(3)債務者の提供があること、(4)使用者がそれを受領しないことである。それに対して、債権者の過失は、必要でない。受領遅滞に関する判例のテーマは、ずっと前から被用者の有効な提供についていかなる要求が出されるべきかということである。民法294条は、原則として労務給付の現実の提供を求めている。それとは異なって、民法295条は、債権者(使用者)が解約告知をし、それでもって債務者(被用者)の給付を受領しない旨表示をしていたときでも、口頭の提供で十分であるとし

ている。そこで，新しい問題が生じる。すなわち，解約告知制限訴訟の提起は，口頭の提供の代わりとして十分か？という問題である（BAG 16. 6. 1976, EzA §4 TVG Ausschlussfristen Nr. 28）。あるいは，解約告知に対する抵抗でもよいかということである。新しい判例（BAG 9. 8. 1984, EzA §615 BGB Nr. 43；BAG 24. 11. 1994, EzA §615 BGB Nr. 83）は，債権者が暦に従って定まった協力行為を行わなかった場合，提供は全く不要とする民法296条を利用している。使用者は，各暦日の始めに十分機能する職場を被用者に提供すべきであるので，296条の適用領域は開かれている。被用者が，その場合に疾病で労働不能であるか，能力がなくなれば，受領遅滞が自動的に終わり，労働能力を再び備えたときに再度自動的に生じる。というのは，民法296条は，債務者がその給付準備をかつてほのめかしていたならば，債務者の給付不能についての認識を必要としないからである（BAG 21. 1. 1993, EzA §615 BGB Nr. 78; *Waas* NZA 1994, 1591）。

(16) 履行の可能性は，労働義務が停止された場合，例えば適法なストライキによる場合（BAG 11. 8. 1992, EzA Art. 9 Arbeitskampf Nr. 105），支払のない休暇または疾病による場合なくなる。賃金継続支払法による請求権は，その場合民法615条の請求権に代わって生じる。

(17) 給付能力は，客観的でなければならず，被用者の主観的な評価だけであってはならない。BAG 29. 10. 1998, EzA §615 BGB Nr. 91.

816 **注意**：民法296条による提供を不要とする判例は，先行する無効な解約告知の事例のみと係わる。解約告知されていない労働関係については，連邦労働裁判所は，合意解除の成立が労働関係の当時者間で争いがあるケースで，事実上の提供（民法294条）の必要性を明確に判断している（BAG 29. 10. 1992, EzA §615 BGB Nr. 77. 同様に，BAG 7. 12. 2005, EzA §615 BGB 2002 Nr. 12）。

b) 使用者が被用者を働かせることができない。

817 問題は，使用者は確かに被用者を働かせたいと考えているが，工場が焼失した，電力供給がストップした，労働争議が生じた，スモッグ警報が宣言された(18)等を理由として被用者を就業させることができない場合にも，受領遅滞に陥るかどうかである。あるいは，受領遅滞ではなく，給付不能であり，したがって被用者は，民法326条（以前は，323条）によって自己の賃金請

求権を失うのであろうか？　連邦労働裁判所の見解によると，被用者の給付はこのような場合不能になることから，使用者は，受領遅滞に陥ることはないとしている（BAG 17. 12. 1968, EzA §324 BGB Nr. 1；それ以前に既に BAG 22. 11. 1956, NJW 1957, 518；25. 7. 1957, BB 1957, 922；再び BAG 9. 3. 1983, EzA §615 BGB Betriebsrisiko Nr. 9）。しかし，連邦労働裁判所は，この見解の最も重要な結論—賃金請求権は，使用者に責めに帰すことのできない事業上の障害の場合，民法326条によってなくなる—という結論を引き出そうとはしない。むしろ，連邦労働裁判所は，このケースについては，既にライヒ裁判所によって有名となった「キール市街電車判決」（RG 6. 2. 1923, RGZ 106, 272）で展開された「支配領域説」，すなわち**責めを負わない事業上の障害を**めぐる賃金支払義務は，その障害がいずれの支配領域において生じたかによる，という理論と結びつけている。そこから，原則として，すべての事業上の障害は，使用者の支配領域に帰せられるという**事業上の危険の理論**が展開されてきた（BAG 30. 1. 1991, EzA §615 BGB Betriebsrisiko Nr. 12）。使用者は，その事業所を組織し，そこから利潤を獲得するからである。使用者は，同様に**経済上の危険**を負う。すなわち，使用者が経済上の困難に陥っても，使用者は，直ちに賃金を減額したり，または解約告知を宣告することはできない。結局，それは，使用者が被用者をその過失なしに就業させることができないというケースでも，民法615条3文を適用する結果になる。債権法の現代化の枠内で，立法者は，これを借用し，615条3文で，この規定を使用者が労働の欠落のリスクを担う場合に準用すると定めた。どのような事例がこれかは，徐々に判例から明らかになる。

(18)　スモッグ警報については，*Ehmann* NJW 1987, 1231；*Richardi*, NJW 1987, 1231。スモッグ警報が事業所の労働を妨げたとき，賃金請求権を生じさせる。それに対して，「通勤のリスク」が被用者に残っているために，その被用者がスモッグ警報によって事業所へ来ることができない場合には，賃金請求権はなくなる。

事例：使用者Aの工場が全焼する。再建には，見込みでは1年かかる。被用者は，働くことができないにもかかわらず，引き続きその賃金を要求するので，Aは，被用者を厄介払いすることができるか質問している。反対に，

被用者は，有効な解約告知である場合少なくとも操短手当を要求できるか知りたがっている。

819　事業上の障害が経営上引き起こされているので，Aは，事業上の危険の理論によって1年間の事業の休止の間賃金の継続支払いの義務を負っている。即時の解約告知は，Aにとっては事業上の危険を転嫁するための適切な手段ではない。というのは，即時の解約告知は，先行する事業の中断をもってしても，また継続する事業の閉鎖をもってしても理由づけられないからである（BAG 28. 3. 1985, EzA §626 BGB Nr. 96）。通常の解約告知の場合には，連邦労働裁判所は，最近もっと寛大である。裁判所は，職場が近いうちに再び使えるようにはならないか，または被用者が期待のもてないほど長い時間就業できないときに，数ヵ月にわたる気象による事業の操業停止を理由として事業に原因のある解約告知の有効性を認めた（7. 3. 1996, EzA §1 KSchG Betriebsbedingte Kündigung Nr. 84. 異なるのは，BAG 27. 2. 1987, EzA §1 KSchG 1969 Betriebsbedingte Kündigung Nr. 46)[19]。従って1年間の事業所の操業停止では，Aは，通常その被用者を解約告知できるであろう。

　　(19)　Rn. 933も見よ。判例では，企業の存立の危機がある場合に，上記の方法がそれを除くために閉ざされるときには，民法242条に基づく賃金支払拒絶権が認められる（LAG Hamm 23. 5. 1986, EzA §615 BGB Nr. 50）。しかし，LAG Berin 17. 11. 1986, EzA §1 KSchG Betriebsbedingte Kündigung Nr. 49も見よ。一時的な事業の停止の場合における通常解約告知についてである。否定するのは，ErfK/*Preis*, §615 BGB Rn. 135）。この場合について，私は，**再雇用付解約告知**，すなわち，事業所の障害が終わった後に再雇用の申し出の結びついた解約告知が検討されるべきだと思う。それは，変更的解約告知の特別な形態といえよう（後記 Rn. 1027）。

820　被用者が**操短手当**を求めることができるかどうかは，**社会法典第3編169条以下**に従う。労働法との接点となるのは，社会法典第3編169条1号である。すなわち，操短手当の請求権を有する者は，仕事がなくなったために，賃金を受け取れない者だけである。しかし，既に確認したように，回避不可能な事業上の障害は，事業上の危険の理論によると賃金請求権の喪失にはならない！　ならば，どうして操短手当の支給が問題となりうるのか？　その

II. 労働力の提供のない賃金

クイズの答え：事業上の危険の判例による分配は、強行性がない。事業所委員会があれば、賃金請求は、事業所協定によって、補充的には事業所組織法87条1項3号の調整委員会の決定によって、事業上の障害のために減額されたり除かれたりする[20]。事業所委員会が存在しない限り、使用者は、協約もしくは労働契約による条項によって事業上の障害の場合に賃金を減額する権限を与えられる[21]。さらに、操短手当の請求権は、賃金請求権が事業上の危険の後その期間について合意によって除かれたり、減額されたならば認められる。

(20) BAG GS 16. 9. 1986, EzA §77 BetrVG Nr. 17 に従って、事業所協定と従前の有利な労働契約による規定との関係についても適用される有利性原則が、それに反しないか？ BAG は、否定する：規則的な労働時間に関する労働契約上の規定は、一時的な事業所の障害についての規定を含んではいないというのである。

(21) 労働契約上の統一規則の中の操短に関する条項は、民法307, 310条4項による相当性のコントロールに従う。それは、解約告知制限法のための要件がもたらされる限り、賃金請求権を排除することの相当性に呼応する。

事業上の危険の理論は、事業上の障害が――使用者によって違法に引き起こされていない――国内のストライキに起因する場合、修正がなされる。ストライキは、スト参加被用者の労働関係のみが常に停止するだけなので、争議行為のためにもはや働くことができないスト不参加被用者の賃金請求権に何が生じるかという問題が提起される。連邦労働裁判所は、1980年の基本的判決（BAG 22. 12. 1980, EzA §615 BGB Betriebsrisiko Nr. 7. それについては、既に Rn. 314ff.）以来、**労働争議のリスクを実質的争議対等性**の視点に従って配分している。それが意味することは、労働争議の当事者間にほぼ対等な力の均衡が維持されるべきであるということである。賃金の請求については、それは、次のような結論をもたらす：1) ストに入っている事業所では、ストに参加していなかった、就労希望の被用者も、争議のリスクを負う。すなわち、その被用者がストの結果働くことができないとき、賃金請求権を失うのである。2) 当事者ではない事業所では、ストの遠隔作用に見舞われた被用者は[22]、争議を条件とする事業上の障害が争議の対等性を維持するのに必要な場合にこの障害がある間は賃金請求権を失う。例えば、間接的にスト

見舞われている事業所をもつ使用者団体が，直接ストを行っている団体と同一か，もしくはそれどころか参加している企業が組織的に密に結合しているような場合がそれである。決定的なのは，賃金の継続支払いが，間接的に麻痺させられた事業所において争議に参加した企業や団体への圧力となりうるかどうかである。これは，ある企業の個々の被用者だけが争議が原因で失業しているときには，確かに否定されるべきである（例えば，BAG 1. 2. 1973, EzA §615 BGB Betriebsrisiko Nr. 2 = 個々の派遣先の会社がストをかけられているときの派遣企業について，BAG 7. 11. 1975, EzA §615 BGB Betriebsrisiko Nr. 4 = 修理企業について）。外国の労働争議の遠隔作用は，同様に通常注目されない。特に，疑問となるのは，異なった部門が参加する場合（例えば，タイヤ産業でのストが自動車製造者を麻痺させる），ドイツ経営者団体連合会のような最上部組織によってまたはその経済的な運命において結合されている場合に，使用者の十分な利益の一致があるかどうかである。これは，否定されねばならないであろう。被用者がその賃金請求権を失うかぎり，労働争議を条件とした操短手当を導入するために共同決定は考慮されない。賃金・就労請求権がここでは既に当然欠落しているからである[23]。

(22) 例えば，下請企業がストに見舞われたために，事業所がもはや動かないときである。
(23) BAG 22. 12. 1980, EzA §615 BGB Betriebsrisiko Nr. 8. しかし，操業短縮の形態は，事業所組織法87条1項2号，3号による共同決定を義務づけている。批判は，*Lieb* NZA 1990, 377.

822　**労働争議の結果事業所の障害**がある場合は，失業手当金の供与は，激しい政策上の対立の後に1986年に新たに起草された社会法典第3編146条（旧労働促進法116条）の**中立的な規則**，しかも操短手当の規定にも触れている中立規則（社会法典第3編174条1項）によって制限される。連邦憲法裁判所は，1995年にほぼ10年間の検討の後中立原則と基本法9条3項との整合性を肯定した[24]。社会法典第3編146条は，自らストライキを行い，またはロックアウトされた者について何らの請求権もないと規定している。労働組合が（成果なくして）憲法異議の訴えをもって攻撃しているのは，社会法典第3編146条3項2号である。その規定によると，例えば，あるストライキ

II. 労働力の提供のない賃金

がバーデン・ヴュルテンベルグの金属産業でなされた結果ブレーメンの金属事業所が動かなくなった場合，**かつ**一致する必要性もないのに，バーデン・ヴュルテンベルグの労働争議の主たる目的と同一の協約要求がブレーメンでもすでに金属産業労組から出されており，そしてバーデン・ヴュルテンベルグの労働争議の成果がほぼ確実にブレーメンへ全般的に導入されそうだという場合に，失業手当金や操短手当は，ブレーメンでは認められないのである。失業手当金や操短手当は，ある労働争議が異なる部門の被用者の労働を阻害し（例えば金属と化学），あるいは別の要求が出されているかまたは要求のまだ出されていない異なる地区における同一部門の被用者の労働を阻害しているならば，一般的な要件の下で支給される。

(24) BVerfG 4. 7. 1995, EzA §116 AFG Nr. 5. しかし，それとともに，次の注釈が示すように，論争は終わっていない：*Henssler/Suckow* Anm. zu EzA §116 AFG Nr. 5；*Löwisch* FS Gitter, 1995, 533；*Lieb* JZ 1995, 1174；*Hensche* RdA 1996, 293.

失業手当金や操短手当の不支給ないし除外が，賃金の継続支払いや不払いとどのように関係するのか，という問題がここでも生じる。労働争議が同一の協約適用領域で実施されるか，または同一の要求をめぐって同一部門の異なった場所的協約適用地域でなされるならば，間接的に労働争議に見舞われた被用者は，賃金も，また失業手当金や操短手当も受けられない。失業手当金と操短手当の不支給は，ここでは（社会法典第3編174条1項と関連する）146条3項から生じ，賃金の不支給は，労働争議の危険に関する連邦労働裁判所の判例から明らかになる。

これら間接的に労働争議に参加した被用者は，通常，労働組合の支援金を受け取れないので，緊急なときには社会扶助に頼らざるをえない。それに対して，異なる部門（金属と化学）における間接的なスト参加被用者は，連邦労働裁判所の判例では，賃金請求権を保持している。しかもそれと並んで，社会法典第3編146条は，失業手当金の請求権に意識的に手をつけないでいる。両請求権の関係は，上で述べたように調整される：賃金請求権が優先し，失業手当金もしくは操短手当は，連邦労働裁判所の判例では，ここで原則と

して存続する賃金請求権が集団的契約または労働契約を基礎に除外されてしまった場合に請求できるのである。

825

就労を希望するが、ストの結果働けない	闘争している事業所において	闘争している協約地域において	闘争している部門において	他の部門において
a) 賃金請求権（615条3項）	―	―	―	＋
b) 失業保険金（社会法典第3編146条	―	―	― （同じ協約請求の場合）	＋

就業が可能であったとする就労希望者の賃金請求権に関する事例
(1) 不本意なスト参加

826 被用者 A は、その事業所でのストに参加したくないが、使用者が労働組合との間で緊急業務の場合を除いて誰も働くべきではないという合意をしていたので、まだ働くことができるのに在宅させられている。連邦労働裁判所は、報酬請求権を1993年末肯定していたが、1994年では裁判長の交替後に否定した（22. 3. 1994, EzA Art. 9 GG Arbeitskampf Nr. 115. 14. 12. 1993, EzA Art. 9 GG Arbeitskampf Nr. 113とは反対に―新しい裁判官、新しい法―）。「間接的にストに見舞われた事業所の場合とは異なり、就労希望者が事実上引き続き労働できるかどうかは重要ではない。むしろ、使用者は、継続した労働かまたは事業所の閉鎖を試みながら、そのストに対応すべきかどうかを自由に決定できなければならない」(27. 6. 1995, EzA Art. 9 GG Arbeitskampf Nr. 120)。つまり、「労働組合によるストの呼びかけは、すべての者、すなわち労働組合によって組織されていない被用者をもストへ参加する資格を与えるものである。しかし、使用者は、自分が事業所の活動を停止するつもりであるということを十分明確にしなければならない。疑わしい場合には、就業が不能かまたは期待できない場合にのみ、賃金請求権がなくなるという結果をともないつつ事業の継続が意図されていたということによる」(BAG 11. 7. 1995, EzA Art. 9 GG Arbeitskampf Nr. 122) (ストのなされている事業所で労働を希望するが、使用者によって労働を妨げられている被用者は、社会法典第3編146

条 3 項 1 号によって，失業手当金や操短手当を受け取ることはない。というのは，ストのなされている事業所は，常に争われている協約の場所的，部門的な適用範囲内にあるからである）。*Lieb* SAE 1996, 182 は，これをはっきりと否定した。就労希望者の権利にあまりにも広く介入するからである。私は，ストの起こされている使用者が誰を継続して就業させたいか自由に決定できるという争議の対等性が必要だと思う。確かに使用者は，団体の争議では個々の使用者ではなく，団体によってのみ宣言されるロックアウトによって同じことは達成できるであろう。しかし，相当性の原則によって，ロックアウトの下でスト宣言の範囲内で使用者の就業中止の権利を許すことには十分意味がある（*Hanau* NZA 1996, 841, 846 を見よ）。

(2) 不本意なロックアウトへの参加

（a） 被用者団体の構成員が就業しているフォード株式会社との協約締結についてのみ規約上権限を有するだけの被用者団体は，会社との成果のない協約交渉の後従業員にストを呼びかけている。従業員の半数からなる構成員は，その呼びかけに応じている。ストは，3 日間続き，中断されている。同時にそれに引き続いて，フォード株式会社は，すべての被用者を 6 日間ロックアウトしている。被用者は，ロックアウト期間中の賃金を請求できるか質問している。

その請求権は，民法 615 条と関連する 611 条から生じうる。このためには，ロックアウトが違法であって，それゆえ賃金請求権が免除されなかったことが前提となる。最初の疑問は，その団体が規約によってフォード株式会社と協約を締結するだけの権限があるのではないかということから生じる。全くの支配的見解によれば，協約締結能力があり，また争議を行える資格のある被用者団体，すなわち労働組合は，事業所を超えて組織されていなければならないとする（前記 Rn. 152 を見よ。*Wiedemann/Oetker* TVG, 6. Aufl. 1999, § 2 Rn. 275 の論証）。その文言に反して，問題となるのは，複数の事業所ではなく，複数の企業が係わる場合である。広まりつつある少数見解は，それとは反対に，このメルクマールを否定する。敵対者からの自主性という一般的な要件で十分であり，それは一つの企業に限られた団体でも生じうるからである

という (*Wiedemann/Oetker* a.a.O., §2 Rn. 278f.; *Rieble* Arbeitsmarkt und Wettbewerb, 1996, S. 565)。少数の考え方を支持するのは，連邦労働裁判所が1998年2月17日の判決 (DB 1998, 1414 = EzA Art. 9 GG Nr. 63) で，事業所を横断していることの問題に立ち入らないで，ドイツ労働総同盟の協働者の団体に対して労働組合の特色を肯定したことである。両方の見解が主張できる。通説の立場に立てば，ストライキとロックアウトは，原則として協約締結のための補助的手段としてのみ許容されるといわなければならない。これは，ロックアウトが常に適法なストに対してのみ許されるということを意味しないが，しかしおよそ協約当事者間の協約の対立に係わることが求められねばならないであろう (*Löwisch* (Hrsg.), Arbeitskampf und Schlichtungsrecht, 1997, Rn. 107)。その団体が協約締結能力がなかったとは，本件では認められない。もちろん，ロックアウトが違法なストに対して常に許されるということも主張される。なぜならば，そうでないと違法なストが特権を与えられることになるからである。

829 　ロックアウトは，被用者団体に協約締結能力がないためだけで違法であったというのではないとすれば，ロックアウトがストライキよりも2倍長く続いたために，ロックアウトが相当ではなく，それゆえ違法であったのではないかという次の疑問が生じる。ストとロックアウトとの時間的な関係に関して，連邦労働裁判所は，1992年8月11日の判決 (NJW 1993, 218 = EzA Art. 9 GG Arbeitskampf Nr. 105) で次のような意味の見解をとった。すなわち，1対26の時間的関係は度を超しているが，シフト最初での半時間のストには，昼までのロックアウトで答えてよいというのである。これを基礎にすると，そのロックアウトは，ここでは不相当ではなかった。さもなければ，ストとロックアウトの時間的な均衡の要請の問題になり，それによって労働組合に使用者側の争議戦術を決めさせることを許してしまうことになろう。それは，使用者側の団結に応じた活動の自由と矛盾するであろう。

830 　ロックアウトを不相当と考える者は，ロックアウトが全部または時間的に超過した部分でのみ違法であったかどうかという問題に取り組まなくてはならないであろう。

II. 労働力の提供のない賃金

（b）　金属産業労組は，金属産業の使用者団体との新しい協約賃金（古い831
ものは，期間が満了していた）に関する成果のない交渉の後，協約地域 T に
おいて，全員が基幹事業所で働いていたこの地域の金属産業の被用者10%
にストを呼びかけた。このスト呼びかけはさらに守られ，この協約地域のさ
らなる30%の金属産業の被用者が，下請けからの供給がないために働くこ
とができない事態に至った。10日間のストの後，金属産業使用者団体は，
その地域の被用者の25%で，今までストの呼びかけのなかった全員をさら
に10日間ロックアウトした。就労を希望する被用者は，自分たちが労働の
欠落した時間について賃金を要求できるか質問している。

(aa)　労働を妨げられた30%の請求権

その請求権は，民法615条から生じる。しかし，BAG 22. 12. 1980の判決 832
（DB 1981, 321 = EzA §615 BGB Betriebsrisiko Nr. 7, 8 ; Rn. 821 を見よ）では，
連邦労働裁判所が理由づけた争議の危険の理論に従って，賃金請求権はない
とした。というのは，ストに見舞われた事業所や被用者が，同じ部門で，同
時にストの行われている地域と同じ争議団体に所属しているので，賃金請求
権がなくなるというのである。

(bb)　ロックアウトされた被用者の請求権

この請求権も，民法615条から生じうる。確かにこれが前提にするのは， 833
そのロックアウトが違法であったということである。これは，1980年6月
10日の判決（DB 1980, 1266, 1277 = EzA Art. 9 GG Arbeitskampf Nr. 36, 37. 前
記 Rn. 303 以下参照）で連邦労働裁判所によって理由づけられた労働争議算
術論から明らかである。それによれば，「少なからず言えるの」は，例えば
協約地域の被用者の半分がストを呼びかけられるかまたはロックアウトの決
定に見舞われている場合に，もはや争議行為の対等性の侵害は懸念されない
という。それに従えば，協約地域の25%を超える被用者へのスト呼びかけ
には，被用者の50%までの差を含むロックアウトの決定をもってのみ応じ
てよい。それは，連邦労働裁判所の裁判によって認められている。しかし，
少し異なるのは，ロックアウトの許される範囲を予測するときに，間接的に

争議に見舞われた被用者が考慮される場合に生じる。間接的に争議に見舞われた被用者が争議の比率に取り込まれ，その結果10%のロックアウトの比率のみが残っていると仮定するならば，実際にロックアウトの比率を拡張することになる。すなわち，最初の10日のストの間のロックアウト日数の累積（BAG a.a.O. を見よ。すなわち，結局，量的に限定されたロックアウトの可能性を最初に利用を尽くさずに，それに代わって争議の期間的な拡大によってさらなる期間埋め合わせをすることが考えられよう）によってである。

c）被用者が働きたくない

834　被用者が，働くことができるのに働きたくないというのであれば，再び給付不能に関する一般規定に遡らねばならない。というのは，時間の制約を受けた労働義務の履行は，時間の経過によって不能になるからである（前記 Rn. 694）。被用者が自己の過失によって労働しないならば，326条が基準となる。すなわち，賃金請求権がなくなるのである。それと反対に，労働拒否に関する過失が使用者にあれば（労働者が支払われるべき賃金をもらっていない，あるいは必要な安全措置がとられていないから働きたくないという），298条によって，受領遅滞の特例が生じ，したがって，賃金請求権は，615条の規定によって存続する[25]。賃金未払いによる労働拒否の詳細は，BAG 25. 10. 1984, 9. 5. 1996 EzA §273 BGB Nr. 3, 4 参照。

　　(25) 例えば BAG 19. 2. 1997 を見よ：被用者は，自分の賃金請求権を減額することなく，許容された程度を越えて危険物で汚染された場所での労働を拒否する権利がある（BAG 8. 5. 1996 u.. 19. 2. 1997, EzA §273 BGB Nr. 5 u. 7）。

d）被用者が働くことができない

835　もっともよくあるのは，被用者が働きたいと思っても働くことができないというケースである。しかも，**労働不能な被用者の保護**は，労働法でのもっとも重要な課題の一つである。確かにここでも，給付が債務者にとって不可能である場合に，反対給付（ここでは賃金）がなくなるという民法326条から始まる。重度身体障害者または同様な立場の者が労働契約で債務を負わされる給付を行う能力がないならば，それゆえ使用者は，勤務の受領と共に遅滞にはならない[26]。しかし，社会的な理由から，この規則はしばしば何度

も破られてきた。それについては，次のことが言える：

(26) BAG 23. 1. 2001, EzA §615 BGB Nr. 103. 賃金請求権は，被用者がその行動によって不能にした場合にはじめて欠落する。LAG Bremen 24. 8. 2000, NZA-RR 2000, 632.

aa) 疾病による労働不能

事例：被用者のスポーツ事故 自動車修理工のAは，自分の自由時間内にモトクロス・スポーツ（オートバイによるクロスカントリーレース）をした。その際，Aは，他の運転手Fの過失により，医師の診断では少なくとも1年間労働できなくなるほどの重傷を負った。そのため，Aは，その使用者から即時解雇された。賃金も以後支払われなかった。Aは，誰に頼れるか意見を求めている。

(1) **使用者に対する請求権** 疾病の場合における，使用者に対する被用者の請求権は，現行の賃金継続支払法に定められている。この法律の3条によると，疾病のため労働不能になった被用者は，次の場合に6週間分の賃金請求権[27]を有する。すなわち，1) 労働不能があり，2) その唯一の原因[28]が被用者の疾病であり，かつ3) 被用者にその疾病について**過失**がないことである。その際に，民法276条の過失概念は当てはまらない。なぜなら，それは，被用者のプライベートな行動のすべてを疾病にならないように合わせるという被用者の義務になるからである。判例によると，過失のある疾病は，思慮分別のある被用者にその固有の利益において期待すべき行動に対して重大な違反があって始めて存在する[29]。小規模事業所における費用の補償については，後記 Rn. 851 を見よ。

(27) 時間外労働は，考慮されない（§4 I a EFZG）。BAG 26. 5. 2002 EzA §4 EFZG Nr. 7, 8 は，これを狭く解釈している：時間外労働は，平均的な個人の労働時間を超えなければならない。

(28) 因果関係とそれに伴う賃金継続支払いは，労働障害が疾病だけによらない場合，例えば合意された事業所の停止の結果働けない場合になくなる（BAG 8. 3. 1989, EzA §1 LohnFG Nr. 103）。単独の因果関係の原則。

(29) BAG 5. 4. 1962, EzA §63 HGB Nr. 2 ; 23. 11. 1971, EzA §1 LohnFG Nr. 10：それについて，*Hofmann* ZfA 1979, 275 ; *Lorenz* SAE 1983, 97。連邦労

H. 賃金支払義務

働裁判所（BAG 1. 6. 1983, EzA §1 LohnFG Nr. 69；28. 2. 1979, EzA §1 LohnFG Nr. 55）は，自殺の未遂を，特別な事情がない場合責任がないと考えている。連邦労働裁判所は，それについて，新しい医学的見地に立っているが，しかし私は，これらの見地が，人間は，反対事実の完全な証明に至るまで私法では自分自身の行為について責任能力があり，同時に責任ありとみなす民法827条，828条の古い評価を排除するものではないと思う。さらに，そのうえ，使用者は，連邦労働裁判所からは，賃金継続支払義務によって操短での第2の労働関係での被用者の活動の危険に加えられる（21. 4. 1982, EzA §1 LohnFG Nr. 62，被用者がそれについて収益に加わっていなかったとしてもである）。アルコール依存症は，連邦労働裁判所（7. 8. 1991, EzA §1 LohnFG Nr. 120）では責任のない疾病となるが，それに対して単なる酩酊は責任があることになる（BAG 11. 3. 1987, EzA §1 LohnFG Nr. 86。目印：多く飲めば飲むほど，責任がなくなる。過失の証明責任は，ここでも被用者がどれくらい多量に飲み，なぜ飲むのかを明らかにしなければならない使用者にある（BAG 7. 8. 1991, EzA §1 LohnFG Nr. 120）。ベルトの非着用は，責任がある（BAG 7. 10. 1981, EzA §1 LohnFG Nr. 61）。たとえ賃金請求権が疾病についての重過失ゆえになくなっても，さらなる社会的ネットが効力を発揮する：社会法典第5編44条〜52条の疾病給付金である。

838　Aの請求権は，モトクロスへの参加が重過失とみられるかどうかによる。実際，非常に危険な種目のスポーツを行うことは，理性のある人間のとるべき注意義務に対する重大な違反となりうる。たとえ労働裁判所がこれを今まで「キック・ボクシング」についてだけ肯定していたとしてもである（ArbG Hagen 15. 9. 1989, NZA 1990, 311）。さらにバンジー・ジャンプの場合の法的状態ははっきりしていない（それについては，*Gerauer* NZA 1994, 496）。それに対して，ハング・グライダー（BAG 7. 10. 1981, EzA §1 LohnFG Nr. 61），アマチュア・ボクシング（BAG 1. 12. 1976, EzA §1 LohnFG Nr. 51）およびインライン・スケート（LAG Saarbrücken 2. 7. 2003, NZA-RR 2003, 568）の事故は，過失あるものとみなされない。重過失の非難は，ここでも個々の行動にのみ関連づけられる。それに従って，モトクロスを過度に危険なものではないと位置づければ，Aは，彼の使用者に対して6週間分の賃金継続支払いの請求権を有する。使用者がAとの労働関係を労働不能のために解約告知したという事実は，それに対して賃金の継続支払いの請求権とは関係ない（8条）。

示唆：被用者は，使用者に対して遅くとも労働不能の4日目までに，労働不能の存在およびその予定される期間がはっきり示された（診断ではない―賃金継続支払法5条）医師による証明書を提出する義務を負う。彼が外国に滞在していれば，使用者にさらに自分の外国における休暇場所を伝えなければならない（同法5条2項）。被用者がこの義務を怠ると，その請求権は消滅しないが，使用者は，賃金継続支払いを一時的に拒否することができる（同法7条1号）。

(2) **法定の疾病保険金庫に対する請求権** 6週間（または賃金継続支払いについて契約によって決められたさらに長い期間）が経過した後，稼働能力のない疾病のAには，疾病手当金の請求権が残るだけである。その疾病手当金は，労働不能によって失った通常の賃金の70％となる。手取賃金の90％を超えてはならない。この原理から上下別々の違いが生じる。一方では，通常の賃金は，限度額までしか考慮されないが，他方で1年後の疾病手当金は，直近の年金増額に従って増額される（社会法典第5編47条，社会法典9編50条）。疾病手当金は，時間的な制限なしに支給されるが，しかし同一の疾病による労働不能の場合については，3年の範囲内で最高78週分支給される（社会法典第5編48条）。

(3) **Fに対する請求権** Fは，民法823条によってAに対して損害賠償義務を負う。使用者が賃金を継続して支払うか，または疾病保険金庫に対する請求権が存続する限り，Fに対するAの請求権は，賃金継続支払法6条によって使用者へ移転し，社会法典第10編116条1項(30)によって疾病保険金庫に移転する。

(30) 「損害の賠償について，他の法律規定に根拠をもつ請求権は，保険者または社会扶助の主体が，同種の損害の除去に役立ち，加害者が行うべき損害賠償と同じ時期に関係する社会的給付を損害の発生に基づいて行わなければならないかぎり，その保険者または社会扶助の主体へ移転する。」多くの細目については，社会法典10編116条2～9項。

842　**濫用の問題**。疾病の際の所得保障は，ともすれば濫用，すなわち不当な診断書の作成を生じさせやすい。立法者は，それには労働不能の証明書（賃金継続支払法5条）の提出義務によって対抗しようとしたが，しかし労働不能の証明書も濫用されうるということに疑いをもたなかった。

　社会法典第5編275条1項によれば，社会保険者である疾病金庫は，労働不能について疑問が生じた場合，疾病保険の医療機関による検査を行わせる義務を負っている。社会法典第5編275条1項aは，使用者にこのような検査を求める権利を与えている。裁判所の対応：労働不能に関する医師の診断書の交付をもって，被用者が疾病の結果労働不能であったという**事実上の推定**は確かに存在する。しかし，使用者が，診断または客観的な知見なしに証明書を交付するとか，「仮病を使って休むために」脅して疾病の申告をするとか，あるいは疾病の間に生業活動をするといったような（BAG 15. 7. 1992, EzA §3 LohnFG Nr. 17; 26. 8. 1993, EzA §626 BGB Nr. 148）診断書の正しさについて重大な疑問を生じさせる事実の申述に成功すれば，被用者は，自分の労働不能について完全な証明をしなければならない（BAG 21. 3. 1996, EzA §123 Nr. 42）。パレッタ（イタリアの家族で，何度も故郷での休暇の終わりに一斉に疾病と称した）事件で，外国で疾病になった証明についての緊急の問題については，EuGH 3. 6. 1992, 2. 5. 1996, EzA §3 EFZG Nr. 16, EzA §5 EFZG Nr. 1；BAG 19. 2. 1997, EzA §3 EFZG Nr. 2 と，今では§5 Ⅱ EFZG。濫用の克服には，賃金継続支払法4条aも役に立つ（合意が許される：多く疾病になれば，それだけクリスマス賞与は少なくなるという）。

843　**疾病の継続と再発**　複数の疾病が現れると，それは同じなのか別の疾病なのかが問題となる。

844　初期の疾病が医学上完治されなかったために，同一の基礎疾患によって生じた同一疾病の再発（慢性疾病）では（病状は，その際同じである必要はない。多発性硬化症の異なる病状について BAG 4. 12. 1985, EzA §63 HGB Nr. 40），被用者は，第1に再度労働不能になる前少なくとも6ヵ月間同一疾病のために労働不能にはならなかったか，または第2に最初の労働不能が始まって以来同じ疾病のために12ヵ月の期間が経過するならば，その後の最長6週間の

II. 労働力の提供のない賃金

期間賃金継続支払いの請求権を失うことはない。従って，同じ疾病を理由として，年間最高12週間賃金の継続支払いを求めることができる（賃金支払継続法3条1項）。継続した疾患の存在についての証明責任は，使用者が負わなければならないが，しかし被用者は，医師を守秘義務から解放しなければならない（BAG 13. 7. 2005, EzA §3 EFZG Nr. 14）。

賃金支払継続法3条からの逆の推論が明らかにしているように，**異なる疾病**（疾病の再発も）は，その都度新しい賃金継続支払請求権を生じさせるので，その結果例えば5回続けてインフルエンザに罹った場合，6ヵ月のうち5回の賃金継続支払請求になる。前の疾病が終わる前に新しい疾病が始まる場合だけが異なる。その場合，賃金継続支払いは，最初の疾病が始まった後6週間で終了する。 845

初期の疾病 賃金継続支払請求権は，賃金継続支払法3条3項によって，労働関係が4週間中断なしに続いた後成立する。被用者が待機期間の間に疾病になり，労働不能がその待機期間を超えて継続すれば，賃金継続支払請求権は，賃金継続支払法3条1項によって6週間の期間成立する。待機期間に当たる疾病の日数は，計算されない。それは，同法8条1項1文ゆえに労働関係が労働不能理由として宣告された解約告知によって待機期間中終了した場合にも当てはまる。 846

疾病事後 賃金継続支払請求権は，使用者が労働関係を労働不能を理由として解約告知することとは関係しない（賃金継続支払法8条）。これは，客観的には，被用者がまだ労働関係がある間に疾病になって労働不能になること，主観的には，使用者が被用者の前もっての労働不能をはっきりと予期していなければならないことを前提とする（BAG 17. 4. 2002, EzA §8 EFZG Nr. 3）。 847

848
（詩・略）

bb）妊娠または母性保護による労働不能，両親休暇

保護期間 妊娠している被用者や訓練生は，切望した出産前の最後の6週間，その意思に反して就業させられてはならない（母性保護法3条）。妊産婦は，出産後8週間経過するまで就業させられてはならない。早産や多胎出産 849

H. 賃金支払義務

の場合は，12週間である（母性保護法6条1項）。それによって生じる賃金不払いを補填するものが，法定の疾病保険金庫である。保険でカバーされていない被用者にも補填されるが，1暦日ごとに13ユーロまでにすぎない（ライヒ保険法200条，母性保護法13条2項）。この金額が，被用者が最後の3ヵ月間平均して得ていた手取賃金を下回るときは，使用者は，その差額を手当によって補償しなければならない（14条）。

850　**就業の禁止**　妊婦の就業は，保護期間内だけではなく，その他の数多くの場合でも禁止されている。母性保護法3条，4条，8条の表参照。これらの多くの場合において，使用者は，報酬の継続支払義務を負う（母性保護法11条）。

851　**使用者の費用の補償**　法定の疾病保険金庫は，30人以下の被用者（訓練生を除く）を働かせている使用者に対して，賃金継続支払法によって疾病のケースで債務を負う賃金継続支払いの80％，およびすべての使用者に対して，出産手当のために母性保護法14条1項によって支払われる手当と母性保護法11条による就業禁止の場合に支払われる報酬（その都度の社会保険《労災保険を除く》の使用者の保険料を含む）の100％を支給する。その必要な財源は，その補償に参加した使用者の分担金によって調達される（個々については，2005年12月22日 BGBl. 3686による）。

852　**両親休暇**の請求権，すなわち労働義務，特にまた報酬請求権からの解放は，連邦育児手当法15条以下（近々おそらく連邦両親手当及び両親休暇法）の中で規定される。それは，子供が3歳に達するまで存続し，両親のいずれか一方が取ることができる。パートタイム労働は，従前または他の使用者において1週30時間まで許される。自分の子供に手がかからない者は，週の保育時間が30時間を超えても，5人の子供まで一日保育ママ・パパとして面倒をみることができる（連邦育児手当法／連邦両親手当及び両親休暇法15条4項，社会法典第8編23条）。元々の使用者のところでのパートタイム労働の請求権については Rn. 679，他の使用者でのパートタイム労働の請求権については15条4項，両親休暇中の解約告知制限については Rn. 914。新しく連邦両

親休暇手当及び両親休暇法において，両親休暇手当金が連邦育児手当法に代わって規定されるはずである。両親休暇手当金は，出生から14歳が満了するまで，14年間ではなく，この期間12，事情によっては14ヵ月分ではあるが，支給される。両親は，その時々の月額を交互にまたは同時に受け取ることができる。それは，最高1,800ユーロまで，就業活動による以前の平均所得の67％に及ぶ。多くの更なる事柄は，連邦両親休暇手当及び両親休暇法1条以下。

cc) その他の個人的な障害事由

疾病や妊娠は，被用者の労務給付を阻害する唯一の原因ではない。他に，民法275条3項と関連する616条1項が集団的契約または労働契約によって排除されていない限り，この規定に基づいて労働の免除や賃金の継続支払いを請求できる権利が生じることがある[31]。この規定は，労働者に責めがなく，相当で，かつ被用者の個性に根拠のある労働障害を前提としている。

(31) 協約による排除の例は，BAG 23. 2. 1995, EzA §4 TVG Geltungsbereich Nr. 8 である。

労働障害にあてはまるのは，労務給付の事実上もしくは法的な不能だけではなく，期待可能性のないものもである。それに入るのは，まさに重大な個人的利害による欠勤のような優先する法的義務[32]によって働かないことを正当化させる場合である[33]。

(32) 616条は，被用者が疾病の子供の世話のために家にいなければならない場合にも，適用できる。それとともに，社会法典第5編45条：被保険者が自分の子供の扶助のために労働から離れることが，医師の証明によって必要とされ，他の家事生活を送っている者がその扶助を引き受けることができず，子供が年齢12才未満である場合には，被保険者には，疾病手当金が与えられる，という規定が適用される。この請求権は，各歴年において各子供につき原則10日，養育者1人で20日，最高25/50労働日について認められる。それに対応する時期には，使用者は，被用者を無給でもって免除しなければならない。もっとも，民法616条が適用でき，効力を失わない限り，被用者は，有給による免除の請求権を有し，疾病手当金の支給がなくなる（社会法典第5編49条）。子供の世話のために賃金継続支払いの責任がある相当な期間を定めるために，社会法典45条の期間が役立つ。というのは，その相当性というのは，

労働関係の継続後段階づけられ，そうしないと民法の規定は，空文になるからである。

(33) 例えば，自分の結婚式については，BAG 27. 4. 1983, EzA §616 BGB Nr. 24。BAG 25. 10. 1973, EzA §616 BGB Nr. 6 は，両親の金婚式では1日の有給の免除を行っている。

855 特に**就労拒否**にあてはまるのは，予見できない，証明可能な**良心上の事由**である。それは，確かに許容されるが[34]，しかし，民法616条によって根拠づけられるのではなく，民法275条3項と関連する基本法4条1文による良心の自由という基本権の第三者効によって指揮命令権を制限することによってである。すなわち，基本法4条3項によって保護される，良心上の事由による兵役拒否の権利とともに，基本法4条1項で根拠づけられた良心上の自由に基づく就労拒否の権利が生じる。民法616条がここで適用になるかどうかは，明らかではない（*Staudinger/Oetker* §616 Rn. 69—否定する）。

(34) 既に Rn. 71 と戦時医学上の有用な薬剤の協働作業に関する BAG 24. 5. 1989, EzA §611 BGB Direktionsrecht Nr. 3 を見よ。以前では，戦争を賞美する印刷物の協働作業に関する 20. 12. 1984, EzA §1 KSchG Verhaltensbedingte Kündigung Nr. 16 がある。軍事上有用な輸出品の協働作業について，ArbG Köln 18. 4. 1989, EzA §611 BGB Direktionsrecht Nr. 4. それについては，*Henssler* AcP 190, 538；*Käthe* NZA 1989, 161；*Konzen/Rupp* Gewissenkonflikte am Arbeitsplatz, 1990；*Otto* Persoale Freiheit und soziale Bindung, 1978, 106ff.；*Wendeling- Schröder* Autonomie im Arbeitsrecht, 1994；*Creiner* Ideelle Leistungshindernisse, 2004.

856 労働障害は，それ自体が重過失によらなければ**責めがない**。従って，過失の概念は，疾病の場合（前記 Rn. 837）の賃金継続支払いにおける過失概念に対応する。就労拒否は，それまでの労務給付を継続するという面で重要でなければ**相当である**[35]。労働障害は，被用者の生活環境によって生じるものであれば，被用者の**個性**に原因がある。被用者が悪天候や公共の近距離交通の労働争議のためにかなり遅刻した場合には，それが認められない。ただし，このような外面的な障害が，ある被用者にとっては，その個性の中にある原因（例えば，妊娠，重度身体障害）によって特別に作用する場合は別である。

(35) 学説は，これをわずかな日数の就労拒否の場合にのみ重大な事情におい

II. 労働力の提供のない賃金

ても承認しようとするのに対して（ErfK/*Dörner*, §616 BGB Rn. 15; *Staudinger/Oetker* §616 BGB Rn. 97), 判例はより寛大である。参照 BGH 6. 4. 1995, ZIP 1995, 1280：17 日の制限。および BAG 20. 7. 1977, EzA §616 BGB Nr. 11：ある 1 人の被用者が，自分の配偶者の世話ができるように，自宅の人工透析器について 8 週間研修を受ける場合，相当な時間よりも長く勤務が妨げられる。結果：賃金請求権はない。相当時間についてもである。

被用者に責めのない労働障害が不相当に長く続く場合で，かつ／または被用者の個性で理由づけられなければ，616 条 1 項によって，給付拒絶権も報酬の継続支払請求権も認められない。相当に短い時間についてはやはり異なる。しかし，給付拒絶（賃金請求権ではない）権は，このような場合，不能なまたは期待できない労務給付に対する使用者の請求権を消滅させる民法 275 条 3 項から生じる[36]。

(36) 参照：BAG 22. 12. 1982, EzA §123 BGB Nr. 20 は，トルコの兵役召集に関する。子供の世話に関しては，BAG 21. 5. 1992, DB 1992, 2446。連邦労働裁判所は，ここで義務の衝突，すなわち労働を期待できないことの下位事例に照準を合わせている。

e) 使用者が被用者を働かせたくないので，被用者が働くことができない。

使用者 A は，2000 年 3 月 1 日から 4 月 20 日まで注文がないために完全な操業ゼロを命じている。被用者らは，B を含めてこの時期自宅待機である。B は，4 月 1 日から 4 月 30 日まで疾病で労働できない。B は，自分が 3 月 1 日から 4 月 30 日までの時期について報酬を要求できるか質問している。

その請求権は，B にとって民法 611 条，615 条から，4 月については賃金継続支払法 3 条と関連して生じる。というのは，B は，この月には疾病で労働不能だったからである。そこで，A に対する賃金請求権は実現可能で，操短の指示によってなくならない。操短の命令に関する要件が存在しないし（それについては，Rn. 668），被用者が単に働かないことが操短についての同意や対応する賃金請求権の減額化の同意とはみなされないので，その請求権は，その後も実現可能だったのである。民法 296 条によって，受領遅滞には被用者の何ら特別の労働の提供も必要ない（BAG 24. 10. 1991, EzA §615 BGB

Nr. 70)。民法611条，615条から生じる請求権は，通常の賃金請求権であり，そのために労働不能の時期については，賃金継続支払法が適用できる。Bは，それゆえ全期間について賃金請求権を有する。

III. 賃金請求権の保護と消滅

860 　労働報酬は，通常，被用者やその家族の生存の基盤であるので，特別な保護，特に払戻請求権，放棄の意思表示，被用者の債権者（差押保護）や使用者の債権者（破産による優先権）からの保護を必要とする。

1. 払 戻 条 項

　文献：*Blomeyer/Buchner* Rückzahlungsklauseln im Arbeitsrecht. 1969；*Hanau/Stoffels* Beteiligung von Arbeitnehmern an den Kosten der beruflichen Fortbildung, 1992；*Lipke/Vogt/Steinmeyer*, Sonderleistungen im Arbeitsverhältnis, 2. Aufl. 1995；*Weinrich/Weinrich* Gratifkatinonen, Anwesenheits- und Treuprämien, Tantiemen, 4. Aufl. 1998.

862 　賞与，職業訓練補助金，被用者の住宅建築融資その他の使用者の給付金は，被用者が一定期間前に労働関係を解約告知した場合には，全額もしくは一部，あるいは事前に返済されねばならない，という条件の下でしばしば支給される。それによって，職場を自由に選択できる被用者の基本権が，金の鎖に捕錠され，使用者への従属性が高まる。そのため，連邦労働裁判所は，**純然たる賃金の性格を有するすべての給付**（時間賃金の手当，13ヵ月目の給与や出来高賃金として支払われる賃金）における払戻条項の承認を拒んできた。被用者は，これをすでにそのもたらした労働給付によって獲得していたからである（BAG 13. 9. 1974, EzA §611 BGB Gratifikation, Prämie Nr. 43）。払戻条項が許されるのは，過去の労務給付によって全額得たものではなく，**将来の就業への忠誠**を刺激するために提供している給付の場合に限られる。職業訓練補助金，引越費用そして賞与もそれである。この場合，払戻条項は，実際には承認されているが，しかし明示的にしかも一義的に合意されていなければならない。それについて，判例は，裁判官による法の形成において払戻条項の段

階表・一覧表を有している。既に 1962 年には賞与について，1993 年になってはじめて職業訓練費用についてである。

a) 賞与の払戻一覧表

1962 年に立てられた賞与についての一覧表は，当時現業労働者と職員で異なった解約告知期間をもとに方針が決められていたが，しかし既にそれとは関係なく翌年の 3 月 31 日が最も重要な日となった（BAG 10. 5. 1962, EzA §611 BGB Gratifikation, Prämie Nr. 3；BAG 17. 3. 1982, EzA §611 BGB Gratifikation, Prämie Nr. 71；BAG 9. 6. 1993, EzA §611 BGB Gratifikation, Prämie Nr. 103）。現業労働者と職員の解約告知期間が今や中間ラインで統一された後（それについては，後記 Rn. 948ff），今日次のような前提によらねばならない。

― 支給総額 100 ユーロの金額までの賞与では，払戻条項は，常に無効である（BAG 17. 3. 1982, EzA §611 BGB Gratifikation, Prämie Nr. 71）。
― 被用者が，100 ユーロは超えるが，月の支給総額以下の金額を受け取っていれば，払戻条項は，翌年の 3 月 31 日まで及んでもよい。それが意味することは，被用者は，労働関係が 3 月 31 日の経過とともに終了する場合にもはや払戻の義務を負わないということである（BAG 17. 10. 1968, EzA §611 BGB Gratifikation, Prämie Nr. 24；9. 6. 1993, EzA §611 BGB Gratifikation, Prämie Nr. 103）。
― 賞与が月間の賃金に及んでいれば，被用者は，その事業所を翌年の 3 月 31 日以後次に許される解約告知期日に去るということが考えられるが，しかし，その拘束は，6 月 30 日以降まで長く及んではならない。

今までの判例によると，払戻条項は，被用者が事業に原因のある使用者の解約告知に基づいて辞める場合，許されなかった（BAG 26. 6. 1975, EzA §611 BGB Gratifikation, Prämie Nr. 47；同様 BAG 27. 10. 1978, EzA §611 BGB Gratifikation, Prämie Nr. 61―使用者による期間について）。その間に，判例は，被用者が年末に事業を原因としてて解約告知された場合にも（前記 Rn. 765 を見よ），賞与の請求権は，除かれるという方向へ行った。しかし，被用者に事業に原因のある解約告知をもって既に支払いの終わった賞与をも取り上げる

b）職業訓練費の払戻リスト

866　　**文献**：*Ingrid Schmidt* NZA 2004, 1002 の新しい総合的な叙述

職業訓練費のための払戻のリスト（BAG 6. 9. 1995, EzA §611 BGB Ausbildungsbeihilfe Nr. 14. 協約が制限していない場合について，BAG 6. 9. 1995, a. a. O. Nr. 15）は，一つにはどれほど訓練を続けることで金銭的評価での利益を得たかで決まり(37)，また二つには訓練措置の期間で定まる。連邦労働裁判所（BAG 21. 7. 2005, EzA §611 BGB 2002 Ausbildungsbeihilfe Nr. 8）は，今や判例の立場を次のようにまとめている。すなわち，4ヵ月までの職業訓練期間／24ヵ月までの拘束期間，6～12ヵ月の職業訓練期間／26ヵ月までの拘束期間である。2002年12月5日の連邦労働裁判所の判決（EzA §611 BGB 2002, Ausbildungsbeihilfe Nr. 2）は，最低段階を指摘した。すなわち，研修期間が1ヵ月を超えなければ，通常最長6ヵ月までの拘束が許されるのである。

(37)　基本的には，BAG 18. 8. 1976, EzA Art. 12 GG Nr. 13 である。それゆえ，職業訓練が使用者にとって被用者の評価のみを高めるが，労働市場への被用者の機会を良くするものでないときには，拘束は許されない（BAG 16. 3. 1994, EzA §611 BGB Ausbildungsbeihilfe Nr. 10；16. 1. 2003, EzA §611 BGB 2002 Ausbildungsbeihilfe Nr. 7. 研修期間に関して）。

867　　使用者による事業に原因のある解約告知では，連邦労働裁判所は，払戻の合意を一般的に無効であると宣言してきた（BAG 6. 5. 1998, EzA §611 BGB Ausbildungsbeihilfe Nr. 19）。

868　　判例は，今までは民法242条と関連する基本法12条（他の職場を探す自由）に依拠している。将来，その尺度は，あらかじめ表明された労働契約では民法307条から取り出されるべきである。判例によって展開されたリストは，それを正当に評価しなくてはならないだろうが，そのリストは，普通契約約

III. 賃金請求権の保護と消滅

款の規制から外れる取決めのあった合意にはもはや適用されてはならない（BAG 17. 11. 2005, EzA §611 BGB 2002 Kirchliche AN Nr. 7；11. 4. 2006, EzA §30f. BGB 2002, Nr. 23）。そのうえ，再び労働法での特殊性として考慮されるべきことは，払戻条項の要件が個々のケースでその関係の多様な構成ゆえにかなり不明確でありうる結果，適用を受ける制限は明白な違反に限られるべきであろう。

2. 錯誤によって支給された給付の返還請求

そのほかに，労働報酬の払戻しが考えられるのは，賃金が誤って計算されたり，控除が低く査定されたり，計算の誤りがあった等々賃金が錯誤によって支払われた場合である（詳しくは，*Hromadka* Fruendesgabe für *Söllner*, 1990, 105ff.）。返還請求権の請求根拠は，協約もしくは個別契約による定めがなければ，民法812条1項1文である。第一の要件は，法律上の原因の欠如である。最初は，誤った給付が常に法律上の原因を欠くけれども，給付が続けられると，やはりここでも信頼責任を根拠づけることもありうる（*Canaris* Die Vertrauenshaftung im Privatrecht, 1971, S. 390；*Wiedemann* Anm. zu AP Nr. 1 zu §9 TVArbBundespost und Nr. 121 zu §242 BGB Ruhegehalt；*Maurer* NZA 1993, 721）。この場合には，返還請求ばかりでなく，その錯誤の訂正も，将来にわたって，また場合によっては過渡的期間だけ認められないことになる。それ以外の場合には，812条が適用される。しかし，被用者は，自分が，錯誤に気がつけばしなかったであろう出費のために法律上根拠のない給付を使ったことを主張・証明することに成功した場合に，不当利得（818条3項）ではなくなることを主張することができる。判例は，払い過ぎがわずかである場合に，被用者に**表見証明**の軽減をすることにより，低いまたは中間的な所得を得た被用者に特権を与えている（BAG 12. 1. 1994, 18. 1. 1995, EzA §818 BGB Nr. 6, 8；LAG Hamm 3. 12. 1999, NZA-RR 2000, 181）。実務は，誤って支払われた賃金が払い戻されるべきであるという通常の契約条項に反対している。しかし，このような民法818条3項の手本からの離反は，被用者が払い過ぎを認識できた場合に制限されるときにだけ，民法307条の範囲内で適切になろう（ErfK/*Preis* §310 Rn. 90）。社会保険の控除が賃金支払い時になされなければ，使用者に何らの過失がないときを除いて，以後3回の賃金支払

869

3. 放棄，雇用関係清算証明書

870　被用者は，払戻条項のみならず，放棄の意思表示でも，自らが引き受けた義務に対して保護を受けることが必要である。賃金の放棄は，退職する被用者が就業証明書（給与所得税納税カードや保険証明書）の受領サインを行い，同時に使用者に対するそれ以外の請求権をもたないことを確認する「雇用関係清算証明書」の中で特に表示される。そこで，この場合には，民法368条の意味での受取証書は，397条2項の意味する消極的債務承認と結びつけられる。その際に，消極的債務承認は，およそ他のすべての契約と同じ順序で検討されねばならない。

871　**(1) 解 釈**　主張した請求権は，被用者がそれをどのように理解しなければならなかったのかという意思表示からおよそとらえられるのであろうか？それは，被用者が請求権を行使し，あるいは訴えも提起していた場合，または反対に被用者がその請求権をまだ全く知りえなかった場合に否定されてよいであろう。というのは，その場合，使用者には，多く[38]被用者が放棄する意思をもっていたとは到底考えられないからである。労働関係の終了によってはじめて期限が到来した請求権（証明書，年金等）も，疑わしければ含まれない。

　　[38]　全く一義的な表示では異なる。BAG 6. 4. 1977, EzA §4 KSchG n. F. Nr. 12.

872　**(2) 無効か？**　おびただしい数の労働法に関する法律は，その中に定められた請求権を契約によって放棄することを認めていない。例えば，連邦休暇法13条，賃金継続支払法12条がそれである。同様に，労働協約や事業所協定から生じる請求権も，原則として放棄できない（労働協約法4条，事業所組織法77条）。もっとも，労働協約や事業所協定が法律行為による対等な合意によってではなく，規範的効力を基礎にして適用される場合に限られる。定式に従った，反対給付のない放棄の意思表示は，最近になって民法307条の意味における不当な不利益取扱いとみなされる（LAG Schleswig-Holstein 24.

9. 2003, NZA-RR 2004, 74；ErfK/*Preis* §§305-310, Rn. 74b）。

(3) **取り消すことができるか？** 使用者が就業証明書の交付を雇用関係清算証明書の署名の条件とするならば，強迫（民法123条）を理由とする取消しが可能である。被用者は，受取証書が消極的債務承認を含むことに気づかなければ，民法119条1項の内容上の錯誤による取消しが考えられる。

(4) **不当利得の抗弁権**（812条2項，821条）が成り立つのは，被用者が使用者に対する債権をもはやもたないと錯誤したので，雇用関係清算証明書に署名したにすぎないことを証明した場合である。

4. 差 押 保 護

賃金請求権は，限度額でのみ差押可能である（民事訴訟法850条以下）。差押保護は，同時に**相殺保護**である（民法394条）。しかし，ここでも，連邦労働裁判所は，例外を残している。すなわち，差押不能な賃金請求権を反対債権とする相殺は，被用者が故意または良俗に反して使用者に損害を生じさせたときには民法394条に反して許される。さらに，差押保護は，**債権譲渡**（民法400条）**に対する保護**を根拠づける。なぜならば，最低の生活は，債権者への賃金債権の任意譲渡からも保護されねばならないからである[38]。この保護目的からは，譲渡人が完全な対価を得るか，または取立権の譲渡が譲渡人のためになされた場合，差押えが禁止された賃金部分の譲渡は許されることになる。

5. 倒　　産

使用者の倒産の場合に問題となるのは，すでに履行期が到来しているが，まだ履行されていない被用者の請求権から何が生じ，また労働関係が将来どのように形成されるのかということである。手続開始までに働いて得られた賃金の請求権は，純然たる破産債権である。賃金請求権が，**手続開始**（もしくは破産財団がないことによる手続廃止）前の3ヵ月間に実現されなかった場合に限り，労働局によって支払われるべき倒産最終不足金が，その不払いを補塡する（社会法典3編183条以下）。被用者や社会保険の保険者は，それゆ

H. 賃金支払義務

えしばしば3ヵ月間長く支払不能な使用者の賃金や保険料の不支給を甘受し，その後はじめて破産の申立てを行うようになる。

877 　**手続開始後**に割り当てられる賃金請求権については，破産管財人が労働関係を終了させるまで（解約告知期間，Rn. 951），働いて得た賃金請求権が倒産法54条1項2号による破産財団債務となる。

6. 消滅時効，除斥期間

878 　労働関係に基づく請求権には，3年の一般的な消滅時効期間が適用になり，それは，その請求権が成立し，債権者が知りまたは重過失によって知らなかった年の終了をもって開始する（民法195, 199条；加えて民法199条2項，3項にある損害賠償請求権の特別規定）。解約告知制限訴訟によって，消滅時効は，中断しない。賃金請求訴訟によるだけである（BAG 7. 11. 1991, EzA §4 TVG Ausschlussfristen Nr. 93）。どのように賃金請求訴訟が提起されるかは，後記K章で明らかにする。

879 　注意：労働協約は，労働関係に基づくすべての請求権が数週間に及ぶ除斥期間内に文書またはさらに裁判によって行使されねばならない，としばしば定めている。それは，実務ではよく見逃されるが，労働裁判所では，職権をもって綿密に考慮されている。注意すべきことは，協約に基づく給付が，しばしば協約の拘束を受けない（労働協約法3条1項，4条1項）被用者にも拘束され支給されていることである。従って，協約に拘束されない被用者の場合には，労働協約上の除斥期間の適用が常に覚悟されねばならない。それは，どの弁護士も労働法について知っておくべきことである。多様な判例に関する詳細な一覧は，*Krause* RdA 2004, 36, 106 にある。労働契約による除斥期間は，強行的な法定の請求権であっても原則として認められる（BAG 25. 5. 2005, EzA §307 BGB 2002 Nr. 3）。それと反対に，労働協約法4条4項，事業所組織法77条4項によって，強行的な集団的契約上の請求権では許されない。あらかじめ定められた除斥期間の最短期間は，民法307条から生じる（協約では，協約の適用が労働契約との関連によっているとしても，310条4項1文によってコントロールを免れている）。連邦労働裁判所は，3ヵ月と決めてい

る（BAG 25. 5. 2005 a.a.O.；28. 9. 2005, EzA §307 BGB 2002 Nr. 8）。今までの判例（BAG 4. 12. 1997, EzA §4 TVG Ausschlussfristen Nr. 127）とは反対に，連邦労働裁判所のある判決（BAG 2. 3. 2004, NZA 2004, S. 853, 同様に BAG 31. 8. 2005, DB 2006, 1273）は，被用者の請求権のみに係わるだけの個別契約による除斥期間に対して著しい疑問を呈している。除斥期間が請求権の文書による主張を求めていれば，ファックスかEメールで十分である（BAG 14. 8. 2002, EzA §130 BGB Nr. 29）。

判例は，消滅時効の停止や新たな進行に関する規定が除斥期間には適用できないということから出発している。しかし，このような法ドグマ的な前提にある理解は，有用でない成果へ導くであろうから，しばしば貫徹されない。10. 10. 2002 EzA §4 TVG Ausschlussfrist Nr. 158 の判決で，債務者の承認が消滅時効を阻止するという民法 212 条の適用が否定されたが，しかし民法 242 条と同じ結果が達成された。29. 5. 2002, EzA a.a.O. Nr. 155 の判決では，結果的にそれ自体拒否された民法 215 条（時効にかかった債権との相殺）の適用に至るために，民法 242 条が利用されねばならなかった[39]。

(39) 除斥期間の数少ない形式主義者の扱いについては，*Gamillscheg*, Kollektives Arbeitsrecht Ⅰ, 1979, 817.

Ⅳ. 事業所における高齢者扶助

文献：事業所の高齢者扶助改善法についての注釈書としては，*Höfer* 2 Bände, Loseblatt, ErfK/*Steinmeyer* と *Blomeyer/Rolfs/Otto* 4. Aufl. 2006。その法律は，2004 年企業年金法における高齢者所得法と名称変更されているが，しかし従来の名称の BetrAVG（事業所高齢者扶助法）という省略名は公用として維持されている。その変更が馴染めない者には，譲歩が必要である。

使用者は，事業所の高齢者扶助を被用者全員に約束するか，個々の，何人かの客観的に選ばれた被用者または被用者集団に約束するか，自由に決定することができる。被用者は，自分が賃金を事業所の高齢者扶助に変更したいのか自由に選ぶことができる。その場合，その請求権の構成については，事

業所年金法の強行規定が適用される。その法律の労働法的な内容を把握するには，次のようなキーワードを記憶にとどめるべきであろう。

883 **早期退職**とは，事業所にかなり長い間所属していた後ではあるが，扶助の受給資格が発生する前にその事業所を退職した場合，事業所の高齢者扶助に対する期待権が消滅はしないことを意味する（詳細は1条）[40]。後になって扶助の受給資格（定年に達すること，使用者のしかるべき約束があれば疾病または遺族扶助も）に達すれば，事業所の所属期間に応じた扶助請求権が与えられる（2～4条）。

> [40] 重要なのは，事実的ではない，法的な，扶助の程度に合わされた事業所への帰属である。BAG 15. 2. 1994, EzA §1 BetrAVG Gleichberechtigung Nr. 9.

884 **減額禁止**とは，受給資格の発生の際定められた給付が，法定の定期金保険からの受給額またはその他の扶助受給額が上がった場合，後になって減額されてはならないことを意味する。しかし，それでも，事業所の年金を最初に定める場合には，受給者の他の扶助受給額がどの程度高額か考慮されなくてはならない。

885 **弾力的**定年制とは，定年が事業所の年金について一律に65歳と定められないことを意味している。むしろ，年金は，被用者が社会法典第5編36条以下によってすでに年齢65歳満了前に完全な社会保険年金を受け取っているならば（6条），他の給付条件を満たしていると，やはり65歳前に支給されねばならない。もちろん，少ない労働は，それに応じて少ない年金を受け取ることになる。

886 **支払不能に対する保護**とは，使用者が支払不能となれば，事業所の高齢者扶助という約束された給付は，ケルンにある「年金保護協会」から支給される。事業所の高齢者扶助を約束した使用者は，すべてその協会に会費を支払わなければならない（7～15条）。これは，年金金庫や直接保険に関する事業上の高齢者扶助には適用にならない。それは，年金基金に限定される。

IV. 事業所における高齢者扶助

調整とは，使用者が3年に1度事業所の高年齢者扶助の経常的給付（期待権ではない）を調整し，それについて公正な裁量に従って決定しなければならないことを意味する。その際，特に扶助を受ける者の利益と使用者の経済状態が配慮されねばならない（16条，多くの細目がある）。 887

年金保護協会は，それが引き受けた年金負担義務を調整する必要はない。倒産からの保護は，インフレ保護なしになされる。使用者がすでに年金額を通貨価値の下落と一定程度調整することをみずから約束していた場合は異なる。 888

報酬の変化とは，事業所高齢者扶助法1条2項3号，1号aによって，賃金に関する将来の請求権が価値の同じ扶助給付の期待権に変えられるということを意味する。被用者は，自分の将来の報酬請求権からそのときどきの保険料算定限度の4％までが使われるよう使用者に求めることができる。細かいことは，合意によって規定される。 889

一般平等取扱法は，その2条2項で事業上の高齢者扶助には事業所高齢者扶助法が適用になると定めている。それは，初心者にとっての単なる法的な教訓ばかりではなく，年齢を理由とする差別の禁止がこの領域では適用されるべきでないことを意味する。これは，定年制の設置を事業上の高齢者扶助では許している同法10条4号に従って裏づけられている。連邦労働裁判所は，同法の施行前その背後にある平等取扱指針（Rn. 132）の助けを借りてきたし，遺族である配偶者が死亡した被用者よりも15歳以上若かったならば遺族扶助が支給されないとする事業上の高齢者扶助の規定を，年齢を理由とする不利益取扱いとなるかどうかヨーロッパ裁判所に照会している（Beschluss v. 27. 6. 2006, 3 AZR 352/05）。

J. 労働関係の終了

文献：2004年の解約告知制限法の大きな改正のために，2004年以降刊行された最新の水準にあるコンメンタールだけをあげておく。特に，*Ascheid/ Preis/Schmidt* Großkommentar zum Kündigungsrecht, 2. Auf. 2004；Gemeinschaftskommentar zum KSchG und sonstigen kündigungsrechtlichen Vorschriften（KR）, 7. Aufl. 2004；*Löwisch/Spinner* KSchG, 9. Aufl. 2004；*Kittner/Däubler/Zwanziger* KSchG, 6. Aufl. 2004.

890

I. 終了事由の体系と問題点

1. 解約告知

労働関係は，特に**解約告知**によって終了する。そのため，労働関係の解約告知は，すべての継続的債権関係の解約告知と同じ体系に組み込まれてきた。特に，通常の解約告知と特別な解約告知とが区別される。原則として，解約告知期間が過ぎた後にはじめて有効となる通常の解約告知だけが許される（民法622条）。即時の特別な解約告知は，労働関係の継続が解約告知期間の終了まで期待できないときにのみ正当とされる（民法626条）。

891

特殊なのは，終期が合意され，またはその性質や労働の目的から推知される**有期労働関係**である（民法620条）。ここでは，一段と強化された労働関係の存続保護から労働関係の自動的終了へと急激に変化することになる。その期間が過ぎるまでの間，異なる合意がない限り，通常の解約告知はできない（パートタイム労働・有期労働関係法15条3項）。期間を付すことは，その終期までの労働関係の存続を保証すべきものだからである。ただ許されるのは，労働関係の継続が終期までに期待できない場合に，特別な解約告知によって

892

377

その労働関係を期間前に解消することである（民法626条）。終期または約定された目的の達成とともに，有期労働関係は，解約告知を必要としないで自動的に終了する（パートタイム労働・有期労働関係法15条1，2項）。ただしこれは，期間を付すことが許された場合（同法16条）にのみあてはまる。それについては，後記 Rn. 990 以下を参照。

893　これが解約告知に関する法の基本構造である。この基本構造は，被用者による解約告知にそのまま当てはまるが，それとは反対に使用者による解約告知については，職場の確保という被用者の利益のために多くの制約や例外がある。

894　被用者を手放すという困難は，確かにその被用者がさらにいっそう雇用されないという結果を導く。それゆえ，労働市場の改革に関して，2004年1月1日に施行された法律は，労働関係の終了が容易になることによって（公的理由づけは，連邦議会官報15/1204），新規採用を阻害するものを取り払おうとするものである。そこで，解約告知制限法を適用する限界値が引き上げられ（Rn. 920），社会的選択が容易にされ（Rn. 935）しかも解約告知に対する短期の出訴期間の適用範囲が著しく拡大されてきた（Rn. 901）。また労働関係を解約告知なしに期間を付すことによって終了させる可能性も広げられた。それと同時に，解約告知制限の長所を保ちつつも，その短所を抑えねばならないという中間的な手法がとられてきた。確かに，労働法のその小さな変化が総じて使用者の知るところとなり，新規採用によって報われるかどうかは，疑わしい。*Pfarr*（Der Kündigungsschutz zwischen Wahrnehmung und Wirklichkeit, 2005）等の経験による研究は，否定している。労働法は，多くの事業所にとって全く馴染みのないものだからというのである。

2. 合意解約

895　労働関係は，一方的に解約告知によるだけではなく，合意解約によっても終了する。この合意解約については，実際それが被用者の意思に反して締結されることはないから[1]，特別な保護規定はないが，確かにすべての合意解約に書式（民法126条）は必要である（民法623条）。その書式は，ファッ

クスやEメールでは十分ではない。解約告知制限法（それについては，下記II）も，労働関係の合意による解約を禁止していない。これは，同じく事業所譲渡を原因とする労働関係の契約による解約を除外してはいない民法613a条4項の解約告知禁止にも当てはまる(2)。しかし，許されないのは，**停止条件**付合意解約（例えば疾病の場合や休暇旅行から遅れて帰った場合について）である。というのは，それが，解約告知の制限と告知期間を回避することになるからである（BAG 19. 12. 1974, EzA §305 BGB Nr. 6 ; 13. 12. 1984, EzA §620 BGB Bedingung Nr. 3 ; 6. 3. 1986, EzA §620 BGB Bedingung Nr. 6）。さらに，事業所組織法112条a1項2文は，使用者が仕向けた合意解約による被用者の退職を解雇と同視している。

(1) 民法312条による，職場で締結された合意解約の撤回権はない（前記Rn. 588）。連邦労働裁判所が，使用者が被用者に私的に迫った，すなわち被用者の自宅を訪問して迫った合意解約を異なって判断しようとしているかどうかは，疑問である。その証拠は，その裁判が合意解約への312条の適用可能性を原則として認めていないことである。被用者が，解約告知の威嚇をもって合意解約の契約締結を求められれば，賢い使用者がたとえ同様な状態で解約告知を明言しなかったとしても，被用者はその同意を民法123条によって違法な強迫ゆえに取り消すことができる。確立した判例。最近のものとしては，BAG15. 12. 2005, EzA §123 BGB 2002 Nr. 3。それに対して，*Benecke* RdA 2004, 147 は，被用者がそれによってあわてて退職の決断を強制された場合に，解約告知の強迫を違法なものとみようとする。被用者を強要して同意させてしまうことは，使用者の配慮義務違反として，合意解約を取り消しうることになる。BAG 21. 2. 2002, EzA §1 KschG Wiedereinstellung Nr. 7.

(2) BAG10. 12. 1998, EzA §613a Rn. 175. BAG 18. 8. 2005, EzA §613a BGB 2002 Nr. 40 によって踏襲されている。譲渡による再建を容易にする，すなわち一部の職場解体による一部の職場確保に関する重要な裁判である。

合意解約の法的効果をめぐる使用者の説明義務は，例外的なケースでのみ，例えば退職後の扶助について急迫した損害が生じるような場合に存在する(3)。

896

(3) BAG 13. 11. 1984, 18. 9. 1984 ; 13. 12. 1988, EzA §611 BGB Fürsorgepflicht Nr. 36, 37, 53 ; LAG Berlin 13. 1. 2006, LAGE §611 BGB Fürsorgepflicht Nr. 2. 使用者が合意解除の原因を作ったときは異なる。ArbG Freiburg/Br. 20. 6. 1991, DB 1991, 2600.

J. 労働関係の終了

3. 定　　年

897　労働関係にとって法律による定年はない。従って，その労働関係は，65歳をもって終了するいわゆる官吏の関係とは対照的に，法律上は終身存続する（被用者が死ななければ，今でもまだ働いている）。老齢年金の請求権は，被用者の解約告知をも一般的に正当化するものではない（社会法典第6編41条1文）。それにもかかわらず，実務では65歳定年制が実施されている。その定年制が，通常労働協約や労働契約の内容になっているからである。社会法典第6編41条2文は，さらに規定している：解約告知によらない被用者の労働関係の終了を，被用者が65歳完成前に老齢年金を申請できる時点で定める合意は，被用者に対しては，65歳完成時に締結されたものとみなされる。ただし，その合意がこの時点以前の最後の3年以内に締結されたか，被用者によって承認された場合を除くと。これは，65歳定年制の間接的な適法化とみられている。しかし，それは連邦労働裁判所までは及んでおらず，同裁判所は，定年制を労働関係の期間設定と考えており，その正当化をパートタイム労働・有期労働関係法14条によって正当事由から引き出している。この正当事由は，被用者が契約内容や契約期間によって定年制を得ることができるか，あるいはすでに得ていた場合に存在する（BAG 27. 7. 2005, EzA §620 BGB 2002 Altersgrenze Nr. 6. 有期関係法からのさらなる結論については，Rn. 912, 991）。外国では，定年制は，多方面から高齢者差別の主要事例とみなされ，アメリカ合衆国では全く禁止されている。平等取扱いに関する枠組み指針の前文（Rn. 132）は，14号の中で各国が退職のための定年制を定めることに関してはっきりと明文で触れていない。一般平等取扱法10条5号は，それを導入した。しかしながら，スペインの裁判所から既に上訴されている欧州裁判所がそれから強い影響を受けているかどうか，特に欧州裁判所が，既に2005年11月22日の判決（「マンゴールド事件」EzA §14 TzBfG Nr. 21）の中で，指針の前後にあった欧州法の年齢を理由とする差別禁止に依拠していたのかどうかは明らかではない。

898　年金生活者は，**労働所得と年金**を同時に受け取ることはできるか？　社会保険である老齢年金については，社会法典第6編34条，44条が規定してい

る。65歳完成後は無制限に許され、それ以前は制限され、完全年金と部分年金に応じて段階づけられている。追加所得の限度額は、65歳完成前の完全年金では、2006年に月額350ユーロである。

企業の高齢者扶助は、通常今までの労働関係が終了したときにはじめて認められる。その後に得られた労働所得は、それが扶助規則の中で予め定められている場合、65歳完成前と後で算入される。

899

Ⅱ．使用者の通常の解約告知

検討シェーマ
1. 出訴期間が守られているか？ 　a）3週間の期間 　b）通常の解約告知の文書による表明 　c）解約告知が到達しているか？ 　d）解約告知が使用者の責めによるか？ 　e）官庁の同意の必要性は？ 　f）解約告知制限法5条，6条による期間延長は？ 2. 通常の解約告知が除外されるか？ 3. 同意が必要か？ 4. 聴聞が必要か？ 5. 告示が必要か？ 6. 解約告知が保護されるか（理由づけの必要性）？ 　a）解約告知制限法が適用できるか？ 　b）第2クラスの解約告知制限は？ 　c）解約告知が社会的に正当化されるか？ 7. 解約告知期間が経過したか？ 8. 就業継続および再雇用の請求権があるか？ 9. 補償金は？ 注意：判定では，特別な解約告知（Rn. 965以下を見よ）が，通常の解約告知の前に検討されねばならない。前者は，より早く労働契約を終了させるからである。

900

J. 労働関係の終了

1. 出訴期間

a）3週間の期間

901　2004年1月1日以降到達した使用者の文書による解約告知の無効は，解約告知制限法4条によって，被用者が到達後3週間以内に，労働関係がその解約告知によって解消されていないことの確認の訴えを労働裁判所に提起した場合にのみ主張することができる(4)。2004年までは，その期間は，特定の無効原因の主張についてのみ適用になったが，今では法律違反や公序良俗違反の解約告知であっても，すべての事由に適用になっている。従って，解約告知の検討は，常に出訴期間とともに始まらねばならない。その訴えは，期限を守るために，適切な使用者(5)に対して行わねばないが，また管轄違いの労働裁判所にも起こすことができる（KR/*Friedrich* §4 KschG Rn. 181ff. m. w. N. 場所的管轄のない裁判所での訴えは，しかしそこにとどめたままではならない）。係争中の和解交渉では，使用者が被用者にその交渉に関して当面訴えを見合わせるような原因を与えた場合を除き，期間が延長されることはない。その出訴期間は，解約告知が既に以前の解約告知制限訴訟で確定力をもって不十分だと宣告されていた理由による場合ですら，原則としてすべての個々の解約告知で守られねばならない(6)。しばしば試みられるのは，労働関係が事実審の最終口頭弁論期日までに存続しているとするいわゆる一般的な確認請求が提起されることによって，後の解約告知を同時に取り込むことである（BAG 10. 10. 2002, EzA §4 KSchG n. F. Nr. 64を見よ）。危険なのは，訴訟費用救助が認められるという条件の下で解約告知の訴えを提起することである。訴訟費用救助の申請に関して，出訴期間経過後にはじめて裁判がなされるならば，申請と訴えは，遅きに失するものとなる（LAG Nürnberg 23. 10. 2003, LAGE §114 ZPO Nr. 1）。

(4) この規定をパートタイム労働・有期労働関係法17条による期間設定の無効の主張へ準用することについては，後記Rn. 991.
(5) 表示の錯誤は，その錯誤が明らかなときは不利益とならない（BAG 12. 2. 2004, EzA §4 KSchG n. F. Nr. 66）。
(6) BAG 26. 8. 1993, EzA §322 ZPO Nr. 9；22. 5. 2003, EzA §1 KSchG, Betriebsbedingte Kündigung Nr. 127；18. 5. 2006, EzA §626 BGB 2002 Nr. 17. 既判力のある予備決定に対する異議は，同じ事由に基づく新たな解約告知に

対して新たに期間を守った訴えが提起されることにより，そしてそのときにのみなされうる。それによって，既判力の意味が弱められる結果，その主張は正規の出訴期間に結びつけるべきではない。

その期間は，解約告知の有効性に対する抗議のみで，解約告知期間の長さに対しては適用にならない（BAG 15. 12. 2005, EzA §4 KSchG n. F. Nr. 72）。 902

解約告知は，解約告知された者の意思だけには左右されないので，それが不当な条件の下で宣告された場合[7]，期間が経過した後では，解約告知がその条件ゆえに無効であることはもはや主張できない（異なる見解。*Raab* RdA 2004, 321, 323）。 903

(7) 例えば，BAG 15. 3. 2001, EzA §620 BGB Nr. 2：受注に関する解除条件付き解約告知は，被用者がその条件成就に何らの影響をもたなかったので無効である。

b) 通常の解約告知の文書による意思表示

労働関係が（被用者や使用者の）解約告知によって終了することは，文書によってなされなければならない。電子的な形式は，認められない（民法623条）。解約告知は，自署で署名されねばならず，FAXやEメールでは，十分ではない（民法126条）[8]。解約告知制限法4条は，文書による解約告知の必要を特に強調しているので，訴えの失効を認めるには特に慎重でなければならない。 904

(8) 文書による表明が被用者に届かずまたは適時に届かなければ，その被用者の近くにいる人に，民法167条2項によって形式を必要としない解約告知に関する代理権が付与されることができる。その代理権の受領者が代理権の授与を知れば，彼は，代理権の不備を理由に解約告知に対して異論を唱えることはできない（民法147条）。

c) 解約告知の到達

解約告知制限法4条によって，出訴期間は，民法130条の意味する文書による解約告知の到達をもって始まる。その到達の証明は，使用者の負担である。証明可能な発信ですら，到達についての表見証明の理由とはならない。 905

意思表示の受領者は，到達の遅延について自ら責任を負わなければならない場合，信義則に従って，その意思表示の延着を主張することはできない。意思表示の受領者は，その場合に，表意者が相当な期間を守ったものとして扱われねばならない。重大な注意義務違反がある場合でも，表意者が自分の意思表示を受領者に到達できるようにするためにすべての必要なこと，および表意者に期待できることをした場合にのみ，受領者は，信義則によって意思表示が受領者へ到達したものとして扱われる。被用者が解約告知の到達を予期しなければならないならば，使用者にはその当時の被用者の住所が分からないにもかかわらず，被用者が労働不能の証明書の送付の際に，事実上（例えば使者の配達によって）到達不可能な住所を発信人である使用者に伝えていれば，被用者は，自己に課せられる注意義務に著しく違反することになる（BAG 22. 9. 2005, EzA §130 BGB 2002 Nr. 5）。

906　その期間は，到達した文書による意思表示の解釈から，それが解約告知に関係することが明らかでないという異議には適用にならない。

d) 使用者に帰責性のある解約告知

907　解約告知制限法4条は，使用者の解約告知に係わるものである。それゆえ，出訴期間は，使用者に責任がある解約告知によってのみ緩められる（*Bender/Schmidt* NZA 2004, 362. 異なる説は，ErfK/*Ascheid*, §4 KSchG Rn. 2）。従って，無権代理人の解約告知（それについては，*Bender/Schmidt* a.a.O.; *Ulrich* DB 2004, 205）は，行為能力が完全でない使用者による解約告知と同様不十分である。さらに，民法174条によって，任意代理人による解約告知は，代理人が代理権授与証書を持たず，代理権授与者が代理権付与についてまだ知らせていなかった相手方が，この理由から遅滞なく解約告知に反対している場合には，無効である。安全のために勧められることは，それにもかかわらず，できれば解約告知の到達後出訴期間を守ることである。

e) 行政官庁の同意の必要性

908　解約告知制限法4条4文によると，行政官庁の同意を必要とする解約告知の出訴期間は，被用者へ行政官庁の決定が通知されたときから進行する（そ

の適用事例については，後記 Rn. 914〜916)(9)。連邦労働裁判所は，これを，使用者が必要な同意を全く申請していなかった場合にも準用している（BAG 3. 7. 2003, EzA §113 InsO Nr. 14)。

(9) 妊娠を期間経過後はじめて知った女性の解約告知に関する特別なケースについては，すぐ後の Rn. 909.

f) 解約告知制限法5条，6条による期間延長

解約告知制限法5条は，期間の過ぎた訴を例外的な事例で許容している。この例外は，要件ならびに法的効果の点で狭く制限されている。すなわち，それは，期待されるすべての注意を用いても，期間を守ることが不可能にならざるをえないときである。その申立ては，障害の除去後2週間でのみ許される。申立ては，期間経過後6ヵ月，すなわち6ヵ月と3週間後は全く不可能になる。期間延長の申立てがあれば，必ず訴えが提起されねばならない。それと同様なことは，被用者は，通説によれば，民事訴訟法85条2項に従って自分の弁護士の過失について責任を負わねばならないということである(10)。5条の最も重要な適用事例は，休暇で不在の被用者の住居に解約告知が到達したことである。5条は，また，婦人が責任のない理由から解約告知制限法の期間経過後になってはじめて自分の妊娠を知ったという場合にも適用できる。それは，母性保護法9条で定められているケース，すなわち妊娠が妊婦の解約告知の際にその婦人には分からず，それゆえ使用者にも分からなかったが，その婦人から遅滞なく使用者へ伝えられた場合に，妊婦の解雇が無効であったというケースである(11)。

909

(10) 自ら少数意見を主張する KR/*Friedrich* §5 KSchG Rn. 69ff. の完璧な論証。その先駆者は，LAG Hamm, LAGE §5 KSchG Nr. 65, 86 であり，*Friedrich* a.a.O. Nr. 70 は，ニーダーザクセン地方裁判所の決定（27. 2. 2000, LAGE §5 KSchG Nr. 98) の部がそれに従ったことを太文字で強調している。

(11) LAG Düsseldorf 10. 2. 2005, NZA-RR 2005, 382. それについては，*Löwisch* BB 2004, 159；*Jan Schmidt* NZA 2004, 79；*Willemsen/Annuß* NJW 2004, 184. この問題は，解約告知制限法4条4文がその期間をここでもやはり必要な行政官庁の同意の通知と同時に進行させているにもかかわらず，解約告知制限法5条が解約告知期間の始期に基づいていることから生じる。その限りで，5条は，4条4文の例外と考えられねばならない。

910 　解約告知制限法6条は，期間を直接には延長させてはいないが，どのような訴え提起であれ，とにかく期間を守った解約告知の無効の訴え提起で十分としつつ，無効原因の追加を第1審の口頭弁論終結時までに許すことによって，その期間遵守を緩和している。

911 　解約告知の無効が適時に主張されなければ，解約告知は，最初から有効なものとされる（解約告知制限法7条）。それゆえ，時機を失した訴は，不適法なものとして却下ではなくて，理由なしとして棄却される。

　出訴期間が守られれば，検討は，次のように続く。

2. 通常の解約告知の除外

912 　使用者の通常の解約告知が認められないのは：

　a）通常の解約告知を集団的契約または労働契約によって除外する場合である。ただし，それによって，他の就業者の解約告知の保護が，解約告知制限法1条3項の社会的選択の枠内で重大な誤りによって弱められてはならない。このただし書きの部分は，すでに再び削除された一般平等取扱法10条7号の中にあったが，客観的に正当ならば（Rn. 132も見よ），年齢（のみ）を理由として異なった取扱いを許すEG指針200/78の6条の一般条項からも明らかであろう。

　b）**有期の労働関係**（パートタイム労働・有期労働関係法15条3項）の場合である。ただし，期間経過前の通常の解約告知が契約によって許されてはいない限りである。期間を付与する定年制の格付け（前記Rn.）からは，15条3項の適用可能性や，それに伴う広範な労働契約の解約不可が生じるであろうが（実際に，ErfK/*Müller-Glöge* §15 TzBfG Rn. 14. 異なる見解は，*Zöllner* Gedenkschrift für W. Blomeyer, 2003, 251），それは，黙示に効力がなくなったものとみなされねばならない。

　c）試用期間終了後の**職業訓練生に対して**（職業訓練法15条，訓練生には，彼が職業訓練をやめ，または別の職業で訓練を受けようとするときに，4週間の解約告知期間をもった通常の解約告知が認められる）。

　d）召集決定の送達から兵役終了までの**兵役義務者**に対して，および軍事

訓練の間（職場確保法2条，非軍事的役務法78条準用）。その他でも，使用者は，兵役を理由として解約告知をしてはならない。兵役や代替服務の間，労働関係は停止する。

e) **事業所委員会や職員代表の委員**に対して（解約告知制限法15条）。個々については，前記 Rn. 398.

f) 解約告知が法律または良俗に違反してなされている場合，例えば許容される権利行使（612条a）や事業所もしくは一部の事業所の新しい所有者への譲渡（613条a4項）による場合である[12]。一般平等取扱法の差別禁止は，2条4項によって解約告知には専ら解約告知制限法の規定が適用になるので，適用されない。それについてはっきりしないのは，第2クラスの解約告知制限の枠内において今まで憲法3条や12条から導き出されていた差別取扱いの禁止である（Rn. 634, 984 を見よ）。

(12) 実際に重要なのは，BAG 20. 3. 2003, EzA §613a BGB 2002 Nr. 9：譲受人の構想に基づく譲渡人の解約告知は，613条a4文と相容れるものである。

通常の方法で解約告知されない被用者は，よく「解約告知できない」者と指摘される。しかし，被用者は，全く解約告知されないことはない。特別な解約告知が民法626条によって常に可能であり，契約によっても排除することができないからである（後記 Rn. 967）。

3. 同意の必要性

a) 妊娠および両親休暇ゆえに

妊娠中および出産後4ヵ月までの被用者や職業訓練生に対しては，妊娠が解約告知のときに使用者に知られていたか，または解約告知の到達後2週間以内に通知されている場合に，その解約告知は，所轄官庁の同意がなければ許されない（母性保護法9条）[13]。この期間の徒過は，それが女性の責めによらない理由により，かつその通知が直ちに追加して行われていれば，問題とならない。同様に，**両親休暇**の間の解約告知は，認められない（連邦育児手当法18条）[14]。州の労働省またはそれが指定した官署は，妊娠した被用者の解約告知が例外的に許されることを表明できる（母性保護法9条3項）。この表明は，解約告知の宣告前になされねばならない（BAG 31. 3. 1993, EzA

§ 9 MuSchG Nr. 32)。それは，その不許可と同様，行政裁判所によって取り消されることができる。その例外的な表明は，妊娠後の就業再開がその行動から期待できない場合，事業所の操業が中止された場合，または労働関係を存続させると，使用者の経済的負担がほぼその存立の危機に至ってしまう場合にだけ下される（BVerwG 21.10.1970, MDR 1971, 243）。これは，両親休暇の間にも準用される。

(13) 妊娠の事後の通知は，それがすでに解約告知の時点で存在したことを明らかにし，または推定させるものでなければならない（BAG 15.11.1990, EzA §9 MuSchG Nr. 28）。

(14) これは，育児期間中の他の使用者のところでのパートタイム関係には適用されない（BAG 2.2.2006, EzA §18 BErzGG Nr. 8）。

b) 重度身体障害ゆえに

915 　認定された重度身体障害者に対する通常の解約告知には，福祉事務所の承諾が必要である（詳細は，社会法典9編85条以下）。特別な解約告知制限は，解約告知制限法を手本に6ヵ月の待機期間後にはじめて生じる。さらに，要件は，解約告知の時点で重度身体障害が行政官庁の証明もしくは公示によって明らかにされ，または行政官庁による認定が申請され，かつ申立人の手続きが遅れてなされなかったということである（社会法典第9編90条2項a。2004年5月1日から適用）[15]。母性保護法とは異なり，社会法典第9編は，使用者が重度身体障害の存続またはその申請を解約告知の際に知っていたことと特別な解約告知制限とを結びつけていない。連邦労働裁判所は，これを訂正し，使用者が解約告知の際または解約告知後1ヵ月の間に知ることを要求している（5.7.1990, EzA §15 SchwbG Nr. 3）。連邦労働裁判所は，3週間に短縮することを考えている（BAG 12.1.2006, EzA §85 SGB IV. Nr. 5）。

(15) それと同時に，被用者が使用者に自分が認定の申立てをすることを解約告知の際に通告したならば，被用者は，認定の申立てをすることで十分であるという連邦労働裁判所の判決（BAG 10.3.2002, EzA §85 SGB IX Nr. 1）が訂正されている。

c) 共同決定の義務という要件事実

共同決定の義務のある労働関係の変更を伴う解約告知には，事業所組織法 87 条によって事業所委員会または調整委員会の同意が必要である（前記 Rn. 444 を見よ）。

4. 事業所委員会もしくは職員代表委員会の聴聞

通常の解約告知が除外されなければ，次に検討されるべきは，事業所委員会（私経済において）ないし職員代表委員会（公勤務において）が，解約告知の宣告前に意見聴取を受けたかどうかである。事業所委員会や職員代表委員会の事前の意見聴取なしに宣告された通常の解約告知は，無効だからである（事業所組織法 102 条，連邦職員代表法 79 条 4 項，108 条 2 項および州職員代表法の対応する規定）（詳しくは前記 Rn. 457ff.）。事業所委員会は，次に扱われるべき届出の必要性でも重要な役割を果たしている。

5. 届出の必要性

解約告知制限法 17 条によって，使用者は，大規模な解雇では（数は，解約告知制限法 17 条），エージェンシーへ届出を行う義務を負う。使用者は，その前に事業所委員会に情報を与え，解雇を回避するかまたは制限し，その結果を緩やかにする可能性を事業所委員会と話し合わねばならない。これは，内容上事業所組織法 111，112 条によって，社会計画である利益調整を協議する義務を超えるものではないが，しかしここでは，追加の制裁として，解約告知の無効を招来する。今までは，連邦労働裁判所の不変の判例によって，労働行政機関への届出は，労働関係の事実上の終了前に適時になされねばならないとされてきた。それゆえ，その届出は，解約告知の宣告後でさえも可能であった。2005 年 1 月 27 日の判決でもって，欧州裁判所は，解約告知制限法 17 条以下によってドイツ労働法へ置き換えられた EG 大量解雇指針 98/59 の解釈について，「ユンク」の訴訟事件（EzA §17 KSchG Nr. 13）の中で，使用者による解約告知の表明が決定的であるとの裁判を行った。連邦労働裁判所は，欧州裁判所に原則として従った。それによって，今度は，エージェンシーへの届出は，解約告知の宣告前に適時になされねばならないのである。時機を失した届出が解約告知の無効になるか，または解雇だけがなされない

916

917

918

389

にすぎないのかどうかは，連邦労働裁判所の部が未解決のままにしてきた（BAG 23. 3. 2006, BB 2006, 1971. それについては，*Bauer/Krieger Powietzka*. BB 2006, 2023；*Ferme/Lipinski*, NZA 2006, 937)。その後の BAG 13. 7. 2006, 6 AZR 198/08 は，以前の判例を信頼している。

6. 解約告知制限（理由づけの必要性）

919　解約告知の検討がここまでくると，さらに狭義の解約告知制限，すなわち解約告知制限法による解約告知事由の必要性や有無の問題が生じる。

a) 解約告知制限法の適用可能性

920　解約告知制限法23条によると，この法律の適用可能性は，事業所の規模や事業所への所属期間に左右される。労働関係が2003年12月31日以降に始まった被用者は [16]，その事業所で常時**10人を超えて**被用者が働いているときにはじめて解約告知制限法の解約告知保護を受ける。労働関係がそれ以前に始まっていた被用者については，解約告知制限は，既に事業所で5人を超える被用者がいる場合に継続する。しかし，以前の被用者の人数が昔の限界値を下まわり，被用者の総数が事業所において10人を超えない場合には，解約告知制限がなくなる。解約告知制限法の適用可能性についての**主張・証明責任**は，今までの判例によれば被用者が負うが（BAG 15. 3. 2001, EzA §23 KSchG Nr. 23)，反対の考え方がますます多くの支持を得ている [17]。なぜならば，使用者への証明責任の転換が，解約告知制限法23条1項1，2号における原則と例外の形に合致し，証明責任が係争事件の存在する領域にいる者に課されるべきであるという証明責任法上の支配領域説に合致するからである。

  (16)　基準となるのは，労働力の受領が合意された日である（BT-Drucks 15/1204, 28) 存続する労働関係の基準日を延長することは，この規則にはないし，短い中断がある場合でも，それが以前の労働関係と関連する場合には，適用にならない。
  (17)　連邦労働裁判所でも。*Bepler* AuR 1997, 56；KR/*Friedrich* §23 KSchG Rn. 54a，および審級裁判所では LAG Hamm 6. 2. 2003, LAGE §23 KSchG Nr. 22 を見よ。

II. 使用者の通常の解約告知

被用者数の計算では，パートタイム就業者の人数は，彼らの週による労働時間数に従って段階的に考慮される。すなわち，1週20時間以下は0.5の係数で，30時間以下は0.75の係数でである。正確にいうと，解約告知制限は，従って10.25人の被用者ないし旧規定の被用者数では5.25人の被用者から始まる。限界値を計算する際に，解約告知事由が，該当する職場をもはや新たに埋めないというような事業主の決定にある場合に，解約告知された被用者は，含めて考慮される（BAG 22. 1. 2004, EzA §23 KSchG Nr. 26）。

921

再び明らかなことは，**小規模の事業所**が希薄化された労働法の適用の場であることであり，事業所組織法も，常時5人以下の被用者を就業させる事業所では適用にならない。連邦労働裁判所は，それを基本法3条1項（法の下の平等）違反であるとはみていない。すなわち裁判所は，一方では，経済的により弱い小規模事業所は，費用のかさむ解約告知制限訴訟をあえて行うことはできないであろう。他方で，小規模事業主とその協働者との間の緊密な個人的関係に基づいて，良好な事業所の雰囲気が事業の成果の前提であり，それゆえ厄介な同僚とは早く別れる可能性がなければならないというのである（BAG 19. 4. 1990, EzA §23 KSchG Nr. 8）。連邦憲法裁判所は，制限つきではあるが，より大きな企業の一部である小規模事業所ではその特権付与がなくなることを容認してきた（BVerfG 27. 1. 1998, BVerfGE 97, 169 = EzA §23 KSchG 1969 Nr. 17）。これは，解約告知制限法23条での事業所の概念が「企業」ないし「使用者」へ置き換えられるという結果を有する（連邦憲法裁判所裁判官の*Kühling* FS Dieterich, 1999, S. 325, 332 もそうである）。私は，事業主の個人的な参加が不可欠な手工業および自由業では異なると考える。いくつかの企業が共同している事業所の被用者（前記Rn. 368を見よ）は，合算されるが，一つのコンツェルンの被用者は，彼らが共同の事業所へ統合されない限り合算されない。

922

しかし，その小規模事業所条項（より正しくは，零細企業条項）が適用になっても，被用者が，全く（解約告知の）保護を失うのではない。なぜならば，基本法12条1項は，民法242条の一般条項に関しいかなる解約告知でも考慮されるべ職場の確保という基本法による最低限の保護を保障している

923

からである (BVerfG 27. 1. 1998, a.a.O.)。解約告知制限法の保護下にない被用者は，それゆえ**第2クラスの解約告知制限**を受けるのである。彼は，解約告知を行う使用者には，解約告知制限法で規定された社会的選択の基準が課されていることからあまりにも遠くに追いやられてはならないために，第2クラスなのである[18]。彼は，恣意，非客観的な動機，特に基本法3条3項の意味での差別からの保護を受けることに限定される。すなわち社会的選択の際にある程度社会的に配慮することや，長年の協力に基づく労働関係存続に対する信頼を考慮することに限られるのである[19]。証明責任は，被用者にあるが，彼に有利なように段階づけられた主張・証明責任が考慮される（BVerfG a.a.O.）。差別の事件では，そのために，最初にもたれた疑惑の状況証拠を証明することだけを被用者に要求する一般平等取扱法22条の段階的な証明規則が考慮される。確かに，同法2条4項によれば，解約告知については，通常のおよび特別な解約告知制限の規定が原則として適用されるのであるが，しかしこれは，連邦憲法裁判所が目標としている段階的主張・証明責任を同法22条の法的思考に立ち帰ることによって具体化することを否定するものではない。

  (18) この制限は，連邦労働裁判所が入念に注意している。例えば，BAG 6. 2. 2003, EzA §242 BGB 2002 Kündigung Nr. 1：被用者が小規模事業所で，使用者が選択決定の際に社会的な配慮について求められる最低限のことを無視したと主張すれば，自分が解約告知されていない被用者と一目で比較可能であることもその申述から明らかでなければならない。BAG 21. 2. 2001, EzA §242 BGB Kündigung Nr. 1；16. 1. 2003, EzA §23 KSchG Nr. 25 が確認し，踏襲している。

924 解約告知制限の開始についての**6ヵ月期間**（解約告知制限法1条1項）は，同時に少なくとも契約による試用期間（下記 Rn. 952）と同じく，重要な被用者のためのいわば法定の試用期間となる。契約による試用期間は，それが例外的に純然たる有期契約の設定でなければ，解約告知期間だけを短くするのに対して，法定の試用期間は，解約告知事由の必要性をなくすものである。重要なのは，短い中断が影響を与えない労働関係の法的な存続である[20]。事実上の労務給付は，問題ではない。確かに，法定の解約告知制限が6ヵ月たってはじめてではなく，既に就業開始の時に始まるべきであると合意する

ことはできる。それは，被用者が今までの職場を辞める前に，新しい使用者に長期雇用だけを重視していると説明するときに認められる[21]。第2クラスの解約告知制限は，差別のある，非客観的な事由に基づく解約告知に該当する限り，待機期間においても適用される。既に，BAG 23. 6. 1994, EzA §242 BGB Nr. 39 がそれで，ホモセックスを理由とする解約告知についてである。

(20) BAG 22. 3. 2003, EzA §242 BGB 2002 Kündigung Nr. 2. 少なくとも，5ヵ月の中断ではあまりにも長すぎる（BAG 22. 9. 2005, EzA §1 KSchG Nr. 58）。
(21) たいへんエレガントであるが，注意深く一般化すべき連邦労働裁判所（BAG 18. 2. 1967, EzA §1 KSchG Nr. 5）の解釈；被用者としての有限会社業務執行者の継続就業に関する BAG 24. 11. 2005, EzA §1 KSchG Nr. 59 も要注意である。

特別な規則は，それが被用者の独自の採用または解雇の権限を有する業務執行者，事業所のリーダー（それについては，BAG 25. 11. 1993, EzA §14 KSchG Nr. 3. レストランの店長に関して）または類似の管理職職員である限り，これらの管理職職員にも当てはまる（解約告知制限法14条）[22]。彼らは，解約告知の制限を受けるが，使用者は，その通常の解約告知が社会的に不当である場合にも，常に補償金によって免れることができる。それは，他の被用者の場合では，事業目的に有用な共同作業の継続がもはや期待できないときにのみ可能である（解約告知制限法9条1項）。

(22) 言葉の上での法律学上の問題：その相対的な文章は，類似の管理職職員にのみ係わるのか，それとも事業所のリーダーや業務執行者が採用または解雇の権限を有しなければならないのか？ BAG 18. 10. 2000, EzA §14 KSchG Nr. 5 は肯定し，*Hromadka* FS 50 Jahre BAG 2004, 395 は，その一文を類似の管理職職員に限ろうとしている。

b) 通常の解約告知の社会的正当性

解約告知制限法の適用が可能であれば，その解約告知が社会的に正当か否か吟味されねばならない（解約告知制限法1条2項）。それにとって必要で，かつ使用者が証明すべきものは：

J. 労働関係の終了

―切迫した**事業上の必要性**（事業に原因がある解約告知）または
―被用者の**個性**による事由（個性に原因がある解約告知）または
―被用者の**行動**による事由（行動に原因がある解約告知）である。

　主張ならびに証明責任は使用者にあるので，被用者が既に解約告知制限訴訟で解約告知事由を取り上げているかどうかは必要なく，慣例でもない。

aa）事業に原因のある解約告知

927　事業に原因のある解約告知が前提とするものは，切迫した事業上の必要性が被用者の就業継続の妨げになっていることである（解約告知制限法1条2項）。これは，二つのステップで検討される。すなわち，まずは被用者の今までの職場が廃止されるべきかどうかが確認されねばならない。たとえそうだとしても，使用者が被用者を他の職場で働かせることができないときにのみ，解約告知は，切迫した事業上の必要性によって条件づけられる。

928　(1) **制約された労働裁判所のコントロール**　連邦労働裁判所によると，どの事業主にも，職場の整理となる措置が，最大限可能な事業の成果を保証するために必要であり，または合目的であるかどうかを事業主自らが決めることが許されている。その範囲内であれば，事業主の決断についてのチェックは行われない。したがって，解約告知制限法は，景気後退，合理化もしくは構造危機の結果の職場喪失に対しては，わずかな保護をもたらすだけである。そこで検討できることは，実際に事業主の決断があるかどうか，そうして例えば注文の減少や組織変更があるかどうか，そしてそれがそのつど解約告知された被用者の職場の廃止に至らせたものかどうかだけである。そのうえさらに，明らかに不当で，非理性的また恣意的である解約告知のすべてが無効と宣告される**恣意コントロール**がなされる。実務では，解約告知が恣意性の限界ゆえに失敗するのは稀である[23]。判例は，被用者の人数を長期にわたってただ削減するだけの決定を容認した時期はあったが（BAG 24. 4. 1997, EzA §2 KSchG Nr. 26；それに対して，*Preis* NZA 1995, 241ff.），今は人員削減の背後にいかなる事業主の構想があるのかという主張（注文の減少への反応，他の被用者の負担増等々）を求めている[24]。使用者が，事業主の決断によって，すでに長年働いてきた被用者で占められていた職場の能力プロフィール

II. 使用者の通常の解約告知

を変更している場合，使用者の主張責任に対する要求が高められる。そうしないと，裁判所で限定的に審査されるだけの事業主の決断を盾にとって，使用者は，不当に許されない方法で該当する職場にいる者の基礎的能力に対する要求を厳しくすることによって，当該被用者の解約告知制限を濫用的に回避するという当然生じる可能性をもつことになろう。さらに，使用者は，事業上必要なジョブ・プロファイルの水準を高める場合，解約告知が緩やかな方法，特に被用者の再研修や継続研修によっては避けられないことを主張しなければならない（BAG 7. 7. 2005, EzA §1 KSchG Betriebsbedingte Kündigung Nr. 139）。

(23) 大きな評判を呼んだのは，BAG 26. 9. 2002, EzA §1 KSchG Betriebsbedingte Kündigung Nr. 124 の判決である。すなわち，売上税法2条2項2号の意味での財務的，経済的および組織的に使用者である企業へ組み入れられた従属会社を基礎にして，各部門における労働者をこの会社へ異動させることは，この組織形態の選択がまず第一に当該領域の被用者からその解約告知保護を奪ってしまうという目的に使われるならば，権利濫用であるし，同時に解約告知法上顧慮されない。広範囲に及ぶのは，ArbG Gelsenkirchen 28. 10. 1997, EzA §1 KSchG Betriebsbedingte Kündigung Nr. 100：解約告知は，企業が高い収益を上げているならば恣意的である。しかしこれは，普及しなかった。労働裁判所が企業経営の責任を受け入れることに躊躇するからである。

(24) BAG 17. 6. 1999, EzA §1 KSchG Betriebsbedingte Kündigung Nr. 101-103；22. 9. 2005, EzA a.a.O. Nr. 142. *Gilberg* NZA 2003 817 は，職場整理のためのコントロールのきかない事業主の決定は，実務では，往々具体的なあとづけなしにその都度解約告知された被用者に対して及ぼされると報告している。公勤務では，事業主の決定は予算案にあり，それによるポストの削減は，実際に職場と係わる具体的な構想から実施されねばならない。BAG 18. 11. 1999, EzA §1 KSchG Betriebsbedingte Kündigung Nr. 104；Sächsisches LAG 20. 12. 2002, LAGE KSchG Nr. 43. 一時的な事業所の閉鎖については，Rn. 819, 933.

事例：空いている替りの職場をめぐる闘い 被用者が，職場がなくなったことを理由に解約告知されている。その被用者は，再研修の後，a）同一事業所の他の**空いている**職場で，b）その企業の**異なる**事業所で，c）今までの彼の職場が属するコンツェルンの**異なる企業**で就業させるように請求することができるか？（事業所委員会は，今までの就業事業所には存在しない。）

J. 労働関係の終了

解約告知の到達の際，欠員になっている職場は，空いているものとみなされる。使用者は，確かに民法162条の法的思考に従って，彼自身が自ら信義に反して優遇して行った職場の人員補充の結果，生じた空いた職場の不足を解約告知の期間に主張することはできない。信義に反する行動が認められるのは，使用者にとって人員補充の時点で後に解約告知された被用者のための就業の可能性が尽きてしまうことが既に予測できた場合である[25]。

(25) BAG 25. 4. 2002, EzA §1 KSchG Betriebsbedingte Kündigung Nr. 121 ; 24. 11. 2005, EzA §1 Krankheit Nr. 51 ; BAG 15. 8. 2002, EzA a.a.O. Nr. 123 の判決は，これを拡大している。すなわち，先行する一部の事業所譲渡の事例で，使用者は，それに該当する被用者が自分の労働関係の移行に異議を唱えないであろうと予測できれば，ただちに空いた職場での継続就業をその被用者に提供しなければならないとする。反対なのは，*Lunk/Müller* NZA 2004, 9, 10。

930　(a)　解約告知が切迫した事業上の必要性によらない場合，解約告知は，不当である。その必要性は，被用者が再研修（使用者にも期待できる）の後，空いていることが予測できる同一事業所の職場で就業することが可能な場合にも存在しない。解約告知法では，他の場合と同様ここでも，**最後の手段の原則**，すなわち解約告知が常にただ最後の手段であるということが適用される[26]。解約告知制限法1条2項2, 3文は，事業所委員会の異議を要件としつつこれを明文でもって明らかにしている。それによって，1文の事業所委員会の異議がなくても存在する解約告知保護は，制限されるべきではないであろう。2文，3文は，その限りで余分である。

(26) BAG 10. 10. 2002, EzA §1 KSchG Betriebsbedingte Kündigung Nr. 122：使用者は，相当性の原則に従って，どのようなものであれ，（労働関係終了のための）解約告知をする前に，異なった条件であっても，自ら被用者に対して空きのある労働場所での継続的就業で，両当事者に期待できる就業を提供しなければならない。提供されるべきは，同価値のまたは低価値の空きのある労働場所であり，より価値の高いものでない（BAG 29. 3. 1990, EzA §1 KSchG Soziale Auswahl Nr. 29）。従来の労働場所の廃止は，昇格の請求権を与えるものではない。より低価値の空いている職場を提供する義務からは，連邦労働裁判所が限定解釈している例外が二つだけ存在する（21. 4. 2005, EzA §2 KSchG Nr. 25）：被用者が職場を無条件かつ最終的に拒否した。

II. 使用者の通常の解約告知

新しい職場が極度に悪条件である。例えば，今までの人事管理者に替わる守衛のポストである。パートタイム就業は，やはり提供されねばならない。

(b) 解約告知制限法1条2項2文，3文によると，被用者が，求めることのできる再研修の措置の後，同一企業の別の事業所において就業することができ，かつ事業所委員会がそれについて解約告知に異議を述べた場合には，解約告知はやはり不当である。事業所委員会が本件では存在しないので，その解約告知がすでに解約告知制限法1条2項1文によるだけで不当であるかどうかが問題となる。連邦労働裁判所は，それを肯定する（BAG 17. 5. 1984, EzA §1 KSchG Betriebsbedingte Kündigung Nr. 32）：解約告知は，企業または行政部門の全体で適切な職場が空いていない場合にのみ，事業に原因がある。事業所から企業への飛躍は，解約告知を最後の手段としてのみ許される相当性の原則をもって達成される。解約告知の脅威にさらされた被用者の多くが，その企業の別の事業所で空いている職場を志願すれば，彼らの選抜の際に少なくとも民法315条によって社会的な利害関係が同時に考慮されるべきである。連邦労働裁判所の見解（22. 9. 2005, EzA §1 KSchG Betriebsbedingte Kündigung Nr. 141）によると，「解約告知制限法1条3項による社会的選択の原則をその限りで準用できる重大な事由が有利に作用する。」（それについては，Rn. 935以下）。

931

(c) それに反して，連邦労働裁判所は，他のコンツェルン企業における継続就業が可能な場合，あるコンツェルン企業における事業に原因のある解約告知が社会的に不当であるとまでは判断してはいない（BAG 12. 11. 1998；29. 4. 1999, EzA §23 KSchG Nr. 20, 21, *Rost* FS Schwerdtner 2003, 169）。一つの例外は，被用者がすべてのコンツェルン企業において契約上労働義務を負っていた限りで（BAG 21. 1. 1999, EzA §1 KSchG Nr. 51），そして多くのコンツェルン企業が全部または一部共通する事業所に統合されている場合に認められるというのである。

932

解約告知が，懸念される仕事不足による場合，使用者の予測が，解約告知期間が経過する中で就業の喪失が著しく長い期間（例えば半年を超えて）か

933

397

J. 労働関係の終了

なりの確率で生じることを解約告知の時点で明らかにしていると，解約告知は正当である[27]。その予測が決定的なのは，予測された展開の発生がその予測の真剣さや信憑性を事実上逆に推測させうるからである。この意味で，解約告知後の展開が考慮されうる（BAG 27. 11. 2003, EzA a.a.O. Nr. 128）。しかし，継続する清掃の注文がまだ更新されていなかった清掃企業が，新しい入札に加わり，仕事の依頼が解約告知宣告時にはまだはっきりしないというのでは，その予測が十分確かだとはいえない。長い解約告知期間を遵守することを強制することは，原則として異なる評価を正当化するものではないであろう[28]。余剰被用者の就業を使用者に強制させないという解約告知制限法の基本的考え方は。それを正当とするものではない。特別な状態は，再雇用の約束を伴った解約告知によってより望ましく考慮されるであろう[29]。

(27) BAG 27. 4. 1996, 7. 3. 1996, EzA §1 Betriebsbedingte Kündigung Nr. 83, 84 ; 29. 9. 2005, EzA a.a.O. Nr. 140 ; 18. 5. 2006, 2 AZR 412/05. Rn. 819 も見よ。
(28) BAG 12. 4. 2002, EzA a.a.O. Nr. 118. 同じく，BAG 18. 5. 2006, 2 AZR 412/05：注文がなくなることは，派遣被用者の解約告知を正当化しない。
(29) LAG Niedersachsen 20. 12. 1994, LAGE §1 KSchG Betriebsbedingte Kündigung Nr. 28（天候を理由とする一時の事業の停止について）。

事例：職場の解体から再編へ，または「ダイエット」による解約告知制限のスリム化 アメリカから来たダイエットのための団体は，そのインストラクターを最初は被用者として採用した。その団体がドイツの労働・社会保険を知った後，団体は，将来は自由専属の共同スタッフだけを就業させることに決めた。すなわちすべてのスタッフは，望むとおり，いつ，どこで，どのくらい多くの人を指導すべきか決められるようにである（確かに，スタッフは，団体のマニュアルに拘束されているので，望むとおりではないが）。それを受け入れないスタッフは，解約告知されている。連邦労働裁判所（BAG 9. 5. 1996, NZA 1996, 1145 = EzA §1 KSchG Betribsbedingte Kündigung Nr. 85. 同様に，BAG 21. 2. 2002, EzA §2 KSchG Nr. 45）は，被用者を自由専属の共同スタッフや独立した事業者に替えるという自由な事業主の決断を容認している。

それとは異なり，解約告知事由にならないのは，被用者をより安価な派遣被用者に替えるという意図である（BAG 26. 9. 1996, EzA §1 KschG Betriebsbedingte Küundigung Nr. 86）。

(2) **社会的選択** 事業に原因がある解約告知は，使用者が解約告知の際証明可能な正しい社会的選択を明らかにしなかったならば，社会的に不当である（解約告知制限法1条3項）。そこで，複数の比較可能な被用者の一部が解雇されねばならない場合，社会的な弱さが最も重要な選択基準ではあるが，解約告知制限法1条3項2文の範囲内において，成績の悪さも考慮されることがある。解約告知制限法1条3項は，社会的強弱を決める4つの基準を定めている：事業所の所属，年齢，扶養義務，重度障害である。これらの基準は，十分考慮されねばならない。ここでも，EG指針2000/78，6条による年齢の配慮は，それが若年被用者の重大な不利益となる限り後退せざるをえないであろう。重大な不利益の基準は，社会的選択が集団契約によって確定されていれば，解約告知制限法1条4，5項によって認められてきた。

　成績の観点による社会的選択の修正は，その就業の継続が，特に知識，能力および成果ゆえに正当な事業上の利益になっている被用者が社会的選択へ含められるべきではないとする解約告知制限法1条3項3文によって試みられている。連邦労働裁判所（BAG 12. 4. u. 5. 12. 2002, EzA §1 KSchG Soziale Auswahl Nr. 48, 49）は，これらの利益の確固とした定義を放棄して，弾力的な尺度を構築している。すなわち，社会的に力の弱い被用者の利益は，貢献度の高い者を採用するという事業上の利益との関係で十分検討されるべきであるという。その際に，社会的な利益が多ければ多いほど，貢献度の高い者を除外する理由が重要とならざるをえない。連邦労働裁判所は，それによって，その検討結果を予測するのが難しいから，貢献度の高い者をあくまでも優先させようとする使用者に重い負担を負わせている。しかし，このような客観的な立法目的の挫折は，立法者の主観的な意思に適合している。その規定の審議の際に，連邦議会経済労働委員会は，使用者が社会的選択を巧妙に操作することができるのか連邦政府に質問した。連邦政府は答えた：「『正当な事業上の利益』という基準は，例えば『オリンピックの金メダル候補の従業員』獲得を目指して，使用者が社会的選択を恣意的に回避することはできないという保証を与えるものである。むしろ必要なのは，後で証明可能な次の原因である。すなわち，理解のある使用者の目から見て事業所の供給能力にとって少なからぬ利益をもたらす原因である。それ以外に，連邦労働裁判

所の判例によれば，使用者は，社会的に弱い被用者を自分の職場にとどめておく利益を貢献度の高い者を社会的選択から外す利益との関係で十分考えねばならないのである。それを考えることは，法律で規定されている原則と例外の関係が実際にその反対になってしまわないことを確実にするものである。」(BT-Drucks, 15/1587, S. 26f.) 条文は，もともと実用的ではないので，被用者の側で使用者のところで継続して働く権利のある事業上の利益が主張され，彼の社会的諸事情も考慮されねばならないという指摘が有用になるであろう（個々については，*Hanau* ZIP 2004, 1169, 1173）。

936 連邦労働裁判所が一定しない考察を好むことは，被用者の職場の喪失が，その労働関係が事業所の一部の取得者へ移行することに異議を唱えたことによる場合，その被用者が社会的選択へ加えられるかどうかという問題でも明らかである（Rn. 1008 も見よ）。ここでは，連邦労働裁判所は，その異議が正当か否かということに照準を合わせるのではなく，次のように考えている。すなわち，社会的な保護の必要性での差異がわずかであればあるほど，異議を唱えた被用者の理由はそれだけ重要でなければならないと。被用者が，その取得者のところでの，間近い職場の喪失あるいは間もない労働条件の著しい低下を恐れる場合に，彼は，必ずしも著しく保護を必要としない同僚を押しのけることができる[(30)]。

(30) BAG 18. 3. 1999, 22. 4. 2004, EzA §1 KSchG Sozialauswahl Nr. 40, 53；反対なのは，*Lunk/Müller* NZA 2004, 9. 12。「解約告知できない」，すなわち通常の解約告知ができない被用者の場合には，異議によってその職場を奪ったことが不利にならないことが重要である（BAG 17. 9. 1998, EzA §626 BGB Unkündbarkeit Nr. 3）。

937 立法者は，社会的な基準どうしの関係が相互にまた事業上の必要性との関係で曖昧であり，特定できないので，その社会的選択の扱いが困難であることを自ら認めていた。立法者は，問題の部分的除去を，裁判所による社会的選択の審査を重大な過ちに限定する解約告知制限法1条4, 5項によって達成した。これは，4項の枠内で社会的基準相互の関係，5項で社会的選択のすべての経過と関係している。

II. 使用者の通常の解約告知

　社会的選択は，**事業所内の比較可能な被用者等**にのみ適用される，優劣によって格づけられた被用者達とは関係しない（BAG 29. 3. 1990, EzA §1 KSchG Soziale Auswahl Nr. 29）：垂直の社会的選択ではない！　比較ができるのは，指揮命令権ゆえに，そしてまた変更解約告知の方法によってのみ，経営権によって他の仕事が割り当てられることのない被用者である（BAG 17. 2. 2000, EzA §1 KSchG Soziale Auswahl Nr. 43; 2. 6. 2005, EzA a.a.O. Nr. 63：契約による労働分野の限定からの社会的選択の制限！）。社会的選択は，企業もしくはコンツェルンではなく，事業所やまた共同の事業所と関係する（BAG 2. 6. 2005, EzA a. a. O. Nr. 61）。前に確認した（Rn. 931）企業との関係は，空きのある職場におけるもののみであって，他方で社会的選択では，ふさがっている職場の開放の問題になると，これは同じ事業所でのみ要求されるものである。

938

　社会的選択の更なる契約による制限は，通常の解約告知が協約または労働契約によって排除されている被用者が，社会的選択に加えられないことから生じる。解約告知されない者は，解約告知で選ばれことができないのである（BAG 2. 6. 2005, EzA §1 KSchG soziale Auswahl Nr. 63；異なる見解，ArbG Gottbus 17. 5. 2000, EzA §1 KSchG Soziale Auswahl Nr. 44）。この方法で，特別に貢献度のある者は，社会的選択から外されてしまう。もっとも特に計画された人員整理の前に，被用者を社会的選択から外す目的をもって解約告知の排除が合意されているならば，1条3項の不当な回避と考えられる（BAG 2. 6. 2005, a. a. O.）。Rn. 912 も見よ。

939

　社会的選択による高齢者ばかりの仕事場？　大量解雇では，社会的選択は，事業所を高齢者ばかりの仕事場にしてしまうことがある。尺度となる4つの基準のうちの2つが高齢者を優遇するからである。解約告知制限法1条3項2文は，それに対して，バランスのとれた事業所の人員構成，特に年齢構成の確保を純然たる社会的選択よりも優先させることによってそれを阻止している。例：20代，30代等の10％が解約告知に選ばれること。しかし，社会的選択をより明確に示すこのアプローチは，連邦労働裁判所によって次の方

940

401

法により緩和されている。すなわち，使用者は，解約告知すべき被用者が単に解約告知制限法1条3項1文に従って選ばれたとすれば，いかなる不利益が生じるであろうかということを明らかにしなければならないという方法である（BAG 20. 4. 2005, EzA §1 KSchG Sozialauswahl Nr. 60）。つまり，実際の社会的選択は，仮定的な社会的選択をもって調整されねばならないというのである。

941　**事例：社会的選択でないものは，報復を受ける。** 使用者Aは，4つの比較可能な職場のうちの3つを整理しなければならない。Aは，3人の高齢の被用者を解雇するが，もっとも若い，勤続も最も短い被用者で，子供のいないBを，彼女のイメージを高く評価して解雇させないでいる。解雇された被用者達は，いずれもが誤った社会的選択だと主張できるか質問している。Aは，他の2人が正しい社会的選択によって解雇されたのであるから，せいぜいのところ最高齢のそして最も保護を必要としている被用者がその解約告知に反対することができるかも知れないと考えている。連邦労働裁判所（BAG 18. 10. 1984, AP KSchG 1969 §1 Soziale Auswahl Nr. 6）は，裁判所が自身の評価を使用者の選択決定に替わってすることができないので，異なった見方をしている。使用者は，美しいBと（も）分かれるか，4人全員を留めなければならない[31]。

(31)　LAG Berlin 20. 8. 2004, NZA-RR 2005, 370 は，これを今は限定している：社会的選択が選択準則に従って決められれば，その被用者だけが，その労働関係がそれでなければ解約告知されなかったであろう選択の誤りを主張することができるとしている。連邦労働裁判所は，9. 11. 2006, 2 AZR 812/05 の判決は，これが誤りであり，いわゆるドミノ理論を放棄することを最後に容認した。

bb）個性に原因がある解約告知

942　個性に原因がある解約告知では，専ら仕事の能力が劣った被用者が問題となる。解約告知制限法は，被用者の個性を理由とする通常の解約告知を認めることによって，職場の要求に応じるのが無理か，すでに無理であった被用者で，別の方法で働かせることのできない被用者の通常の解約告知を許している。長期の疾病または反復された短期の疾病もそうなりうるであろう。現

行法に従えば，疾病は解雇を外すものではない。それどころか，疾病は，その頻度または期間が見極められなければ，個性に原因がある通常の解約告知事由となりうる。事業に原因がある解約告知と同様，予測が重要である。長期の疾病は，継続する 24 ヵ月間に労働能力の再生が見込まれない場合，解約告知が考慮される。解約告知以前の疾病期間は，その予測の中へ含まれない（BAG 12. 4. 2002, EzA §1 KSchG Nr. 49）。繰り返された短期の疾病の予測も，同様に考えられる（BAG 7. 11. 2002, EzA a.a.O. Nr. 50）。ネガティブな予測の証明責任は，使用者に負わされる。

判例(32)では，年間 6 週間を超えた賃金継続支払いの出費も，解約告知を理由づけるものとなる。**疾病のケースでの賃金継続支払いの社会的救済**（それについて上記 Rn. 836 以下）は，ここでは災いとなる。賃金の継続支払いを 6 週間に制限し，度重なる疾病では，疾病金庫へ加入させることが被用者にはよりよいものとなろう。

943

(32) BAG 29. 8. 1991, EzA §622 BGB Nr. 35；29. 7. 1993, EzA §1KSchG Krankheit Nr. 40. 重度身体障害と扶養義務者との難しい検討については，BAG 20. 1. 2000, EzA §1 KSchG Krankheit Nr. 47.

cc) 行動に原因がある解約告知

行動に原因がある解約告知は，特に，戒告では済まされないほど重いが，即時解雇を認めるほど十分重いものでもない義務違反に対する制裁である。個性に原因がある解約告知が，被用者が意識的には制御できない事情と関連するのに対して，行動に原因がある解約告知は，被用者が自分で左右できる事由に係わるものである。それは，常に，労働関係へ否定的に作用する契約違反の行動を前提としている。これは，通常責めがある場合でなければならない（BAG 7. 10. 1993, EzA §611 BGB Kirchliche Arbeitnehmer Nr. 40）。特別に重い義務違反，例えば上司や同僚から長い期間にわたった激しい叱責を受け，事業上の秩序や事業所の平和を危うくする義務違反では，被用者の過失が問題とされずに，例外的に，十分に客観的な契約違反の行動となる（BAG 21. 1. 1999, EzA §626 BGB n.F. Nr. 178）。被用者の処罰可能な行動は，それが何らかの形で労働関係とつながりがある場合に，解約告知と関係するものと

944

なる（BAG 6. 11. 2003, EzA §626 BGB Verdacht strafbarer Handlung Nr. 2）。使用者に対する告発を理由とする解約告知は，前記 Rn. 600. 成績不良によるもの，前記 Rn. 684, 703. 嫌疑による解約告知，後記 Rn. 1025。仕事中の私的なインターネット使用の行き過ぎについては，BAG 7. 7. 2005, EzA §626 BGB 2002 Nr. 10；12. 1. 2006, EzA §1 KSchG Verhaltensbedingte Kündigung Nr. 68.

945 　ここでも解約告知は，唯一最後の手段となるであろう。そこで，解約告知制限法1条2項2文によって常に検討しなければならないことは，誘惑が少ない他の職場へ配置換えすることによって，今後の義務違反の危険が除かれるかどうかである。さらに，誤った行動も，**警告**が先にあった場合にのみ，解約告知を通常正当化することができる(33)。民法は，これを314条2項の中であらゆる継続的債権関係へ導入してきた。そこで，原則としてここで当てはまるのは：一度では数に入らない，である。これは，警告を受けた行動がそれだけで単に独立した解約告知事由とはならないという意味でである（BAG 6. 3. 2003, EzA §626 BGB 2002, Nr. 1；LAG Berlin 16. 2. 2006, LAGE §611 BGB 2002 Abmahnung Nr. 4）。

　　(33) 　BAG 12. 1. 2006, EzA §1 KSchG verhaltensbedingte Kündigung Nr. 64. その警告は，まず第1にそれが義務違反の行動をできる限り正確に指摘し，反復されると労働関係に結果が及ぶと迫り，その警告された行動が繰り返された場合にみ有効である。他の性質の義務違反は，別途警告されねばならない。その警告は，結果に影響を及ぼすことをすでにはっきりとさせ，または被用者が改善しないように思われるならば，行動に原因のある解約告知の前提として必要である。アルコール禁止の無視の場合（LAG Hamm 23. 8. 1990, LAGE §626 BGB Nr. 52），性的負担をかける行為の場合（BAG 9. 1. 1986, EzA §626 BGB Nr. 98）または被用者間の暴行の場合（BAG 6. 10. 2005, EzA §1 KSchG verhaltensbedingte Kündigung Nr. 66）がそれである。

946 　特に注目されるのは，公務員や被用者の「イスラムの**スカーフ**」である。その際，公立学校の教師に世間の注目が集中した。連邦憲法裁判所は，教師のスカーフ着用の禁止が基本法4条4項で保障された信仰の自由を侵すが，その信仰の自由は，基本法7条（学校制度に関する国家の監督）によって制約

を受けるということに立脚している⁽³⁴⁾。そのことから，学校以外の公共勤務や私経済において，スカーフの着用によって信仰の自由による活動が妨げとなる別の憲法上擁護される局面があるかどうかという問題が生じる。この問題は，労働時間中のイスラムの祭日とかあるいは祈禱のための休憩といった，雇い主の利益をさらに広く制限してしまう宗教上の活動においてなおはっきりと生じる⁽³⁵⁾。連邦労働裁判所は，それについて女性の販売員のケースで立場を明らかにし，基本法12条によって保護される事業主の自由を対立する権利として考慮した⁽³⁶⁾。しかし，事業主の法的地位を優先させるには，それがスカーフを着用する被用者を引き続き使用する際に具体的な経済上の損失になることが前提になる。それが，果たされるべき業務の性質ゆえに重要かつ決定的な職業上の要求となっている場合，一般平等取扱法が宗教による不利益取扱いを例外的に許しているにもかかわらず，同法2条4項によると，解約告知には専ら解約告知制限法の規定が適用されるので，同法をここで直接適用することはできない。しかし，同法の規定は，一般平等取扱法の背後にあるEG指針に由来するので，基本的かつ決定的な職業上の要求の基準は，解約告知制限法の解釈に影響するであろう。被用者に対する基本的な要求とは，一般的にその被用者が自分の振舞いによって顧客をびっくりさせないことである。しかし，アメリカでは，「顧客選好（customer preference）」は，些細なものとされている。さもないと，差別をもたらす偏見を固めてしまうことになるからである。それゆえ，差別をもたらす顧客の行動は，使用者にとって損害が著しく，他の方法では回避できないときにのみ解約告知の事由とみなされる。

(34) BVerfG 24. 9. 2003, 3111. イスタンブール大学でのスカーフ着用の禁止に関する欧州人権裁判所（10. 11. 2005）に対応して（DVBl. 2006, 167）。それに支えられて，ノルトライン・ヴェストファーレン州学校法57条は，バーデン・ヴュルテンベルク州学校法38条2項を手本にして，少し顔を隠すスカーフの禁止を規定している：女性や男性教師は，学校で男女生徒または両親に対する州の中立性や，または政治的，宗教的もしくは世界観での学校平和を危うくしまたは阻害する政治的，宗教的，世界観のまたは同様な外的な表現を行ってはならないというのである。これは，本質的で決定的な要請といえよう（*Thüsing*, FS Leinemann, 2006, 817 を見よ）。

(35) LAG Hamm 26. 2. 2002, NZA 2000, 2090 を見よ。この事件では，あるイ

405

スラムの労働者が包装材料の倉庫で密かに祈禱用の壁を取り付けた。州労働裁判所は，信仰心の厚い被用者が事業所の利益を考慮しつつ4条による彼の基本権ゆえに，短時間の祈禱を行うために職場を離れる権利があるとまず認めている。しかし，義務としての祈禱は，太陽の高さによって限られた時間的範囲内でのみ守られるべきであるという。それが州労働裁判所の神学的な認識である。それゆえ，被用者は，仕事の中断の時点を上司と調整する義務を負うというのである。問題は，一般平等取扱法が宗教上の所属の有無や表白のみを保護するのか，事業所での宗教活動も保護するのかどうかである。それに反対するのは，これは，差別を取り除くのではなく，利益付与であるというものである。一般平等取扱法の枠でよりも，事業上と宗教上の利益をより良く十分検討するのが可能なことを，営業法106条が公正な裁量の基準をもって許している。

(36) BAG 10. 10. 2002. EzA §1 KSchG Verhaltensbedingte Kündigung Nr. 58. *Rüthers* の評釈は，否定する。BVerfG 30. 7. 2003, EzA a.a.O. Nr. 58a の部の裁判は（再度 *Rüthers* の評釈がある），これを確認した。

947　解約告知事由の更なる問題については，後記 Rn. 1022.

7. 解約告知期間

948　通常の解約告知がすべての有効要件を満たすか，あるいはその有効性が適時に争われなければ(37)，次になお検討されねばならないのは，いつ解約告知期間が満了し，その労働関係が終了するかである。この解約告知期間は，特に民法622条や，その他労働協約や個別労働契約で規定されている。事業所協定では稀である。解約告知が，必要とされる期間よりも短い期間をもって通告されるならば，次の適法な期間に効力を有する。

(37) 出訴期間については，前記 Rn. 902. それが解約告知期間の係属をめぐる争いに適用にならないことについても。

a) 法律規定

949　1993年10月15日以来，現業労働者や職員には民法622条で規定されている統一的な解約告知期間が適用されている。それによって，労働関係は，両者とも勤続期間1年では，暦による月の15日またはその月末に向けて4週間の期間で解約告知される。労働関係がより長く存続している場合には，

II. 使用者の通常の解約告知

その期間は，使用者による解約告知についてのみ，常に歴による月の末日に向けて，勤続2年後で1ヵ月，5年後で2ヵ月，8年後で3ヵ月，10年後で4ヵ月，12年後で5ヵ月，15年後で6ヵ月そして20年以後で7ヵ月に延長される。従って，解約告知期間は，1ヵ月ごとに長くなるが，基準となる就業年数は，不規則に変化する。

b) 異なる合意

より長い解約告知期間は，協約，事業所協定や労働契約によって合意できる。最長限度は，民法624条から生じる（5年を超えた契約における解約告知の可能性）。被用者による労働関係の解約告知については，使用者による解約告知よりもさらに長い期間が合意されてはならない（民法622条6項）。制裁は，長い期間の短縮ではなくて，短い期間の延長である（商法89条2項の一般化）(BAG 2. 6. 2005, EzA §622 BGB 2002 Nr. 3)。これは，同じくその潜在能力が未だ予知できない若いスポーツ選手の募集の際にみられるように，団体に有利な一方的な延長オプションについてもあてはまる。一方的な延長オプションは，確かに民法622条6項に準じて許されないが，無効ではなく，双方では有効である。

950

解約告知期間の**短縮**は，原則として協約によってのみ可能である（労働協約法1条と関連する民法622条4項）。労働契約によっては，解約告知期間は，ある被用者がせいぜい3ヵ月まで，一時的な補助労働力のために雇用された場合にのみ民法622条5項に従って短縮できる[38]。倒産手続きでは，労働関係は，短い期間が基準となっていない場合，合意された（協約によっても）契約の確定期間または合意された通常の解約告知の排除を考慮することなく，3ヵ月の期間で，管財人や被用者によって解約告知される（倒産法113条）。これは，解約告知が手続き開始前にさらに長い期間でもって宣告されたときにも当てはまる。

951

(38) 民法622条5項2号は，使用者が常時20名を超えない被用者を就業させ，4週間の解約告知期間を超えない場合でも，民法622条1項（2項ではない）に挙げられている解約告知期間よりも短い期間を個別の契約で合意することができると定めている。これは，民法622条1項も4週間の解約告知のみを

規定しているだけなので，わかりにくい。実際には，ここでは解約告知期間の短縮が問題なのではなくて，民法622条に規定されている，15日または月末の解約告知期間の放棄に係わっているのである。中小企業を保護する相当弱い形である！

c）試用期間

952　試用期間は，解約告知制限法1条1項に従った解約告知制限が半年間法律上猶予されることを除いて，特別に合意されたときにのみ成立する。有期の試用労働関係が築かれているときは，**強い試用期間**と呼ばれ，最初から期限のない労働関係の第1段階の局面にすぎないときには，**弱い試用期間**と呼ばれる。疑わしいときは，弱い試用期間だけが認められるべきである。試用労働関係の期間設定は一義的に表明されなければならない。

953　合意された試用期間の間，すなわち長くて6ヵ月の間，その労働関係は，2週間の期間をもって解約告知することができる（民法622条3項）。これは，弱い試用期間に特に適用され，強い試用期間については，そのためにそもそも解約告知の可能性が試用期間終了前に定められていたときにのみ当てはまる。というのは，有期の労働関係は，異なる合意がない限り，その期間の途中で解約告知されることができないからである。

d）就労前の解約告知

954　事例：Sは，Aの広告に応じて役付き秘書として応募している。Sは，自分のそれまでの労働関係を早く解消することができないために，2月1日にAとの間で4月1日の就労開始を取り決めている。旧使用者は，2月3日Sに対して，Sが自分のところにとどまるならば，相当な加給をすると約束している。SがAに解約告知を行い，そこに就労しない場合に，Sは，Aが自分に対してどのような措置がとれるのか質問している。

955　Aは，Sが自分との間に成立した労働関係を4月1日までにもはや解約告知できないならば，場合によってはSに対して処置をとることができる。解約告知期間は，15日もしくは月末までの4週間となるので（民法622条1項），Sは，原則として3月15日に向け2月3日に解約告知することができ

る。しかし，問題なのは，解約告知期間が就労の合意された期間前にすでに進行し始めるかどうかである。これは，確かに取り決めることができる（BAG 25. 3. 2004, EzA §620 BGB 2002 Kündigung Nr. 1）。何も合意されていなければ，連邦労働裁判所は，個々のケースの状況に基づいた解決を期待している。疑わしい場合には，解約告知の到達の時から期間を進行させる傾向にある[39]。ここで根拠になるのが，合意された労働開始までの時間がなお比較的に長いということである。Sは，従ってAに対してなお適宜に解約告知を行っても差し支えないであろう。

(39) BAG 25. 3. 2004, a.a.O.；しかし LAG Frankfurt 18. 6. 1980, DB 1981, 532 を見よ（契約罰の合意は，解約告知期間の進行またはさらに就労前の解約告知を排除する）。

8. 継続就業および再雇用の請求権

a) 期間が延長された就業義務

使用者の就業させるべき通常の義務は，解約告知期間の終了まで及ぶ（前記 Rn. 948ff. を見よ）。解雇された被用者は，解約告知制限訴訟を起こすと，その後も賃金の支払いと就業の継続を求めることができるのであろうか？ 956

事業所組織法による継続就業の請求権（事業所組織法102条5項。同じく連邦職員代表法79条とそれに準じた州法）　これには，以下のような要件がある： 957

事業所委員会（職員代表委員会）は，事業所組織法102条3項（連邦職員代表法79条2項）に掲げられた事由（事実によって具体化されねばならない）に基づき通常の解約告知に対し異議を提起する[40]。これらの事由は，原則として事業に原因がある解約告知のものであり，それらが一定の職場での適性に関わるものであれば，個人もしくは行動に原因がある解約告知の要件となる（BAG 22. 7. 1982, EzA §1 KSchG Verhaltensbedingte Kündigung Nr. 10）。 958

(40) 特に重要なのは，被用者が他の（従前のではない！）職場で継続就業させられることができると主張した場合，その異議が相当であるとする102条3項3号であり，継続就業が変更された契約条件の下で可能であり，被用者が了解している場合の5号である。注目すべきは：被用者は，事業所委員会が

J. 労働関係の終了

変更された継続就業を望む場合にも，特に変更されない継続就業を求めることができることである。

959 被用者（解約告知制限法が適用される者でなければならない）は，期間を遵守して解約告知制限訴訟を提起し，そして自分が解約告知期間の経過後，法的紛争の確定力ある終結に至るまで従前の労働条件で継続して就業させるよう，使用者に求めることができる（事業所組織法102条5項）。これは，被用者が民事訴訟法940条の要件に拘束されることなく，就業継続の仮処分を得た場合にのみ有効である[41]。

(41) LAG Nürnberg 27. 10. 1992, LAGE §102 BetrVG 1972 Beschäftigungspflicht Nr. 11；ErfK/*Kania* §102 BetrVG Rn. 36. 異なる見解：LAG München 16. 8. 1995, LAGE §102 BetrVG Beschäftigungspflicht Nr. 22；LAG Baden-Württemberg 30. 8. 1993, NZA 1995, 683.

960 裁判所は，使用者の申立てに基づき仮処分によって就業継続義務（就労請求権）を免除させることができる。ただし，それは，被用者の訴えが勝訴の十分な見込みを抱かせない，あるいは気まぐれによると思えたり，被用者の就業継続が使用者の不当な経済負担をもたらすと考えられるような場合，あるいは事業所委員会の異議に明らかに理由がなかったか，または理由がないであろう，といった場合にである（事業所組織法102条5項2文）。

961 事業所組織法102条5項による**有効な継続就業の請求**は，解約告知制限訴訟の終結までに**労働関係を延長させる**結果を導くことになる。そのことから生じる結果は，被用者が，実際に継続して就業させられていなくとも（その場合は，民法615条，BAG 18. 3. 1999, EzA §1 KSchG Soziale Auswahl Nr. 40），そして使用者が最終的に解約告知制限訴訟で勝訴したときですら，この期間について**賃金請求権**を有するということである。しかしその場合，労働関係は，解約告知期間の経過の際にあった状態にとどまるのである。

962 **一般的な継続就業の請求権** 争われているのは，事業所組織法102条5項の諸要件が適用されなくても，被用者に解約告知制限訴訟の間継続的な就業

II. 使用者の通常の解約告知

が認められるかどうかである。連邦労働裁判所の大法廷（27. 2. 1985, EzA §611 BGB Beschäftigungspflicht Nr. 9, *Gamillscheg* の評釈）は，その解約告知が始めから**明らかに無効**であるか，または被用者が解約告知制限訴訟の**第一審において勝訴判決を得た**場合にこれを認めている。すなわち，第一審労働裁判所において，解約告知が無効であるという結果に至れば，そこから，申立てにより，就業請求権のようなその後存続する労働関係から生じるすべての請求権があることを認められる結果になる（それについては，前記 Rn. 721. 争いのある労働関係での報酬請求権について，Rn. 1049. 事実上の継続就業の仮処分について疑いを持つのは，LAG Hamm 3. 2. 2004, NZA-RR 2005, 358）。それに対応した判決は，労働裁判所法62条によって仮に執行することができる。解約告知が無効であると表明した第一審判決が後に破棄されると，事業所組織法102条5項とは異なり，その労働関係は，解約告知期間の経過とともに解消される。通常の場合，被用者を*強制*する就業は，後に破棄された継続就業の判決に基づき，労働関係の成立へ至らないし，事実上の労働関係の成立ともならない。そうではなく，双方からの不当利得返還請求権となる（BAG 10. 3. 1987；17. 1. 1991, EzA §611 BGB Beschäftigungspflicht Nr. 28, 51）。特に償還されるべきは，協約外賃金と休暇手当である。解約告知制限訴訟の間における被用者の*任意*の継続就業の場合は，異なるのか？　連邦労働裁判所の見解（22. 10. 2003, EzA §14 TzBfG Nr. 6）によれば，このような就業は，有期の契約による合意を基礎にして行われる。期間設定が就業開始の前にパートタイム労働・有期労働関係法14条に従って文書により合意されていなければ，これは，その労働関係が制限されていなかった解約告知制限訴訟以後も続く（多くの使用者には驚きの）結果になる。これは正しいであろうが，訴訟活動に関する合意は，解約告知された労働関係の事実上の実行を継続することに限られるので，正しくはないであろう。

b）再雇用請求権

解約告知の際，それを正当化する事実は，解約告知の到達時点で存在しなければならない。その解約告知は，その関係が解約告知表明後思いがけず変更されることによって事後的に無効となることはない。事業に原因がある解約告知が，もはや被用者を解約告知期間の満了の際に継続就業させることは

ないであろうという，使用者の理由のある予測に基づいており，かつその予測が解約告知期間の経過する間に意外にも誤りであることが証明されると，被用者は，使用者が解約告知の有効性を考えてまだ何も準備しておらず，労働関係の変わらぬ継続が使用者に期待できるならば，再雇用の請求権を有する (BAG 28. 6. 2000, EzA §1 KSchG Wiedereinstellungsanspruch Nr. 5；Luke NZA 2005, 92)。それに対して，解約告知期間が経過した後はじめて，事業に原因がある解約告知を受けた被用者にとって新しい就業の可能性が生じたならば，再雇用請求権はない。疾病を原因とする解約告知では，被用者が疾病に関する否定的な予測を動揺させただけでは，再雇用の請求権は考慮されない。むしろ，その被用者の報告から，積極的な予測が明らかにならねばならない。すなわち，被用者は，深刻な再発の危険がもはやないことを明らかにしなければならない[42]。解約告知期間満了後の再雇用請求権は，その後民法 613 条 a の意味での事業所の所有者交替に至れば，考慮される。新しい事業所の所有者に対して向き合うのである[43]。慌てた合意解除の後の再雇用について，前記 Rn. 589, 895. 嫌疑による解約告知後について，後記 Rn. 1025.

(42) BAG 17. 6. 1999, EzA a.a.O. Nr. 4. 健康状態の，後になっての思いがけない根治では，それが解約告知期間満了後になって明らかになった場合には十分ではない。

(43) BAG 13. 11. 1997, EzA §613a BGB Nr. 154；4. 5. 2006, EzA §613a BGB 2002 Nr. 51. 倒産手続では異なる (BAG 13. 5. 2004, EzA §613a BGB 2002 Nr. 25)。解約告知期間の経過後解約告知事由の欠落ゆえの再雇用請求権に反対する論証を行っている。この裁判は，解約告知事由の欠落が解約告知期間内に予見可能であるばかりではなく，実際生じなければならないとしている。

9. 補償金——法律では少なく，合意では多い

実務では，解約告知制限訴訟を提起した多くの被用者は (2002 年は，少なくとも 343,000 件であった)，再雇用ではなく，補償金を望んでいる。しかし，使用者が違法か，またはそれどころか適法な解約告知でも補償金を支払うべきであるとする一般的法原則は存在しない。解約告知制限法は，同法 9 条の制限された要件[44]の下で (解約告知は，解約告知制限法 1 条によって無効である)，さらに同法 10 条の制限された額でのみ補償金を規定している。2004

II. 使用者の通常の解約告知

年1月1日に施行された解約告知制限法1条aは，さらに続く。それによると，事業に原因がある解約告知に対して期間に従った訴えを諦めた被用者は，勤続年数ごとに月間所得の0.5倍の額での補償金請求権を有するが，しかしこれは，文書による解約告知の意思表示の中で使用者の対応した指摘があることを前提とする。対応する補償金の合意は，確かに常に可能であったが，今や法律による勧めにより，それゆえ大きな重みをもち，当初の結果が既に実現されてきた。法律による補償金請求権は，さらに事業所組織法から発生する。特に，事業所組織法112条によれば，事業所の変更の際に締結すべき社会計画は，通常の補償金を含んでいる（それについては，前記Rn. 484）。限定的な補償金の規定を有しているのは，利益調整に反しているか，またはそれが十分になされなかった場合に関する事業所組織法113条である（前記Rn. 481）。それにもかかわらず，社会計画がないのか，それともその中で定められた補償金が原告には十分ではなかったのか，いずれにせよ補償金を獲得するために多くの解約告知制限訴訟が提起されている[45]。裁判所は，その際補償金を定めることはできないが，多くの解約告知制限訴訟は，解約告知制限法1条aの中で定められている，勤続年数ごとに月間所得の半分という額が大まかな規則になっている補償金の和解でもって終了している。被用者は，訴えによってのみ補償金を得ることができる場合，往々和解を受け入れようとする。使用者は，より長い訴訟の継続や民法615条に従った解約告知制限訴訟の損失で相当な後払いにさらされるので，やはり和解を受け入れる。さらなる刺激が，裁判所の和解で事業上原因がある事由からの労働関係の解消に関して何かが察知される場合に，雇用エージェンシーは，通常故意または重過失による労働停止のために（社会法典3編144条1項1号）失業手当金Ⅰの停止期間を断念することである[46]。被用者は，失業手当金の受給期間のカット（社会法典第3編128条1項4号：通常少なくとも請求期間の4分の1）をこの方法で回避し，使用者は，被用者に停止期間による不利益を補償する必要なしに，合意した労働関係の終了を達成するのである。補償金のさらなるアトラクションは，使用者が社会保険の保険料を免除され，税金が減額されることである[47]。

(44) 他に無効原因が認められず，さらにその規定が，解約告知が社会的に反するばかりでなく，他の法的原因から無効である場合に適用されるかどうか

が争われている（KR/*Spilger* §9 KSchG Rn. 27ff）。これは，解約告知制限法の実務にうとい補償金に対する反感を表すものである。実務に好意的な連邦労働裁判所（23. 6. 2005, EzA §9 KSchG n. F. Nr. 52）：解約告知を正当化するために十分でない事由は，使用者の解散を正当化することに役立ちうるのである。

(45) 今まで，社会計画による補償金を解約告知制限訴訟が提起されない場合と結びつけることは許されないとされてきた（BAG 7. 5. 1987, EzA §9 KSchG n. F. Nr. 21）。LAG Niedersachsen 16. 8. 2002, DB 2003, 452は，社会計画による補償の期日が解約告知制限訴訟の終了と結びつけられるべきだとした。解約告知制限法1条aにみられる行為の承認や展開が，社会計画でも解約告知制限訴訟の放棄と引替えの補償金支払いにつながるのか答えが待たれてきた。それについては，*Busch* BB 2004, 267；*Hanau* ZIP 2004, 1177。連邦労働裁判所（31. 5. 2005, EzA §112 BetrVG 2001 Nr. 14）は，まず最初に解約告知制限法1条aが法的状態を変えなかったと述べたが，しかし解約告知制限法1条aの「評価」から，変更，すなわち事業所のパートナーが補足的に任意の事業所協定における社会計画に対して，補償金の給付を被用者が解約告知制限訴訟の提起を見合わせることと関連させられるという変更を結論づけている。社会計画の他に，連邦労働裁判所（3. 5. 2006, 4 AZR 189/05）は，解約告知における解約告知制限法1条aを手本として，または少なくともそれと関連して選択可能性が指摘された場合に，このような「ターボエンジン付きプレミア」を優先させている。解約告知制限法1a条は，*ターボ付き条文*になったのである。

(46) 2006年7月12日の裁判の中で，連邦社会裁判所は，補償金の額が解約告知制限法1条aで規定されている給与の半額を超えないならば，合意解除において社会法典第3編144条による停止期間を問題にしないと考えている。そこで，解約告知制限法1条aは，**停止期間を避ける条文**になった。連邦雇用エージェンシーは，集団的契約に根拠をもつ補償金が月給の半額を超えれば停止期間の適用をとめている。

(47) 所得税法34条によって，低い累進課税率をもって特別な所得として納税が可能である。所得税法3条9号の控除額は，2006年から廃止された。

Ⅲ　使用者による特別な即時解約告知

> 検討シェーマ：
> 1. 出訴期間が守られているか？
> 2. 解約告知に同意が必要か？
> 3. 事業所委員会または職員代表委員会の意見聴取は？
> 4. 重大な事由は？
> 5. 就業させる義務は延長されるか？
> 6. 転換は？

965

これらの項目は，通常の解約告知についてのものと類似するが（前記 Rn. 900），しかしやはりいくつか特徴的な違いを有している。判定では，特別な解約告知が通常のものより前に検討されるべきである。

1. 出 訴 期 間

特別な解約告知に対しては，普通の解約告知と同じ出訴期間が守られねばならない（前記 Rn. 901）。特殊なのは，特別な，即時の少なくとも解約告知期間に拘束されない解約告知であるという一点のみある。

966

2. 同意の必要性

普通の解約告知と異なり，即時の解約告知は，一般的に排除されない。期待できなくなった労働関係を終了させることは，常に可能でなければならないからである。しかし，それでも，使用者による即時解約告知が，いくつかの重要な場合において第三者の同意に拘束されることがある。

967

a) 事業所委員会もしくは職員代表委員会という組織の機能ゆえに

事業所委員会，職員代表委員会，少年代表会，選挙管理委員会の構成員または選挙候補者の即時解約告知は，事業所委員会，職員代表委員会の同意ないし行政裁判所が代わって行う法的確定力ある承諾があってはじめて許される（事業所組織法103条，連邦職員代表法47条，108条，解約告知制限法15条）。詳細については，前記 Rn. 398.

968

b）妊娠や両親休暇ゆえに（Rn. 914）

c）重度身体障害ゆえに

969 　重度身体障害者の即時解雇は，福祉事務所の同意によってのみ許される（社会法典9編91条）。その同意は，解約告知が，障害と関係しない事由に基づいてなされたときにのみ与えられなくてはならない。さらに，Rn. 915を見よ。

問題：解約告知が不可能な被用者は，それを不可能にする。

970 　事業所委員会の委員または妊娠している被用者が，重大な義務違反を侵した（例えば，上司または同僚をたびたび侮辱した）。使用者は，事業所委員会または所轄官庁に即時解約告知の承諾を申し立てた。これが拒絶されると，使用者は，労働裁判所に承諾に代わる許可ないし行政裁判所にその官庁を請求に義務づけるよう申し立てた。使用者は，事業所委員会の委員ないし妊娠した被用者の就業や賃金支払いを裁判所の法的確定力ある裁判まで停止することができるか？

　原則としてできない。というのは，労働関係の解約告知は，必要な承諾があるか，法的確定力ある裁判に代えられてはじめてなされることができるからである。それにもかかわらず，使用者が被用者の就業を拒否したならば，使用者は，受領遅滞に陥り，民法615条によって，報酬の支払いを継続する義務を負う。しかし，ある有名な連邦労働裁判所の判決（26. 4. 1956, EzA §615 BGB Nr. 1―見出し：逆上した妊婦）では，使用者は，次の場合に妊娠した被用者の就業を拒否して差し支えないとされる。すなわちそれは，提供された労務を受領する際に，使用者または従業員もしくはその他の事業所構成員の身体，生命，自由，健康，名誉その他の人格権または所有権が直接かつ継続して脅かされる結果，この絶対的権利の被る危険に対する防衛が，母性保護法の適用を受ける被用者の収入を確保する利益よりも優先する場合にである[48]。

> (48)　事業所委員会や職員代表委員会の委員についても，同様なことが当てはまらねばならないであろう（BAG 11. 11. 1976, EzA §103 BetrVG 1972 Nr. 17。連邦労働裁判所は，重度身体障害者について，同じ解決を考えていた（20. 12.

1976, EzA §18 SchwbG Nr. 1)。

3. 事業所委員会または職員代表委員会への意見聴取

使用者の期限付解約告知と同様，即時解約告知は，事業所委員会または職員代表委員会が解約告知の言渡し前に意見聴取を受けなかったならば，無効である（事業所組織法102条1項，連邦職員代表法79条4項，108条2項）(49)）。職員の場合には，代表委員会の意見を聞かねばならない。

(49) 州の職員代表法にとってのこの規定の意味については，BAG 9. 5. 1980, DB 1980, 1851.

4. 重大な事由

これらすべてのハードルを越えると，即時解約告知について重大な事由が存在するかどうかが検討されねばならない。このためには，解約告知制限法1条の意味する社会的正当化では十分ではない。この規定は，その文言が明らかでないから，通常の解約告知についてのみ適用される（解約告知制限法13条1項1文）。むしろ，即時解約告知の法的根拠は，民法626条である。職業訓練の関係では，職業訓練法15条である。

a) 解約告知の意思表示期間

解雇された被用者は3週間の出訴期間を守らねばならないが，解約告知を行う使用者（もしくは被用者）も，民法626条2項，職業訓練法15条2項の2週間の解約告知の意思表示期間に注意しなければならない（判定では，それは，重大な事由の前後に検討される）。その期間は，解約告知権者が，解約告知にとって基準となる事実について**知った**時点をもって始まる。**嫌疑だけによる解約告知**をした場合には，その期間は，その疑いが持たれた要因が調べられてはじめて進行を開始する(50)。事業所内に事業所委員会が存在する使用者には，特に急ぐよう要求される。事業所委員会への意見聴取がその期間内になされねばならないからである(51)。2週間の期間は，強行的なので非常に短い。判例（最近は，やや控えめであるが，BAG 2. 3. 2006, EzA §91 SGB IX Nr. 3）は，次のような方法で救っている：1. ―迅速に実施すべき―聴聞を求めうる完全な認識が必要である。2. 継続している事実，例えば弁

解のない過誤では，最後の出来事が重要である。3．期間の付された特別な解約告知は，通常の解約告知へ転換されうる。

> (50) 使用者がなお早急に必要な調査をするかぎりは，知ったという認識は，認められない。(BAG 31. 3. 1993, EzA §626 BGB Ausschlussfrist Nr. 5 ; 15. 11. 1995, EzA §102 BetrVG 1972 Nr. 89)。その調査は，しかし前もって根拠なしに打ち切られてはならない (BAG 17. 3. 2005, EzA §626 BGB 2002 Nr. 9)。解約告知権が取締役会またはそれに匹敵する審議機関にあれば，(民法28条2項によるように) 会社に対する意思表示を受け取る権限があるかぎり，その構成員の認識では十分ではない (BAG 20. 9. 1994, EzA §626 BGB n. F. Nr. 92)。
>
> (51) 上記 Rn. 400. 同様に社会法典第9編91条：重度身体障害者の即時解約告知は，民法626条2項の期間満了後，それが福祉事務所の承認後遅滞なくなされれば可能である。

b) 重大な事由—期待可能性の問題

974　すべての期間が守られたならば，最後に検討されるのは，民法626条，職業訓練法15条2項の意味での重大な事由が存在するかどうかである。その際に，期間の定めのない労働関係においてまずはじめに確認されねばならないことは，それが期限付解約告知であったとすれば解約告知期間がどのくらい長いかということである。即時の解約告知についての重大な事由は，**解約告知期間が満了するのを待つこと**が，解約告知を行う者にとって**期待できない**ときにのみ認められるからである。有期の労働関係では，この考え方は，それが通常の解約告知によって終了させられないとするならば，もちろん適しない (Rn. 912を見よ)。その代わりに，ここでは，労働関係の継続が約定された終期までに期待できないかどうか検討されねばならない (民法626条)。

975　連邦労働裁判所は，その**期待可能性**を2段階において検討している。まず最初に確定されるべきは，特別な解約告知「それ自体」が正当とされるかどうかである。それについては，全く意味がない義務違反でなければどのようなものでも十分である(52)。第2に，「それ自体」所与の解約告知事由を確認または消滅させてしまうことができる，個々のケースでの全面的な利益衡量がなされる。正確なことを知らないと何もわからないのである。一般的に，

Ⅲ　使用者による特別な即時解約告知

使用者の即時の解約告知については，重大な事由が，**解約告知制限法1条2項に従って通常の解約告知を正当とする事業・個人・行動に原因がある事由よりも重大である**といえる。特に，経済的および技術的な事由（事業所の誤った収益性，合理化，原材料供給の停止，火災等々）は，確かに解約告知制限法1条2項の意味での緊急を要する事業上の必要条件でありうるが，被用者の即時解約告知にとっては通常重大な事由とはならない。それは，使用者の経済上および事業上の危険から生じるし，また解約告知期間を倒産の場合3ヵ月に制限し，同時に倒産が即時解雇を正当化しないことを明示している倒産法113条からも生じる。他の評価は，大変長い解約告知期間か通常の解約告知が除外される場合にのみなされうる[53]。使用者の価値の少ない物の窃盗ですら，連邦労働裁判所「自身」の見解によると，特別な解約告知の原因となる。その結果盗まれた物の価値が少ないことは，個々の事例の検討の枠の中でのみ特別な解約告知の無効を導きうるにすぎない（BAG 11. 12. 2003, EzA §626 BGB 2002 Nr. 5）。インターネットの濫用的な利用については，Rn. 945を見よ。あらゆる契約侵害「そのもの」は，特別な解約告知を是認できるので，ここでも事前の警告がなされていることが原則として必要である（Rn. 965）。といっても確かに，違反の重大さが警告を不必要にさせてしまう例外はしばしばあるであろう。

(52) 重大な事由についての「それ自体」妥当な新たな例：使用者との間の法的争訟における故意に誤った宣誓保証（BAG 24. 11. 2005, EzA §103 BetrVG 2001 Nr5.），労働時間を正確に打刻する義務に対する被用者の違反および事業所の労働環境とナチスのテロ体制との比較発言について（BAG 24. 11. 2005, EzA §626 BGB 2002 Nr. 12, 13）。

(53) BAG 28. 3. 1985, EzA §626 BGB Nr. 96：通常の解約告知が協約によって排除されていれば，事業所の休止は，特別の解約告知を正当化するのに適している。その際には，とにかく解約告知期間が守られねばならない。従って，ここでは中間的な，すなわち通常の解約告知期間に適用される期間を伴った特別の解約告知が形成される。BAG 5. 2. 1998, EzA §626 BGB Unkündbarkeit Nr. 2は，解約告知できない被用者の特別な期間のある解約告知を，事業所または事業所の部門の閉鎖の際ばかりではなく，ただ一つの職場の欠落の際にも許している。連邦労働裁判所（12. 1. 2006, EzA §626 BGB 2002 Unkündbarkeit Nr. 9）は，それを疾病の際にも可能であると考えている。

同様なことは，被用者による即時解約告知についてあてはまる。被用者で

J. 労働関係の終了

すら，労働関係の即時の解消を正当化するために，経済的利益――例えばもっとよく賃金の支払われる職場を得る可能性――をふつうは主張することはできない（BAG 1. 10. 1970, EzA §626 BGB Nr. 6 ; LAG Schleswig-Holstein 30. 1. 1991, LAGE §626 BGB Nr. 55. 確かに異なるのは，平均を下まわる支払いがあって，その能力に適していない被用者の就業の場合である）。

977 重大な事由を要求することは，契約によって具体化できるが，変更することはできない（LAG Berlin, 18. 8. 1980, DB 1980, 2195）。

5. 就業義務の延長

978 使用者が即時解約告知した後の就業義務は，その解約告知が明らかに無効か，裁判所で無効と宣告された場合に存続する（前記 Rn. 962 を見よ）。

6. 転　　換

979 特別な解約告知が無効であることが明らかになると，その解約告知は，ほぼ通常の解約告知へ転換できる（BAG 15. 11. 2001, EzA §140 BGB Nr. 24）。その場合には，通常の解約告知のシェーマの検討が続けられる（前記 Rn. 900）。

980 **反復事例：外国人に反感を抱いた解約告知**
　Uという企業では，支配人Aが人事権限をもっている。Aは，外国人に対して反感を抱いている。Aは，この理由からポルトガル人Pを秘書として採用していない。それに対して，トルコの出身であるが，ずっと以前から市民権の与えられていたTは，同じ時期に会計係として採用されている。Tは，採用時の会話での問いに対してその素性をごまかしたからである。Aが2ヵ月後Tの本当の素性を聞くに及んで，Tに就業を継続しないことを伝えている。Uは，Pの不採用を直ちに知って驚いた。しかし，Uは，長い外国旅行のために何も対応しなかった。Uは，Tの就業が継続されないという，Tに対するAの通知を2日後に知った。

981 　TとPは，Uに対する請求を質問している。Uは，Aと手を切ることがで

きるか，できるとしたら，いつなのか質問している。

1．UとTとの関係

Tは，その労働関係が継続すれば，以後の支払いと就業を求める請求権を有する。この労働関係は，民法123条の詐欺による取消しによって終了することが考えられる。

付箋：取消しは，解約告知の前に検討されねばならない。119条の取消しより先に民法123条による取消しである。取消しの場合には，（順序は構わないが）取消しの意思表示と取消原因，解約告知では解約告知の意思表示とその原因が検討されねばならない。

取消しの意思表示：Aの表示の中で認められる。取消原因：使用者の質問への意識的に誤った解答は，使用者がその質問について正当な利益を有していたときにだけ，詐欺となる。これは，本件ではなかった。即時の解約告知の意思表示：Aの表示の中にみられる。民法626条に従った即時解約告知の事由は，はっきりしない。通常の解約告知の意思表示：転換によってAの表示の中に認められる。通常の解約告知の事由は？　解約告知制限法1条の3つのうちの1つの事由を満たすことは，必要ではない。というのは，その法律は，今まで2ヵ月だけ存在している労働関係へ適用できないからである。解約告知制限法が適用できなければ，改めて基本法2条，3条3項，12条と関連する民法242条に従って，第2クラスの解約告知制限が新たに検討されなければならない（上記Rn. 923）。それによると，解約告知は，基本法3条3項に反してTの出身地ゆえになされているので，本件では無効である。Tは，一般平等取扱法15条に従った賠償請求権をもたない。その法律が既に解約告知に適用できないからである。

2．Uに対するPの関係

考慮されるのは，一般平等取扱法15条による損害賠償と補償金請求権である。問題は，一般平等取扱法1条に定められているメルクマールゆえに不採用がなされたのかどうかである。考慮されるのは，民族的な出自である。国籍による差別が問題となっているようであるけれども，ポルトガルはEU

構成国なので，ここで述べている考え方に従えば同等である（Rn. 630）。「ゆえに」という基準は，その行為の動機のことである。Uは，自ら行為しているのではないが，民法166条によってUにはその代理人Aの動機が及ぶのである。Uには，民法278条からAの過失が帰せられねばならないので，Uが不採用に対して責任を負わなくてもよいとして，一般平等取扱法15条1項2文に従って，Uには責任がないとはいえない。

3．UとAの関係解消

985　即時の解約告知事由は，Pの不採用の中にあるであろう。しかし，そうすると民法626条2項の告知期間が守られていない。それに反して，Tに対する無効な取消し／解約告知は，まだ期間が付されてはいない。

986　特別な解約告知において常に検討されるべきは，いつ労働関係の終了が通常の解約告知または期間の経過によって生じたかである。なぜなら，民法626条から要求されている期待可能性がないことの検討は，正規の終了までの労働関係の継続が期待できるかどうかと関係するからである。それゆえ，その検討は以下のように続けられねばならない：

987　Tに対するAの行動は，解約告知期間の満了までの労働関係の継続がUに期待できないであろうというときに，特別な解約告知を正当化する。解約告知期間の長さは，民法622条によって，事実関係からは明らかでないAの事業所所属の期間次第である。しかし，支配人や人事の責任者は，既に長期間事業所にいるから，その結果その解約告知期間が数ヵ月に及ぶであろうということは認められる。Uは，それほど長くAとの労働関係の継続を期待できるものであろうか？

988　行動に原因のある解約告知では，警告が十分であったかが常に検討されねばならない。これは，特別な解約告知にもあてはまる。

989　それゆえ，その検討は以下のように続けられねばならない。警告が十分であるというために有利なのは，Uが最初の事件に対して何もしなかったし，

その結果 A が，U はそれに全く反対していないと認めることができたことである。他方で，U は，外国旅行によって明らかにその問題への関与ができなかった。それに加えて，第 2 の事件も，警告が意味をなさない外国人のパートナーに対する強い偏見を示している。A には，基本法 3 条や一般平等取扱法の諸原則に適合する人事政策がもはや期待できない。それゆえ，U は，即時に解約告知をすることができ，その告知は，U が T との事件について知った後 2 週間の範囲内で A に到達するものでなければならない。

Ⅳ. 諸事例における個々の問題

1. 労働関係の不当な期間の設定

事例：A 夫人は，特別な任務のために 3 年間の予定で会社に雇い入れられている。その期間が満了する直前，A は，自分の労働関係が延長されない旨の通知を理由なしに受けている。それに対して，A は，その特別な任務が継続的なものであることが明らかであったし，会社は，A が現在妊娠しているので，A を排除したいだけであるとして抵抗したいと思っている。法的根拠は何か？

990

終期の到来とともに，有期の労働関係は自動的に終了し，解約告知は必要ないであろう。したがって解約告知事由は必要ないし，妊娠した被用者の解約告知禁止がやはり適用されないように，解約告知期間は守られなくてもよい。解約告知制限におけるこのようなすき間を埋めるために，判例は有期労働契約の許容性を制限してきた（それについては，EzA §620 BGB で示された裁判を見よ）。パートタイム労働・有期労働関係法は，この判例を引き継いだが，有期労働契約に関する EG 指針に基づき解約告知制限法との関連から解決してきた。パートタイム労働・有期労働関係法 14 条 1 項によって，労働契約の期間の設定は，それが**客観的な事由**（以下，正当事由と呼ぶ：訳者注）によって正当化されるならば，2 年を超えて許される。第 2 文は，完全ではないが，正当事由の個々の例を列挙している。その他の期間設定のケースは，大学大綱法 57 条 a 以下と連邦育児手当法 21 条にみられる。パートタイム労働・有期労働関係法 17 条によると，期間の設定の無効が主張されている訴

991

J. 労働関係の終了

えには，解約告知制限法4条から7条（前記 Rn. 901）の**出訴期間**が準用される（前記 Rn. 901）。その期間は，労働契約で合意された終期をもって始まる。解約告知とは反対に，期間は，労働契約全体ではなくて，期間設定の規則のみに及ばなければならない文書方式で，パートタイム労働・有期労働関係法14条4項によって期間設定が有効であるために必要な**文書の方式**がない場合にも適用される(54)。判例は，定年を期間の設定としてみているので，その無効は，その期間の後3週間でのみ主張されうる（BAG 14. 8. 2002, EzA §620 BGB Altersgrenze Nr. 13）。期間の設定は事後でも合意されうる。重要でないのは，被用者が期間の定めのない労働関係の存続を全く知らなかったし，それゆえ解約告知制限法による地位の保護を放棄する意思をもたなかった場合である（BAG 3. 12. 1997, EzA §620 BGB Nr. 148）。期間の設定が無効であれば，その労働関係は，期間満了後不定の期間継続する。期間の満了までは，通常の解約告知は，疑わしければ除外されている（パートタイム労働・有期労働関係法16条）。被用者は，そうして期間が設定されたもの（期間の終期以前での通常の解約告知の除外）と期間が付与されていない（解約告知によるだけの終了）ものとの労働関係の利点を手にする(55)。

(54) 民法126条2項によって，当事者の署名（自署！）は，同一の文書の上でなされねばならない。その契約に関して，複数の文言を同じくする文書が託されていれば，各当事者が相手方当事者のために定めた文書に署名していることで十分である（それについては，BAG 26. 7. 2006, 7 AZR 514/05）。ファックスやEメールでは十分ではない。

(55) 解約告知制限訴訟の間の就業請求権に関する連邦労働裁判所大法廷の原則（上記 Rn. 875）は，期間保護の訴訟に準用される（BAG 13. 6. 1985, EzA §611 BGB Beschäftigungspflicht Nr. 16）。

992　本件事例では，仕事の任務が一時的なように思われるので，期間の設定についての正当事由はあった。その期間設定のための事由が期間満了の際に欠落したことは，何物も変えるものではない（BAG 20. 2. 2002, EzA §620 BGB Nr. 90）。しかし，会社が期間満了を援用することが妊婦または母性保護を理由とするだけならば，それは権利濫用である(56)。

(56) これは，妊娠を理由とする差別が性による差別とみなされるべきなので，一般平等取扱法から明らかになる。しかし，問題なのは，その労働関係が期

Ⅳ. 諸事例における個々の問題

限なく継続するか，あるいは一般平等取扱法15条によって金銭での賠償のみが支給されるかどうかである。それについては，上記 Rn. 631.

注意：期間の設定については語られていない。それは，次のような事例で明らかである。 993

10月半ば，ある有期労働契約が口頭で結ばれた。11月1日仕事が始められ，11月10日，その労働契約は，期間を設定して文書により作成された。連邦労働裁判所（BAG 1. 12. 2004, EzA §623 BGB 2002 Nr. 3）：文書の形式化は遅すぎるし，契約は，期間のないままでとどまっている。もっともよいのは，契約交渉において，期間の設定については全く触れずに，文書によってのみ伝えることのできる口のきけない人と同じように行動することである。口頭による意思の合致は，それだけですでに期間のない契約とみなされる危険は大きい。連邦労働裁判所は，期間のない契約に事後期間を付す可能性をここでは認めていない。

連鎖契約の期間についての指摘：期間の設定についての正当事由がないという疑いが強まるのは，使用者が被用者を長期間にわたって働かせているが，お互いどうし連鎖した短期の有期労働契約に基づいている場合である。かかる**連鎖契約**で特に注意深く検討されねばならないのは，連結した期間設定が正当化されるかどうかである。さらに吟味されるべきことは，それ以前の期間設定が期間を守って取り消されなかった場合に，その都度の最後の契約の期間について正当事由があるかどうかだけである（BAG 5. 6. 2002, EzA §620 BGB Nr. 195）。 994

パートタイム労働・有期労働関係法14条2項ないし4項による軽減された期間設定：14条2項によると労働契約の期間付与は，―限定することが大変難しく，立証することも困難な―正当事由がなくても，2年までは許される。この2年の期間内で，期間を設定した3回の更新が許され，その結果4つの分割された期間までは互いに連結することができる。その更新では，中断や内容の変更があってはならない。ただし，更新の前後でである（BAG 19. 10. 2005 u. 18. 1. 2006, EzA §14 TzBfG Nr. 23 26；23. 8. 2006, 7 AZR 23. 8. 995

2006)。しかし，ものを言わないことは，ここでは愚かなことではない：正当事由のない有期契約を変更する場合，その更新について語られてはならないし，またその逆もしかりである。

996 　ある企業（権利主体であって，すでに存在する権利主体に付加した事業所ではない）の創設後最初の4年間は，パートタイム労働・有期労働関係法14条2項aによって，正当事由なしに労働契約の数回の暦による期間付与が4年の期間まで許される。更新は，ここでも中断があってはならない。4年間の更新期間がまだ残されている限り，正当事由のない有期契約は，その企業の最初の4年間を超えることができる。しかしその場合，正当事由がなければ，もはや更新はなされない。そのすべての規定は，パートタイム労働・有期労働関係法14条2項a2文によって，企業やコンツェルンの組織変更の際の新たな創設には適用されない。同法14条3項4文のさらなる規定，すなわち52歳以上の被用者との有期労働契約を許す規定は，欧州裁判所からは，それが見出した（あるいは考え出した）平等取扱いという共同体の基本権，および平等取扱指針2007／78／EGに違反するものと批判されてきた（22. 11. 2005，》Man gold《，EzA §14 TzBfG Nr. 21；BAG mit Urteil vom 26. 4. 2006, 7 AZR 500/04で遡って追体験されている）。

997 　**事前の就業の禁止**：正当事由のない2年ないし4年の期間の設定は，同一の使用者との間で以前のどのような時期でも労働関係が成立していた場合には許されない。これは，期間の定めのない労働契約の締結を促進させるためのものであるはずが，しかし実務では，後の有期労働契約が結ばれず，期間の定めのない労働契約によって替えられないというように作用している（Rn. 574注18も見よ）。

998 　社会法典第3編の第5改正法草案（BR-Drucks. 320/05）の中では，事前の就業禁止が就業のチャンスを減少させるので，その禁止を2年間の休みまでに限定することが定められた。シュレーダー首相は，これを2005年3月17日の政府声明の中で特に強調した。しかし，それは，2005年11月11日の次のような連立合意によって無効となった。すなわち，一方で労働関係の最

Ⅳ. 諸事例における個々の問題

初の2年間での正当事由のない期間設定の部分が削除され，他方で使用者に，解約告知制限法における6ヵ月の待機期間に代わって24ヵ月までの待機期間を合意する可能性が与えられるべきであるという連立合意である。しかし，それは，今まで成就しなかった。

期間設定の事由の反復または期間設定が何らの事由も必要としない理由を**繰り返し追加**することは，解約告知事由の追加と同様許される（BAG 5. 6. 2002, EzA §620 BGB Nr. 193；7. 12. 2002, EzA §14 TzBfG Nr. 1）。 999

事例：一方の苦しみ，他方の喜び。同僚Mの病気によって，使用者Aは，Vを代理人として雇用し，Mの病気の間Vと労働契約を締結している。その合意の有効性は？ 1000

VとAとの間でなされた合意は，労働関係を終了させる要件として合意された出来事が生じるか否かという不確実さの程度に応じて結ばれている。目的による期間設定か（時点だけが未定である），もしくは解除条件（成就だけが未定である）である（BAG 24. 9. 1997, EzA §620 BGB Nr. 147）。パートタイム労働・有期労働関係法法14条2項が暦によって決めうる期間設定のみに適用されるので，その区別は確かに難しいし，解除条件の合意も目的による期間設定の合意と同様正当事由を必要とする（パートタイム労働・有期労働関係法21条）。一時的に欠勤する同僚を代理するための雇用は，使用者が代理の効力をもって契約を締結した時点で代理本人の復帰を予測することができる限り，正当事由として承認される（BAG 22. 11. 1995, 24. 9. 1977, 17. 4. 2002, EzA §620 BGB Nr. 138, 147, 187）。Aは，適法にMの復帰を前提としていたということから出発すると，許容された目的による期間付与となる。期間の終期がはっきりしないために，Vは，目的達成による不確定な期限によって守られる（BAG 12. 6. 1987, EzA §620 BGB Nr. 90）。 1001

ヴァリエーション：
1年半後，Mは，思いがけず死亡した。Vは，Mの死亡がAと自分との契約に影響するかどうか知りたいと思っている。 1002

1003 　合意された目的がMの死亡によってもはや達成されないことは，Vにとっては幸いなことである。判例は，補充的な契約解釈の方法で次のような結論に達している。当事者は，代理本人が最終的に退職した場合には，例えば労働関係の終了ではなくて，むしろ期間のない雇用継続を望んでいたという結論である(57)。そこで，AとVとの間には今や無期の労働関係が存在するのである。

> (57) BAG 5. 6. 2002, EzA §620 BGB Nr. 19, 192. 代理人の後任は，客観的な事由から契約上排除されうる。

1004 **個々の労働条件の期間設定**。個々の労働条件の期間設定については，パートタイム労働・有期労働関係法は適用にならない。予め文書化されていれば，それは，民法307条以下の普通契約約款の規制に従う（BAG 27. 7. 2005 u. 18. 1. 2006, EzA §307 BGB 2002 Nr. 5, 13；*Preis/Bender* NZA-RR 2005, 337）。この規制の尺度は，原則として個々の労働条件の撤回の際と同様でなければならない（Rn. 778）。しかし，これが無制限に適用されると，個々の労働条件の期限についての要求が，一部，労働契約全体の期間設定の要求よりも厳しくなってしまう（正当事由のない期間の設定，期間の事由の非追加）。それについては，なおよく考えられねばならない。

2. 事業主の交替の際の労働関係の移行もしくは終了

a) 構成要件

1005 　**事例**：商人Aは，女性販売員Vが10年来働いてきた商店を経営している。2006年3月1日に，Aは，Bへ事業の用益権を賃貸・引渡しをし，Bは，それを新しい商号の下で継続し，Vを引き続き働かせている。Bは，2006年3月30日に，Aがその商店の売上げについて自分を欺いたとして，Aとの契約を民法123条に従って有効に取り消した。BもAもその事業を継続していない。Vは，その4月の給与を要求することができるか，また誰に求めることができるか質問している。

Bに対する請求はどうか？

請求権の根拠としては，民法615条が考えられる。この規定は，VとBとの間に労働関係が存在したことを前提とする。民法613条a1項1文によって，事業所の譲渡は，労働関係の法律上の移転を生じさせる。しかし，これは取り消されたのである。民法613条aは，引受契約における取消しの効果を明示していない。使用者の錯誤は，自己の事業上の危険に含まれるので，使用者は引き受けた被用者の法的地位に立ち入ることは許されないであろう(58)。しかし，その労働関係は，Bの解約告知によって終了させられるであろう。BがVを今後働かせることができないというその表示の中に，実際に解約告知がある。しかし，即時解約告知が民法626条によって認められるのは，労働関係の存続を期待できない重大な事由が存在する場合に限られる。事業の中止は，重大な事由ではない。従って，その解約告知は，解約告知期間が経過してはじめて有効になる。Vは10年来その事業所で働いてきたので，解約告知期間は4ヵ月になる。従って，VとBとの間の労働関係は，まだ4月でも存続する。Bは，4月の給与を支払わなければならない。

(58) さらに，BAG 6. 2. 1985, EzA §613a BGB Nr. 44 は，譲受人の精神疾患のために民法105条によって無効な法律行為で足りるとしている。

Aもまた4月の給与について責任を負うか？ 613条aによれば，従前の使用者は，事業所の譲渡後はじめて支払期限に達した被用者の請求権については原則として責任を負わない。しかし，Aは，民法613条a2項に従って，その事業所が再度自分に譲渡されたとしたら，4月の給与について責任を負わなくてはならないであろう。しかし，それに対しては，Aが事業所を再開させてはいないことが問題である。連邦労働裁判所（BAG 18. 3. 1999, EzA §613a BGB Nr. 177）は，このケースについて民法613条aによる経営譲渡がみられず，事業所の継続という単なる可能性では十分ではないと裁判した。

b) 被用者の異議

労働関係は，民法613条a5項，6項に従って，被用者が同条5項で求められている通知の到達後1ヵ月以内に文書で異議を唱えれば移行しない。その期間は，関与する使用者が認識できる限り，異議に対する決断にとって重要なあらゆる事実を含む適法な通知のときから始めて進行する（BAG 13. 7.

J. 労働関係の終了

2006, 8 AZR 305/05)。特に取得者の場合には破産の危険性という事実がある。その結果，明らかに異議にとって重要でない誤ったまたは怠られた情報は，その期間の進行にとって重要ではないとせざるをえない（*Grau* Unterrichtung und Widerspruch der Arbeitnehmer bei Betriebsübergang, 2005, 102）。

1009　**追加事例**：ある被用者は，613条a 5項によって情報の通知がなされ，それによって労働関係の移行に対して異議を出すまで，新しい事業所の所有者の所で2ヵ月働き続けている。その被用者は，誰にこの2ヵ月の賃金を請求することができるのか？　通説によると（BAG 22. 4. 1993, EzA §613a BGB Nr. 111；異なる見解 *Rieble* NZA 2004, 1)，その異議は，事業譲渡の時点まで遡及する。これは，確かに困難な結果になる問題を生じさせる。その被用者は，今までの使用者のために全く働かず，全く仕事を提供してこなかったにもかかわらず，その従前の使用者に賃金を要求することができるのであろうか？　被用者は，継続した労働関係に基づいて自分の仕事に法的根拠が全く欠けていないにもかかわらず，事業所の取得者に事実的労働関係の原則に従って賃金を要求することができるのか？　遡及効を否定すべきである（*Rieble* a. a. O.）。

1010　事業所の旧所有者が，異議の権利行使の後受領遅滞に陥ったならば，被用者の支払いの訴えは，彼が譲受人のために働こうとすることを拒否すれば無に帰する。その拒否は，民法615条2文によって，他の就業機会の利得に対する悪意の不作為とみなされる（BAG 19. 3. 1998, DB 1998, 1416 = EzA §613a BGB Nr. 163）。

1011　従前の使用者が被用者に対して職場の廃止ゆえに解約告知をしたので，その被用者が異議を行ったが，その異議について後悔すれば，それは余りに遅すぎる。その異議は，撤回できない（BAG 30. 10. 2003, EzA §613a BGB 2002 Nr. 16）。

1012　**民法613条a 4項1文の解約告知禁止**は，それが異議によってまさに阻止される労働関係の移行を防護すべきものであるから異議を行った被用者の

Ⅳ. 諸事例における個々の問題

有利に適用されない。

クリステル・シュミット（C. S.）の不安。貯蓄銀行のただ一人の清掃スタッフであるC. S. は，清掃の作業が外部の企業へ委託されるということで，解雇された。シュレスヴィッヒ・ホルシュタイン州労働裁判所（ZIP 1994, 1040）は，613条aの背後にある欧州経済共同体指針（EWG-Richtlinie 77/187（現在 2001/23））が意味する事業所の一部譲渡があったかどうかという問題を欧州司法裁判所へ付託した。欧州司法裁判所は，この問題を1994年4月14日の判決（EzA §613a BGB Nr. 114）で肯定し，同時に不安定さと不安を誘発させた。今までは任務を課せられていた被用者を今度はそれぞれに任務を与えて引き受けなければならなかったのであろうか？ アイゼ・ズツェン（A. S.）は，やはり清掃スタッフで，欧州裁判所へ是正の機会を与えた。A. S. は，長年働いていた清掃の仕事を，彼女の使用者が他の事業主へ与えたために解雇された。欧州司法裁判所は，依頼の単なる請負がまだ事業の一部譲渡ではないという裁判を下した（11. 3. 1997, NJW 1997, 2039 = EzA §613a BGB Nr. 145）。「むしろ必要なのは，その同一性を保持したままでの経済的単一体の移行である。その際，すべての該当する出来事の経過をはっきりと示す事実が考慮されねばならない。特にそれに含まれるのは，当該企業もしくは事業所の種類，建物や動産のような起こりうる物質的な事業手段の譲渡，移行の時点における無体財産の価値，新しい取得者による主要従業員の引受，顧客の引受および譲渡の前後に行われた業務の間の類似性の程度そして起こりうるその業務の中断期間などである。主として人間の労働力が重要である部門では，人数と専門的知識からみて人員の主要部分を引き受けていることで十分である。」連邦労働裁判所は，これをいち早く取り入れてきた（13. 11. 1997, EzA §613a BGB Nr. 154）。専門知識が特に要求されない清掃スタッフでは，連邦労働裁判所は，従業員の75％ではなく，85％の引受けで十分であるとみている（BAG 10. 12. 1998, EzA §613a Nr. 174）。

2003年11月20日の欧州司法裁判所の判決（EzA §613a BGB 2002 Nr. 13 - Carlito Abler事件）は，不確実さと不安を新たにかき立てた（不安を示しているのは，*Bauer* NZA 2004, 14：*Willemsen/Annuß* DB 2004, 134）。ここでは，

J. 労働関係の終了

ある病院での看護を他の大きな台所用品の会社へ譲渡することが，労働関係の移行になるかどうかが問題となった。欧州司法裁判所は，肯定した。「確かに，看護は，主として人間の労働力が重要となる仕事とは認められない。資産が少なくない範囲で必要だからである。決定的なのは，病院の調理場での調理およびこれによって調達された資産の引受けを行う義務である。加えて，新しい譲受人は，必然的に同じ顧客すなわち病院の患者を引き受けたのである。」同じ結果を伴った類似する状況は，他のサービス業者による空港での旅客コントロールの譲受けである（BAG 13.6.2006, EzA §613a BGB 2002 Nr. 53）。連邦労働裁判所は，このケースではなく，他のケースで，—本件では問題とされる—事業所の一部譲渡が，譲り受けられた事業手段が旧事業主と新事業主とで事業の一部という性質を有し，それが独立した，分離可能な組織的単一体であることを前提としていると強調している（最近のものでは，27.10.2005, 14.6.2006, EzA §613 BGB 2002 Nr. 43, 51）。

1015
(詩・略)

c) 労働協約もしくは事業所協定といった法規範によって根拠づけられた被用者の権利義務

1016 これらは，いずれにせよ新しい事業所の所有者との労働関係の内容となる（民法613a条2項から4項）(59)。

(59) この法領域でも，急速な展開に直面して，613条aの常に新しい注釈書を使うことが薦められる。ここでの複雑な法的状態の叙述は，不十分となる。

1017 その規定の文言に従うと，集団的契約は，事業所の移行の後個人法的にのみ継続して適用されるにすぎない。規範としてではなく，個々の労働契約の要素とである。これは，重要な結果をもたらす。締結規範，事業所および事業所組織の諸規範が同時に内容規範ではない限り，それらの規範ではなく，内容規範だけが継続して適用されるという結果である。事業所の移行後設定される労働関係には決して適用にならない。しかし，その際に労働協約または事業所協定がすでに集団法的な原則に従って継続適用されていない場合にだけ係わる受け皿要件の問題がある。これは，協約ないし事業所の同一性を要求する。協約は，取得者も団体構成員資格もしくは一般的拘束力宣言によって協約に拘束されると，集団法として継続適用される。それゆえ，企業

協約は，取得者がそれに入る場合にのみ，集団法として適用される(60)。事業所協定は，事業所の同一性が保持されたまま，引き受けられた事業所もしくは事業所の一部が取得者の事業所へ組み込まれない場合，継続して適用される。継続適用されている事業所協定や協約の民法613条a1項による終了は，その規定の2文から4文で規定されている。

(60) BAG 5. 2. 1991, EzA §613a BGB Nr. 93. その反対に，企業合併の歳に組織変更法20条による企業譲渡で企業協約の集団法的継続適用については，BAG 24. 6. 1998, EzA §20 UmwG Nr. 1.

3. 使用者による即時解約告知

(シェーマの反復，解約告知事由の追加，転換)

事例：1年来機械工としてFに雇われていたSは，1月15日に上司を侮辱したというので，事業所委員会の詳細な意見聴取の後1月19日即時に解雇されている。Sは，2月6日に解約告知制限訴訟を起こしている。その訴訟の中で，侮辱したという非難は裏づけられていない。そのためFは，2月25日労働裁判所において，事業所委員会の新たな詳細な意見聴取の後，次の主張も行っている。すなわち，その解約告知は，Sがすでに何度も時間にルーズなことを警告されてきたにもかかわらず，1月10日無断で1時間遅刻して働きにきたことによるというものである。Fは，それを1月20日になってはじめて担当マイスターから知った。Sは，それを争えない。労働裁判所は，どのような裁判をするであろうか？

(1) 前述の検討シェーマ（Rn. 900）に従えば，まず最初に確認されるべきは，3週間の出訴期間が守られていたことである。

(2) Sは，即時の解雇が第三者機関の同意によってのみ許される被用者には含まれない。

(3) 事業所委員会は，1月19日の解約告知の表明前に意見の聴取を受けた。もちろん後になって追加された解約告知の事由は，この聴聞では告げられなかった。解約告知は，事業所委員会がなるほど聴取を受けたが，実際の解約

J. 労働関係の終了

告知の事由が通知されないかまたはごく不完全にしか通知されなかった場合には，事業所組織法102条1項2文によって無効である。しかし，ここではそうではない。第1回の事業所委員会の聴取の際，その当時決め手であった解約告知事由が詳細に通知されていたからである。後になって追加された解約告知の事由がその当時まだ告げられなかったことは，その第1回の意見聴取ではなくて，せいぜい遅れた事由の追加の無効となるにすぎない。

1021　（4a）　解約告知をする者は，民法626条2項の期間の中でのみ解約告知の事由を主張することができる。主張されている侮辱的発言に関しては，その期間は確かに守られている。追加された解約告知事由の点について，まず最初に問われるべきことは，民法626条2項が意味通りその追加に適用されるかどうかである。民法626条2項からは，追加された解約告知事由がそれを知った後その発覚後2週間以内に示されていなければならないという結果は生じない。その除斥期間は，その場合でも解約告知をする使用者が解約告知前2週間以内に知った事由を追加しているならば，まだ守られている。それは，本件にあてはまる。

（4b）　1月19日の即時の解約告知の有効性は，それゆえ民法626条1項によって次のことにかかっている。すなわち，Fがこの時点で4週間の解約告知期間（民法622条1項）が経過するまでの労働関係の継続を期待できないかどうかである。それは，主張された侮辱からは，証明されていないので，導き出されない。解約告知事由の証明責任は，常に解約告知をする者にある。それゆえ，即時の解約告知がSの遅刻によって裏づけられるかどうかが問題となる。これが前提とするのは，解約告知事由が解約告知の宣告後でも「**追加**」されうるということである。解約告知の到達の際にすでにその事由があれば，それは原則として許される。解約告知は，付加された事由の提示がなかったとしても，有効だからである（民法626条2項3文）。しかし，異なるのは，事業所委員会もしくは職員代表委員会が存在する場合である。なぜなら，その場合解約告知事由が解約告知以前の聴聞において述べられねばならないからである。解約告知前に使用者には知られていた解約告知事由は，その場合追加できない（BAG 1. 4. 1981, EzA §102 BetrVG 1972 Nr. 45；BAG 26. 9. 1991, EzA §1 KSchG Personenbedingte Kündigung Nr. 10）。しかし，1

IV. 諸事例における個々の問題

月19日には，使用者は，Sの遅刻をまだ知らなかった。マイスターは，普通の事業所組織では解約告知をする権限が与えられていないから，マイスターが知っていたことは，追加を否定することにはならないであろう（反対説では，2月25日の追加は，新しい解約告知の表明と評価される）。その追加の前に，事業所委員会は，もう一度聴聞されねばならない（BAG 11. 4. 1985, EzA §102 BetrVG 1972 Nr. 62 ; 28. 2. 1990, EzA §1 KSchG Personenbedingte Kündigung Nr. 5）。それは，本件では行われている。従って，決定的なのは，Sの遅刻がその労働関係の即時の解約告知にとって重大な事由であるかどうかである。警告にもかかわらず，度重なる遅刻は，その労働関係の継続を期待できないものにする。しかし，Sの遅刻は，あまり職場を乱すものではないであろう。そうでなければ，マイスターは，むしろそれを使用者に前もって恐らくは伝えたであろう。それゆえ，即時の解約告知は理由づけられないであろう。

では，追加の4つの場合を記憶に留めなさい！ 1. すでに解約告知の到達の際にあった解約告知事由の追加は，原則として許される。2. 解約告知へと導く事由が，事業所組織法102条に従った聴聞の際に触れられなかった場合，その解約告知は無効である。それゆえ，追加は全く考えられない。3. しかし，客観的な解約告知事由が使用者による先入観に囚われて解約告知のきっかけとならず，それゆえ事業所委員会の聴聞でも伝えられなかったのではない限り，解約告知は，有効であるが，しかし追加は，否定される。4. 解約告知の到達の際に存在しているが，しかし使用者にはいまだ知られていない解約告知事由は，事業所委員会の新たな聴聞の後追加されうる。

(5) もしも，即時解約告知の事由が十分ではなく，または提示されるのが遅すぎたならば，期間による通常の解約告知への転換が常に考慮される（民法140条）。それが可能なのは，解約告知を行う者が，自分はその労働関係をいずれにせよ終了させるつもりであることを表明していたときである。即時解約告知が予備的に期間のあるものとみなされるという旨の明白な表明は，必要でない。本件では，Fのこのような意思が認められる。Fは，解約告知事由の補完によって，どうしてもSとの関係を断ちたいということを明ら

かにしたからである。

1024　そこで，Fが1月19日に宣告した解約告知が，通常の解約告知についてのシェーマを手掛かりにして検討されねばならない。新たな事業所委員会の意見聴取は，それがすでに通常の解約告知の可能性について意見を述べていたとしても，不必要である（BAG 20. 9. 1984, EzA §626 BGB Nr. 92）。それは，本件の場合，事業所委員会の詳細な意見聴取に照らし恐らく認められる。それゆえ決定的なのは，警告したにもかかわらず度重なる遅刻が解約告知制限法1条2項の意味する行動に原因のある解約告知を正当化するかどうかである。それは，原則として肯定されねばならないであろう。従って，労働裁判所は，その労働関係が2月15日に終了したと確認するであろう[61]。

(61) 民法192条によって，週による期間が計算されるため，月曜日に宣告された解約告知は，4週間後の月曜日に有効になる（民法193条の例外規定は，適用にならない）。

4. 嫌疑に基づく解約告知，解約告知の承諾，補償金

1025　**事例**：被用者Aは，職場の同僚から事業所内の窃盗の嫌疑をかけられている。Aが盗んだという状況証拠が何もなかったにもかかわらず，事業所委員会の意見聴取があった後，即時解雇された。さらに，Aは，その解約告知を承諾しないと自分を告発するとして，使用者から承諾を要求されている。Aは，潔白であるが，その要求された意思表示を文書で行った。というのは，Aは腹を立てまいと考えたからである。数日後，Aは，そのことを後悔し，何かその解約告知に対してできないかと質問している。

シェーマ（前記 Rn. 965）に従ってその即時解約告知を検討すると，解約告知の有効性に対する疑問は，重大な事由という要件からのみ生じてくる（民法626条）。確かに，事業所内での窃盗は，即時解約告知の通常一つの重大な事由ではあるが，それは証明されねばならない。もっとも，判例は，それが処罰すべき行為またはその他の非行について重い嫌疑があることを解約告知事由として十分であるとして，その証明責任を転換している（確たる判例である。*Hoefs* Die Verdachtskündigung 2001 を見よ）。その調節として，被用

者が後に名誉を回復したならば，再雇用の請求権がその被用者に与えられるのである(62)。しかし，**嫌疑に基づく解約告知**の要件は，その嫌疑が有力な状況証拠に支えられることである。職場の同僚の単なる嫌疑では十分ではない。加えて，被用者は，嫌疑による解約告知の前に聴聞を受けるべきである。したがって，解約告知は不当である。

(62)　KR/*Fischermeier* §626 BGB Rn. 234 を見よ。解約告知事由の他の場合の欠落とは反対に，解約告知期間の経過後，実際さらに法確定力のある解約告知制限訴訟における解約告知の確認後でもである。

確かに，Aは，**その解約告知を「承諾」**した。それを，労働関係の契約による解除または解約告知制限訴訟の放棄と考えることができる(63)。

しかし，Aの意思表示は，告訴を伴う強迫が違法であった場合，民法123条によって取り消されよう。それは認められねばならない。というのは，その強迫は，Aが当然行うことができる解約告知制限訴訟を妨げる目的をもっていたからである。従って，Aは，取消しという強固な手段に訴え，勝訴を見込んで解約告知制限訴訟を提起することができる。しかし，Aは，新しい職場を見つけ，従来の使用者のところにとどまる気がないために，そうすべきかどうか迷っている。Aは，解約告知制限訴訟が自分にとってまだ有益かどうか質問している。

有益である。Aは，以前の労働関係の存続に関心がなくても（解約告知制限法13条1項3文と関連した9条），──その他に，保険料および広範囲の税金の免除された──補償金を受け取ることができる（解約告知制限法13条1項3文と関連する9条）からである。要件は，解約告知の無効と並んで，労働関係の継続が期待できなかったことにある(64)。本件では，Aが自分の使用者からいとも簡単に窃盗の罪を帰せられたので，それがあてはまる。他の点の嫌疑は，その補償金においてそのまま考慮することはできないが，補償額に関する裁判所の勘酌の際に考慮されることはある。それゆえ，解約告知制限訴訟は，職場の変更がAに何らかの不利益をもたらした場合，とりわけAには有益である。というのは，それは，裁判所が補償金額の確定の際考慮されるからである。

(63)　疑わしいのは，解約告知制限訴訟の放棄が，民法623条を準用して，ケー

スでは遵守されていた文書の形式を必要とするかどうかである。否定するのは，LAG Hamm 9. 10. 2003, NZA-RR 2004, 242.
(64) 民法626条の枠内にあるのと同じではない要求が出されるべき第2クラスの非期待性の問題である。BAG 26. 11. 1981, EzA §9 KSchG Nr. 11 がそれである。

5. 事業所の概念，配置転換，変更解約告知，社会的選択

1026 これは，前記 Rn. 650 で取り上げた転勤のケースにおける解約告知制限法の部分の続きである。

1027 指揮命令権が役立たなければ，変更解約告知，すなわち変更された内容を有する新たな労働契約の申出を伴った，労働関係の通常または—非常に稀れであるが—特別な解約告知の可能性がある。ここで考慮されるのは，X株式会社が通常の解約告知をVに表明し，同時にBでの就業に関する労働契約の締結をVに申し出ていることである(65)。X会社がこれを行えば，その解約告知は，原則として変更解約告知についても適用される一般規定に基づいて検証されねばならない。特に解約告知制限法が注意されねばならない。確かに，この法律は，常時6人未満の被用者が就業させられている事業所には適用されない。Vの支店では3人の被用者だけが働いているので，この支店が独立の事業所であるのかどうか，あるいはX会社の複数の支店が一体としての事業所とみなされなければならないのかどうか問題となる（BAG 26. 8. 1971, EzA §23 KSchG Nr. 1；BAG 25. 11. 1993, EzA §14 KSchG Nr. 3）。これは，組織的単一性に適合する一般的な事業所の概念に従って判定される。だから，X会社の支店等が一つの組織的単一体を形成し，中央から統括されているか否かが重要なのである。これがあてはまるので，解約告知制限法が適用できる。それゆえ，変更解約告知の社会的正当性が検討されねばならない。ここで，解消的解約告知と変更解約告知との最初の違いが生じる。変更解約告知では，分離された解約告知が社会的に正当とされる必要はなく，それとともに求められた労働条件の変更が正当とされねばならない（解約告知制限法2条，4条，8条）（BAG 7. 6. 1973, EzA §626 BGB Nr. 29；LAG Berlin, DB 1962, 334）。これは，VがAでは不要であり，Bにおいて必要とされた

場合に（差し迫った事業上の必要性）存在するケースである。しかし，Ｖは，社会的な選択がなされていなかったと主張することができるし（解約告知制限法１条３項），Ｖは，実際に未婚の被用者がＢへ送られることができるとも主張する。これがあてはまれば，変更解約告知は不当であり，Ｖは，解約告知到達後３週間以内に，勝訴の見込みをもって，解約告知が社会的に不当である旨の確認を求めて訴えることができる。しかし，それで直ちにＶが助かったのではない。なぜならば，Ｖは，解約告知制限訴訟の間もＡに当然とどまりたいからである。この中間期間の法的状態は，解約告知制限法２条に規定されている。それによれば，被用者は解約告知期間の間，しかし遅くとも解約告知到達後３週間のうちに，労働条件の変更が社会的に不当でないという留保つきで，変更解約告知と結びつけられた新たな労働条件の申込みを認容することができる(66)。被用者は，新たな労働条件が何といってもまずは自分にとって一層確実であると考え，大抵それを行うであろう。しかし，以前の労働条件を保持するためであるならば，Ｖはそのまま訴訟を行えばよい。留保付きの承諾は，確かに，Ｖが解約告知制限訴訟の勝訴までＢで働くことを強いるであろう。しかし，申出を無条件に拒否することは，さらに不利となろう。というのは，使用者Ｘには，Ｖ勝訴の判決があるまで，Ｖの賃金支払いや就業を解約告知期間の終了後停止することができるからである。解約告知期間通りに解雇された被用者を解約告知期間経過後直ちに継続就業させねばならないという使用者の義務は，事業所委員会が，事業所組織法102条３項に挙げられている事由によって解約告知に対して異議を唱えた場合にのみ—しかもＸ株式会社には事業所委員会が全く存在しない—，原則として存在する。したがって，Ｖには，変更解約告知を留保つきで認め，一時的にＢの１室をもらい，解約告知制限訴訟の速やかな裁判に集中するほかない。

(65) 解約告知のための民法623条に従って必要な文書による方式は，変更解約告知の場合に，変更の申出にも拡張される。

(66) BAG 18. 5. 2006, EzA §2 KSchG Nr. 58：法定の考慮期間は，強行的であり，留保のない承諾についても適用される。使用者がより短い期間を定めれば，法定の期間が適用になる。

変更解約告知による賃金減額は？

1028　変更解約告知は，強行法である法律または集団的契約法によらない賃金その他の給付の引下げが目的である場合もある。判例は，次のようにブレーキをかけている。すなわち，給付・賃金体系への重大な介入が緊急を要するというのは，著しい賃金引下げの実施のための変更的解約告知のように，従前の人件費の構成を維持する場合と，明らかに人員削減かそれともさらに事業所の閉鎖に至ることが予見できる広範な事業上もはや食い止められない損失が生じる場合にのみ認められるというのである。それゆえ，通常このような状況は，意図した変更的解約告知を和らげるあらゆる手段を尽くした包括的な再建計画があることを前提とする(67)。

> (67) BAG 16. 5. 2002, 23. 6. 2005, EzA §2 KSchG Nr. 46, 54 は，契約による付帯的取決め，すなわち事業所の所在地，交通費の補助，賃借の補助についての助成といった取決めについて制限している（BAG 27. 3. 2000, EzA §2 KSchG Nr. 48)。使用者がいくつかの契約変更を申し出れば，それらが労働契約の内容を変更された就業の可能性に順応させるために適し，または必要であるかどうかを個々の点に関して検討しなければならない（BAG 23. 6. 2005, EzA §2 KschG Nr. 55)。

6. 転勤，解約告知と共同決定

1029　**事例1**：ケルンのAは，その職員Bをデュッセルドルフの営業所へ転勤させたいと思っている。デュッセルドルフについても管轄のある事業所委員会は，Aの知らせで折り返し次のように文書で立場を明らかにした。「我々は，Bがデュッセルドルフでは昇進の機会をもたないので，Bの転勤の計画に異議を唱える。」

Aは，その転勤を命じてもよいかどうか質問している。

事例2：Aは，Cをアウグスブルグへ転勤させるつもりである。そこで，Aは，職場の人員がケルンでは余剰であるが，アウグスブルグでは不足しているので，Cを通常の解約告知をし，アウグスブルグの就業場所で新たな労働契約締結を申し込むことを，事業所委員会へ通知している。アウグスブルグをも管轄する事業所委員会もこれを争わなかったが，Cの妻がケルンで働いているので，折り返し解約告知に異議を唱えた。Cがアウグスブルグへ転勤させられれば，妻は自分の仕事を辞めねばならない。未婚のDがアウ

IV. 諸事例における個々の問題

グスブルグへ転勤させられるほうがよい，というのである。A は，被用者の妻のことを考えてはいられないと思い，アウグスブルグでの就業申込みを条件として，職場不足のために C を期間の定めをもって解約告知した。C はこれを拒否している。

C は，解約告知が有効なのか質問している。

最初のケースでは，労働法にとっての基礎である，個別的労働関係法と集団的労働関係法との並存と重合の関係を知ることができる。この両者の法的根拠がそれぞれ検討されるべき順序について，確かな規則はない。計画された転勤の性質をまず一度法的に明らかにするために，個別的労働関係法から始めるのが恐らく自然である。

そうすると，計画された転勤が労働契約上正当であったかどうか，まず始めに検討されるべきであった。これは，ケルンからデュッセルドルフへの B の転勤が指揮命令権の中に含まれていることを前提とする。その指揮命令権の範囲は，労働契約によって決められる。明示の労働契約上の合意は，本件の事実関係によればなかった。労働の質から明らかにすることができる推測可能な合意を考える拠り所もない。したがって，契約上の労働義務は，それが明らかでなければ，従来の場所に限定されるとする一般原則にとどまるのである（BAG 10. 11. 1955, EzA §611 BGB Nr. 1；ArbG Düsseldorf 15. 3. 1989, DB 1989, 2078）。もうそれだけで，A は転勤を命じるべきでないことになる。

転勤の計画は，さらに事業所委員会の共同決定権に反することになりうる。これは，事業所組織法 99 条 2 項 3 号から明らかである。しかし，この規定の意味するその他の不利益とは，法的地位または法的に重要な期待権の喪失だけであり，単なる事実上の昇進の機会が実現されないことではない。しかし，連邦労働裁判所の見解では，明らかに拒否の理由のどれにもあたらない理由づけは，事業所委員会の同意がなされたものとみなす結果（Rn. 455 を見よ）になる。この要件は，本件では満たされているといえよう。連邦労働裁判所の判例によると，事業所委員会が法律上同意を拒否できる理由を主張しなかったことは明らかだからである。そこで，共同決定は転勤の妨げとならないのである。

第 2 の問題では，第 1 のものとは反対に，指揮命令権ではなく，変更解約告知を根拠になされた転勤が問題であった。その解約告知は，事業所組織法

J. 労働関係の終了

99条2項4号の事業所委員会の共同決定権を侵害したために無効であろう。使用者が期間を守った変更解約告知をもって被用者の転勤を実現させたければ，事業所組織法99条による事業所委員会の同意は，解約告知期間経過後の新しい仕事分野への事実上の配置に対しての有効要件である。事業所組織法99条による事業所委員会の同意が得られず，または補完されなければ，これは，変更的解約告知の不確定無効という結果になる。99条による手続きが適法に実施されない限り，使用者は，変更された契約条件を実行することはできない。その場合，被用者は，有効に奪われなかった元の仕事の分野でのみ働くことができる（BAG 30. 9. 1993, EzA §99 BetrVG Nr. 118）。それゆえ，解約告知の有効性については，解約告知制限法1条と関連する2条の要件が充たされたかどうかだけが問題になる。ここでは，解約告知は，解約告知制限法1条3項のために失敗するであろう。というのは，Aが争っていないように，未婚のDがアウグスブルグでの職場に適している場合Dを転勤させるというという社会的選択が求められるからである。

V．無効な解約告知の法的効果のまとめ

1030
1. 契約による就業継続と報酬の請求権
2. それに代わって，解約告知制限法9, 10条，事業所組織法112条（社会計画），事業所組織法113条（利害調整）または合意，特に裁判所の和解に基づく補償金
3. 損害賠償

　不法な解約告知は，客観的には，過失がある場合に損害賠償を義務づける契約侵害である。その過失は，誠実に解約告知事由の存在を考慮していたならば存在しない（BAG 13. 6. 2002, EzA §15 KSchG n. F. Nr. 55；20. 6. 2002, EzA §611 BGB Arbeitgeberhaftung Nr. 11）。解約告知が解約告知制限法4条によって有効とみなされ，または労働関係が解約告知制限法9条により補償金と引替えに解約されたならば，損害賠償はない。労働裁判所法12条a（Rn. 1045）による第一審における弁護士費用の除外は，損害賠償についてもあてはまる。

K. 労働裁判所手続き

文献：労働裁判所法に関する最も簡潔で，最新かつ最も安価なコンメンタール：*Hauck/Helmut* 3. Auf. 2006；*Germelmann/Matthes/Prütting/Müller-Glöge* Arbebitsgerichtsgesetz, 4. Aufl. 2002. 1031

Ⅰ．賃金と解約告知制限訴訟の例

エムゼッヒ（訳注：勤勉者という意味である）は，150名の被用者が働くHの事業所で職員として永年勤めてきた。エムゼッヒは，2006年1月21日に使用者をひどく侮辱する意見を同僚に述べたということで，2006年1月30日即時解雇された。エムゼッヒはこれを争ったが，引き続き就業させられなかった。事業所委員会は，その解約告知の前に意見聴取を受けた。事業所委員会は，事実関係の不明を理由に疑義を呈した。 1032

エムゼッヒは，次のような質問をしている。(1)自分は，どの裁判所に2月の給与を請求する訴えができるか？ (2)自分は，自らその訴えを起こすことができるか，それとも弁護士によって代理されねばならないか？ (3)その訴えは，支給総額または手取給与額いずれの支払いを目的にすることができるか？ (4)自分は，給与の支払訴訟に限ることができるか，それとも同時に解約告知に対処しなければならないか？ (5)自分がその訴訟に敗れると，その費用はどれくらいか？ 訴訟に勝っても，費用が生じるか？ 1033

1. 管轄：労働裁判権

労働関係から生じる被用者と使用者間の民事訴訟は，労働裁判所法2条1項3号によって労働裁判所が管轄する。労働裁判権は，労働裁判所，州労働 1034

443

裁判所および連邦労働裁判所によって行使きれる。その三審のいずれにおいても，名誉職としての裁判官の関与が定められている。労働裁判所や州労働裁判所の法廷は，裁判長と，被用者および使用者側の各1名の名誉職裁判官からなる（労働裁判所法16条2項，35条）。連邦労働裁判所の法廷では，裁判長，2人の連邦裁判官および被用者と使用者側の各1名の名誉裁判官をもって裁判を行う（労働裁判所法41条2項）。連邦労働裁判所の所在地は，エアフルトである。

1035　労働裁判所の管轄は，専属管轄である。すなわち労働裁判所に係属する法的紛争は，別の裁判所の合意によって破られないし，回避されない。労働裁判所法48条1項に従って，権利保護の手段や手続きの種類の許容性，事物管轄と場所管轄について，裁判所構成法17～17条bがいくつかの条件づきで準用される。それ以外では，どのような労働法上の訴訟も，労働裁判所において始まる（従って，それぞれ訴額によって2つの初審がある民事事件とは異なる）。

2. 訴えの提起，訴訟代理

1036　労働裁判所法11条に従って，エムゼッヒは，その訴訟を労働裁判所で自ら行うことができる。エムゼッヒは，労働裁判所法46条a，民事訴訟法688条によって，（文房具店で手にはいる）書式用紙において督促決定を申請することができるが，ここでは，即刻訴えが起こされるであろう。なぜならば，督促決定は，予想される異議によって手続が遅れてしまうことがあるからである。エムゼッヒは，その訴えを文書の形にするか，あるいは口頭で労働裁判所の書記課に記録させることができる（民事訴訟法496条と関連する労働裁判所法46条2項）。エムゼッヒは，労働組合の法務書記または自分が所属する社会・職業政策の目的をもった団体の代理人によって，あるいは弁護士によって代理されることができる。第二審では（労働裁判所法11条2項），エムゼッヒは労働組合代理人または弁護士によって，第三審では，弁護士によって代理されねばならない。

3. 賃金総額または手取賃金いずれの訴えか？

使用者が給与の支払を拒否すれば，被用者の訴えは，原則として，本件では 4,000 ユーロになるはずの賃金総額(1)に向けられうる。使用者が賃金総額の支払いを命じる判決を受ければ，使用者は，税金や社会保険料を留保して納付する権利と義務がある。

(1) 社会保険や賃金税についての，被用者の分担金を控除する前の賃金。

ある一定の手取給与が例外的に合意されているときにだけ，訴えは**手取賃金**に向けられる。当事者が詳細な検討なしにある一定の手取賃金の支払いを合意したのであれば，疑わしい場合には，控除額の大きさに影響を及ぼす被用者の個人的な関係が，その計算の基礎であったことから，給与もその変更にともなって変わると考えるべきである。

4. 訴えの申立て

エムゼッヒは，すべてが難しいと思ったので，2月15日ある弁護士に自分の利益の主張を依頼している。弁護士は，そこでどのような訴えの提起を行うべきか熟慮する。エムゼッヒは，2月の給与を受け取りたいのであるから，「被告は，原告に対し，賃金総額 4,000 ユーロの支払いを命じる」という申立てを構成することがはっきりしている。

それにもかかわらず，この申立てだけを行うことは，解約告知が未解決である以上大変な過ちであろう。なぜならば，解約告知制限法4条，7条と関連する13条1項2文によれば，被用者が解約告知の到達後3週間以内に，その労働関係が解約告知によって解除されていないことの確認を求める訴えを労働裁判所に起こしていなければ，即時の解約告知は，重大な事由がなくても，最初から有効なものとみなされるからである。いうまでもなく，解約告知制限法は，一般的に適用できるものでなければならない。それは，本件の場合にあてはまる。エムゼッヒは，半年より長くその事業所に就業し（解約告知制限法1条），その事業所には10人を超える被用者が働いているからである（解約告知制限法23条）。

K. 労働裁判所手続き

1040 　従って，被用者が特別の解約告知に対して給与支払訴訟で対抗し，この枠内で単に予備的に解約告知の有効性を問題とするのでは十分ではない。むしろ，単独の給与支払訴訟は，解約告知制限法7条による瑕疵治癒効果が生じれば，理由なしとして棄却されねばならない。確かに，それは，実務ではそうにはならないであろう。労働裁判所は，このような場合民事訴訟法139条，解約告知制限法6条によって，確認を申し立てる必要性を釈明させる義務を負うからである。

1041 　単独の給与支払訴訟と同じように，単独の解約告知制限訴訟も好ましくない。解約告知の無効確認の訴えは，民法195条によって3年で成立する賃金請求権の消滅時効を中断しないからである。さらに，賃金請求権の裁判上の行使を求める，往々大変短い協約による除斥期間も，解約告知制限訴訟によって否定されない。これは，すでに，解約告知制限訴訟と並行する給与支払いの訴えを不必要なものと考え，かつ／または費用を節約しようと考えたために，給与支払いの訴えを放棄した数多くの被用者にとって，まさに命取りになった。

　それゆえ，弁護士は，次のような申立てを行うであろう：
1. 被告との間で存在する原告との雇用関係が，2006年1月30日の解約告知によって解約されなかったことを確認する。
2. 被告は，原告に対して訴えの係属後賃金総額の基本利率5％の利息が付された賃金総額4,000ユーロを支払うように命じる。

1042 　利息は，連邦労働裁判所の裁判（GS 7. 3. 2001, EzA §288 BGB Nr. 3―批判的評釈，*Schwarz* = AP §288 BGB Nr. 4―批判的評釈，*Hanau*）に従えば，被用者が支給総額を全く受け取る必要がない場合でも，支給総額から算出される。第三者の負担での気前の良さである。その利率は，民法288条，291条から，基本利率の概念は247条から明らかになる。その申立ては，本案訴訟の費用ないし仮執行の可能性と関係する必要はない。それについては，職権で裁判され（民事訴訟法91条，労働裁判所法46条2項）ないしは法律によって決められる（労働裁判所法62条）からである。

5. その後の手続き

　訴えの提起とともに，それ以後の手続きが裁判所の掌中にある。その手続きは，迅速でなければならない；迅速化の原則，労働裁判所法9条1項，61条a。管轄の部の裁判長は，まず最初に和解のための口頭弁論（54条）のためにできるだけ早い期日を定めるであろう。裁判長だけの前でなされるこの口頭弁論は，対立的口頭弁論の前に必ずなされる。我々のケースでは，合意が成立することはないであろう。その場合，対立的口頭弁論がすぐに引き続き行われる（労働裁判所法54条4項，55条3項）。新たな期日が法廷で，すなわち名誉職裁判官との間で定められることもできる（57条）。本件の場合，それは，証人が尋問されねばならないから（「証拠調べ」），有用である。解約告知が，主張された侮辱の後10日たって通告され，事業所委員会がその前に意見聴取を受けていたので，民法626条2項の告知期間は，守られており，事業所組織法102条1項のためにも十分なことがなされた。そうでないと，使用者は，もはや何らのチャンスを持たないことになろう。エムゼッヒが使用者にかなり侮辱的な意見を述べた，という使用者の主張は，民法626条1項からは裁判上重要である。それゆえ，職場の同僚が証人として召喚されるという証拠決定が下される。法廷において決められた期日に，**証拠調べ**がなされる（労働裁判所法58条1項）。使用者が証人として挙げたエムゼッヒの同僚は，エムゼッヒが何らかの侮辱を述べたことを，裁判長の鋭い質問でもはや思い出すことができない。しかも，解約告知事由の要件事実の証明責任は，使用者にある。そこで**判決**は，次のような主文をもって下される：

1. 原告の雇用関係が2004年1月30日の解約告知によって解約されていないことを確認する。
2. 被告は，原告に2006年3月1日以後[(2)]の支給総額に5%の利子が付された4,000ユーロを支払え。
3. 訴訟費用は，被告の負担とする。
4. 訴額は，12,000ユーロと定める。

　　(2)　2月の給与は，民法614条によって2月28日が履行期になるので，遅延利息や訴訟利息（民法288条，289条）は，その後になって生じる。

K. 労働裁判所手続き

1044　上訴の示唆が付された（労働裁判所法9条5項）この判決に対して，労働裁判所法64条2項によって被告は，**控訴することができる**。その法的争訟は労働関係の存続に係わるからである(3)。控訴は，完全な形式で下された判決の送達後1ヵ月以内に州労働裁判所になされねばならず，さらにその後1ヵ月以内に理由づけが行われねばならない（民事訴訟法516条，519条2項，労働裁判所法64条6項，661条）。州労働裁判所の判決に対する**上告**は，それが州労働裁判所から許可された場合にのみ許される。訴額に関する上告は，もはや労働裁判所手続きではない。上告許可や不許可の異議についての細目は，労働裁判所法72条，72条aにある。

　(3) 控訴は，それが労働裁判所によって許可され（労働裁判所法64条3項）るか，不服額が600ユーロを超えれば，許される。

1045　上訴の提起によって，被告は，強制執行を阻止することはできない。労働裁判所の判決は，労働裁判所法62条によって仮に執行することができるからである（例外は62条1項2文にある）。これは，労働裁判所の裁判（第1審）にとって特に重要である。もちろん，**民事訴訟法717条2項**による危険責任は，威嚇となる。

6. 費　　用

1046　どのような費用負担のリスクが，解約告知制限訴訟では生じるのであろうか？　それは，その訴訟の**訴額**次第である。解約告知制限訴訟では，通常，給与月額の3倍が訴額として決められる。ここでは確かに，解約告知の無効確認ばかりでなく，2月分の給与の支払いを命じることも申し立てられているが，解約告知制限訴訟と賃金支払訴訟との併合は，その給与が3ヵ月を超えて請求されているときに限り，さらに高額な訴額となる（BAG 20. 1. 1967, und 16. 1. 1968, AP Nr. 16 u. 17 zu §12 ArbGG）。

1047　裁判所費用は，2004年5月12日（BGBl. 1718）の費用法の現代化に関する法律に基づき，裁判所費用法から明らかになる。弁護士費用は，今は2004年7月1日に施行された弁護士費用法に従う。その際に，弁護士費用は，第一審で勝訴した当事者自身も負担しなければならないということになっている。

448

I. 賃金と解約告知制限訴訟の例

問題：将来の賃金に対する訴えは？ エムゼッヒは，2月分の給与に限った。彼は，それ以上に雇用関係終了までの給与を請求することができたであろうか？ 民事訴訟法259条は，債務者が適宜の給付を逃れる心配がある場合に，将来履行期に達する給付（ここでは労働の対価）の訴えを認めている。被用者は，こうして第1審の解約告知制限訴訟に勝訴した後，仮執行宣言を得て，裁判所での主張を必要とする時効または除斥期間による権利の喪失から守られる。確かに，特に解約告知制限訴訟の終了前に，労働関係がまだ存続しているかどうか決して確定していないからといって，労働関係の将来の存続や賃金の請求権が確保されないことは問題である。これが将来の賃金に対して民事訴訟法259条を適用する妨げになっているかどうか，またはその規定がそのようなケースのためにこそ作られた結果，民事訴訟法767条による労働裁判所手続きの過誤または中止を請求異議の訴えによって主張することが，使用者の問題であるのかどうかは，最終的にまだ明らかにされていない。連邦労働裁判所は，迷ってきたし，結局2002年3月13日の判決[4]で民事訴訟法259条を実際に無用にさせた。下級裁判所や弁護士実務でも，この訴えに対しては否定的であり，連邦労働裁判所大法廷が将来の就業に対する訴えを認容した自明の行動に対して奇妙にも反対している。この実務上重要な問題の最終的な解明は，まだなされていないが，急を要する。

(4) EzA §259 ZPO Nr. 1. 反対するのは，LAG Düsseldorf 6. 1. 2004, LAGE §259 ZPO 2002 Nr. 1（*Dr. Gravenhorst* の評釈付き）将来の給付の訴えのための粘り強い戦士である。より注意深く，すべてを細心に検討するのは，*Berkowsky* RdA 2006, 77.

労働法の争いにおける**執行裁判所**は，決して労働裁判所ではなく，民事訴訟法764条と関連する労働裁判所法62条2項によって地区裁判所である。民事訴訟法が執行裁判所としての機能を第一審の判決裁判所に委ねている限りでのみ（すなわち民事訴訟法887条以下で），労働裁判所が強制執行で機能する。

Ⅱ．決定手続き

1050 　判決手続きと並んで，労働裁判所法には，決定手続きがある。それは，事業所組織法および共同決定法に基づく事件，およびある団体の協約締結能力や協約の管轄に関する紛争（労働裁判所法2条a1項）に適用され，裁判所費用がかからない（労働裁判所法12条5項）。決定手続きは，判決手続きと同様，手続きが職権によって指揮されないという処分権主義が妥当する。しかし，それは，訴えの提起ではなくて，裁判所に申立を行うことによって始まる（労働裁判所法81条2項）。また，決定手続きは，申立手続きであるので，原告や被告ではなくて，申立人，被申立人およびその他の関係者が存在する。その確定や調査には，実際に著しい困難が生じることがある（参照，労働裁判所法83条3項）。労働組合も，例えば事業所組織法上の自己の権利に基づいて，このような手続きを始めたり，関係者となりうる。最後に，決定手続きでは，判決手続きにおけるように弁論主義ではなく，労働裁判所法83条1項によって審問主義が当てはまる（職権主義）。

1051 　決定手続きが和解（労働裁判所法83条a1項），関係人の合意による終了の宣言（労働裁判所法83条a1項）または申立人が先に終了宣言を行った後での他の関係人の同意（労働裁判所法83条a3項）によって終了されなかったならば，労働裁判所は，後から裁判する。

1052 　**決定による部での**（労働裁判所法83条4項）**関係人の聴聞**（労働裁判所法84条)[5]。手続きを終了させるすべての決定に対して，訴額や不服額に関係なく抗告が州労働裁判所に向けてなされる（労働裁判所法87条1項）。期間：抗告の**提起**は，完全な形で下された決定の送達後1ヵ月以内であり，**理由の提出**は，抗告の提起後1ヵ月の範囲内である（民事訴訟法516条，519条2項，労働裁判所法64条6項，66条1項，87条2項)[6]。州労働裁判所は，その裁判所に提起された抗告について部のメンバーで裁判する。手続きを終了させる州労働裁判所の決定に対しては，労働裁判所法92条1項に挙げられた2つの場合にのみ連邦労働裁判所への法令違反を理由とする抗告が行われる。

Ⅱ. 決定手続き

(5)　2000年5月1日以来適用されている労働裁判所迅速化法の労働裁判所法公布条文80条2項によって，裁判長は，和解手続きを中止し，さらに決定手続きを判決手続きに移行させることができる。
(6)　例外：労働裁判所法98条1項の決定に対しては，抗告が2週間以内に州労働裁判所に起こされ，かつ理由が述べられねばならない。

追補　2006 年以後の最も重要な変化

Ⅰ．個別的労働関係法（E 章から J 章まで）

　個別的労働関係法の展開は，2つの重要な点を明らかにしている。つまり欧州法の強い影響と使用者によって出された普通労働条件約款の強いコントロールである。この展開の始まりについては，本書で示した。すなわち，欧州労働法については，B 章Ⅲ 1，普通労働条件約款のコントロールについては，E 章ⅩⅢであるが，両領域での被用者の保護は，2006 年以後さらに拡充されてきた。

　2013 年の連邦議会選挙後，政府与党のキリスト教民主／社会同盟と社会民主党とが締結した連立協定は，個別的労働法および（特に）集団的労働法の重要な改正を定めている。

（http://www.cdu.de/sites/default/files/media/dokumente/koalitionsvertrag.pdf）

　これらについては，以下，関連がある場合に言及する。

1．新たなヨーロッパ法

a) 新しい EU（欧州連合）基本権憲章

　2009 年 12 月 1 日に，欧州の基本権憲章が EU 憲法の一部として施行された。欧州裁判所は，その前にすでに，その憲章に引き継がれ，拡充されている不文の基本権を承認してきた。この憲章は，特に個別的労働関係法にとって重要である。労働法上重要な基本権は，何人も労働の権利を有するという 15 条から始まる。16 条は，相手側のことを考え，共同体法や各加盟国の法規定と慣行に従って事業主の自由を承認している。平等に関する章は，一般

の平等原則から今までの欧州やドイツ法を凌駕した差別禁止を引き継いだ。すなわち，禁止されるのは，さらに社会的出自，遺伝的特徴，言語，政治的およびその他の意見，少数民族への帰属，財産および出生を理由とする差別である。23条は，雇用を含め，労働および賃金などのあらゆる分野における男女平等を求めている。

連帯の章は，30条で共同体法や各加盟国の法規定および慣行に従って，すべての被用者に不当解雇に対する保護の請求権を与えている。小規模事業所や待機期間の例外は，ここでは規定されていないし，おそらく保護の有無よりもむしろ方法を規定すべき加盟国の法規定からも導き出されない。31条は，「公正かつ適正な労働条件」という見出しをつけている。本文は，やや異なった語句を選択している：「すべての被用者は，健康で，安全かつ尊厳のある労働条件，特に最長の労働時間の制限，1日および1週の労働時間および有給の年休を請求できる権利を有する」と。明らかなのは，そこから少なくとも働く者の尊厳や良俗に適合した最低賃金を請求できる権利を引き出していることである。労働時間の制限は，あまりセンセーショナルではないが，一定の人たちを除外することが問題となっている。児童の労働禁止や職場における青少年の保護（32条）の後には，33条で家族の一般的保護と並んで家族と職業との調和が続いている。

これらの基本権は，とりわけEUの諸機関にとって意味があり，拘束力をもっている。特に指令や指針の解釈と有効性のためにである。加盟国には，「連合の法を実行する場合には専権的に」という51条によって，憲章が適用される。これが国内の労働法にとって意味するのは，それが憲章や指針と調和するかぎり，すなわち国内法の解釈にとって全く受け入れがたいことが明白ではないかぎり，憲章や指針の意味の中で解釈されるということである。国内の法律が例外的に明白であれば，本書で触れた（BⅢ1 bcc, Rn. 117）問題，すなわち労働関係に関する法律，協約または個別契約による国内規定に対する欧州指針の直接的な第三者効の問題が生じる。これは一般的に否定されるが[1]，他方で欧州裁判所は，新たに，年齢による不当な不利益取扱いの禁止が一般の平等取扱い原則の特別な適用として，国内の裁判所にこの禁止に反する国内法の規定を適用させないよう義務づけている[2]。

(1) 原則として直接的効力があるのは，公共の使用者との労働関係だけある。

最近のものとして，EuGH 24. 1. 2012, C 282/10, *Dominguez*. さらに，指針に違反する国内法によって損害を受けた被用者は，国に対して損害賠償請求権を有する。最近のものでは，EuGH 25. 11. 2010, C 429/09, 脚注，あまりにも低い採用年齢について。

(2) EuGH 19. 1. 2010, C 555/07, *Kücükdeveci*, zu §622 BGB. それによれば，解約告知期間の長さは，労働関係の継続期間いかんによる（それについては，J Ⅱ 7 Rn. 948ff.）。その際に，被用者が25歳達成前である者の就業期間は，考慮されない。欧州裁判所は，これを（若い）年齢による不当な不利益取扱いとみなし，その結果その規定は，もはや適用できないとしている。（しかし，それはもはや適用できないけれども，依然として官報に搭載されている。）それによって，本書で（B Ⅲ Rn. 117 und 131）批判的に評価した2005年12月22日の欧州裁判所のマンゴールド裁判が続く。

b) EUの新たな指針

EUは，絶えず新たな労働法の指針を公布している。これは，EUの労働の方法に関する条約（今まで引用されていた（Rn. 115）EG 条約の137, 137条に代わった）153条の広範囲に及ぶ授権に基づいている。最も重要だったのは，派遣労働に関する2008年11月19日の指針2008/104である（今までの法状態については，Rn. 549, 771）。新しいのは，特に派遣労働が一時的な被用者派遣として定義されていることである。ドイツの立法者は，これを期間（3ヵ月か？ 2年か？）や一時的だけではない派遣の法的効果を具体化することなく，言葉だけ導入した。これは，判例に任されているのである。

従来のドイツ法が，以前から指針に対して，派遣被用者の主要な労働・就業条件がその派遣期間の間正規の被用者のそれと合致する（均等支払原則）ことを要求しているが（Rn. 771を見よ），協約はそれと異なることができる。かかる協約は，ドイツでは多数存在するので，均等支払原則は，労働組合の団体が連邦労働裁判所の見解に従って（BAG 14. 12. 10, 1 ABR 19/10）協約管轄を有しないケースを別にして，まだ全く適用されていない。ここで最低限度を画するために，若干の協約は，長い就業期間に従って新たに派遣被用者のために賃金の割増を定めている。それに加えて，被用者派遣法の授権に基づいて，協約では，派遣被用者の最低賃金に関して（西では8. 19ユーロ，東では7. 19ユーロ），法規命令を通し一般的拘束力の宣言がなされていた。指針は，均等支払原則[(2)]と異なる協約を派遣被用者の「総体的保護の尊重」

の下で許しているが，ドイツではそれが何を意味すべきかはわからないといえよう。

　連立協定に決められているのは，派遣先への被用者の派遣が18ヵ月を超えてはならないことである。しかし，労働協約は，それと異なる解決を合意することは可能とされる。この制限を超えて派遣が行われた場合の法的効果については，特に言及がない。さらに定められているのは，派遣被用者が，遅くとも9ヵ月後に，賃金について派遣先の労働者と等しくされるべきことである。

　新たに，事実上だけではなく，一部分法律上も派遣被用者を派遣先である企業に組み込む判例の傾向がある。そこで，労働組合は，派遣被用者の労働条件に関する協約を派遣元だけでなく，派遣先とも締結し始めている。コンツェルンとして結合した企業の事業所または事業所の一部をコンツェルンに属しない企業へ譲渡する場合には，被用者と労働契約によって結ばれていなくとも，その被用者が恒常的に置かれていたコンツェルン企業も譲渡人とみなされる。それによって，労働関係は，企業の取得者へ移行するのである（EuGH 21. 10. 2010, C 242/09, *Albron*）。同様に，連邦労働裁判所は，その投入が普通にある人材需要によっている場合，派遣被用者は，派遣先事業所において，11人の被用者という解約告知制限法の適用に必要な最低人数（J Ⅱ 6a Rn. 920を見よ）に参入されるという裁判を下した。確かに，これは，派遣労働が，指針が求めるように一時的な就業に限られる場合，あまり意味がない。

　両親休暇については，欧州の社会的パートナーの合意に基づく新指針2018/18がある。これは，両親休暇の最短期間でははるかにドイツ法を下回っているが（3年ではなく，4ヵ月），しかし，両親休暇終了後の労働時間に関してはドイツ法を上回っている。ドイツ法では，両親休暇期間の終了後パートタイム労働・有期労働関係法8条に従って労働時間の長期の短縮を求める一般的な可能性だけがあるのに対して，指針は，被用者が両親休暇後復帰する場合に労働時間／「労働の配置」（労働時間の状態がおそらく考えられている）の変更を一定*期間*申請できることを加盟国／社会的パートナーに義務づけている。個々の協約は，すでにそれに従ったが，立法化は，図られていない。

I. 個別的労働関係法（E章からJ章まで）

現在，労働関係にとっても非常に重要な，人事に関する情報処理で自然人を保護するため，また自由なデータ通信のためにEU指針95/46の改正が着手されている。そのためにEU委員会が出した提案で，指針を直接効果を有する指令に替えようとする提案が，今まで欧州議会へ提出されている。ドイツでも，これまでの情報保護法を被用者の保護のために改善し，特に秘密のビデオ監視（それについては，Rn. 736）を制限する努力がなされている。

c) 旧指針に関する新たな判例

すべての指針や国内の施行法律にとって重要なのは，会社の機関構成員も，彼らが監査委員会のコントロールに従うかぎり，被用者とみなされるとする2010年11月11日の欧州裁判所の裁判である（C 232/09, *Danosa*. 母性保護に関する）。さらに重要な例は，憲章の35条と労働時間に関する欧州指針2003/88にある保養休暇の保障である。ドイツ労働法にとって新しかったのは，本書で触れた休暇期間ではなく，特に休暇がなくなる労働障害特に疾病による労働障害の期間である。連邦有給休暇法7条で規定された（規定されている）のは，休暇が翌暦年の最初の3ヵ月間与えられかつ取得されねばならないことである。これは，連邦労働裁判所の長年の判例によると，被用者が疾病によって休暇取得を妨げられたときにも適用されるべきであった（U. v. 20. 1. 2009, C 350/06, *Schultz-Hoff*）。欧州裁判所が指針を異なって解釈してきた後に，連邦労働裁判所は，指針に沿った解釈の方法へ転向し，3ヵ月の期間をもはや疾病または稼働能力不能による労働障害に適用しなかった（U. v. 23. 3. 2010, 9 AZR 128/09）。それと同時に生じた問題は，長年の疾病の場合，休暇請求権が複数年にわたって蓄積されるかどうかであった。その答えは，ここでも欧州裁判所から得られた（U. v. 22. 11. 2011, C 214/10 KHS）：休暇請求権は，休暇の年の経過後15ヵ月で切れる。連邦労働裁判所は，それにも従った（U. v. 7. 8. 2012, 9 AZR 353/10）。そこで，労働義務がすでに操業短縮または類似するものによって停止されていたために，休暇が取られない場合にも，これらすべてが妥当するかどうかという謎解きが始まった。その謎を解くのは，ここでも欧州裁判所によってであった：被用者は，この期間休むことができるのであるから，何ら保養休暇は必要としない（U. v. 8. 11. 2012, C 299/*Heimann*）。これが特に明らかにしているのは，ドイツ労働法に対し

て欧州労働法の影響がいかに大きくなってきたかである。

　裁判所は，期間設定の指針1999/70をドイツ法へ転換することにも取り組んでいる。最も注目を集めたのは，パートタイム労働・有期労働関係法14条2項2文における「以前に」という言葉がどのように解釈されるかという，本書ですでに検討した問題（J Ⅳ 1 Rn. 997 u. 998）に関する連邦労働裁判所の裁判（BAG 6. 4. 2011, 7 AZR 716/09）である。この規定によると，正当事由のない期間の設定は，同一の使用者との間ですでに以前に有期もしくは無期の労働関係が存在していた場合には2年の期間でも許されない。「それ以前」というのを，言葉の使用からわかるように，「かつて」と理解すると，この期間の設定は，およそ20年または30年前に同一の使用者との労働関係が存在していたとしても許されないことになる。それと同時に，裁判官には，無意味な法律に拘束されるかどうかという永遠の問題が生じる。連邦労働裁判所は，ノーと考え，「以前に」を憲法上保障された使用者や被用者の職業選択の自由を考慮して，3年という一般の消滅時効期間に依拠し，「3年前に」という意味で限定解釈を行った。伝統的な法律学の方法論の主張者は，怒りをあらわにしている[3]。かつて起きたことがあるように，連邦憲法裁判所が裁判官の権限逸脱を理由にその判決を廃棄することが望まれる。

(3)　*Höpfner*, Die Reform der sachgrundlosen Befristung durch BAG-Arbeitsmarktpolitische Vernunft contra Gesetzestreue, NZA 2011, 893.

d) 特別な差別禁止

　欧州労働法の特別な重点は，それが今では基本権憲章21条，指針2000/43，2000/78，2006/54および一般平等取扱法（それについては，F Ⅲ 2―5）の中で具体化されているように，すでに長くから差別禁止に置かれている。性別による差別には，妊娠を理由とする差別もあてはまる。質問権の制限（それについては，F Ⅲ 3 Rn. 623ff.）は，妊娠を主張する者の採用の際にその妊娠について質問してはならない結果，使用者は，最終的に2人の妊娠している被用者を受け入れるが，どちらも受け入れないことはできない。

　依然として問題なのは，使用者が誰をどのような理由から採用したかおよびその際に差別をしたかどうかを通常まったく知らない外部の志願者（それについては，F Ⅲ 5 Rn. 634）のために証明する責任である。欧州裁判所は，

I. 個別的労働関係法（E章からJ章まで）

今は，使用者が他の志願者を採用したかどうかに関する情報を求める権利を，志願者が有しないことを確認してきた（EuGH 19. 4. 2012, C 415/10, *Galina Meister*）。使用者の行為への閲覧請求権はなおのこと存在しない（EuGH 20. 7. 2011, C 104/10 *Patrick Kelly*）。しかし，欧州裁判所は，わずかばかりの慰謝料を与えている。情報提供の拒否には，直接または間接の差別が存在することを推定させる事実の証明の範囲内で引き出される観点が含まれることは否定されないというのである。同様矛盾を含んでいるのは，21. 6. 2912, 8 AZR 364/11 で：比率または統計から差別とされる一定グループのための間接証拠が明らかであるが，それ以上の間接証拠がさらに加わらねばならないということである。

特別な意味を有するのは，年齢による異なった取扱いが客観的で相当であり，合法的な目標によって正当化される場合を除いて，その異なった取扱いの禁止が特別な意味を獲得したことである。この禁止は，若い年齢と高齢の年齢にあてはまる。高齢者の負担となり，また若年者に有利な最も重要な規制は，欧州裁判所によっていくつかのことで確認されている。すなわち，ドイツでは2031年までに65歳から67歳へと上昇する年金法上の定年が達成される場合の，被用者の強制的な年金付き退職の可能性である（EuGH 5. 7. 2012, C 141/11 *Hörnfeldt*）。より早い定年は，通常許されない。特に65歳という国際的な法があるだけに，ルフトハンザのパイロットについての協約による定年がそれである（BAG 15. 2. 2012-7 AZR 946/07）。解約告知制限法における社会的選択の際の高齢被用者の優先（JⅡRn. 935を見よ）は残っているが，年齢が高くなるにつれての賃金の上昇は，それが事業所の勤続期間の上昇を伴わない限りは許されない。

被用者が年金受給年齢を超えて働こうとか，働くことができる場合を除いて（EuGH 12. 10. 2012, C 499/08, *Ole Andersen*），間もなく年金へ入ることができるから，解雇補償金を減額するということは，依然として原則上許される（EuGH 6. 12. 2012, C 152/11, *Odar*）。その限りで，従って若年層の方が有利に扱われる。高齢者にとっては，その場合使用者が採用の際に若年者に限定せずともよいというように再度作用する[4]。若年者にとって有利なのは，就業時期が25歳以前では解約告知期間が延長になるとする欧州裁判所の上述の裁判である。

459

(4) BAG 24. 1. 2013, 8 AZR 429/11. 使用者は，自分が高齢の志願者をその年齢ゆえに採らなかったのではないことの反証をすべきである。まだ明らかでなく，しかも私の是認することは，それが解約告知制限法で承認されているように，調和のとれた人的構造を維持するために若い志願者を優先させることが許されるかどうかである。

e) 欧州人権条約（EMRK）

EMRK（それについては，B Ⅲ 2 a, Rn. 135）は，労働法にとって意味を増してきた。それには，訴訟法上および実体法上の理由がある。ストラスブールにある欧州人権裁判所（EGMR）への手続の入口は，ルクセンブルグの欧州裁判所へよりも容易である。というのは，国内での法律上の手段が尽くされた場合，ここではすべての提訴が可能であるのに対して，欧州裁判所は，欧州委員会と国内裁判所によってのみ訴えられる。実体法上の観点では，その入口は容易である。EGMR は，指令のような間接的な法的行為に係わるのではなく，直接人権条約[5]を拠り所としているからである。

EMRK には，何ら特別な社会的基本権はないが，労働法で意味のある自由権はある。それで，離婚や再婚を理由とする教会の協働者の解約告知が，私生活や家族生活を尊重する権利の侵害として無効と宣告された（U. v. 23. 9. 2010, 1620/03, *Schüth*）。

2011 年 7 月 21 日の判決（28274/08）は，連邦労働裁判所や連邦憲法裁判所とは異なって，根拠なく警告され，使用者の誤解によって刑事告発されたいわゆる内部密告者にとって有利な裁判を行った。これは，許容される言論の自由の行使とみなされたのである。

条約は，それ自体直接的効力を与えていないが，国家に対して損害賠償を義務づけている。しかし，EGMR が裁判所の判決を EMRK と矛盾すると指摘すれば，それは，ドイツでは手続きの再審事由になる。その再審手続きは，単純に EGMR の裁判を引き継ぐのではなく，EGMR の裁判に従って事件を検証しなければならない。実務では，大きな差違はないであろう。

(5) これは，欧州議会が決議した 2001 年 9 月 3 日の欧州社会憲章改正新公布条文の中で見られるが，これは，ドイツでは注目されていない。

I. 個別的労働関係法（E 章からJ 章まで）

2. 普通契約約款の強化されたコントロール―その弾力化への残された可能性

　本書では，すでに普通契約約款規制が労働法にとって特別な意味を獲得したことを指摘した（E Ⅷ）。それ以来，その規制は，さらに強化されてきた。重点となっているのは，労働条件の弾力化の許容性と限界である。それがいえるのは，「必要な時間外労働は，月額賃金で支払われる」という普及した条項が連邦労働裁判所の新たな裁判の1つによってもはや維持されないということである（U. v. 1. 9. 2010, 5 AZR 517/09）。どのくらい長い時間外労働が賃金で支払われるべきかは，労働契約からは明らかにならない。2009年2月11日の連邦労働裁判所の判決（10 AZR 222/08）は，それが日本では通常であるように，就業規則に係わらせている。確かに，その判決は，使用者の権限を制限している。すなわち，使用者は，労働条件の変更を正当化させる理由を最初から示さなければならない。

　最近の経済・就業危機において（2008年以後），全く古い弾力化の手段である，社会法典に規定された操業短縮（社会法典第3編169条以下）が特に有効であることが明らかになった。それによって，一時的な全部または一部の就業不能は，労働時間や賃金の削減で，失業保険金のレベルでの操短手当（失業手当金の約3分の2）やまた多くは使用者の手当によって補償される削減を生じさせている。法的には，賃金の減額は，自動的にではなく，集団的または個別契約的な合意によってなされる。やはり，使用者は，社会法典第2編で規定された諸条件の下で労働契約において操業短縮を導入する権限が与えられる。同様に危機の中で認められたのは，やはり同様に集団的または個別契約による合意に基づいているいわゆる労働時間口座であった。それによって，時間外労働やその他の特別給付の賃金は，直ちに支払われるのではなく，いわば就業の可能性が減少した場合に，それまで留め置かれている使用者の口座から支払われる。それゆえ，賃金は，就業が不安定である間も，常に一定になる。

Ⅱ．集団的労働関係法（C章）

集団的労働関係法でも，欧州法は，一定の役割を果たしているが，個別的労働関係法におけるほどはっきりはしていない。その場合に，欧州裁判所は，労働組合の権限を制限する傾向があるが，EGMRは，それを拡張している。その限りで，EGMRは，連邦労働裁判所と同じ方向にある。

1．新たな欧州法

a）欧州の基本的自由に対する労働争議の自由

欧州化やグローバル化の流れの中で，労働争議は，徐々に職場や被用者の移動に反するものとなっている。一部は，今までの所在地から職場の移転に反対し，一部は，外国からの被用者の移住に反対する。そのような労働争議の判断に関する最終決定は，EUの域内での境界を越える事件では欧州裁判所があたり，ドイツ国内または非EUの外国へのもしくは外国からの出入国では連邦労働裁判所があたっている。

欧州の領域では，争議の自由と，加盟国で直接有効な境界を越える職務遂行や居住の基本的自由との抵触が問題となっている。2007年12月11日の欧州裁判所で裁判され（C 438/05, *Viking*），センセーションをまき起こした事件で，スウェーデンからエストニアへのフェリーのフラッギング・アウト（Flagging out）とそれに伴うスウェーデンからエストニアへの労働条件の移行を阻止することを求める労働争議が問題となった。欧州裁判所は，フラッギング・アウトをヨーロッパにおける居住の自由の行使とみなした。裁判所は，スト権が多くの国際条約（その中には，結社の自由に関するILO 87号条約，EMRKや基本権憲章がある）の中で承認されていることを認めたが，しかしスト権は，居住の自由へ干渉するのは無理であるとした。むしろ，居住の自由の制限が許されるのは，それが公共の利益という強行的な理由によって正当化される場合だけであるという。結局，欧州裁判所は，むしろ今までの職場または今までの労働条件が真に脅かされるときに，職場をEUの他の加盟国へ移すことに対抗するストが許されることを認めたのである。

反対の方向で，外国の企業の業務のために外国から一時的に派遣された被

用者によって国内の被用者が排除された場合には，派遣被用者―指針 96/71 によって妥協が見られる。国内の労働組合は，国内の労働条件を完全に適用することを求めることによって，その派遣を費用のかさむ経済的に意味のないものとしてはならない。一般的拘束力のある最低賃金への拘束だけが許される (6)。

(6) それについては，EuGH 18. 12. 2007, C 342/05, *Laval*；3. 4. 2008, C 346/06, *Rüffert*. 2つとも，建設労働者の派遣についてである。

b) 官吏のスト権は？

公共の場のために特別な公法上の勤務関係で働く官吏は，今までのドイツ法ではストが許されていない。その労働条件は，協約ではなく，法律によって定められている。これには，EMRK に関する2つの判決によって動きがある (7)。それによれば，高権的作用を行使する官吏のストだけが禁止される。その際に，法律による制限は，できる限り明白かつ狭く該当する官吏のカテゴリーを定めねばならないというのである。ドイツは，それを今までまだ導入していなかった。官吏のストの禁止は，基本法33条によって保障された旧来の公務員法の原則に属しているからである。

(7) U. v. 12. 11. 2008, Nr. 34503/97, *Demir* und *Baykara* gegen Türkei；21. 4. 2009, Nr. 68959/01, *Enerji Yapi-Yol* gegen Türkei.

2. スト権の慎重な拡張

基本法9条3項によって，労働条件や経済条件の維持・向上のために団体を結成する権利は，何人にもまたすべての職業について保障されている。本書で述べたように（C１５b bb Rn. 188 と 404），判例は，使用者の基本権がそれに反しない限り，スト権の保障をもそこから帰結している。それには，判例がゆっくりと先頭をきって解決を模索してきた困難な検討を必要とする。スト権の最も重要な限界として，相当性の原則が認められる。それは，最初は激しく争われている協約では全く決定的ではない被用者の同情ストの限定的許容性を導いた（BAG 19. 6. 2007, 1 AZR 396/06. 今までの非許容性については，C Ⅲ 5 b）。相当性の評価にとっては，主たるストや支援ストに見舞われた使用者がコンツェルン法的結合の中にあるかどうかが特に重要であるとい

うべきである。労働組合が支援ストによって自己のまたは他の主たるストを支援しようとするかどうかは区別することもできる。支援ストがやはり不相当となりうるのは、争議の拠点がそこへ移動し、それが単なる支援ストの性格を失ったときである。

2009年9月22日の連邦労働裁判所の判決（1 AZR 792/08）[8]は、ストを伴う「フラッシュモブ（Flaschmob）行動」、すなわち短時間に呼びかけられた参加者が少額の商品の購入または小売店でのショッピングカートへの詰め込みや放置によって、営業の進行の妨げを引き起こす行動を許容した。労働組合による争議行為の相当性判断にとって、使用者側のために防衛の可能性があるかどうかが著しく重要である。小売りでの「フラッシュモブ行動」に対しては、使用者は、家宅不可侵権の行使または短期間の営業所閉鎖によって身を守ることができる。そのような行動は、類型的には営業所の封鎖ではないというのである。それは、争われている協約が全く適用にならず、実際決して被用者である必要がない人々が争議に参加してもよいのであるから、支援ストと同じ系統にある。

[8] 2014年3月26日の連邦憲法裁判所の裁判（1 BvR 3185/09）によって確認されている。

2007年4月24日の連邦労働裁判所の裁判は（AZR 252/06）、さらに争議が協約によって規定できる目標を達成するためにだけ行われるべきであるとする裁判所の不変の判例に疑いをもっている（それについては、C Ⅲ 5b Rn. 286）。すなわち、この制限が例えば欧州社会憲章第2編6条4号のような条約に基づく義務と矛盾しないかどうかが明らかにされるべきだというのである。協約によって規定できる目標に制限することを止めれば、ストライキは、現在はすでに許されているように、事業所の閉鎖では実際に不可能にしてしまう補償金の請求ばかりではなく、直接に事業所の閉鎖に向けられるであろう。

総じて、労働争議法は、その終えんが全く予測できない動きの中にある。

II. 集団的労働関係法（C章）

3. ドイツの労働組合の協約による行為の自由の慎重な拡大

　従来の判例は，組合の行為の自由を協約法の中の法律規定とは離れて，ある事業所において常に協約だけが適用になり（協約統一性の原則。C I 2c Rn. 209 を見よ），一定の協約による給付を組合員に留保しようとする区別待遇条項を不当であるとすることによって制限してきた（それについては，C II 4 Rn. 248, 249I）。今や，両者は修正されている[9]。その結果は，まだ予測できない。

　連立協定をもとに，連邦政府によって提出された協約自治強化法案は，さらなる改正を定めている。1989 年から 2012 年までに，協約拘束力が 74％ から 58％ に低下したことが，ここでの出発点となっている。そのため，労働協約の一般的拘束力は，緩和されるように求められている（この点について，本書 C. II. 2e. 4）。

　加えて，2015 年より，初めて統一的な法定最低賃金が，8.50 ユーロの額で導入されることとなっている。2018 年以降，連邦政府は，使用者と労働組合の代表者からなる委員会の提議に基づき，法規命令により最低賃金額を調整しうる。この委員会は，被用者の相当な最低条件保護に資するため，および公正かつ機能する競争条件を可能とするため，さらに雇用を脅かさないために適切な最低賃金額を，総合的な考量の下に検討することになる。産業別労働協約によって，より高額の最低賃金額を定めること，および，2017 年まではより低額な最低賃金額を定めることも可能となっている。

(9)　BAG 7. 7. 2010, 4 AZR 549/08 協約統一性について；BAG 18. 3. 2009, 4 AZR 64/08 区別待遇条項について。　連立協定は，「事業所多数決原理」に従った協約統一性の原則を法律に明記することを意図している。すなわち，ある事業所において適用される労働協約は，労働者の中の労働組合員の多くが所属する労働組合の労働協約のみとされる。このことは，基本法 9 条 3 項があらゆる労働組合に存立と活動を保障していることから，憲法上疑わしい。連立協定は，「実効確保のための手続規制」を検討している。

事項索引

(数字は段落番号)

あ 行

アジェンダ2010	Agenda 2010	23ff.
失業手当金Ⅱ	―Arbeitslosengeld Ⅱ	27
就業促進法	―BeschäftigungsförderungsG	26, 157
解約告知制限	―Kündigungsschutz	26
シュレーダー・ブレア文書1999	―Schröder/Blair Papier 1999	23, 27
社会的正義	―soziale Gerechtigkeit	32
1949年以後の労働法史	Geschichte des Arbeitsrechts nach 1949	1ff.
アイスマン事件	Eismann-Fälle	538ff.
ＩＢＭ―分離独立(1992)	IBM-Ausgründung(1992)	14
アウトサイダー条項，協約上の―	Außenseiterklauseln, tarifliche	217
アウトソーシング	Outsourcing	40, 1013
異議	Widerspruch	1008ff.
事業所移行(譲渡)に対する―	―gegen Betriebsübergang	122
示威スト	Demonstrationsstreik	288, 338
いじめ	Mobbing	596f.
移動の自由	Freizügigkeit	118ff.
被用者の―	―der Arbeitnehmer	611
違法労働	Schwarzarbeit	33, 648f.
嫌がらせ	Belästigung	596
違約罰	Vertragsstrafe	698ff.
インターネット	Internet	395, 944
―での労働法	―Arbeitsrecht im	79
ヴィースマン	Vissmann(1996)	16
訴えの提起	Klageerhebung	1036
訴えの申立	Klageantrag	1039ff.
エアハルト，ルートヴィッヒ	Erhard, Ludwig	1
役務提供の自由	Dienstleistungsfreiheit	121

事 項 索 引

欧州	Europa	109ff.
情報保護憲章	—Datenschutzkonvention	137
欧州共同体条約	—EG-Vertrag	112
欧州人権規約	—Europäische Menschenrechtskonvention	135
欧州社会憲章	—Europäische Sozialcharta	136
欧州連合	—Europäische Union	116
ヨーロッパ労働法	—europäisches Arbeitsrecht	112ff.
基礎	—Grundlagen	112
制定法	—institutionelles Recht	113ff.
実体法	—materielles Recht	118ff.
権利保護	—Rechtsschutz	133
男女の平等	—Gleichbehandlung von Mann und Frau	125ff.
EU市民の基本的自由	—Grundfreiheiten des Unionsbürgers	119ff.
基本権憲章	—Grundrechtscharta	116
指令	—Rechtsverordnung (VO)	117
指針	—Richtlinie (RL)	117
社会政策と雇用政策—	—Sozial- und Beschäftigungspolitik	122ff.
超国家的労働法	—supranationales Arbeitsrecht	111
欧州評議会	Europarat	134
オペル(1993)	Opel (1993)	15

　か　行

外国人の就労	Ausländerbeschäftigung	608f.
外国での疾病	Auslandserkrarnkungen	842
解釈	Auslegung	75f.
開放条項	Öffnungsklausel	12, 20
協約の	—tarifvertragliche	428
解約告知	Kündigung	434f., 459, 891ff.
警告	—Abmahnung	945
事業所委員会の聴取	—Anhörung des Betriebsrats	459, 917
承諾	—Annahme	1025
特別な—	—außerordentliche	965ff.
有期労働関係	—befristete Arbeitsverhälnisse	892, 912
疾病の際の—	—bei Krankheit	942
事業に原因のある—	—betriebsbedingte	461, 927ff.

467

事 項 索 引

事業所の譲渡	—Betriebsübergang	912
事業所協定の—	—der Betriebsvereinbarung	434f.
形式	—Form	904f.
法律違反	—Gesetzesverstoß	912
小規模事業所	—Kleinbetriebe	922f.
疾病	—Krankheit	846
特別な解約告知	—Kündigung ao.	1018ff.
解約告知の意思表示	—Kündigungserklärung	904f.
大量解雇	—Massenentlassungen	918
数回の—	—mehrfache	901
疾病事後	—Nacherkrankungen	847
個性を原因とする解約告知	—personenbedingte Kündigung	459, 942f.
予測原理	—Prognoseprinzip	933, 963
妊娠	—Schwangerschaft	914, 968
重度身体障害	—Schwerbehinderung	915, 969
良俗違反	—Sittenwidrigkeit	912
社会的選択	—Sozialauswahl	462f., 935ff., 1029
社会的正当化	—soziale Rechtfertigung	926
最後の手段の原則	—ultima-ratio-Prinzip	930
嫌疑による解約告知	—Verdachtskündigung	1025
行動に原因がある—	—verhaltensbedingte	944ff.
行動に原因がある解約告知	—verhaltensbedingte Kündigung	459, 988, 1024
就労前の—	—vor Antritt der Arbeit	954f.
継続就業請求権	—Weiterbeschäftigungsanspruch	956ff.
事業所組織法上の—	—betriebsverfassungsrechtlicher	957ff.
継続就業の請求	—Weiterbeschäftigungsverlangen	961
再雇用請求権	—Wiedereinstellungsanspruch	963
到達	—Zugang	905f.
福祉事務所の同意	—Zustimmung des Integrationsamtes	915
解約告知期間	Kündigungsfristen	948ff.
法定の—	—gesetzliche	949
協約，事業所協定，労働契約における—	—in TV, BV, AV	950
試用期間	—Probezeit	952f.
短縮	—Verkürzungen	951
解約告知，恣意的な	Kündigung, willkürliche	929ff.
解約告知事由	Kündigungsgründe	929ff., 942ff.

解約告知制限	Kündigungsschutz	26
限界値	—Schwellenwert	39
解約告知制限，一般の—	Kündigungsschutz, allgemeiner	919ff.
適用範囲	—Anwendungsbereich	920ff.
証明責任	—Beweislast	920
主張責任	—Darlegungslast	920
待機期間	—Wartezeit	924
解約告知制限，管理職職員	Kündigungsschutz, leitende Angestellte	925
解約告知制限訴訟	Kündigungsschutzklage	959, 1018ff., 1032ff.
出訴期間	—Klagefrist	901
一般的な確認の訴えとの関係	—Verhältnis zur allgemeinen Feststellungsklage	901
解約告知制限，第2クラス	Kündigungsschutz, 2. Klasse	923, 984
解約告知の際の社会的選択	Soziale Auswahl bei Kündigung	935ff., 1027, 1029
社会的情報の重要性	—Gewichtung von Sozialdaten	935ff.
比較可能な被用者	—vergleichbare AN	938
解約告知不可能性	Unkündbarkeit	913
事業所委員会委員	—BR-Mitglied	970
妊娠した被用者	—schwangere AN	970
家族	Familienangehörige	524ff.
稼働能力のある要保護者	erwerbsfäige Hilfebedürftige	531
家内労働	Heimarbeit	532
家内労働法	Heimarbeitsgesetz	152
カルテルの効果	Kartellwirkung	12
監査役会	Aufsichtsrat	498
会長	—Vorsitzender	500
間接差別	mittelbare Diskriminierungen	769
寛容原則	Toleranzprinzip	94
官吏	Beamte	334
限定	—Abgrenzung	523ff.
管理職職員	Leitende Angestellte	351, 414, 560ff., 772
—と解約告知制限	—und Kündigungsschutz	925
キール市街電車判決	Kieler Straßenbahn-Urteil	817
機関構成員	Organmitglieder	528
期間設定事由の追加	Nachschieben von Befristungsgründen	999

事項索引

期間設定の自由	Befristungsfreiheit	998
期間労働(被用者派遣を見よ)	Zeitarbeit (s. Arbeitnehmerüberlassung)	
企業組織	Unternehmensverfassung	245
企業分割	Unternehmensspaltung	14
規範の実行	Normenvollzug	779
基本権	Grundrechte	80ff.
基本権の第3者効	—Drittwirkung der Grundrechte	
絶対的—	—absolute	80
間接的—	—mittelbare	80
婚姻と家族	—Ehe und Familie	98
所有権	—Eigentumsrecht	108
良心の自由	—Gewissensfreiheit	91
言論の自由	—Meinungsfreiheit	92ff.
人間の尊厳	—Menschenwürde	82ff.
基本法の適用制限	—Schranken der Grundrechtsanwendung	80
基本権憲章	Grundrechtscharta	116
基本法	Grundgesetz	1
休日賃金	Feiertagslohn	809f.
給付拒絶	Leistungsverweigerung	857
給付原理	Leistungsprinzip	252
給付障害	Leistungsstörungen	811ff.
受領遅滞	—Annahmeverzug	813ff.
給付，法的根拠を欠く	Leistung, rechtsgrundlose	
表見証明	—Anscheinsbeweis	869
錯誤	—Irrtum	869
社会保険	—Sozialversicherung	869
給与支払の訴え	Klage auf Arbeitslohn	1037ff.
給与所得の維持	Besitzstände	253
給与の支払訴訟	Gehaltsklage	1032f.
教育訓練費用	Ausbildungskosten	
拘束期間	—Bindungsfrist	866
解約告知，事業に原因のある	—Kündigung, betriebsbedingte	867
払戻一覧表	—Rückzahlungstabelle	866
教会	Kirche	100ff.

事 項 索 引

競業禁止	Wettbewerbsverbot	725f., 728
強制労働	Zwangsarbeit	105
共同決定	Mitbestimmung	22, 70, 123, 341ff., 476
労務提供義務	—Arbeitspflicht	659
事業所の変更の際の—	—bei Betriebsänderungen	478
格付け	—Eingruppierung	472
採用	—Einstellungen	451
事業所を攪乱する被用者の排除	—Entfernung betriebsstörender Arbeitnehmer	475
公勤務での—	—im öffentlichen Dienst	503ff.
人事案件での—	—in personellen Angelegenheiten	451ff., 476
格付け	—Eingruppierung	472
採用	—Einstellungen	451ff.
解約告知	—Kündigungen	457ff.
格付け変更	—Umgruppierungen	472
異議申立権	—Widerspruchsrecht	451ff.
社会的案件での—	—in sozialen Angelegenheiten	440ff., 446
制限	—Einschränkung	441
拡張	—Erweiterung	442
共同決定法の内容	—Inhalt des Mitbestimmunsrechts	440ff.
手続き	—Verfahren	443
協約の優位	—Vorrang des Tarifvertrags	441
企業の機関での—	—in Unternehmensorganen	490ff.
大企業	—Großunternehmen	496ff.
石炭鉄鋼産業	—Montanindustrie	494ff.
その他の資本会社	—übrige Kapitalgesellschaft	501f.
経済的案件での—	—in wirtschaftlichen Angelegenheiten	477ff.
管理職職員	—Leitende Angestellte	473f.
格付け変更	—Umgruppierungen	472
事業所委員会の差止請求権	—Unterlassungsanspruch des BR	450
配置転換	—Versetzungen	466ff.
共同決定法	Mitbestimmungsgesetz	155
協約からの逃亡	Tarifflucht	212, 747ff.
協約自治	Tarifautonomie	30, 189, 216, 264, 274

限界	—Grenzen	232ff.
事業所組織	—Betriebsverfassung	244
賃金調整引上条項	—Effektivklauseln	239ff.
公共の福祉の拘束	—Gemeinwohlbindung	235f.
個人の領域	—Individuallbereich	236f.
組織領域	—Organisationsbereich	246
法治国家の原則	—rechtsstaatliche Grundsätze	234
企業組織	—Unternehmensverfassung	245
契約自由	—Vertragsfreiheit	238
経済的な取引能力	—witschaftliche Handlungsfähigkeit	247
協約（賃金）政策	Tarifpolitik	9
協約締結の自由，消極的	Tarifvertragsfreiheit, negative	194
協約転換条項	Tarifwechselklauseln	745f.
協約のアウトサイダー条項	tarifliche Außenseiterklauseln	217
協約の引用	Verweisung auf Tarifverträge	745
協約の拘束力	Tarifgebundenheit	744
協約の遮断効	Tarifsperre	757
協約の多元性	Tarifpluralität	209
協約の統一性	Tarifeinheit	209
協約の任意性	Tarifdisposivität	225
居住の自由	Niederlassungsfreiheit	121
拒否権	Vetorecht	443
規律の申し合わせ	Regelungsabrede	437
第3者のための—	—zugunsten Dritter	439
緊急な事業上の必要	dringende betriebliche Erfordernisse	36
均等待遇請求権	Gleichstellungsanspruch	87
区別待遇条項	Differenzierungsklauseln	248f., 264, 286
組み込み理論	Eingliederungstheorie	580
クリスマス賞与	Weihnachtsgratifikation	763, 787
グループ労働関係	Gruppenarbeitsverhältnis	563
クローズド・ショップ	closed-shop	193, 612
グローバル化	Globalisierung	5
傾向経営	Tendenzbetrieb	488ff.
警告	Abmahnung	945, 988f.
経済委員会	Wirtschaftsausschuss	477
経済上のリスク	Wirtschaftsrisiko	817
経済同盟	Wirtschaftsunion	7

事 項 索 引

契約自由	Vertragsfreiheit	41, 57ff., 238
契約のコントロール	Vertragscontrolling	510
結社の権利	Vereinigungsrecht	139
結社の自由	Vereinigungsfreiheit	139
決定手続き	Beschlussverfahren	1050ff., 450
限界値	Schwellenwert	39
減額禁止	Auszehrungsverbot	884
嫌疑による解約告知	Verdachtskündigung	460, 973, 1025
現業労働者	Arbeiter	554ff.
健康	Gesundheit	594
研修休暇	Bildungsurlaub	807ff.
研修生	Praktikanten	522
言論の自由	Meinungsfreiheit	92ff.
争い	—Streitigkeiten	97
合意解約	Aufhebungsvertrag	40, 588, 895
抗議スト	Proteststreik	288
公勤務	öffentlicher Dienst	523, 628, 635ff.
控訴	Berufung	1044
妥当な裁量	billiges Ermessen	786
国際労働組織	Internationale Arbeitsorganisation	138ff.
結社の自由	—Vereinigungsfreiheit	139
結社の権利	—Vereinigungsrecht	139
国際労働法	internationales Arbeitsrecht	109ff., 141ff.
個別的労働関係法	—Individualarbeitsrecht	142
告発者	»Whistle-Blowing«	94
個人情報	Personaldaten	731ff.
記憶	—Speicherung	732
伝達	—Übermittlung	733
訂正	—Berichttgung	734
抹消する	—löschen	735
個人的な障害事由	perösonliche Hinderungsgründe	853ff.
個別的労働関係法	Individualarbeitsrecht	55
個別労働条件の期間設定	Befristung einzelner Arbeitsbedingungen	1004
雇用関係清算証明書	Ausgleichsquittung	231, 870
雇用請求権	Einstellungsanspruch	57
差別の際の—	—bei Diskriminierung	630f.

473

事項索引

雇用請求権に代わる補償	Entschädigung statt Einstellungsanspruch	57
雇用のための同盟	Bündnisse für Arbeit	11

さ　行

債権法の現代化	Schuldrechtsmodernisierung	147, 581ff.
債権譲渡に対する保護	Abtretungsschutz	875
最後の手段の原則	ultima-ratio-Prinzip	334, 930, 945
再雇用請求権	Wiedereinstellunganspruch	631, 963, 1025
疾病の反復	―Wiederholungskrankheiten	843f
在宅勤務	Telearbeit	532
採用	Einstellung	605ff., 628
―請求権，雇用請求権	―Anspruch auf	628ff.
不利益取扱，性別を原因とする	―Benachteiligung, geschlechtsbedingte	629f.
使用者の質問権	―Fragerecht des AG	622ff., 642
筆跡鑑定	―grafologisches Gutachten	83
公勤務	―öffentlicher Dienst	628, 635ff.
人事調査用紙	―Personalfragebogen	614
人事計画	―Personalplanung	605ff.
事業所委員会の共同決定	――Mitbestimmung des BR	605f.
心理学的な適性試験	―psychologischer Eignungstest	83
ポストの募集	―Stellenausschreibung	612
外国人の―	―von Ausländern	608f.
事業所委員会の同意	―Zustimmung des BR	615
錯誤によって支給された給付の返還請求	Rückforderung irrtümlich gewährter Leistungen	869
差押えに対する保護	Pfändungsschutz	875
差止請求権	Unterlassungsauspruch	229
差別	Diskriminierung	87f., 131, 767
被用者グループ	―Arbeitnehmergruppen	767
法律による	―durch Gesetz	767
間接―	―mittelbare	769
客観的な正当化	―sachliche Rechtfertigung	769
保護規定	―Schutzvorschriften	768
協約	―Tarifvertrag	769

事項索引

報酬	—Vergütung	769
性別ゆえの—	—wegen des Geschlechts	768
差別（平等取扱いを見よ）	Diskriminierung (s. Gleichbehandlung)	
差別禁止	Diskriminierungsverbot	88
差別の際の補償請求権	Entschädigungsanspruch bei Diskriminierung	632
三権分立	Gewaltenteilung	4
3週間	Drei-Wochen-Frist	901f.
暫定的な採用	vorläufige Einstellung	454
ジーメンス（2004）	Siemens (2004)	18
時間外労働のプレミアム	Mehrarbeitsprämien	774
指揮命令権	Direktionsrecht	68ff., 653ff., 1029
相当性のコントロール	—Billigkeitskontrolle	660
事業所委員会の共同決定	—Mitbestimmung des BR	659
違法性	—Rechtswidrigkeit	660
法律と協約との関係	—Verhältnis zu Gesetz und Tarifvertrag	657
事業手段	Betriebsmittel	1013
事業主の自由	Unternehmerfreiheit	107, 247,
事業所	Betrieb	353ff.
概念	—Begriff	354
事業所の一部	—Betriebsteil	356
事業所委員会	Betriebsrat	12, 344ff., 366ff., 381ff., 402ff., 411
絶対的平和義務	—absolute Friedenspflicht	346
解任	—Amtsenthebung	760
労働争議	—Arbeitskampf	411
議決	—Beschlussfasung	381ff.
事業所小委員会	—Betriebsausschuss	388
差別禁止	—Diskriminierungsverbot	397
名誉職	—Ehrenamt	389ff.
自由な権能	—freies Mandat	382
免除	—Freistellung	389
費用	—Kosten	394
解約告知	—Kündigung	912, 968
解約告知制限	—Kündigungsschutz	398ff.
義務違反	—Pflichtverletzungen	402f.

475

事項索引

政治活動	—politische Betätigung	408
聴取権	—Recht auf Anhörung	457
訓練への参加	—Teilnahme an Schulungen	392f.
情報提供請求権	—Unterrichtungsanspruch	419f.
選挙	—Wahl	
選出委員数	—Mitgliederzahl	367
無効	—Nichtigkeit	377
選挙の取消し	—Wahlanfechtung	376ff.
選挙権	—Wahlberechtigung	367
選挙の原則および手続き	—Wahlgrundsätze und -verfahren	372
候補者名簿	—Wahlvorschläge	374
選挙管理委員会	—Wahlvorstand	368
異議申立権	—Widerspruchsrecht	457
事業所委員会の共同決定, 被用者の採用	Mitbestimmung des BR, Einstellung von AN	615
事業所委員会の異議申立権	Widerspruchsrecht des BR	451ff.
事業所委員会の選挙	Wahl des Betriebsrates	366ff.
事業上の危険の理論	Betriebsrisikolehre	817ff.
事業所協定	Betriebsvereinbarung	12, 254, 422ff.
請求権	—Anspruch	436
規律の申し合わせの限定	—Abgrenzung aus Regelungsabrede	438
解消的	—ablösende	423ff.
—への逃亡	—Flucht in die	756
適用範囲	—Geltungsbereich	426ff., 433
有利性原則	—Günstigkeitsprinzip	13, 202, 432
集団的な有利性	—kollektive Günstigkeit	432
解約告知可能性	—Kündbarkeit	434f., 450
余後効	—Nachwirkung	434
一部無効	—Teilunwirksamkeit	758
管轄	—Zuständigkeit	423
事業所所有者の交替（事業所の譲渡を見よ）	Betriebsinhaberwechsel (s. Betriebs- übergang)	
事業所占拠	Betriebsbesetzungen	332
事業所総会	Betriebsversammlung	406ff.
事業所組織	Betriebsverfassung	244, 341ff., 410ff.
労働組合	—Gewerkschaften	410ff.
衝突	—Streitigkeiten	420

事業所委員会の情報提供請求権	—Unterrichtungsanspruch der BR	419f.
協約当事者との差違	—Unterschiede zu den Tarifpartnern	344ff.
信頼に満ちた協力	—vertrauensvolle Zusammenarbeit	416ff.
事業所組織法	Betriebsverfassungsgesetz	2, 155, 572
事業所内の慣行	betriebliche Übung	64, 777ff.
消極的—	—negative	785
事業所の一部譲渡	Betriebsteilübergang	1013
事業所の概念	Betriebsbegriff	1027
事業所の高齢者扶助	betriebliche Altersversorgung	431, 881ff., 899
調整	—Anpassung	887f.
減額禁止	—Auszehrungsverbot	884
弾力的定年制	—flexible Altersgrenze	885
通貨価値の下落	—Geldentwertung	888
支払不能に対する保護	—Insolvenzsicherung	886
年金保護協会	—Pensionssicherungsverein	886
早期退職	—Unverfallbarkeit	883
受給資格	—Versorgungsfall	883
事業所の障害	Betriebsstörung	817f., 822
事業所の譲渡	Betriebsübergang	1005ff., 1012
協約と事業所協定の継続適用	—Fortgeltung von TV und BV	1016ff.
解約告知禁止	—Küdigungsverbot	1012
社会政策と雇用政策	—Sozial- und Beschäftigungspolitik	122
要件	—Voraussetzungen	1005f.
被用者の異議	—Widerspruch der Arbeitnehmer	1008ff.
事業所の操業停止	Betriebsstilllegung	819
事業所の変更	Betriebsänderungen	478
事業所への忠誠	Betriebstreue	
教育訓練補助金	—Ausbildungsbeihilfen	862
賞与	—Gratifikationen	862
引越費用	—Umzugskosten	862
事業を原因とする解約告知における恣意コントロール	Willkürkontrolle bei betriebbedingte Kündigung	928
除斥期間	—Ausschlussfrist	878ff.
期間(期限)	—Fristen	582

事項索引

解約告知制限訴訟	—Kündigungsschutzprozess	878
事実上の労働関係	faktisches Arbeitsverhähltnis	637ff., 647
市場経済	Marktwirtschaft	2
市場のコントロール機能	Steuerungsfunktion von Markten	25
指針	Richtlinie(RL)	117
事前の期間設定	Vorbefristung	997
禁止	—Verbot	997
失業	Arbeitslosigkeit	5
失業者	Arbeitslose	752
失業手当金Ⅱ	Arbeitslosengeld Ⅱ	10, 27ff.
ハルツⅣ	—HartzⅣ	10
低賃金	—Niedriglöhne	31
失業扶助	Arbeitslosenhilfe	28
実行義務	Durchführungspflicht	259ff.
執行裁判所	Vollstreckungsgericht	1049
疾病	Krankheit	942
法定疾病保険金庫への請求	—Ansprüche gegen die gesetzliche Krankenkasse	840
疾病の継続と再発	—Fortsetzungs- und Wiederholungskrankheiten	843f.
初期の疾病	—Früherkrankungen	846
解約告知	—Kündigung	846
賃金継続支払	—Lohnfortzahlung	844
待機期間	—Wartezeit	846
疾病事後	Nacherkrankungen	847
疾病手当金	Krankengeld	840
疾病の継続	Fortsetzungskrankheit	843 f.
失業手当金	Arbeitslosengeld	822
支配領域説	Sphärentheorie	817
社員	Gesellschafter	528
社会計画	Sozialplan	480ff.
社会計画による補償金	Sozialplanabfindungen	484
社会国家	Sozialstaat	2
社会国家原理	Sozialstaatsprinzip	107f.
社会的適法性	soziale Gerechtigkeit	32
社会同盟	Sozialunion	7
社会扶助	Sozialhilfe	28

事 項 索 引

社会扶助原則	Sozialhilfesatz	29
社会法典	Sozialgesetzbuch	152, 156, 573
シャンパン事件	Champagner-Fall	773
就学義務法	Schulpflichtgesetze	566
就業確保	Beschäftigungssicherung	17
就業義務	Beschäftigungspflicht	721ff., 727
解約告知後の―	―nach Kündigung	458
就業禁止	Beschäftigungsverbot	850
宗教社会	Religionsgesellschaft	101
宗派	―Sekten	102
就業者保護法	Beschäftigtenschutzgesetz	151
就業促進	Beschäftigungsförderung	35ff.
保護原理	―Schutzprinzip	35, 43
就業促進法	BeschäftigungsförderungsG	26, 157
就業促進法の中立要請	Neutralitätsgebot der BfA	822
就業保障	Beschäftigungsgarantie	21
週35時間	35-Stunden-Woche	16
囚人	Strafgefangene	530
修正共産主義	Reformkommunismus	6
従属性	Unselbstständigkeit	510
集団的労働法	kollektives Arbeitsrecht	53ff.
重度身体障害	Schwerbehinderung	414, 680, 624, 915, 969
宗派	Sekten	102
出産手当	Mutterschaftsgeld	39
受領遅滞	Annahmeverzug	329, 585, 813ff., 834, 858f.
被用者の提供	―Angebot des AN	815
提供の不要	―Entbehrlichkeit des Angebots	815f.
疾病	―Krankheit	815
給付の提供準備	―Leistungsbereitschaft	815
給付能力	―Leistungsfähigkeit	815
シュレーダー・ブレア文書1999	Schröder/Blair-papier 1999	23, 27
試用期間	Probezeit	952f.
小規模事業所条項	Kleinbetriebsklausel	922f.
消極的な協約締結の自由	negative Tarifvertragsfreiheit	194

479

消極的な事業所内慣行	negative Betriebsübung	785
上告	Revision	1044
使用者	Arbeitgeber	8, 38, 546ff.
概念	—Begriff	546
分裂した使用者の地位	—gespaltene Arbeitgeberstellung	549
法人	—juristische Person	548
複数の—	—mehrere	553
表見的使用者	—Scheinarbeitgeber	551
意思表示	—Willenserklärung	777
使用者団体	Arbeitgeberverband	
—からの逃亡	—Flucht aus dem	294
—への逃亡	—Flucht in den	292
使用者の質問権	Fragerecht des AG	622ff., 642, 983
使用者の責任	Haftung des Arbeitgebers	707ff.
被用者の人的損害に対する—	—für Personenschaden des Arbeitnehmers	707
被用者の物的損害に対する—	—für Sachschaden des Arbeitnehmers	709f.
慰謝料	—Schmerzensgeld	708
概要	—Übersicht	714
故意	—Vorsatz	707f.
使用者の費用	Arbeitgeberaufwendungen	851
消費者	Verbraucher	37, 588
消費者契約	Verbrauchervertrag	588ff.
商法	Handelsgesetzbuch	150
情報保護	Datenschutz	731ff.
証明書	Zeugnis	738ff.
評点段階	—Notenskale	739
中間証明書	—Zwischenzeugnis	741
証明書法	Nachweisgesetz	620
消滅時効	Verjärung	878ff.
賞与	Gratifikation	15, 763ff.
払戻条項	—Rückzahlungsklauseln	861ff.
払戻一覧表	—Rückzahlungstabelle	863ff.
賞与一覧表	Gratifikationstabelle	863ff.
諸規定間の抵触	Konflikt zwischen Regelungen	48ff.
初期の疾病	Früherkrankungen	846

職員	Angestellte	554ff.
職員代表	Personalvertretungen	503ff.
職業教育訓練関係	Berufsausbildungsverhältnis	565ff. 912
職業教育訓練関係，教育訓練制度についての批判	Berufsausbildungsverhälfnis, Kritik am Ausbildungssystem	579
職業教育訓練関係，二元的制度	Berufsausbildung, duales System	566ff.
職業訓練法	Berufsbildungsgesetz	152, 568
職業選択の自由	Berufsfreiheit	2
職場，職場の権利	Arbeitsplatz, Recht am	103ff.
職場占拠事件	Werkbesetzungs-Fall	324
職場についての権利	Recht am Arbeitsplatz	730
職場の改革	Reform am Arbeitsplatz	35
職場配置の規律	Besetzungsregeln	223
除斥期間	Ausschlussfrist	879
処置，処分	Maßregelung	773
ジョブシェアリング	Jobsharing	564, 672
処分の禁止	Maßregelungsverbot	775
所有権の保障	Eigentumsgarantie	2
所有権法	Eigentumsrecht	108
秩序原則	Ordnungsprinzip	11, 52, 66, 252, 254
序列原則	Rangprinzip	48ff.
指令	Rechtsverordnung(VO)	117
信教の自由	Glaubensfreiheit	946
人権宣言	Menschenrechtsdeklaration	6
人事計画	Personalplanung	605f.
量的な―	―quantitative	605
質的な―	―qualitative	606
迅速化の原則	Beschleunigungsgrundsatz	1043
信託庁	Treuhandanstalt	8
診断書	Attest	842
深夜業	Nachtarbeit	87
深夜業の禁止	Nachtarbeitsverbot	87
信頼責任	Vertrauenshaftung	777ff.
心理学的な適性試験	psychologischer Eignungstest	83
スカーフ	Kopftuch	946

事項索引

スト破りのプレミアム	Streikbruchprämien	773
ストライキ	Streik	276, 281ff., 290
失業手当金	—Arbeitslosengeld	822
示威ストと抗議スト	—Demonstrations- und Proteststreik	288
示威スト	—Demonstrationsstreik	339
フェアな争議行為	—faire Kampfführung	300
スト参加後の年額特別支給の減額	—gekürzte Jahressonderzahlungen nach Streikbeteiligung	775
遠隔作用	—Fernwirkungen	315
供給契約による事業主の責任	—Haftung des Unternehmers aus Lieferverträgen	319
抗議スト，同情スト，政治ストは許されない。	—kein Protest-, Sympathie-, politischer Streik	286
疾病保険	—Krankenversicherung	317
徒弟（職業訓練生）	—Lehrlinge（Auszubildende）	37, 333
処分の禁止	—Maßregelungsverbot	773
緊急業務の合意	—Notdienstvereinbarungen	300
公勤務	—öffentlicher Dienst	334
政治スト	—politischer Streik	289
適法性	—Rechtmäßigkeit	281ff.
協約によって規律できる目標	—tariflich regelbares Ziel	286ff.
手続	—Verfahren	295
違法性	—Rechtswidrigkeit	300
損害賠償請求権	—Schadensersatzansprüche	338f.
組合からの損害賠償	—Schadensersatz von der Gewerkschaft	730
連帯スト	—Solidaritätsstreik	287
社会的妥当性	—Sozialadäquanz	301
ストライキ中の労働	—Streikarbeit	320ff.
ストライキの指揮	—Streikleitung	282
ストライキ支援	—Streikunterstützung	314
最後の手段の原則	—ultima-ratio-Prinzip	296ff.
直接投票	—Urabstimmung	290, 295, 313
休暇	—Urlaub	318
相当性	—Verhältnismäßigkeit	296, 308
警告スト	—Warnstreik	297ff.

山猫スト	—wilder Streik	282f.
ストライキの圧力	Streikdruck	730
ストライキの禁止	Streikverbot	4
ストライキの自由	Streikfreiheit	99
スミス，アダム	Smith, Adam	24
性差別	Geschlechtsdiskriminierung	767f.
性的嫌がらせ	sexuelle Belastigung	595
性転換	Transsexualität	646
生命と健康	Leben und Gesundheit	594
世界の通商の自由化	Liberalisierung des Welthandels	25
石炭鉄鋼共同決定	Montan-Mitbestimmung	494ff.
責任クオータ	Haftungsquart	705
窃盗	Diebstahl	576
説明義務	Aufklärungspflichten	896
船員法	Seemannsgesetz	52, 149
前科	Vorstrafen	625
早期退職	Unverfallbarkeit	883
争議対等性	Kampfparität	276, 332
争議の対等性	Arbeitskampfparität	821
操業短縮	Kurzarbeit	668
操短手当	Kurzarbeitergeld	818f., 820
争議リスク	Arbeitskampfrisiko	315, 821
被用者の—	—des AN	730
相殺に対する保護	Aufrechnungsschutz	875
贈与	Schenkung	789
創立段階	Gründungsphase	38
属地主義	Territorialitätsprinzip	143
訴訟代理	Prozessvertretung	1036
弁護士	—Rechtsanwalt	1036
法務書記	—Rechtsschutzsekretär	1036

た　行

ダイエット事件	Weight watcher-Fall	934
待機期間	Wartezeit	846, 924
待機業務	Bereitschaftsdienst	521, 664
代表，特別の—	Vertretungen, besondere	414
ダイムラークライスラー・	DaimlerChrysler-Sindelfingen (2004)	19

事 項 索 引

ジンデルフィンゲン (2004年)		
開放条項	—Öffnungsklausel	120
大量解雇	Massenentlassungen	918
大量変更解約告知	Massenänderungskündigung	67, 284
立入請求権	Zugangsanspruch	413
ターボエンジン付きプレミアム	Turboprämie	964
団結体	Koalition	159ff.
使用者団体	—Arbeitgeberverbände	183
解散	—Auflösung	177
加入請求権	—Aufnahmeanspruch	178
意義	—Bedeutung	161
概念	—Begriff	161
存続の保障	—Bestandsgarantie	187
団結体の存在	—bestehende Koalitionen	179
使用者	——Arbeitgeber	183
被用者	——Arbeitnehmer	180ff.
ドイツ経営者団体連合会	——Bundesvereinigung der Deutschen Arbeitgeberverbände	179
ドイツ労働総同盟	——DGB	179f.
活動の保障	—Betätigungsgarantie	188
責任	—Haftung	195
内部構造	—innere Struktur	175f.
コア理論	—Kernbereichstheorie	188
団結の自由	—Koalitionsfreiheit	184ff.
活動の自由	——Betätigungsfreiheit	185
第三者効	——Drittwirkung	191
個人の積極的団結の自由	——individuelle positive Koalitionsfreiheit	185
消極的団結の自由	——negative Koalitionsfreiheit	193ff.
メルクマール	—Merkmale	162ff.
憲法の承認	——Anerkennung der Verfassung	174
民主主義的構造	——Demokratische Struktur	175f.
主体性	——Gegnerfreiheit	171ff.
社団組織	——Körperschaftliche Organisation	165ff.
協約締結能力	——Tariffähigkeit	163f., 171

協約への志向；強力	—Tarifwilligkeit；Mächtigkeit	168ff.
事業所横断	—Überbetrieblichkeit	173
法的根拠	—Rechtsgrundlage	159
団結体の目的と手段の保護	—Schutz der Koalitionszwecke und -mittel	189f.
管轄範囲	—Zuständigkeitsbereich	164
団結の自由	Koalitionsfreiheit	99, 293
消極的団結の自由	—negative Koalitionsfreiheit	249
団体構成員資格	Verbandsmitgliedschaft	744
弾力的定年制	flexible Altersgrenze	885
地区裁判所	Amtsgericht	1049
中央事業所委員会	Gesamtbetriebsrat	353, 415
中央事業所協定	Gesamtvereinbarung	54, 254
中間手続	Vorabentscheidungsverfahren	133
忠誠義務，政治的	Treuepflicht, politische	96
調整	Schlichtung	335
調整委員会	Einigungsstelle	443, 450
直接投票	Urabstimmung	290, 295, 313
賃金	Lohn	243
—の訴え	—Klage auf	1037f.
賃金の平等	—Lohngleichheit	87, 126
労働力の提供のない—	—ohne Arbeit	793ff.
個人的な障害事由	—persönliche Hinderungsgründe	853ff.
賃金継続支払いの濫用	Missbrauch der Entgeltfortzahlung	842
賃金継続支払法	Entgeltfortzahlungsgesetz	151
賃金請求権の欠落	Verfall des Lohnanspruchs	860ff.
賃金総額	Bruttolohn	1037
賃金調整引上条項	Effektivklauseln	239ff., 286
賃金の限度額	Lohnhöhe	789
賃金の請求	Lohnanspruch	
差押に対する保護	—Pfändungsschutz	860
確保	—Sicherung	860ff.
消滅	—Verfall	860ff.
賃金の平等	Entgeltgleichheit	126
賃金放棄	Lohnverzicht	
取消可能性	—Anfechtbarkeit	873
強迫による取消し	—Anfechtung wegen Drohung	873

内容の錯誤による取消し	—Anfechtung wegen Inhaltsirrtums	873
労働契約	—Arbeitsvertrag	761ff., 773
事業所内の慣行	—betriebliche Übung	776ff.
平等取扱原則	—Gleichbehandlungsgrundsatz	767
解釈	—Auslegung	871
事業所協定	—Betriebsvereinbarung	755ff.
不当利得の抗弁権	—Einrede der ungerechtfertigten Bereicherung	874
法律	—Gesetz	788ff.
消極的債務承認	—negatives Schuldanerkenntnis	870ff.
無効	—Nichtigkeit	872
良俗違反	—Sittenwidrigkeit	789f.
良俗による最低賃金	—sittliche Lohnuntergrenze	790
協約	—Tarifvertrag	743ff.
事業所内の慣行	—betriebliche Übung	753
平等取扱原則	—Gleichbehandlungsgrundsatz	752
均等化条項	—Gleichstellungsklauseln	745f.
民法612条2項	—§612 II BGB	754
通常の報酬	—übliche Vergütung	790
損失への関与	—Verlustbeteiligung	790
放棄の意思表示	—Verzichtserklärung	870
沈黙	Schweigen	785
通貨・経済・社会同盟	Währung-, Wirtschafts-und Sozialunion	7
通常の解約告知	Kündigung, o.	900ff.
事業所委員会の—	—des Betriebsrates	459, 917
届出の必要性	—Anzeigebedürftigkeit	918
除外	—Ausschluss	912f.
出訴期間	—Klagefrist	901ff.
3週間	—Drei-Wochen-Frist	901f.
期間延長	—Fristverlängerung	909ff.
形式	—Form	904
到達	—Zugang	905f.
帰責性	—Zurechenbarkeit	907
同意	—Zustimmung	908
同意の必要性	—Zustimmungsbedürftigkeit	914ff.
提案権	Initiativrecht	443

低賃金	Niedriglöhne	31
定年	Altersgrenze	897ff.
撤回，妥当な裁量	Widerruf, billiges Ermessen	785
撤回の留保	Widerrufsvorbehalt	785
手取賃金	Nettolohn	1038
手待時間	Arbeitsberetishaft	521
転換	Umdeutung	979ff., 1023
ドイツ経営者団体連合会	Bundesvereinigung der Deutschen Arbeitgeberverbände	179
ドイツ民主共和国	DDR	3ff., 6ff.
ドイツ連邦共和国	BRD	5
ドイツ労働総同盟	DGB	180f., 209
統一条約	Einigungsvertrag	7
倒産	Insolvenz	876f.
倒産の申立て	—Insolvenzantrag	876
倒産最終不足金	—Insolvenzgeld	876
倒産法	—Insolvenzgesetz	151
倒産に対する保護	—Insolvenzsicherung	886
社会保険保険者	—Sozialversicherungsträger	876
手続開始	—Verfahrenseröffnung	876f.
特殊性原則	Spezialitätsprinzip	52
督促決定	Mahnbescheid	1036
特別給付	Sonderleistungen	772
スト破りのプレミアム	—Streikbruchprämien	773
時間外労働のプレミアム	—Mehrarbeitsprämien	774
スト参加後の年額特別支給の減額	—gekürzte Jahressonderzahlungen nach Streikbeteiligung	775
特別の解約告知	Kündigung ao.	965ff., 1018ff.
警告	—Abmahnung	988f.
聴取義務	—Anhörungspflicht	459, 971
被用者の—	—des Arbeitnehmers	976
窃盗	—Diebstahl	975
利益衡量	—Interessenabwägung	975
出訴期間	—Klagefrist	966
解約告知の表示期間	—Kündigungserklärungsfrist	973
解約告知事由の追加	—Nachschieben von Kündigungsgründen	1020ff.

事 項 索 引

転換	—Umdeutung	979ff., 1023ff.
嫌疑による解約告知	—Verdachtskündigung	460, 973
延長された就業義務	—verlängerte Beschäftigungspflicht	978
重大な事由	—wichtiger Grund	972ff.
期待可能性の問題	—Zumutbarkeitsfrage	974f., 986, 1021
同意の必要性	—Zustimmungsbedürftigkeit	967ff.
独立性	Selbstständigkeit	510
徒弟（職業訓練生）	Lehrlinge（Auszubildende）	37, 333, 522
取消し	Anfechtung	627, 643

な 行

内容のコントロール	Inhaltskontrolle	63
二元制度	Duales-System	566ff.
二制限説	Zwei-SchrankenTheorie	757
ニッパーダイ，ハンスカール	Nipperdey, Hans Carl	1
任意性の留保	Freiwilligkeitsvorbehalt	765, 777f.
人間の尊厳	Menschenwürde	82ff.
妊娠	Schwangerschaft	623, 914, 968, 990ff.
使用者の費用	—Arbeitgeberaufwendungen	851
就業禁止	—Beschäftigungsverbot	850
母性保護	—Mutterschutz	152, 849ff.
保護期間	—Schutzfristen	849
妊産婦	—Wöchnerinnen	849
年金生活者	Rentner	898
年少者労働保護法	Jugendarbeitsschutzgesetz	152, 565

は 行

パートタイム就業者	Teilzeitbeschäftigte	921
パートタイム労働	Teilzeitarbeit	670ff., 683, 769
—に対する請求権	—Anspruch auf	676
両親休暇	—Elternzeit	679
重度身体障害者	—Schwerbehinderte	680
不平等取扱の禁止	—Verbot der Ungleichbehandlung	671
使用者の同意	—Zustimmung des AG	677
パートタイム労働法	Teilzeitgesetz	5

事項索引

パートナー組合	Partnerschaftsgesellschaft	529
配偶者—労働関係	Ehegatten-Arbeitsverhältnis	525
売春	Prostitution	517
配置転換	Versetzung	655ff., 1029
払戻条項	Rückzahlungsklauseln	861ff.
13か月賃金	—13. Monatsgehalt	862
解約告知	—Kündigung	866
解約告知，事業に原因のある—	—Kündigung, betriebsbedingte	866
純然たる賃金の性格を有する給付	—Leistungen mit reinem Entgeltcharakter	862
払戻しの段階表	—Rückzahlungsstaffeln	862
払戻一覧表	—Rückzahlungstabelle	862
将来の事業所への忠誠	—zukünftige Betriebstreue	862
手当	—Zulage	862
払戻一覧表	Rückzahlungstabelle	
教育訓練費用	—Ausbildungskosten	866
賞与	—Gratifikationen	863ff.
ハルツⅣ	Hartz Ⅳ	10
ハルツ改革	Hartz-Reformen	27
パレッタ事件	Paletta-Fall	842
ハンググライダー事件	Drachenflieger-Fall	42
ハンブルグ高架鉄道事件	Hamburger Hochbahn-Fall	253
判例法	Richterrecht	72ff.
引継原則	Ablösungsprinzip	52, 431
ビデオ監視	Videoüberwachung	736
費用	Kosten	1046ff.
表見的従属者	Scheinunselbstständiger	515
表見的使用者	Scheinarbeitgeber	551
表見的独立性	Scheinselbstständigkeit	513
表見的に独立している	scheinselbstständig	513
表見的被用者	Scheinarbeitnehmer	515
被用者	Arbeitnehmer	508ff., 523ff.
被用者-有限会社	—AN-GmbH	507
職員	—Angestellte	554ff.
公勤務職員	—Angestellte des öffentlichen Dienstes	523

489

事項索引

現業労働者	—Arbeiter	554ff.
概念	—Begriff	511ff.
独立性の併存	—gleichzeitige Selbstständigkeit	542ff.
管理職職員	—leitende Angestellte	560ff.
自然人	—natürliche Personen	507
人的従属性	—persönliche Abhängigkeit	508ff.
検討シェーマ	—Prüfungsschema	534ff.
非従属者	—Selbstständiger	508
被用者類似の人々	—arbeitnehmerähnliche Personen	532ff., 539
被用者団体，組織	Arbeitnehmervereinigung, Organisation	828
被用者に対する評価	Beurteilung des Arbeitnehmers	737ff.
事業所委員会の共同決定	—Mitbestimmung des BR	737
個人情報	—Personaldaten	731ff.
記憶	—Speicherung	732
伝達	—Übermittlung	733
訂正	—Berichtigung	734
消去する	—löschen	735
証明書	—Zeugnis	738ff.
評定段階	—Notenskala	739
中間証明書	—Zwischenzeugnis	741
被用者の慰謝料請求権	Schmerzensgeldanspruch des AN	708
被用者の除去請求権	Beseitigungsanspruch des AN	686f.
被用者の人格権	Persönlichkeitsrecht des AN	82ff., 595
被用者のスポーツ	Arbeitnehmersport	836
被用者の誠実義務	Treuepflicht des AN	593ff.
情報提供義務	—Informationspflicht	602
事後的な効力をもつ—	—nachwirkende	603
配慮義務	—Rücksichtspflichten	598
守秘義務	—Schweigepflicht	600
被用者の責任	Haftung des Arbeitnehmers	586, 704, 711ff., 719
使用者の人的損害に対する	—für Personenschäden des Arbeitgebers	711
同僚に対する	—gegenüber Arbeitskollegen	712
第3者に対する	—gegenüber Dritten	713
使用者の物的損害に対する責任制限	—Haftungsbeschränkung für Sachschaden des AG	705f.

490

事項索引

責任クオータ	—Haftungsquart	705
概要	—Übersicht	714
被用者の二次的損害	Kollateralschaden des AN	730
被用者の派遣	Entsendung von AN	121
被用者の労働不能	Arbeitsunfähigkeit des AN	835
被用者派遣	Arbeitnehmerüberlassung	549ff., 771
平等原則	Gleichheitssatz	85ff.
平等取扱い	Gleichbehandlung	125ff., 613, 628ff., 670ff., 762, 764ff., 767
一般平等取扱原則	—allgemeiner Gleichbehandlungsgrundsatz	85ff.
現業労働者と職員	—Arbeiter und Angestellte	555ff.
許される区別	—zulässige Unterscheidung	556f.
僅少就業	—geringfügige Beschäftigung	673
性別	—Geschlechter	629f.
平等取扱指針	—Gleichbehandlungsrichtlinie	131
均等待遇請求権	—Gleichstellungsanspruch	87
賃金の平等	—Lohngleichheit	87, 126
間接差別	—mittelbare Diskriminierung	127
公勤務	—öffentlicher Dienst	628
使用者の義務	—Pflicht des AG	89
積極的差別	—positive Diskriminierung	88
ポストの募集	—Stellenausschreibung	613
パートタイム労働	—Teilzeitarbeit	670ff., 683
直接差別	—unmittelbare Diskriminierung	127
平等取扱原則	Gleichbehandlungsgrundsatz	675, 762
労働不能	—Arbeitsunfähigkeit	765
事業所ごとの格差	—Differenzierung nach Betrieben	771
賞与	—Gratifikation	763ff.
疾病	—Krankheit	763ff.
業務査定	—Leistungsbemessung	772
賃金支払請求権,労働契約,平等取扱原則	—Lohnzahlungspflicht, Arbeitsvertrag, Gleichbehandlungsgrundsatz	762
賃金支払義務,労働契約	—Lohnzahlungspflicht, Arbeitsvertrag	763ff.
特別な報酬	—Sondervergütung	772

491

事項索引

ストライキ	—Streik	773
給付の異議	—Widerruf von Leistungen	785f.
平等取扱請求権	Gleichbehandlungsanspruch	267
比率(クォータ)規定	Quotenregelungen	130f.
比例的取扱いの原則	Grundsatz der proportionalen Behandlung	671
副業	Nebentätigkeit	725f.
競業禁止	—Konkurrenzverbot	599
福祉国家	Wohlfahrtsstaat	42
不実の表現	Falschaussage	95
扶助期待権	Versorgungsanwartschaft	236
普通契約約款	Allgemeine Geschäftsbedingungen	584ff., 656, 672, 698ff., 706, 723, 745, 772, 778, 867f., 879, 1003
普通労働条件約款	Allgemeine Arbeitsbedingungen	62ff., 254, 584ff.
ブラックリスト	Schwarze Listen	331
不利益取扱，性別を原因とする	Benachteiligung, geschlechtsbedingte	629f.
証明責任	—Beweislast	633f.
差別の際の採用請求権	—Einstellungsanspruch bei Diskriminierung	630f.
不利益取扱い，性別を原因とする補償	Benachteiligung, geschlechtsbedingte Entschädigung	632ff.
ブルダ(1996)	Burda(1996)	17
プロサッカー選手	Profi-Fußballer	43
文献，労働法	Literatur, Arbeitsrecht	77ff.
兵役義務	Wehrpflicht	912
平和義務	Friedenspflicht	256ff., 283, 290f., 339, 346
返還請求権	Rückforderungsansprüche	869
変更解約告知	Änderungskündigung	464, 1027f., 1029
変更解約告知による賃金減額	Lohnminderung durch Änderungskündigung	1028
保育休暇	Erziehungsurlaub	152, 808
包括的承諾	Gesamtzusage	64

事項索引

防御的ロックアウト	Defensivaussperrungen	302
法形態の強制	Rechtsformzwang	513f., 516, 541
法定の疾病保険金庫	gesetzliche Krankenkasse	840
法の持続的形成	Rechtsfortbildung	75f.
方法論	Methodenlehre	36
亡命保護申請者	Asylbewerber	531
暴利	Wucher	788ff.
保護期間	Schutzfristen	849
保護義務	Fürsorgepflicht	68, 594f.
使用者の—	—des AG	593 ff.
情報提供義務	—Informationspflicht	602
事後的な効力のある—	—nachwirkende	603
保護原理	Schutzprinzip	35, 43, 157
保護思想，労働法の—	Schutzgedanke, arbeitsrechtlicher	76
保護を受ける権利	Fürsorgerecht	72
補償金	Abfindung	964, 1025
母性保護法	Mutterschutzgesetz	152
補足的労働協約	Ergänzungstarifvertrag	18
保養休暇	Erholungsurlaub	794ff.
補償請求権	—Abgeltungsanspruch	803
労働不能	—Arbeitsunfähigkeit	798
事業所委員会	—Betriebsrat	799
職業活動	—Erwerbstätigkeit	800
付与	—Gewährung	799
疾病	—Krankheit	798, 801
解約告知制限訴訟	—Kündigungsschutzprozess	798
共同決定	—Mitbestimmunig	799
休暇の利用	—Nutzung des Urlaubs	800f.
損害賠償	—Schadensersatz	802
協約の拘束力	—Tarifbindung	806
協約	—Tarifvertrag	795
部分休暇	—Teilurlaub	797
法律を越える—	—übergesetzlicher	806
休暇期間	—Urlaubsdauer	796f.
休暇中の賃金	—Urlaubsentgelt	804f.
休暇金	—Urlaubsgeld	804
消滅，欠落	—Verfall	802

事 項 索 引

放棄	—Verzicht	803, 805
待機期間	—Wartezeit	797
目的	—Zweck	795

ま 行

マルクス，カール	Marx, Karl	3
ミニジョブ	Minijob	673ff.
民事訴訟法	Zivilprozessordnung	151
民法	BGB	146
免除請求権	Freistellungsanspruch	713
猛暑休み	Hitzefrei	685

や 行

有期労働関係法	Befristungsgesetz	5
有効性前提理論	Theorie der Wirksamkeitsvoraussetzung	444, 454
優先理論	Vorrangtheorie	757
有利性原則	Günstigkeitsprinzip	13, 50, 66, 228, 250, 252, 432
有利性の比較	—Günstigkeitsvergleich	17, 250
要件	—Voraussetzungen	162
団体の影響力行使	—Wirken der Verbände	197
要保護者，稼働能力のある	Hilfebedürftige, erwerbsfähige	531
ヨーロッパ，欧州連合	Europa, Europäische Union	112
余後効	Nachwirkung	226, 434
予測原理	Prognoseprinzip	933
呼出待機	Rufbereitschaft	521
呼出労働	Abrufarbeit	672

ら 行

濫用の問題	Missbrauchsproblem	842
利害の調整	Interessenausgleich	480ff.
留置権	Zurückbehaltungsrecht	279, 329, 338
リューマチ診療所判決	Rheumaklinik-Urteil	40
両親休暇	Elternzeit	679, 968
良心の自由	Gewissensfreiheit	91
両当事者	Parteinen	42

494

事項索引

活動の自由	—Bewegungsfreiheit	42
旅行時間	Reisezeiten	519
連結する行為	Kopplungsgeschäft	442
連邦育児手当法	Bundeserziehungsgeldgesetz	152
連邦休暇法	Bundesurlaubsgesetz	151
連邦雇用エージェンシー	Bundesagentur	27, 1609
連邦雇用庁	Bundesanstalt für Arbeit	27
連邦情報保護法	Bundesdatenschutzgesetz	731ff.
連邦労働裁判所	Bundesarbeitsgericht	72
連邦労働裁判所，所在地	BAG, Sitz	1034
労働	Arbeit	517ff.
意思に反した—	—unfreiwillige	530f.
労働安全	Arbeitssicherheit	151
労働関係	Arbeitsverhältnis	504ff.
被用者派遣	—Arbeitnehmerüberlassung	549ff.
終了	—Beendigung	890ff.
有期の—	—befristetes	892, 990ff.
理由づけ	—Begründung	605ff.
事実的—	—faktisches	637ff.
疾病の場合の—	—im Krankheitsfall	848
内容	—Inhalt	58
間接的—	—mittelbares	552
検討シェーマ	—Prüfungsschema	534ff.
法的性質	—Rechtsnatur	580ff.
労働関係の期間設定	Befristung von Arbeitsverhältnissen	990ff.
解除条件付き—	—auflösend bedingte	1000f.
個別労働条件の期間設定	—Befristung einzelner Arbeitsbedingungen	1004
連鎖契約	—Kettenarbeitsverträge	994
解約告知	—Kündigung	891ff.
事後の—	—nachträgliche	992
パートタイム労働・有期労働関係法による事由なしに	—ohne Sachgrund nach TzBfG	995f.
権利濫用	—Rechtsmissbrauch	993
正当事由	—sachlicher Grund	993
無効な—	—unwirksame	992

許容性	—Zulässigkeit	991
目的による期間設定	—Zweckbefristung	1000ff.
労働関係の終了	Beendigung des Arbeitsverhältnisses	890ff.
労働関係の成立	Begründung des Arbeitsverhältnisses	57
労働協約	Tarifvertrag	10
協約規範の適用排除	—Abbedingung von Tarifnormen	227ff.
差止請求権	—Unterlassungsanspruch	229
一般的拘束力宣言	—Allgemeinverbindlicherklärung	219ff., 744
二重の性格	—Doppelnatur	221
請求権の検討シェーマ	—Anspruchsschema	265
アウトサイダー	—Außenseiter	215f.
対外的効力	—Außenwirkung	207
終了と余後効	—Aufhebung und Nachwirkung	226
解釈	—Auslegung	201
除斥期間	—Ausschlussfristen	230
自律説	—Autonomietheorie	203
意義と歴史的展開	—Bedeutung und historische Entwicklung	200ff.
終了規範	—Beendigungsnormen	224
授権説	—Delegationstheorie	203
実行義務	—Durchfürungspflicht	259ff.
企業協約	—Firmentarif	208, 212f, 254, 293
企業横断協約	—Flächentarifvertrag	10
他の——への逃亡	—Flucht in einen anderen	747
事業所譲渡における継続適用	—Fortgeltung bei Betriebsübergang	1016ff.
平和義務	—Friedenspflicht	256ff., 339
絶対的—	—absolute	258
影響力を行使する義務	—Einwirkungspflicht	256
相対的—	—relative	256
不作為義務	—Unterlassungspflicht	256
即時解約告知	—fristlose Kündigung	260
適用範囲	—Geltungsbereich	210f.
均等待遇の取決め	—Gleichstellungsabrede	218
有利性原則	—Günstigkeitsprinzip	13, 250, 448
企業内協約	—Haustarif	208
競合	—Konkurrenz	209

事項索引

履行原則	—Leistungsprinzip	252
処分禁止	—Maßregelungsverbot	327f.
最低労働条件	—Mindestarbeitsbedingungen	202
規範的効力	—normative Wirkung	200
規範的部分	—Normativer Teil	223f.
秩序原則	—Ordnungsprinzip	252
法的根拠	—Rechtsgrundlage	198
みせかけだけの協約	—Scheintarifvertrag	170
債務的部分	—schuldrechtlicher Teil	255ff.
協約上の権利の不可侵性	—Unverbrüchlichkeit tariflicher Rechte	230
団体協約（産業別協約）	—Verbandstarif	208, 293
第三者のためにする契約	—Vertrag zu Gunsten Dritter	290
要件	—Voraussetzungen	205ff.
文書の形式	—Schriftform	206f.
協約締結能力	—Tariffähigkeit	208
協約の拘束力	—Tarifgebundenheit	212ff.
協約の管轄	—Tarifzuständigkeit	209
労働協約法	Tarifvertragsgesetz	1, 154
労働拒否	Arbeitsverweigerung	
賃金継続支払	—Entgeltfortzahlung	856f.
良心上の事由	—Gewissensgründe	855
相当性	—Verhältnismäßigkeit	856
労働拒否，―請求権	Arbeitsverweigerung, Recht auf	686, 688
労働組合	Gewerkschaft	11, 30, 410ff.
任務	—Aufgaben	412
脱退期間	—Austrittsfrist	193
権限	—Befugnisse	412
統一労働組合	—Einheitsgewerkschaft	182
競合	—Konkurrenz	192
組織	—Organisation	828
傾向経済	—Richtungswirtschaft	182
事業所での地位	—Stellung im Betrieb	410ff.
ストライキ独占	—Streikmonopol	161
独立性	—Unabhängigkeit	171
差止請求権	—Unterlassungsanspruch	759
交渉請求権	—Verhandlungsanspruch	190

事 項 索 引

事業所への立入権	—Zugangsrecht zum Betrieb	413ff.
労働組合の特徴	Gewerkschaftseigenschaft	828
労働刑法	Arbeitsstrafrecht	158a
労働契約	Arbeitsvertrag	616ff., 627, 761ff.
締結	—Abschluss	616ff., 649
締結禁止	—Abschlussverbote	607
取消し	—Anfechtung	627, 643, 646
要式	—Formerfordernis	617f.
年少者との—	—mit Jugendlichen	621
証明書法	—Nachweisgesetz	620
不意打ち条項	—Überraschungsklauseln	619f.
労働裁判権	Arbeitsgerichtsbarkeit	71
名誉裁判官	—ehrenamtlicher Richter	1034
管轄	—Zuständigkeit	1034f.
労働裁判所手続き	Arbeitsgerichtsverfahren	1031ff.
労働裁判所の管轄	Zustandigkeit der Arbeitsgerichte	504ff., 540
労働裁判所法	Arbeitsgerichtsgesetz	158
労働時間	Arbeitszeit	518ff., 661ff.
呼出労働	—Abrufarbeit	672
手待時間	—Arbeitsbereitschaft	521
労働の分配	—Arbeitsteilung	672
待機業務	—Bereitschaftsdienst	521, 664
最大許される—	—höchstzulässige	663
操業短縮	—Kurzarbeit	668
賃金不払い	—Lohnausfall	669
共同決定	—Mitbestimmung	757
法規定	—rechtliche Regelungen	662
旅行時間	—Reisezeiten	519
呼出待機	—Rufbereitschaft	521
パートタイム労働	—Teilzeitarbeit	670f., 683
労働時間法違反	—Verstoß gegen ArbZG	665
労働時間法	—Arbeitszeitgesetz	151
労働市場	Arbeitsmarkt	4
労働したくない	Arbeitsunwilligkeit	834
労働障害	Arbeitsverhinderung	854
労働争議	—Arbeitskampf	856
妊娠	—Schwangerschaft	856

事項索引

重度身体障害	—Schwerbehinderung	856
過失	—Verschulden	856f.
労働争議	Arbeitskampf	260f., 263ff., 281ff.
限定	—Abgrenzung	277ff.
集団的行動	—kollektive Aktion	278
協約の規律に関する争い	—Streit über eine tarifliche Regelung	280
変革という目標	—Ziel der Veränderung	279
労働争議のリスク	—Arbeitskampfrisiko	315
失業手当金	—Arbeitslosengeld	822, 826
就労希望被用者	—arbeitswillige AN	826
ロックアウト	—Aussperrung	274, 302ff.
防御的ロックアウト	—Defensivaussperrungen	302
適法性	—Rechtmäßigkeit	302
相当性	—Verhältnismäßigkeit	308
事業所占拠	—Betriebsbesetzungen	332
ボイコット	—Boykott	331
時系列	—Chronologie	313
賃金請求権	—Entgeltansprüche	826
フェアーな争議行為	—faire Kampfführung	300f.
遠隔作用	—Fernwirkung	821
賃金請求権の欠落	—Fortfall von Lohnansprüchen	314ff.
支配領域説	—Sphärentheorie	315
争議手段	—Kampfmittel	
ロックアウト	—Aussperrung	276
ストライキ	—Streik	276
争議対等性	—Kampfparität	276
操短手当	—Kurzarbeitergeld	821, 826
緊急避難措置	—Notstandsmaßnahmen	275
適法な争議行為の法的効果	—Rechtsfolgen bei rechtmäßigen Arbeitskampfmaßnahmen	310ff.
解消的ロックアウト	—lösende Aussperrung	310ff.
労働関係の停止	—Suspendierung der Arbeitsverhältnisse	310f.
違法な労働争議の法的効果	—Rechtsfolgen bei rechtswidrigen Arbeitskämpfen	323ff.

間接的に争議に見舞われた企業の請求権	—Ansprüche mittelbar betroffener Unternehmen	325
制裁	—Sanktionen	323,
職場占拠事件	—Werkbesetzungs-Fall	324
違法性	—Rechtswidrigkeit	284
規律	—Regeln	272ff.
業務停止	—Sperrung	331
国家の中立義務	—staatliche Neutralitätspflicht	275, 316
ストライキ	—Streik	281ff.
大量変更解約告知	—Massenänderungskündigung	284f.
適法性	—Rechtmäßigkeit	281ff.
ストライキの権限	—Streikbefugnis	171
スト破りのプレミアム	—Streikbruchprämie	773
ストライキの指揮	—Streikleitung	275
同情スト	—Sympathiekampfmaßnahme	287
予定カレンダー	—Terminkalender	313
最後の手段の原則	—ultima-ratio-Prinzip	334
許容性	—Zulässigkeit	270f.
平和義務	—Friedenspflicht	290f.
労働争議	Arbeitskampf	260f., 268ff.
法的根拠	—Rechtsgrundlage	268
労働争議算術論	Arbeitskampfarithmetik	833
労働のテンポ	Arbeitstempo	684f.
労働の配分	Arbeitsteilung	672
労働不能	Arbeitsunfähigkeit	
アマチュア・ボクシング	—Amateurboxen	838
法定疾病保険金庫に対する請求権	—Ansprüche gegen die gesetzliche Krankenkasse	840
被用者のスポーツ	—Arbeitnehmersport	836
医師の診断書	—ärztliche Bescheinigung	839
ハング・ライダー	—Drachenfliegen	838
危険なスポーツ種目	—gefährliche Sportarten	838
キック・ボクシング	—Kick-Boxen	838
疾病	—Krankheit	836ff.
賃金請求権	—Lohnanspruch	838
賃金継続支払	—Lohnfortzahlung	838
母性保護	—Mutterschutz	849ff.

〈著者紹介〉

ペーター・ハナウ
　法学博士・ケルン大学教授，立命館大学・ウプサラ大学名誉教授

クラウス・アドマイト
　法学博士・ベルリン自由大学教授

〈訳者紹介〉

手塚和彰（てづか・かずあき）
　千葉大学大学院専門法務研究科名誉教授，弁護士，前ケルン文化会館長
　（A，B，DⅠ—Ⅱ1，F，追補）

阿久澤利明（あくざわ・としあき）
　杏林大学総合政策学部教授
　（C，DⅡ2—V，E，G，H，J，K，追補）

ドイツ労働法〔新版〕

1995年（平成6年）　9月25日　初版第1刷発行
2015年（平成27年）　2月25日　新版第1刷発行

訳　者　　手　塚　和　彰
　　　　　阿久澤　利　明
発行者　　今　井　　　貴
　　　　　渡　辺　左　近
発行所　　信山社出版株式会社

〒113　東京都文京区本郷6—2—9—102
電　話　03（3818）1019
ＦＡＸ　03（3818）0344

Printed in Japan

Ⓒ手塚和彰，阿久澤利明，2015．　印刷・製本／暁印刷・日進堂製本

ISBN978-4-7972-2711-6 C3032

好評既刊

労働契約の変更と解雇	野田　進 著
年齢差別禁止の法理	櫻庭涼子 著
現代労働法と労働者概念	柳屋孝安 著
企業買収と労働者保護法理	金久保茂 著
雇用終了の法理	小宮文人 著
現代イギリス雇用法	小宮文人 著
新版　ある法学者の人生　フーゴ・ジンツハイマー	久保敬治 著
フーゴ・ジンツハイマーとドイツ労働法	久保敬治 著
オーストリア労使関係法	テオドール・トーマンドル 監修　下井隆史・西村健一郎・村中孝史 編訳
ヨーロッパ労働法	ロジェ・ブランパン 著　小宮文人・濱口桂一郎 監譯

信山社